Curso de Direito Tributário Brasileiro

Curso de Direito Tributário Brasileiro

2016 • Volume III

Coordenadores:
Marcus Lívio Gomes
Leonardo Pietro Antonelli

CURSO DE DIREITO TRIBUTÁRIO BRASILEIRO
Volume III
© Almedina, 2016

COORDENADORES: Marcus Lívio Gomes, Leonardo Pietro Antonelli
DIAGRAMAÇÃO: Almedina
DESIGN DE CAPA: FBA
ISBN: 978-858-49-3148-4

Dados Internacionais de Catalogação na Publicação (CIP)
(Câmara Brasileira do Livro, SP, Brasil)

Curso de direito tributário brasileiro, volume III /
coordenadores Marcus Lívio Gomes, Leonardo
Pietro Antonelli. -- São Paulo : Almedina, 2016.
Vários autores.
Bibliografia.
ISBN 978-85-8493-148-4
1. Direito tributário 2. Direito tributário -
Brasil 3. Direito tributário - Legislação - Brasil
I. Gomes, Marcus Lívio. II. Antonelli, Leonardo
Pietro.

16-04443   CDU-34:336.2

Índices para catálogo sistemático:
1. Direito tributário 34:336.2

Este livro segue as regras do novo Acordo Ortográfico da Língua Portuguesa (1990).

Todos os direitos reservados. Nenhuma parte deste livro, protegido por copyright, pode ser reproduzida, armazenada ou transmitida de alguma forma ou por algum meio, seja eletrônico ou mecânico, inclusive fotocópia, gravação ou qualquer sistema de armazenagem de informações, sem a permissão expressa e por escrito da editora.

Agosto, 2016

EDITORA: Almedina Brasil
Rua José Maria Lisboa, 860, Conj.131 e 132, Jardim Paulista | 01423-001 São Paulo | Brasil
editora@almedina.com.br
www.almedina.com.br

NOTA DOS COORDENADORES

A origem da primeira edição desta obra se deu nas salas de aula da Escola da Magistratura do Estado do Rio de Janeiro, no curso preparatório para o ingresso na magistratura de carreira. Os coordenadores, Marcus Lívio Gomes e Leonardo Pietro Antonelli, dedicavam-se ao magistério naquela instituição e sentiam a necessidade de organizar, numa só obra, todo o abrangente programa da EMERJ. Foi com a assunção da coordenação do departamento de direito tributário daquela prestigiosa instituição, que o Projeto veio a ser editado.

Naquela oportunidade, foram convidados juízes, procuradores da república, professores universitários e advogados que vinham se desenvolvendo na academia. Foi um sucesso a primeira edição, o que levou a necessidade de iniciar os estudos para o lançamento da segunda edição.

E assim foi feito. Ela foi revisada, atualizada e ampliada, para incluir novos temas, abarcar novas legislações e novas discussões que estão sendo travadas na doutrina e jurisprudência, em especial dos tribunais superiores. Naquela oportunidade, graças aos apoios das diversas associações de magistrados (AMB, AJUFE, IMB, AMAERJ) fizeram-se duas tiragens distintas: uma ao público em geral e uma segunda visando o desenvolvimento acadêmico dos operadores do direito filiados às mesmas, os quais receberam uma coleção da obra.

Nessa terceira edição, o espírito do Projeto não mudou, pois continua focado em propiciar um material didático que consolidasse jurisprudência e doutrina objetivas e atualizadas aos estudiosos e interessados no Direito Tributário. Contudo, a ampliação, que ora se faz, propiciará um leque de matérias com uma abrangência inigualável, tratando, inclusive, do Direito Internacional Tributário.

Para esta nova edição, não podemos deixar de reiterar a inestimável ajuda recebida pela Renata Macedo Gama Arangurem, no apoio geral à coordenação administrativa de todos os trabalhos, e do acadêmico Alberto Lucas Albuquerque da Costa Trigo, na atualização em notas de rodapé de alguns dos textos.

Por fim, queríamos registrar os nossos agradecimentos à Editora Almedina que acreditou no Projeto, investindo na sua publicação.

PREFÁCIO

Foi com imensa alegria e satisfação que uma vez mais recebi o convite para prefaciar o presente Curso de Direito Tributário Brasileiro, relançando pela tradicional editora Almedina, com a percuciente organização de *Marcus Lívio Gomes* e *Leonardo Pietro Antonelli*, cuja singularidade afirmei ser oferecer ao mundo jurídico tributário obra densa e atual, profunda, que a um só tempo faz as vezes de um manual, em face da clareza de sua linguagem, e de um curso, em face das detalhadas informações de cada um dos institutos, sem descuidar da mais recente jurisprudência.

A obra segue a mesma linha anterior de abordagem dos institutos do Direito Tributário, ao utilizar a moderna técnica da escrita coletiva, amadurecida pela atualização dos textos, a acompanhar a fúria legislativa que caracteriza este ramo do direito, consolidada pela formação acadêmica multifária dos colaboradores.

O projeto brinda a comunidade jurídica com densas monografias de expoentes do Direito Tributário pátrio, dentre os quais juízes, procuradores da república, professores universitários e advogados. São analisados, sob a perspectiva da interpretação constitucional e legal, o Sistema Constitucional Tributário e o Código Tributário Nacional, assim como a legislação tributária de âmbito nacional e federativa, da forma mais abrangente possível.

O trabalho tem a perspectiva de analisar as balizas constitucionais e legais à luz da jurisprudência dos tribunais superiores, considerando a ascensão da jurisprudência como fonte do Direito, tendo em consideração o novo Código de Processo Civil decorrente da Lei nº 13.105/2015, centrado num *novel* conceito de jurisprudência, não mais considerada como mera fonte secundária do Direito, passando-se a conferir-lhe uma nova e nobre posição dentro da teoria das fontes do Direito.

Nestes tempos de crise econômica, o Direito Tributário ganha relevância, na medida em que os entes federativos buscam novas fontes de receitas tributárias, através das mais diversas espécies de tributos. Por esta razão, o Poder Judiciário deve estar atento para que garantias fundamentais dos contribuintes não sejam solapadas sobre a ótica do consequencialismo econômico. Cabe a este poder exercer o papel de fiel da balança, assegurando direitos constitucionais e governabilidade, árdua tarefa que vem sendo desempenhada com muita responsabilidade pela Corte Suprema.

Nesta senda, o Direito Tributário cresceu em relevância, assumindo a jurisprudência um protagonismo nunca antes visto na história da República, alçando o Poder Judiciário a condição de instituição indispensável ao Estado Democrático de Direito. Não por outra razão a obra que ora se prefacia tem o escopo de analisar a doutrina sempre com a proximidade necessária da análise jurisprudêncial, de forma a tornar-se mais realista do ponto de vista de sua aplicação prática.

Com efeito, em abono à importância da jurisprudência, este ano de 2016 marca um importante julgamento da Suprema Corte (RE 601 e ADIs 2390, 2386, 2397 e 2859), em guinada jurisprudencial, amadurecida pelo placar dos votos proferidos (9x2) quanto à possibilidade de transferência do sigilo bancário dos contribuintes à Receita Federal, no bojo da Lei Complementar nº 105/2001, mediante salvaguardas estabelecidas pela legislação infraconstitucional.

Referido julgamento demonstra que o Direito Tributário não trata tão somente da relação jurídico-tributária, posto que vital ao ordenamento das finanças públicas pela via da receita pública derivada. Relevante, portanto, uma adequada ponderação entre Capacidade Contributiva *versus* Confisco, Justiça *versus* Segurança Jurídica, Intimidade *versus* Poderes de Investigação, eis que todas as sociedades que não alcançaram uma boa equação entre o que se paga de tributos e o que se espera do Estado como retorno dos tributos pagos perderam o caminho do crescimento sustentável.

O primado a nortear qualquer sistema tributário é a potencialização da segurança jurídica sob a égide da justiça tributária, garantindo-se a certeza do Direito, funcionando como instrumento de proteção do cidadão diante do Estado. Não obstante, não se podem mais admitir direitos absolutos, a supedanear práticas lesivas ao Estado. O sigilo bancário, quando utilizado para encobrir operações em paraísos fiscais através do planejamento tributário duvidoso, erode a base tributária dos Estados soberanos.

Sem dúvida o grande desafio dos Estados será a manutenção das suas bases tributárias num mundo em que as nações competem por investimentos e recurso financeiros limitados. A realidade econômica das tecnologias digitais e dos intangíveis levará a um novo ordenamento da ordem econômica mundial, o que demandará um grande esforço das Administrações Tributárias e, em especial, dos operadores do direito no sentido de adaptar e reinterpretar o arcabouço legal aos novos paradigmas.

Tais preocupações são observadas na obra que ora se prefacia, atualização, amplitude e um seleto grupo de articulistas reunidos para brindar a comunidade jurídica com mais uma edição do projeto iniciado em 2005, quando de seu lançamento a colmatar lacuna no mercado editorial.

Com efeito, a densidade cultural da obra aliada à sua dogmática pouco tradicional permite-nos, uma vez mais, entrever vida longa e renovada a essa festejada iniciativa tributária que nos lega a editora, através da genialidade de seus coordenadores, com um denso e incomparável Curso de Direito Tributário Brasileiro. Tenho absoluta certeza que esta edição alcançará mais êxito que as anteriores!

Luiz Fux
Ministro do STF

SUMÁRIO

Contribuições Sociais Gerais
    Américo Bedê Freire Júnior / Raphael Madeira Abad   13

Contribuição Social sobre o Lucro Líquido – Limites para a sua instituição e os principais temas em discussão no Supremo Tribunal Federal
    Richard Edward Dotoli T. Ferreira   39

Contribuições de Seguridade Social Previdenciárias da Empresa, das Entidades Equiparadas, do Empregador Doméstico e dos Segurados
    Fabio Zambitte Ibrahim   73

Contribuição Previdenciária dos Servidores Inativos e Pensionistas
    Marcelo Leonardo Tavares   165

Contribuições Previdenciárias sobre a Receita nas Importações
    Márcio Ladeira Ávila   179

Contribuições de Intervenção no Domínio Econômico – Perfil Constitucional – Elementos para um Modelo de Controle
    Marco Aurélio Greco   193

Contribuições de Intervenção no Domínio Econômico
    Washington Juarez de Brito Filho / Renata Schmidt Cardoso   229

Contribuição Iluminação Pública
    LEONARDO PIETRO ANTONELLI   261

Tributação Ambiental no Brasil: Aspectos Teóricos e Práticos
    DANIEL MARIZ GUDIÑO / JANSSEN MURAYAMA   275

Suspensão da Exigibilidade do Crédito Tributário I
    CLAUDIO CARNEIRO BEZERRA PINTO COELHO   305

Suspensão da Exigibilidade do Crédito Tributário II
    CLAUDIO CARNEIRO BEZERRA PINTO COELHO   339

Extinção do Crédito Tributário
    MARCUS LÍVIO GOMES   357

Exclusão do Crédito Tributário I e II
    MARCOS ANDRÉ VINHAS CATÃO / RONALDO REDENSCHI   419

Contribuições Sociais Gerais

AMÉRICO BEDÊ FREIRE JÚNIOR
RAPHAEL MADEIRA ABAD

1. Notas Introdutórias

O tema a ser abordado no presente capitulo[1] é heterogêneo, pois trata das "Contribuições Sociais Gerais", terminologia surgida a partir da jurisprudência do Supremo Tribunal Federal, e que abrange três tributos com características distintas, quais sejam (i) a contribuição ao salario-educação e (ii) as contribuições aos Serviços Sociais Autônomos, também denominado sistema "S" e, finalmente, (iii) as contribuições instituídas pela Lei Complementar 110/2001.

Antes de mais nada, não é demais lembrar que o próprio termo "contribuições" não possui um significado preciso no direito brasileiro, eis tratar-se de um gênero composto por espécies com características extremamente distintas, o que faz com que perca sua identidade, sendo praticamente irreconhecível como gênero.

Inicialmente será estabelecida a definição do conceito de "Contribuições Sociais Gerais", isolando-as das demais, para posteriormente partir para a análise das espécies, individualmente.

Em seguida serão apontadas questões controvertidas e colacionadas jurisprudências relativas ao tema.

Por fim, há a indicação de leitura obrigatória sobre o tema discutido.

---

[1] Frise-se que inúmeros pressupostos não foram tratados no presente capítulo pelo fato da divisão da obra prever capítulos próprios para o tratamento da matéria.

Antes, contudo, de iniciarmos o estudo das Contribuições Sociais Gerais é necessário analisar a natureza sui generis das referidas Contribuições sob a ótica da doutrina de Marco Aurélio Greco[2] para quem a persecução quanto à natureza jurídica da contribuição não é a preocupação essencial, eis que não há uma importância prática nesta definição, uma vez que "... se as contribuições forem tributos, nem por isso seu regime constitucional será idêntico ao tributário, porque várias diferenças resultam do exame da CF-88; se elas não forem tributos, nem por isso deixarão de ter em comum com eles a característica de serem exigências patrimoniais constitucionalmente previstas e admitidas, estando ambas as figuras submetidas a algumas das limitações ao poder de tributar." E assim continua Grecco:

> "... ainda que se parta da premissa de que as contribuições têm natureza tributária, isto não significará que sua análise deva dar-se a partir do modelo "fato gerador + base de cálculo", como se este fosse o único modelo possível e a única maneira de assegurar o controle sobre as investidas patrimoniais pretendidas pelo Poder Público. O modelo FG + BC é um dos possíveis para aferir a constitucionalidade das leis instituidoras de certas exigências mas, mesmo as figuras qualificadas finalisticamente (como as contribuições), também estão submetidas a controle de constitucionalidade; a diferença é que este controle deverá ser feito mediante a utilização de outros critérios e conceitos. O modo de controlar será diferente, mas a necessidade e a função do controle serão idênticos. Analisando o Texto de 1988, logo após sua edição, formei a convicção de que as contribuições não teriam natureza tributária o que, aliás, explicaria, com certa clareza e coerência, várias disposições nele contidas. No entanto, antes que tivesse oportunidade de publicar as razões de tal entendimento, sobreveio a jurisprudência do Supremo Tribunal Federal (a partir do precedente relativo à Contribuição Social Sobre o Lucro) que, interpretando a Constituição, colocou um referencial indispensável na compreensão da figura e na aplicação do ordenamento positivo."

Ao tratar das Contribuições Sociais Humberto Ávila[3] prestigia o critério conceitual contido no artigo 3º do Código Tributário Nacional e as insere

---

[2] GRECO Marco Aurélio. Contribuições (uma figura sui generis). Dialética: São Paulo, 2000, p. 74.
[3] ÁVILA, Humberto. Contribuições na Constituição Federal de 1988. As Contribuições no sistema tributário brasileiro. Dialética, São Paulo, 2003, p.316.

no rol dos tributos partindo da constatação da sua compulsoriedade e do fato de não constituir sanção de ato ilícito.

"Com efeito, as contribuições constituem obrigações pecuniárias instituídas em lei que não constituem sanção de ato ilícito. Além disso, as contribuições estão inseridas no Sistema Tributário Nacional, mesmo nas hipóteses em que algumas regras de competência estão localizadas fora desse sistema. Ainda, a Constituição institui determinadas regras aproximando "impostos, taxas ou contribuições" (art.150, §6º) e "impostos ou contribuição" (art. 150, § 6º), no sentido de qualificá-las como espécies tributárias. Por último, o próprio art.149 determina, na instituição de contribuições, a observância da lei complementar que dispõe sobre conflitos de competência, "em matéria tributária", regula as limitações constitucionais ao "poder de tributar" , estabelece normas gerais em matéria de "legislação tributária". Isso não significa que as contribuições tenham o mesmo regime jurídico das outras espécies. Não têm. Mas a diferença de regime jurídico em nada altera a natureza tributária das contribuições. Não há correspondência biunívoca entre natureza e regime, de tal sorte que, onde houver determinada natureza jurídica, necessariamente deverá haver o mesmo regime jurídico. Tanto é assim, que há vários impostos submetidos a regimes jurídicos diversos, e contribuições submetidas a regras diferentes. Enfim, o regime jurídico distinto não conduz a naturezas jurídicas discordantes. Essa constatação é de grande valia, já que alguns autores sustentam que as contribuições não possuem natureza tributária pela simples circunstância de o artigo 149 ter determinado que elas devem obedecer às normas gerais tributárias e aos princípios da legalidade, da anterioridade e da irretroatividade."

Já Luciano Amaro[4] didaticamente conceitua as Contribuições sob a ótica da destinação, uma vez que não visam suprir as necessidades financeiras nem dos serviços públicos divisíveis, como as taxas, nem dos indivisíveis, como os impostos, contudo deixa de mencionar as Contribuições Sociais Gerais:

"A característica peculiar do regime jurídico deste terceiro grupo de exações está na destinação a determinada atividade, exercitável por entidade estatal ou paraestatal, ou por entidade não estatal reconhecida pelo Estado

---

[4] AMARO, Luciano. Direito Tributário Brasileiro. São Paulo: Saraiva, 1995, p. 53.

como necessária ou útil à realização de uma função de interesse público. Aqui se incluem as exações previstas no art.149 da Constituição, ou seja, as contribuições sociais, as contribuições de intervenção no domínio econômico e as contribuições de interesse de categorias profissionais ou econômicas, que são três subespécies de contribuições."

Por fim, Ricardo Lobo Torres[5] utiliza o critério topológico da Constituição para desvendar a sua finalidade financeira, esclarecendo que: "Considerando-se, todavia, que a natureza tributária se define no próprio discurso constitucional (se não estão em jogo os direitos fundamentais, de estatura pré-constitucional), segue-se que deve prevalecer o argumento topográfico, ainda que formalista e epidêmico. Demais disso, a transformação das contribuições sociais em tributo denota a orientação intervencionista e paternalista presente em diversos dispositivos da CF e leva ao aumento do tamanho do Estado Providencial e Assistencialista, sem que, entretanto, desnature o Estado Fiscal, que subsiste, mesmo obeso e ineficiente."

Ives Gandra[6] refuta a possiblidade de criação de novas espécies de contribuições sociais no sistema vigente, entendendo que "... sendo rígido o sistema tributário e regulado pela estrita legalidade, assim como, estando entre as limitações constitucionais ao poder de tributar, o da estrita legalidade (art, 150, inc I), não há espaço para a criação de contribuições fora das hipóteses constitucionais, risco de toda a Constituição, no capítulo do sistema tributário, tornar-se desnecessária, no máximo, servindo para sofisticadas tertúlias acadêmicas de olímpico alheiamento."

No mesmo sentido leciona Deborah Sales[7] para quem a verba destinada às entidades beneficiadas pelas Contribuições Sociais deveria ser oriunda dos cofres públicos por sua vez abastecidos com o dinheiro dos impostos: "Em verdade, a instituição de contribuições sociais gerais não encontra amparo no Sistema Tributário Nacional, porquanto as despesas

---

[5] TORRES, Ricardo Lobo. Curso de Direito Financeiro e Tributário. Rio de Janeiro. Renovar: 2002, p. 368.
[6] MARTINS, Ives Gandra da Silva. As Contribuições no sistema tributário brasileiro MACHADO, Hugo de Brito (Coordenador). As Contribuições no sistema tributário brasileiro. Dialética, São Paulo, 2003, p 341
[7] SALES, Deborah. As contribuições no sistema tributário brasileiro. MACHADO, Hugo de Brito (Coordenador) . As Contribuições no sistema tributário brasileiro. Dialética, São Paulo, 2003, p. 162

relativas a outros encargos estatais, não previstos expressamente pela Lei Fundamental, devem ser custeadas pela receita obtida com a arrecadação de impostos, tributo não vinculado. O "prestígio" ou "relevância" de que desfrutam as contribuições gerais no atual cenário brasileiro decorre da insaciável voracidade de Administração Pública Federal fundada no mesquinho e ilegítimo sentimento de que o produto de tais exações não impõe repartição, consoante ocorre com os impostos. Desse modo, não é absurdo pensar que, caso o Supremo Tribunal Federal continue não obstacularizando tal prática, incontestáveis novas contribuições serão criadas para o custeio de qualquer atividade de interesse público, fundada no argumento de que o art.149 da CF/88 é norma que conferiu à União poder de tributar só limitado pela criatividade dos agentes públicos federais."

Em sentido contrário defendendo a possibilidade de novas contribuições gerais Leandro Paulsen pontifica que: "A referência expressa, no texto constitucional, às contribuições de Seguridade Social (art.195) e aquelas referidas nos arts. 212, §5º, 239 e 240 não impede a instituição de novas contribuições sociais. Efetivamente, nos arts. 195, 212, § 5º, 239 e 240, não se tem nenhum elenco taxativo das contribuições sociais possíveis. Tem-se, sim, no art. 195, um regramento mais detalhado do custeio da Seguridade Social, com indicação de bases econômicas preferenciais, mas, mesmo assim, não exclusivas, já que a instituição de outras fontes é facultada mediante lei complementar (art. 195,§ 4º) e de algumas regras específicas, quais sejam, os requisitos para o exercício da competência residual (195, § 4º), a anterioridade especial (art. 195,§ 6º), a imunidade das entidades beneficentes de assistência social (art.195,§ 7º); no art. 212, § 5º, a Constituição, em face da relevância das ações da União quanto ao ensino fundamental, diz que terá como fonte adicional de financiamento a contribuição do salário-educação; no art.239, preserva as contribuições ao PIS e ao Pasep e lhes coloca como fonte de financiamento de determinados programas; no art. 240, trata de afastar aplicação do art.195 relativamente às contribuições então existentes incidentes sobre a folha de salários e destinadas às entidades privadas de serviço social e de formação profissional vinculadas ao sistema sindical, de modo que não se lhes dê o regime especial, mas o comum. Em tais artigos, pois, não temos a revelação de nenhum impedimento ao exercício da competência estabelecida no art.149, *caput*, primeira parte, da Constituição em todas as suas potencialidades. Pelo contrário, apenas cuidam de dar tratamento e fazer referências específicas a determinadas contribuições sociais já existentes. A classificação dos tributos feita pelo Min.Carlos Velloso no voto proferido por ocasião do julgamento do RE 138.284/CE, é que, de certa forma, alimentou uma posição restritiva quanto às contribuições sociais, na medida em que parecia circunscrever as sociais gerais ao FGTS, ao salário-educação (art.212, §5º) e às contribuições para o Sesi, Senai, Senac (art.240). Mas peca tanto por colocar o FGTS (a contribuição tradicional do FGTS) como tributo – não é tributo, conforme entendimento do próprio STF (*e.g.*, RE 134.328 e RE 120.189) como por dar cunho taxativo às contribuições sociais."

Findas as visões gerais acerca das "Contribuições", das quais as "Contribuições Sociais Gerais" são espécies, cumpre-nos partir para a análise desta categoria, cujo estudo encerra grandes desafios, uma vez que se as "Contribuições" já são uma classe residual de tributos, na qual se encaixam as exações que não podem ser compreendidas nas demais, as "Contribuições Sociais Gerais" perfazem um conjunto ainda mais heterogêneo, eis que é o seu grupo mais residual.

Ainda à guisa de introdução cumpre salientar que como o presente tema circunscreve-se a três espécies de tributos, relativamente distintas, unidas tão somente pelo fato de integrarem o mesmo gênero denominado "Contribuições Sociais Gerais", ao contrário das outras edições entendemos que é mais producente unir as conclusões individuais, jurisprudências atualizadas e questões controvertidas em cada um dos seus tópicos, ao invés de faze-lo a posteriori, o que misturaria três tributos imiscíveis.

2. Definição do Conceito de "Contribuições Sociais Gerais"

O termo "Contribuições Sociais Gerais" foi originado a partir da necessidade de se criar uma categoria para as exações que não poderiam ser agrupadas com as classes já conhecidas, e a sua conceituação, portanto, somente pode ser obtida de modo negativo, ou seja, as contribuições sociais gerais seriam contribuições sociais com suporte normativo diverso das tipificadas na Constituição como aquelas destinadas ao financiamento da Seguridade Social, por exemplo.

Historicamente, as ditas "Contribuições Sociais Gerais" surgiram no direito brasileiro a partir da decisão plenária do Supremo Tribunal Federal, em 1992, quando do julgamento do RE 138.284-8/CE, onde se realizava o controle de constitucionalidade da lei instituidora da Contribuição

Social sobre Lucro Líquido, momento em que o STF estabeleceu um rol jurisprudencial das espécies tributárias.

CONSTITUCIONAL. TRIBUTÁRIO. CONTRIBUIÇÕES SOCIAIS. CONTRIBUIÇÕES INCIDENTES SOBRE O LUCRO DAS PESSOAS JURIDICAS. Lei n. 7.689, de 15.12.88. I. – Contribuições parafiscais: contribuições sociais, contribuições de intervenção e contribuições corporativas. C.F., art. 149. Contribuições sociais de seguridade social. C.F., arts. 149 e 195. As diversas espécies de contribuições sociais. II. – A contribuição da Lei 7.689, de 15.12.88, e uma contribuição social instituida com base no art. 195, I, da Constituição. As contribuições do art. 195, I, II, III, da Constituição, não exigem, para a sua instituição, lei complementar. Apenas a contribuição do parag. 4. do mesmo art. 195 e que exige, para a sua instituição, lei complementar, dado que essa instituição devera observar a tecnica da competência residual da União (C.F., art. 195, parag. 4.; C.F., art. 154, I). Posto estarem sujeitas a lei complementar do art. 146, III, da Constituição, porque não são impostos, não há necessidade de que a lei complementar defina o seu fato gerador, base de calculo e contribuintes (C.F., art. 146, III, a). III. – Adicional ao imposto de renda: classificação desarrazoada. IV. – Irrelevância do fato de a receita integrar o orcamento fiscal da União. O que importa e que ela se destina ao financiamento da seguridade social (Lei 7.689/88, art. 1.). V. – Inconstitucionalidade do art. 8., da Lei 7.689/88, por ofender o princípio da irretroatividade (C.F., art , 150, III, a) qualificado pela inexigibilidade da contribuição dentro no prazo de noventa dias da publicação da lei (C.F., art. 195, parag. 6). Vigencia e eficacia da lei: distinção. VI. – Recurso Extraordinário conhecido, mas improvido, declarada a inconstitucionalidade apenas do artigo 8. da Lei 7.689, de 1988.

(STF – RE: 138284 CE , Relator: CARLOS VELLOSO, Data de Julgamento: 01/07/1992, TRIBUNAL PLENO, Data de Publicação: DJ 28-08-1992 PP-13456 EMENT VOL-01672-03 PP-00437 RTJ VOL-00143-01 PP-00313)

Exatos dez anos depois, em 2002, quando do julgamento da Ação Direta de Inconstitucionalidade nº 2556[8], a terminologia Contribuições Sociais Gerais foi novamente utilizada pelo Supremo Tribunal Federal na ocasião

---

[8] STF. Classe: ADI MC– Medida Cautelar em Ação Direta de Inconstitucionalidade. 2.556/DF. Órgão Julgador: Plenário. Relator Ministro Moreira Alves. Data da decisão: 09/10/2002.

em que foi reconhecida a natureza tributária de certas contribuições, que passaram a ser assim denominadas.

Neste momento o Ministro Moreira Alves destacou a necessidade de instituir classificação tributária que abarcasse este novo tributo, uma vez que seus caracteres não permitiam que fosse incluído na categoria das "Contribuições Sociais Gerais" de que trata o artigo 195 da Constituição da República.

Por esta razão, a Contribuição instituída pela Lei Complementar 110/2001 foi incluída no rol das Contribuições Sociais do artigo 149 da Constituição da República.

Estabeleceu-se, desta maneira, uma nova categoria de tributos representada por contribuições que se sujeitam à sistemática do artigo 149 da Constituição, e que apesar de denominadas "sociais", destinam-se a campos distintos da saúde, previdência e assistência social, às quais o Supremo Tribunal Federal[9] cuidou de destacar que não se aplicam o disposto nos artigos 145 § 1º (capacidade contributiva e pessoalidade), 154, I (não cumulatividade e não *bis in idem*), 167 IV (proibição geral de vinculação de receita de impostos a fundo ou despesa).

Contudo, salientou que as contribuições sociais gerais, de competência privativa da União, são regidas pelo princípio da anterioridade do exercício fiscal, o que significa que a elas não se aplicam o disposto no artigo 195 §6º da Constituição (anterioridade nonagesimal, noventena, ou anterioridade mitigada), mas sim a regra geral do artigo 150, III, b, que suspende a eficácia da norma até o primeiro dia do exercício fiscal seguinte àquele em que ela é criada (princípio da anterioridade do exercício fiscal).

Assim, estas contribuições sujeitam-se ao mesmo regime jurídico dos tributos, especificamente como as outras contribuições previstas no artigo 149 da Constituição, podendo ser instituídas por Lei Ordinária, com o objetivo de custear a atuação do Estado em campos diferentes da saúde, assistência e previdência.

Finalmente, cabe destacar que as citadas Contribuições "somente podem incidir sobre uma única base econômica, por contribuinte, para cada objetivo determinado."[10]

---

[9] STF. Classe: ADI MC– Medida Cautelar em Ação Direta de Inconstitucionalidade. 2.556/DF. Órgão Julgador: Plenário. Relator Ministro Moreira Alves. Data da decisão: 09/10/2002.
[10] SABBAG, Eduardo. 6 Ed. Manual de Direito Tributário. São Paulo, Saraiva. 2014. p. 543.

A partir dai esta classificação tornou-se assente na jurisprudência do Supremo Tribunal Federal, especialmente pela lavra dos Ministros Eros Grau e Celso de Mello[11], passando, depois, a integrar o vernáculo de outras cortes.

Traçadas as linhas gerais das "Contribuições Sociais Gerais" é necessário estabelecer quais tributos podem ser classificados como tais, para que sejam estudados isoladamente, quais sejam:

(a) Contribuição ao Salário Educação prevista no artigo 212 §5º da Constituição.
(b) Contribuições do Sistema "S" de que tratam o artigo 240 da Constituição.
(c) Contribuição da Lei Complementar 110/2001.

Passaremos agora a analisar cada uma das espécies.

3. Contribuição ao Salário Educação

A Contribuição denominada "Salário Educação" tem como objetivo financiar programas, projetos e ações direcionados à educação pública ou especial, desde que vinculada à educação básica.

Sua base de cálculo é o valor total das remunerações pagas ou creditadas pelas empresas, a qualquer título, aos segurados empregados, havendo hipóteses de isenções não incidência, tendo como alíquota 2.5% (dois e meio por cento) na forma do artigo 15 da Lei 9.424/96, com suas sucessivas atualizações.

O Salário Educação prevê uma Quota Federal, correspondente a um terço do valor arrecadado, que será utilizado para financiar programas e projetos direcionados à universalização do ensino fundamental, reduzindo os desníveis sociais em geral e uma Quota Estadual e Municipal, correspondente ao restante do montante, para financiar programas, projetos e ações do ensino fundamental.

Instituída pelo artigo 178 da Emenda Constitucional 01/1969, foi elencada pelo Supremo Tribunal Federal como uma das Contribuições Sociais Gerais:

---

[11] STF. Classe: RE-AgR – Agravo Regimental no Recurso Extraordinário. 452.493/SC. Órgão Julgador: Segunda Turma: Relator Ministro Eros Grau. Data da decisão: 01/04/2008; STF. Classe: AI-AgR – Agravo Regimental no Agravo de Instrumento. 596.079/PR. Órgão Julgador: Segunda Turma. Relator Ministro Celso de Mello. Data da decisão: 18/03/2008.

Art. 178. As emprêsas comerciais, industriais e agrícolas são obrigadas a manter o ensino primário gratuito de seus empregados e o ensino dos filhos dêstes, entre os sete e os quatorze anos, ou a concorrer para aquêle fim, mediante a contribuição do salário-educação, na forma que a lei estabelecer.

Não sem muito embate jurídico, o Supremo Tribunal Federal entendeu pela RECEPÇÃO do artigo 178 pela atual Constituição, em julgado que tornou-se um paradigma para demais discussões acerca do mesmo tema:

CONSTITUCIONAL. TRIBUTÁRIO. SALÁRIO-EDUCAÇÃO. CONSTITUCIONALIDADE. RECEPÇÃO. (1) O salário-educação, na vigência da EC 01/69 (art. 178), foi considerado constitucional. (2) A CF/88 recepcionou o referido encargo como contribuição social destinada ao financiamento do ensino fundamental (art. 212, § 5º), dando-lhe caráter tributário. Essa recepção manteve toda a disciplina jurídica do novo tributo, legitimamente editada de acordo com a ordem pretérita. (3) O art. 25 do ADCT revogou todas as delegações de competência outorgadas ao Executivo, sobre a matéria reservada ao Congresso Nacional, mas não impediu a recepção dos diplomas legais legitimamente elaborados na vigência da Constituição anterior, desde que materialmente compatíveis com a nova Carta. (4) Até a publicação da Lei nº 9.424/96, o salário-educação continuou regido pelas regras construídas no sistema precedente. (5) Recurso não conhecido
(STF – RE: 272872 RS , Relator: Min. ILMAR GALVÃO, Data de Julgamento: 04/04/2001, Tribunal Pleno, Data de Publicação: DJ 10-10-2003 PP-00021 EMENT VOL-02127-02 PP-00301 RTJ VOL-00191-01 PP-00271)

Em seguida foi publicada a Súmula 732 do Supremo Tribunal Federal que assim dispõe: "É constitucional a cobrança da contribuição do salário-educação, seja sob a Carta de 1969, seja sob a Carta de 1988, e no regime da Lei 9.424/1996".

Isto porque o Supremo Tribunal Federal entendeu que o Salário Educação encontra âmbito de validade no artigo 212, §5º da atual Carta, como de fato ocorre:

Art. 212. A União aplicará, anualmente, nunca menos de dezoito, e os Estados, o Distrito Federal e os Municípios vinte e cinco por cento, no mínimo, da receita resultante de impostos, compreendida a proveniente de transferências, na manutenção e desenvolvimento do ensino.

(...)

§ 5º – O ensino fundamental público terá como fonte adicional de financiamento a contribuição social do salário-educação, recolhida, na forma da lei, pelas empresas, que dela poderão deduzir a aplicação realizada no ensino fundamental de seus empregados e dependentes.

Atualmente o Salário Educação, sobre o qual não recai qualquer dúvida quanto à constitucionalidade, é recolhido junto à Receita Federal do Brasil, para depois ter suas quotas repassadas aos Estados, Municípios e aos destinatários federais, estando em tramitação o Projeto de Lei 1.655/2011 que pretende alterar a sistemática da divisão dos valores recolhidos.

Em relação à legitimidade para integrar o polo passivo da demanda que verse sobre o Salário Educação, a jurisprudência é firme no sentido de que ela é do INSS e do Fundo Nacional do Desenvolvimento da Educação – FNDE.

TRIBUTÁRIO E PROCESSUAL CIVIL. AÇÃO ORDINÁRIA. LEGITIMIDADE PASSIVA. CONTRIBUIÇÃO DESTINADA AO SALÁRIO-EDUCAÇÃO 1. O INSS e o FNDE, e não a União, possuem legitimidade ad causam para figurar no polo passivo das demandas em que se discute a contribuição ao salário-educação. Precedentes do STJ. 2. Agravo Regimental não provido.

(STJ – AgRg nos EDcl no AREsp: 211790 SC 2012/0160483-1, Relator: Ministro HERMAN BENJAMIN, Data de Julgamento: 21/03/2013, T2 – SEGUNDA TURMA, Data de Publicação: DJe 09/05/2013)

Em relação à sujeição passiva do Salário Educação, o Superior Tribunal de Justiça firmou o conceito amplo de empresa, entendendo que submetem-se a ele aqueles que exercem atividade econômica, independente de vincularem-se ao regime jurídico de direito público, eis que não há de se falar em imunidade, ou mesmo de exercer atividade rural.

PROCESSUAL CIVIL. RECURSO ESPECIAL. TRIBUTÁRIO. SALÁRIO-EDUCAÇÃO.PRODUTOR RURAL PESSOA FÍSICA. INEXIGIBILIDADE DA EXAÇÃO. 1. A orientação das Turmas que integram a Primeira Seção/STJ firmou-se no sentido de que a contribuição para o salário-educação somente é devida pelas empresas em geral e pelas entidades públicas e privadas vinculadas ao Regime Geral da Previdência Social, entendendo-se como tais, para fins de incidência, qualquer firma individual ou sociedade que assuma o risco de atividade econômica, urbana ou rural, com fins lucrativos ou não, conforme estabelece o art. 15 da Lei 9.424/96, c/c o art. 2º do Decreto 6.003/2006.2. Assim, "a contribuição para o salário-educação tem como sujeito passivo as empresas, assim entendidas as firmas individuais ou sociedades que assumam o risco de atividade econômica, urbana ou rural, com fins lucrativos ou não" (REsp 1.162.307/RJ, 1ª Seção, Rel. Min. Luiz Fux, DJe de 3.12.2010 – recurso submetido à sistemática prevista no art. 543-C do CPC), razão pela qual o produtor rural pessoa física, desprovido de registro no Cadastro Nacional de Pessoa Jurídica (CNPJ), não se enquadra no conceito de empresa (firma individual ou sociedade), para fins de incidência da contribuição para o salário educação. Nesse sentido: REsp 711.166/PR, 2ª Turma, Rel. Min. Eliana Calmon, DJ de 16.05.2006; REsp 842.781/RS, 1ª Turma, Rel. Min. Denise Arruda, DJ de 10.12.2007.3. Recurso especial provido.

(STJ – REsp: 1242636 SC 2011/0054205-5, Relator: Ministro MAURO CAMPBELL MARQUES, Data de Julgamento: 06/12/2011, T2 – SEGUNDA TURMA, Data de Publicação: DJe 13/12/2011)

No que diz respeito aos produtores rurais, vale destacar um entendimento recente no sentido de que o marco divisório para a incidência ou não do salario educação seria a inscrição do agricultor no Cadastro Nacional de Pessoas Jurídicas, sendo este o discrímen necessário, afastando os produtores "pessoas físicas", desde que não possuam inscrição no CNPJ, da incidência do tributo. Assim, repita-se, o critério para não recolher Salário Educação não é ser pessoa física ou jurídica, mas ser pessoa física não inscrita no CNPJ.

TRIBUTÁRIO. SALÁRIO-EDUCAÇÃO. PRODUTOR RURAL. INSCRIÇÃO NO CNPJ. EXIGIBILIDADE.

1. Deve-se reconhecer a inexigibilidade do recolhimento da contribuição salário-educação para os contribuintes que sejam produtores rurais pessoas físicas.

2. Tal entendimento só deve ser aplicado nos casos em que não há registro no CNPJ, uma vez que o produtor rural aparece constituído como pessoa jurídica.

3. No caso vertente, os apelantes juntaram aos autos documentos que comprovam estarem inscritos no Cadastro Nacional de Pessoas Jurídicas (p. 38/39), o que determina a necessidade de contribuírem com o salário-educação.

4. Precedentes do Superior Tribunal de Justiça.

5. Apelação improvida.

(TRF-3 – AC: 779 SP 0000779-48.2010.4.03.6122, Relator: DESEMBARGADORA FEDERAL CONSUELO YOSHIDA, Data de Julgamento: 07/03/2013, SEXTA TURMA)

Em 2010 o Supremo Tribunal Federal decidiu que não incide a Contribuição ao Salário Educação sobre os pagamentos realizados a empregados, gênero no qual não se amoldam os Trabalhadores Avulsos, em aresto digno de transcrição.

RECURSO EXTRAORDINÁRIO. TRIBUTÁRIO. INCIDÊNCIA DA CONTRIBUIÇÃO PARA O SALÁRIO-EDUCAÇÃO SOBRE A REMUNERAÇÃO DE TRABALHADORES AVULSOS. CONSTITUCIONALIDADE. ACÓRDÃO RECORRIDO EM DESARMONIA COM A JURISPRUDÊNCIA DO SUPREMO TRIBUNAL FEDERAL. RECURSO PROVIDO.

Relatório

1. Recurso extraordinário interposto com base no art. 102, inc. III, alínea a, da Constituição da República.

2. O Tribunal Regional Federal da 4ª Região julgou apelação em ação ordinária, nos termos seguintes: "SALÁRIO-EDUCAÇÃO. TRABALHADOR AVULSO. INEXIGIBILIDADE. HONORÁRIOS. O salário-educação não incide sobre a remuneração paga aos trabalhadores avulsos, pois o art. 15 da Lei n. 9.424/96 determina que a contribuição é calculada com base na alíquota de 2,5% sobre o total de remunerações pagas ou creditadas, a qualquer título, aos segurados empregados, assim definidos no art. 12, inciso I, da Lei n. 8.212, de 24 de julho de 1991, enquanto aqueles trabalhadores estão arrolados como segurados no inciso VI, do mesmo dispositivo legal. Honorários advocatícios fixados em 5% (cinco por cento) sobre o valor da causa, conforme dispõe o art. 20, § 4º, do CPC, tendo em vista o grau de zelo do profissional, a natureza e a importância da causa, o trabalho realizado pelo advogado e o tempo exigido para o seu serviço" (fl. 186).

3. A Recorrente alega que o Tribunal a quo teria contrariado os arts. 195 e 212, § 5º, da Constituição. Argumenta que: "o Salário-Educação não é uma contribuição de caráter previdenciário. Esta é uma contribuição social de caráter geral e que se destina ao financiamento do ensino fundamental público (...).(...) Sendo assim, no que pertine à incidência do salário-educação na par-

cela relativa aos avulsos, correta é a incidência da referida contribuição" (fl. 206). Apreciada a matéria trazida na espécie, DECIDO.

4. Razão jurídica assiste à Recorrente. Registre-se, por oportuno, o que consignado pelo Desembargador Relator em seu voto condutor: "o trabalhador avulso não faz parte do conceito de 'empregado' para fins de incidência do salário-educação, e para que a contribuição seja impositiva, há necessidade de estar prevista em lei, para cumprir os requisitos do art. 97 do CTN e art. 150, I, da CF. Dessa forma, mostra-se procedente o pedido do autor, de não mais recolher a contribuição ao salário-educação sobre a remuneração do trabalhador avulso, com a devolução das parcelas vertidas nos últimos cinco anos" (fls. 183 v.-185). Conforme se verifica, o acórdão recorrido está em desarmonia com a jurisprudência do Supremo Tribunal Federal, que se firmou no sentido de que é constitucional a incidência da contribuição para o salário-educação sobre a remuneração de autônomos, avulsos e administradores. Neste sentido: "Extraordinário. Inadmissibilidade. Salário-educação: Decreto-Lei n. 1.422/75 e Lei n. 9.424/96. Incidência. Remuneração paga a autônomos, avulsos e administradores. Constitucionalidade. Agravo regimental não provido. Precedentes. Agravo regimental improvido. É constitucional a contribuição denominada salário-educação sobre a remuneração paga a autônomos, avulsos e administradores" (AI 523.308-AgR, Rel. Min. Cezar Peluso, Primeira Turma, DJ 27.5.2005 – grifei).

5. Pelo exposto, dou provimento ao recurso extraordinário (art. 557, 1º-A, do Código de Processo Civil e art. 21, § 2º, do Regimento Interno do Supremo Tribunal Federal). Ficam invertidos os ônus da sucumbência conforme fixados na sentença. Publique-se. Brasília, 14 de junho de 2010.Ministra CÁRMEN LÚCIA Relatora

(STF – RE: 614129 RS , Relator: Min. CÁRMEN LÚCIA, Data de Julgamento: 14/06/2010, Data de Publicação: DJe-116 DIVULG 24/06/2010 PUBLIC 25/06/2010)

Contudo atualmente encontra-se em regime de Repercussão Geral a discussão acerca da incidência do Salário Educação sobre os trabalhadores Autônomos e Avulsos:

Ementa: AGRAVO REGIMENTAL NO RECURSO EXTRAORDINÁRIO. ADMINISTRATIVO E PREVIDENCIÁRIO. REPERCUSSÃO GERAL PRESUMIDA. ARTIGO 323, § 1º, DO RISTF. TRABALHADORES AUTÔNOMOS E AVULSOS. COBRANÇA DO SALÁRIO-EDUCAÇÃO. CONS-

TITUCIONALIDADE. RECURSO EXTRAORDINÁRIO DA UNIÃO. PRESSUPOSTOS DE ADMISSIBILIDADE. PREENCHIMENTO. AGRAVO REGIMENTAL A QUE SE NEGA PROVIMENTO.

1. A repercussão geral é presumida quando o recurso versar questão cuja repercussão já houver sido reconhecida pelo Tribunal, ou quando impugnar decisão contrária a súmula ou a jurisprudência dominante desta Corte (artigo 323, § 1º, do RISTF).

2. Ambas as turmas deste Supremo Tribunal Federal fixaram entendimento no sentido de que "é constitucional a contribuição denominada salário-educação sobre a remuneração paga a autônomos, avulsos e administradores" (AI 523.308-AgR, Primeira Turma, Relator o Ministro Cezar Peluso, DJ de 27.05.05). No mesmo sentido: RE 601.380-AgR, Segunda Turma, Relator o Ministro Eros Grau, DJ de 14.05.10; AI 496.771-AgR, Primeira Turma, Relator o Ministro Sepúlveda Pertence, DJ de 26.11.04; RE 395.172-AgR, Primeira Turma, Relator o Ministro Carlos Britto, DJ de 07.05.04.

3. O recurso extraordinário interposto pela União atende aos pressupostos de admissibilidade indispensáveis para o conhecimento da causa por esta Corte.

4. Ao contrário do alegado nas razões de agravar, a decisão impugnada não se restringiu a declarar, de forma genérica, a constitucionalidade da contribuição para o salário-educação, tendo declarado a constitucionalidade daquela contribuição "incidente sobre a remuneração paga a trabalhadores autônomos, avulsos e administradores" (sem grifos no original).

5. In casu, o acórdão originalmente recorrido assentou: "TRIBUTÁRIO. OPERADORA PORTUÁRIA. CONTRIBUIÇÃO RELATIVA AO SALÁRIO-EDUCAÇÃO. LEI Nº 9.424/1996. TRABALHADORES AVULSOS. INEXIGIBILIDADE. PRESCRIÇÃO. COMPROVAÇÃO DO PAGAMENTO INDEVIDO. RESTITUIÇÃO DO INDÉBITO. HONORÁRIOS ADVOCATÍCIOS. MAJORADOS.

1. O art. 15 da Lei nº 9.424/96 é inequívoco ao estabelecer que a contribuição relativa ao salário-educação incide apenas sobre o total das remunerações pagas ou creditadas aos segurados empregados, assim definidos no inciso I do art. 12 da Lei nº 8.212/91, de modo a não permitir a cobrança da exação sobre as remunerações pagas aos trabalhadores avulsos, definidos de forma específica no inciso II do art. 12 da Lei nº 8.212/91. 2. No caso dos autos, como a ação foi proposta em 23/02/2007, incide o preceito contido no art. 3º da LC nº 118/05, restando prescritas, pois, as parcelas relativas aos fatos geradores

ocorridos no qüinqüênio que antecedeu a propositura da demanda, ou seja, as parcelas anteriores à 23/02/2002. 3. Reconhecido o direito à restituição dos valores indevidamente recolhidos a título de salário-educação, a contar da vigência da Lei nº 9.424/96, observada a atualização monetária pela taxa SELIC. 4. Os honorários advocatícios devem pautar-se pelo § 4º do artigo 20 do Código de Processo Civil. A fixação da verba honorária, quando calculada com base nesse parágrafo, não necessita enquadrar-se nos limites percentuais do § 3º do referido artigo, devendo ser arbitrada segundo a apreciação eqüitativa do juiz. Na hipótese, em que pese o processo não ter envolvido questões de alta complexidade, há que se atentar para o benefício econômico obtido com a procedência da demanda, representado, no caso, pelo valor atribuído à causa R$ 2.886.736,74 (dois milhões oitocentos e oitenta e seis mil setecentos e trinta e seis reais e setenta e quatro centavos) e o disposto no art. 20, § 4º, do CPC, a verba honorária deve ser majorada. Assim, fixo os honorários advocatícios no valor de R$ 25.000,00 (vinte e cinco mil reais), pro rata, atualizado pelo IPCA-e, em consonância com os precedentes desta Turma."
6. Agravo regimental a que se nega provimento.
(STF – RE: 645057 DF , Relator: Min. LUIZ FUX, Data de Julgamento: 25/09/2012, Primeira Turma, Data de Publicação: DJe-215 DIVULG 30-10-2012 PUBLIC 31-10-2012)

Quanto à pretensão de algumas entidades de não recolherem o Salário Educação sob o argumento de suposta isenção o Superior Tribunal de Justiça já firmou o entendimento no sentido de que a contribuição rege-se pelo princípio da solidariedade, e que eventuais isenções devem ser interpretadas restritivamente, não havendo de se falar em isenção pelo fato do sujeito passivo ser entidade de assistência social sem fins lucrativos, ou mesmo ente público.

TRIBUTÁRIO. SALÁRIO-EDUCAÇÃO. SENAC. INCIDÊNCIA. ISENÇÃO. INEXISTÊNCIA. 1. Hipótese em que o Tribunal de origem afastou a incidência do salário-educação com relação ao Serviço Nacional de Aprendizagem Comercial – SENAC, por classificá-lo como entidade de assistência social sem fins lucrativos, aplicando a isenção prevista no art. 3º, III, do DL 1.722/75. 2. A legislação do salário-educação inclui em sua sujeição passiva todas as entidades (privadas ou públicas, ainda que sem fins lucrativos ou beneficentes) que admitam trabalhadores como empregados ou que simplesmente sejam vinculadas à Previdência Social, ainda que não se classifiquem como empresas em sentido estrito (comercial, industrial, agropecuária ou de serviços). A exação é calculada sobre a folha do salário de contribuição (art. 1º, caput e § 5º, do DL 1.722/75). 3. O SENAC, ao lado de outros componentes do chamado Sistema S (SENAI, SENAR, etc.), integra um gênero específico de entidade de formação profissional vinculada ao sistema sindical, expressamente previsto pelo art. 240 da CF. 4. Inviável classificar o SENAC como entidade de assistência social sem fins lucrativos, para fins de isenção. Aplicação do art. 111, II, do CTN (interpretação restritiva dos benefícios fiscais). 5. Recurso Especial provido.

(STJ – REsp: 272671 ES 2000/0082289-2, Relator: Ministro HERMAN BENJAMIN, Data de Julgamento: 21/02/2008, T2 – SEGUNDA TURMA, Data de Publicação: DJe 04/03/2009 REPDJe 25/08/2009)

Conclusivamente, acerca do Salário Educação é possível afirmar que já se trata de um tributo com seus contornos relativamente bem delimitados, com constitucionalidade pacificada, contudo restando apenas algumas dúvidas acerca da sua incidência sobre o pagamento a trabalhadores sem relação empregatícia, e sobre empregadores rurais.

4. Contribuição aos "Serviços Sociais Autônomos"

Antes de mais nada é importante salientar que não há consenso doutrinário e jurisprudencial quanto à correta classificação das Contribuições aos Serviços Sociais Autônomos, especificamente se elas inserem-se no grupo das Contribuições de Seguridade Social, como a contribuição ao INSS, se encaixam-se dentre as Contribuições de Interesse de Categorias Profissionais ou ainda se são Contribuições Sociais Gerais, entendimento por nós compartilhado não obstante o respeito nutrido por aqueles que deste entendimento divergem.

Este entendimento decorre do já mencionado julgamento, pelo Plenário do Supremo Tribunal Federal, do RE 138.284-8 CE onde foi consolidada jurisprudencialmente a classificação dos tributos, ocasião em que as Contribuições aos Serviços Sociais Autônomos foram compreendidas como Contribuições Sociais Gerais, classificação esta confirmada em 1993, quando do julgamento do RE. 148.754-2 RJ.

Firmou-se, portanto, no âmbito do Supremo Tribunal Federal, a classificação das Contribuições aos Serviços Sociais Autônomos como uma das espécies de Contribuições Sociais Gerais.

Em regra o STJ não diverge de tal classificação, merecendo destaque o fato de que, especificamente no que diz respeito ao SEBRAE, há julgados no sentido de que seriam verdadeiras "Contribuições de Intervenção no Domínio Econômico", portanto oponíveis a toda sociedade, não apenas "... os segmentos que recolhem os bônus dos serviços inerentes ao SEBRAE." (RESP 608.101/RJ. 2 Turma. Min. Castro Meira, DJ de 24.08.2004.

Em razão desta orientação jurisprudencial é possível afirmar que muito embora a o Supremo Tribunal Federal classifique, de forma geral, as Contribuições aos Serviços Sociais Autônomos na categoria das Contribuições Sociais Gerais, tanto ele como o Superior Tribunal de Justiça possuem entendimento de que a contribuição ao SEBRAE é uma "Contribuição de Intervenção no Domínio Econômico", uma vez que sua função consiste em fomentar e apoiar as empresas, ao invés de fiscalizar e regular o setor, ou mesmo capacitar profissionalmente e fomentar o bem estar dos trabalhadores, vide AgRg no Ag 600.795/PR e RE 396.266/SC:

> "A contribuição do Sebrae – Lei 8.029/1990, art. 8º, § 3º, redação das Leis 8.154/1990 e 10.668/2003 – é contribuição de intervenção no domínio econômico, não obstante a lei a ela se referir como adicional às alíquotas das contribuições sociais gerais relativas às entidades de que trata o art. 1º do DL 2.318/1986, Sesi, Senai, Sesc, Senac. Não se inclui, portanto, a contribuição do Sebrae, no rol do art. <240, CF." (RE 396.266, Rel. Min. Carlos Velloso, julgamento em 26-11-2003, Plenário, DJ de 27-2-2004). No mesmo sentido: AI 710.609-AgR, Rel. Min. Celso de Mello, julgamento em 19-5-2009, Segunda Turma, DJE de 12-6-2009; AI 630.179-AgR, Rel. Min. Cármen Lúcia, julgamento em 17-3-2009, Primeira Turma, DJE de 17-4-2009; AI 708.772-AgR, Rel. Min. Eros Grau, julgamento em 10-2-2009, Segunda Turma, DJE de 13-3-2009; RE 401.823-AgR, Rel. Min. Ayres Britto, julgamento em 28-9-2004, Primeira Turma, DJ de 11-2-2005; RE 588.050-AgR, Rel. Min. Ellen Gracie, julgamento em 17-3-2009, Segunda Turma, DJE de 8-5-2009.

Ultrapassada a questão taxiológica é importante destacar que assim como o "Salário Educação" é uma contribuição social geral destinada à promoção da educação básica, as "Contribuições Corporativas" são contribuições sociais destinadas a entidades que não integram a administração pública mas que, contudo, executam atividades típicas do setor público.

A partir de uma análise crítica sob a ótica financeira, é possível constatar que mais uma vez o particular é onerado com um novo tributo cuja receita é especialmente revertida para uma atividade que deveria ser custeada com dotações orçamentárias já existentes.

Isto porque na década de 1940 o Brasil iniciou um ambicioso plano de educação profissionalizante, que indubitavelmente é um dos principais pilares para o desenvolvimento de qualquer nação, e idealizou o financiamento de tal sistema por meio de contribuições sociais, cobradas do setor que, direta e indiretamente se beneficia com a disponibilidade, no mercado de trabalho, dos profissionais dos quais ele necessita. É uma providência híbrida entre estatizar o setor, que passaria a ser custeado por toda a sociedade, e extingui-lo, deixando unicamente ao mercado a incumbência de formar tais profissionais.

A exemplo do Salário Educação, os "Serviços Sociais Autônomos" possuem por base de cálculo a folha de pagamento das empresas integrantes da respectiva categoria, sendo a receita direcionada para o aperfeiçoamento profissional naquele setor, bem como para atividades cujo objetivo consiste em incrementar o bem estar dos trabalhadores daquela área.

Atualmente os "Serviços Sociais Autônomos" são integrados pelas seguintes pessoas, abaixo elencadas:

>INCRA – Instituto Nacional de Colonização e Reforma Agrária
>SENAI – Serviço Nacional de Aprendizagem Industrial
>SESI – Serviço Social da Indústria
>SENAC – Serviço Nacional de Aprendizagem do Comércio
>SESC – Serviço Social do Comércio
>DPC – Diretoria de Portos e Costas do Ministério da Marinha
>SEBRAE – Serviço Brasileiro de Apoio às Pequenas e Médias Empresas
>FUNDO AEROVIÁRIO – Fundo Vinculado ao Ministério da Aeronáutica
>SENAR – Serviço Nacional de Aprendizagem Rural
>SEST – Serviço Social de Transporte
>SENAT – Serviço Nacional de Aprendizagem do Transporte

Em 2013 o Plenário do Supremo Tribunal Federal, sob relatoria do Ministro Lewandowski proferiu interessante julgado professando a natureza privada dos Serviços Sociais Autônomos paraestatais, bem como que as contribuições a eles recolhidas, com natureza indubitavelmente tributária, perdem tal condição a partir do ingresso nos cofres privados:

>"Os serviços sociais autônomos do denominado sistema 's', embora compreendidos na expressão de entidade paraestatal, são pessoas jurídicas de

direito privado, definidos como entes de colaboração, mas não integrantes da administração pública. Quando o produto das contribuições ingressa nos cofres dos serviços sociais autônomos perde o caráter de recurso público." (ACO 1.953-AgR, rel. min. Ricardo Lewandowski, julgamento em 18-12-2013, Plenário, DJE de 19-2-2014.)

Quanto ao veículo introdutor competente para a instituição de novas Contribuições para Serviços Sociais Autônomos o Supremo Tribunal Federal admite que é a Lei Ordinária, uma vez que a reserva de Lei Complementar existiria tão somente para a instituição de novas fontes de custeio, o que não se confunde com a instituição de novo tributo sobre fonte de custeio já existente. Contudo, no mesmo julgado admite ser a Contribuição ao SESCOOP uma Contribuição de Intervenção no Domínio Econômico, assim como a Contribuição ao Sebrae.

"O fato de a contribuição destinada ao Serviço Nacional de Aprendizagem do Cooperativismo (Sescoop) não estar prevista no art. 240 da Constituição também não lhe retira, numa primeira análise, a validade. É certo que as contribuições sociais recepcionadas pelo art. 240 não se submetem à reserva de lei complementar para a respectiva instituição. O art. 195, § 4º, da Constituição, contudo, somente se aplica às novas fontes de custeio da seguridade social, hipótese diversa da versada nos autos. Com efeito, nos termos do art. 174, § 2º, da Constituição, o estímulo ao cooperativismo é parte do programa de regulamentação da atividade econômica que incumbe à União. Por isso, a contribuição destinada ao custeio do serviço nacional que tem por objetivo 'organizar, administrar, e executar em todo o território nacional o ensino de formação profissional, desenvolvimento e promoção social do trabalhador em cooperativa e dos cooperados' (art. 8º da MP 2.168-40/2001) pertence à classe das contribuições de intervenção no domínio econômico, não se configurando como nova contribuição social destinada ao custeio da seguridade social (art. 149, e 194, caput, da Constituição). Ademais, a recepção constitucional das contribuições sociais previstas no art. 240 da Constituição não lhes outorga, evidentemente, imunidade a ulterior modificação. Ressalva-se quanto a elas, tão somente, a aplicação das restrições previstas no art. 195 da Constituição." (ADI 1.924-MC, voto do Rel. p/ o ac. Min. Joaquim Barbosa, julgamento em 20-5-2009, Plenário, DJE de 7-8-2009.)

Assim, apesar de divergência acerca da precisa natureza jurídica das Contribuições para os Serviços Sociais Autônomos, é um instituto relativamente consolidado, com nítida natureza tributária e com o franco objetivo de financiar entidades paraestatais que tem por objetivo o aperfeiçoamento profissional do setor onerado com a exação.

5. Contribuição Social Geral Prevista na Lei Complementar 110/2001

Finalmente, a terceira e última espécie do gênero "Contribuições Sociais Gerais" é a já mencionada Contribuição prevista pela Lei Complementar 110/2001, instituída para arrecadar fundos para fazer frente ao déficit nas contas do FGTS que sofreram perdas em razão dos Planos Collor, Bresser e Verão, verbis:

> Art. 1º Fica instituída contribuição social devida pelos empregadores em caso de despedida de empregado sem justa causa, à alíquota de dez por cento sobre o montante de todos os depósitos devidos, referentes ao Fundo de Garantia do Tempo de Serviço – FGTS, durante a vigência do contrato de trabalho, acrescido das remunerações aplicáveis às contas vinculadas.
> (...)
> Art. 3º (...)
> § 1º As contribuições sociais serão recolhidas na rede arrecadadora e transferidas à Caixa Econômica Federal, na forma do art. 11 da Lei nº 8.036, de 11 de maio de 1990, e as respectivas receitas serão incorporadas ao FGTS.

Apesar do fato gerador no mínimo inusitado, esta exação indubitavelmente possui natureza tributária, por subsumir-se ao conceito do artigo 3º do Código Tributário Nacional, razão pela qual o Supremo Tribunal Federal admitiu sua constitucionalidade e a sua consequente categorização dentre as Contribuições, uma vez que não se adequaria a outra espécie tributária.

Tal entendimento tem sido mantido até os dias atuais, como se pode aferir pela análise das recentes jurisprudências do Supremo Tribunal Federal e do Superior Tribunal de Justiça, respectivamente, acerca do tema:

> Ementa: TRIBUTÁRIO. CONTRIBUIÇÕES DESTINADAS AO CUSTEIO DAS OBRIGAÇÕES DA UNIÃO DECORRENTES DE CONDENAÇÕES À RECOMPOSIÇÃO DO FGTS. CONSTITUCIONALIDADE. LC 110/2001, ARTS. 1º E 2º. AGRAVO REGIMENTAL. Sem prejuízo do exame

da perda superveniente de validade das contribuições instituídas pela LC 110/2001, esta Suprema Corte as julgou constitucionais, por ocasião dos exames da medida liminar e do mérito da ADI 2.556 e da ADI 2.568. Agravo regimental ao qual se nega provimento.

(STF – AI: 745534 DF , Relator: Min. JOAQUIM BARBOSA, Data de Julgamento: 28/08/2012, Segunda Turma, Data de Publicação: ACÓRDÃO ELETRÔNICO DJe-182 DIVULG 14-09-2012 PUBLIC 17-09-2012)

TRIBUTÁRIO E PROCESSUAL CIVIL. AGRAVO REGIMENTAL NO AGRAVO EM RECURSO ESPECIAL. VIOLAÇÃO AO ART. 535 DO CPC. NÃO CONFIGURAÇÃO. DECISÃO MONOCRÁTICA COM BASE NO ART. 557 DO CPC. REAPRECIAÇÃO DA MATÉRIA PELO ÓRGÃO COLEGIADO. TRIBUTOS INSTITUÍDOS PELOS ARTS. 1º E 2º DA LC 110/2001. ADI 2.566/DF. MATÉRIA CONSTITUCIONAL. COMPETÊNCIA DO SUPREMO TRIBUNAL FEDERAL. AGRAVO REGIMENTAL NÃO PROVIDO. 1. Não havendo no acórdão recorrido omissão, obscuridade ou contradição, não fica caracterizada ofensa ao art. 535 do CPC. 2. De acordo com o art. 557 do CPC é possível ao Relator decidir o recurso, com fundamento na jurisprudência dominante, de forma monocrática, não ofendendo, assim, o princípio da colegialidade. Ademais, consoante orientação do STJ, a confirmação de decisão monocrática de relator pelo órgão colegiado supera eventual violação do art. 557 do CPC. 3. O Tribunal de origem ao decidir a demanda assentou que: "o Supremo Tribunal Federal (ADIn nº 2556) reconheceu que as exações criadas pela Lei Complementar nº 110/2001 amoldam-se à espécie de contribuições sociais gerais, submetidas à regência do artigo 149 da Constituição Federal," (e-STJ fl.279). Assim, eventual ofensa, caso existente, ocorre no plano constitucional, motivo pelo qual é inviável a rediscussão do tema pela via especial. 4. Agravo regimental não provido.

(STJ – AgRg no AREsp: 495987 SP 2014/0072694-3, Relator: Ministro MAURO CAMPBELL MARQUES, Data de Julgamento: 03/06/2014, T2 – SEGUNDA TURMA, Data de Publicação: DJe 09/06/2014)

O reconhecimento da natureza tributária do Salário Educação é extremamente relevante por permitir a sua compensação, o que é no mínimo justo, por facultar ao contribuinte um acerto de contas entre o tributo pago indevidamente no passado e outras parcelas vincendas.

PROCESSUAL CIVIL – EMBARGOS DE DECLARAÇÃO – ERRO MATERIAL – ACOLHIMENTO – COMPENSAÇÃO – SALÁRIO EDUCAÇÃO – NATUREZA JURÍDICA ANTERIOR E POSTERIOR À CONSTITUIÇÃO FEDERAL – ART. 66, § 1º DA LEI 8.383/91. 1. Há erro material quando o acórdão reconhece premissa fática inexistente nos autos. 2. É possível a compensação de créditos relativos ao salário educação recolhidos anteriormente à Constituição Federal com débitos vencidos e vincendos da contribuição após o reconhecimento de sua natureza tributária. 3. O § 1º do art. 66 da Lei 8.383/91 admite a compensação de tributos e receitas de mesma espécie e destinação constitucional. 4. Embargos de declaração acolhidos com efeito modificativo para negar provimento ao recurso especial.

(STJ – EDcl no REsp: 1104375 SP 2008/0249409-2, Relator: Ministra ELIANA CALMON, Data de Julgamento: 01/12/2009, T2 – SEGUNDA TURMA, Data de Publicação: DJe 14/12/2009)

Questão interessante surge quando se discute qual seria o fator apropriado para atualizar monetariamente valores eventualmente recolhidos a maior a título de Contribuição Social Geral (LC 110/2001), ocasião em que o Superior Tribunal de Justiça firmou o entendimento ser aplicável a SELIC, comum a todos os tributos, e não os índices utilizados para a correção das quantias depositadas no FGTS, *verbis*:

TRIBUTÁRIO – CONTRIBUIÇÕES SOCIAIS INSTITUÍDAS PELA LC 110/2001 – REPETIÇÃO DE INDÉBITO – ATUALIZAÇÃO MONETÁRIA – TAXA SELIC. 1. A iterativa jurisprudência desta Corte tem firmado o entendimento de que na repetição de indébito das contribuições sociais instituídas pela LC 110/2001 deve incidir a Taxa Selic como índice de atualização monetária, em detrimento dos índices de correção dos saldos das contas vinculados do FGTS. 2. Recurso especial não provido

(STJ – REsp: 1037181 RS 2008/0048830-3, Relator: Ministra ELIANA CALMON, Data de Julgamento: 03/02/2009, T2 – SEGUNDA TURMA, Data de Publicação: DJe 18/02/2009)

Também é importante ressaltar que a jurisprudência firmou-se no sentido de que a Caixa Econômica Federal é mera arrecadadora do tributo e que por esta razão não possui legitimidade para integrar o polo passivo de qualquer demanda que discuta os aspectos legais do tributo.

PROCESSO CIVIL E TRIBUTÁRIO – CONTRIBUIÇÃO SOCIAL DA LC 110/2001 – QUESTIONAMENTO EM TORNO DA LEGALIDADE DA EXAÇÃO – LEGITIMIDADE PASSIVA – POSIÇÃO DA CAIXA ECONÔMICA FEDERAL – RECURSO ESPECIAL PROVIDO. 1. Não se pode identificar a contribuição social instituída pela LC 110/2001, destinada a cobrir o déficit das contas do FGTS, como espécie do mesmo gênero das contribuições para o Fundo, ou mera majoração do FGTS. 3. Tratando-se de espécie nova, identificada como contribuição social especial, de natureza tributária, aplica-se por inteiro a legislação de regência, a LC 110/2001 e o Decreto 3.914/2001, os quais descartam a intervenção da CEF, senão como mero órgão arrecadador, como estabelecimento bancário. 4. É a CEF parte ilegítima para figurar no pólo passivo da ação declaratória que questiona a legalidade da exação. 5. Recurso especial provido

(STJ – REsp: 898596 SP 2006/0238807-0, Relator: MIN. CARLOS FERNANDO MATHIAS (JUIZ CONVOCADO DO TRF, Data de Julgamento: 27/05/2008, T2 – SEGUNDA TURMA, Data de Publicação: DJe 12/08/2008 DJe 12/08/2008)

Ainda em relação aos contornos jurídicos da referida Contribuição, também é relevante destacar que apesar de haver sido declarada constitucional, a jurisprudência entende que ela se submete à anterioridade do exercício fiscal, como os tributos em geral, e não à anterioridade nonagesimal, como as contribuições sociais.

AGRAVO REGIMENTAL NO RECURSO EXTRAORDINÁRIO. CONTRIBUIÇÕES SOCIAIS GERAIS. LC 110/2001. ARTIGOS 1º E 2º. CONSTITUCIONALIDADE. 2. As exações previstas na LC 110/2001 enquadram-se na espécie de contribuições sociais gerais, submetidas à regência do artigo 149 da Constituição do Brasil. 3. A inconstitucionalidade foi proclamada tão-somente em face do disposto no artigo 150, III, b, da Constituição, que veda a cobrança de contribuições no mesmo exercício financeiro em que haja sido publicada a lei que as instituiu. Agravo regimental a que se dá provimento.

(STF – RE: 535041 SP, Relator: Min. EROS GRAU, Data de Julgamento: 01/04/2008, Segunda Turma, Data de Publicação: DJe-083 DIVULG 08-05-2008 PUBLIC 09-05-2008 EMENT VOL-02318-05 PP-00964)

Conclui-se, portanto, que as exações instituídas pela Lei Complementar 110/2001 são Contribuições Sociais Gerais, espécie do gênero "tributo", tão somente recolhidos pela Caixa Econômica Federal às quais não se aplicam os princípios da capacidade contributiva e pessoalidade de que trata o artigo 145 § 1º da Constituição, nem a vedação à cumulatividade e ao bis in idem de que trata o seu artigo 154 I, nem tampouco a vedação de que sua receita seja vinculada a órgão, fundo e despesa prevista no artigo 157, IV, também da Constituição Federal.

6. Doutrina de Leitura Obrigatória

MELO, José Eduardo Soares de. Contribuições Sociais no Sistema Tributário. 6 Ed. Malheiros, São Paulo, 2010.

PAULSEN, Leandro. Direito Tributário. Livraria do Advogado: Porto Alegre, 16 ed, 2014.

COELHO, Sacha Calmon Navarro. Contribuições no Direito Brasileiro. Quartier Latin, 2007.

Contribuição Social sobre o Lucro Líquido
Limites para a sua instituição e os principais temas
em discussão no Supremo Tribunal Federal

RICHARD EDWARD DOTOLI T. FERREIRA

1. Histórico Legislativo

Mesmo antes da sua previsão no inciso I do art. 195 da Constituição Federal a Contribuição social sobre o Lucro – CSLL já inspirou debates na Assembleia Constituinte de 1987/1988, na medida em que os legisladores constituintes se depararam com a sobreposição de exigências de uma mesma fonte de custeio sobre o faturamento e sobre o lucro, argumentando-se que a sobrecarga na tributação poderia ocasionar um efeito perverso para a criação de novos empregos, bem como a cobrança de contribuição social sobre o faturamento de empresa que não auferia lucro.[1]

Não obstante a aparente sobreposição circunstancial de bases de incidência[2], o legislador incluiu no rol do inciso I, das contribuições a cargo

---

[1] Diário da Assembleia Nacional Constituinte (Suplemento C) – Debates do Constituinte José Lins, pág. 252. http://www.senado.leg.br/publicacoes/anais/constituinte/sistema.pdf (consulta 06/10/2014 – 17:25hs))

[2] Para Giberto de Ulhoa Canto a similaridade de hipóteses de incidência do IRPJ com o a CSLL ou do FINSOCIAL com o ICMS e o ISS se dissipa na medida em que as contribuições tem destinação constitucional específica, como forma de custeio direto da Seguridade Social e os demais tributos comporão o orçamento geral dos respectivos entes tributantes e, dessa forma, serão fontes indiretas de financiamento da seguridade social, concepção cunhada a partir do que convencionou a referir como Princípio da dualidade de procedência de recursos, vinculando o custeio indireto a dotações orçamentárias e o direito a exações tributárias específicas. E emenda uma crítica ao legislador constituinte: "É lastimável o utilitarismo

do empregador, o lucro como base imponível da contribuição à seguridade social.

A escolha do legislador constituinte do lucro como base imponível não se fez, contudo, sem percalços, com diversas discussões judiciais que enfrentaram desde a sua própria instituição, inicialmente através da edição da Medida Provisória nº 22, em 1988, passando pelo desafio ao Princípio da Anterioridade, a discussão acerca da sua natureza jurídica e a necessidade de edição de lei complementar para a sua instituição, até os dias atuais, quando a dedutibilidade de certas despesas apenas alcançaram a composição do lucro para o cálculo do imposto sobre a renda.

2. Início conturbado – Medida Provisória nº 22/1988 e a Conversão na Lei nº 7.689/1988

Fixada a matriz constitucional, nos termos do inciso I do art. 195 da Constituição Federal, a instituição da CSLL coube inicialmente ao Poder Executivo, através da edição da Medida Provisória nº 22, em 07/12/1988, dando início ao primeiro contencioso acerca do tema, através da ADI-MC nº 15[3], proposta pela Confederação da Microempresas do Brasil, logo nos primeiros dias de 1989 (13/01/1989), cuja relatoria coube ao Ministro Néri da Silveira. O tema em discussão foi a falta de observância do Princípio da Anterioridade. Esse tema voltaria à pauta do Pleno quando do julgamento dos Recursos Extraordinários nºs 146.733[4] e 138.284[5].

---

de resultado que inspirou os constituintes, que não se preocuparam com a preservação de uma estrutura lógica do sistema tributário nacional. Teria sido mais correto deixar o custeio direto limitado apenas às tradicionais contribuições dos empregadores e dos trabalhadores sob a forma de percentagem sobre salários e outras formas de remuneração por serviços, ampliando-se o custeio indireto mediante a clara permissão de serem destinados a tal fim recursos dos Estados, do Distrito Federal e dos Municípios no custeio da seguridade social como está determinado no art. 195, visto que a receita de tais impostos participam as unidades federativas e as municipais quanto ao imposto de renda, e as municipais quanto ao ICMS. Assim, a união e os Estados já poderiam encarregar-se de provisionar parcelas dos impostos e repartir, abrangendo dotações próprias e por conta dos participantes". *In* CANTO, Gilberto de Ulhôa. *Direito tributário aplicado: pareceres*. Rio de Janeiro: Forense Universitária, 1992. p. 349

[3] STF-ADI-MC nº 15 – Rel. Min. Néri da Silveira – j. 15/02/1989 – DJU, 23/11/1990.

[4] STF – Pleno – RE nº 146.733-9/SP – Rel. Ministro Moreira Alves – j. 29/06/1992 – DJU. 06/11/1992.

[5] STF – Pleno – RE nº 138.284-8/CE – Rel. Ministro Carlos Veloso – j. 01/07/1992 – DJU. 28/08/1992

Em decisão concisa, reflexo daquele tempo pós-Constituição Federal de 1988, em que o Supremo Tribunal Federal, em medida de autorrestrição, ainda se ressentia em analisar os aspectos de relevância e urgência da edição de medidas provisórias pelo Poder Executivo[6], entendeu o Ministro Relator Néri da Silveira pelo indeferimento da liminar, sob o argumento de ausência de periculum in mora, sendo possível ao contribuinte, na oportunidade futura do julgamento do mérito, e a sua tese prevalecendo no STF, requerer a repetição daquilo que entendeu ter pago indevidamente.

O mérito da ADI nº 15 foi analisado posteriormente à solução do tema pela via do controle difuso, através dos Recursos Extraordinários nºs 146.733 e 138.284, mas apenas em 14/06/2007 (18 anos), sob a relatoria transferida ao Ministro Sepúlveda Pertence, numa composição do Plenário muito diferente daquela de quando foi proposta a ADI.

Mas a Medida Provisória nº 22/1988 não tardou a ser convertida na Lei nº 7.689, publicada em 16/12/1988, quando restou definitivamente instituída a CSLL.

3. Aspectos da hipótese de incidência

A Lei nº 7.689/1988 e as alterações posteriores que se seguiram, fixaram os principais aspectos da hipótese de incidência da CSLL, dentre os quais destacaremos o aspecto quantitativo (base de cálculo e alíquota) e o pessoal (contribuinte), os quais entendemos terem sido os que geraram maiores controvérsias:

a) **Base de cálculo (art. 2º)** – o valor do resultado do exercício, antes da provisão para o imposto de renda, encerrado em 31 de dezembro de cada ano, apurado com observância da legislação comercial.

Seguindo a sistemática também prevista para o Imposto sobre a Renda das Pessoas Jurídicas – IRPJ, o legislador previu, inicialmente alguns poucos ajustes – apenas uma adição -, que foram ampliados por legislações posteriores (Lei 8.003/1989, Lei 8.034/1990, Lei 8.200/1991 etc.), todas editadas como forma de aproximação da forma de apuração da CSLL do Imposto sobre a Renda das Pessoas Jurídicas – IRPJ.

---

[6] CAMPOS, Carlos Alexandre de Azevedo. *Dimensões do Ativismo Judicial do STF.* Rio de Janeiro: Forense, 2014. p. 242-243.

Mas foi a partir da edição da Lei nº 7.787/1989[7] e, posteriormente, da Lei nº 8.981/1995, no seu art. 57[8], que o legislador expressamente determina a aplicação das mesmas regras de apuração e pagamento estabelecidas para o IRPJ, mantendo inalteradosssss os dispositivos acerca da composição da base de cálculo e alíquotas, próprios da CSLL.

Assim, a pessoa jurídica que optar por uma das formas de apuração do IRPJ, a saber, o lucro real, o lucro presumido ou arbitrado, deverá também adotá-las para a CSLL.

Esse foi um dos principais fundamentos para que se pretendesse a equiparação de tratamento entre o IRPJ e a CSLL, especialmente quanto às parcelas dedutíveis na apuração do lucro, indicadas pelo legislador como aplicáveis exclusivamente à apuração do IRPJ.

Portanto, essa diferenciação na apuração da base de cálculo, portanto, foi terreno fértil para que os contribuintes contestassem algumas dedutibilidades de despesas, isenções ou benefícios fiscais que alcançam exclusivamente o IRPJ; seja por expressa indicação ou pela omissão do legislador em aplicar, para os dois tributos, um tratamento único.

b) **Alíquota (art. 3º)** – As alíquotas da CSLL também variaram significativamente desde a sua fixação inicial pela Lei nº 7.689/1988, em 8%. Em seguida, a Lei nº 7.856/1989 majorou a alíquota para 10%, fixando-se atualmente em 9%, a partir da edição da Lei nº 11.727/2008[9].

Essas mesmas leis, criaram alíquotas diferenciadas para as instituições financeiras[10], incialmente 12% e atualmente 15%. Revela, des-

---

[7] Lei nº 7.787/1989 – Art. 8º A contribuição instituída pela Lei nº 7.689, de 15 de dezembro de 1988, será paga, juntamente com as parcelas do Imposto de Renda Pessoa Jurídica, sob a forma de antecipações, duodécimos ou cotas, observadas, no que couber, as demais condições estabelecidas nos arts. 2º a 7º do Decreto-Lei nº 2.354, de 24 de agosto de 1987.

[8] Lei nº 8.981/1995 – Art. 57. Aplicam-se à Contribuição Social sobre o Lucro (Lei nº 7.689, de 1988) as mesmas normas de apuração e de pagamento estabelecidas para o imposto de renda das pessoas jurídicas, inclusive no que se refere ao disposto no art. 38, mantidas a base de cálculo e as alíquotas previstas na legislação em vigor, com as alterações introduzidas por esta Lei. (Redação dada pela Lei nº 9.065, de 1995).

[9] Conversão da Medida Provisória nº 413/2008.

[10] Inicialmente as instituições financeiras alcançavam os bancos comerciais, bancos de investimento, bancos de desenvolvimento, caixas econômicas, sociedades de crédito,

tacar que, durante os anos de 1994 a 1996, com a inclusão do art. 71 no ADCT, e a instituição do Fundo Social de Emergência, a alíquota da CSLL para as instituições financeiras foi majorada para 30%. O quadro a seguir traz um panorama das alterações legislativas acerca das alíquotas:

Legislação	Alíquota Demais Contribuintes	Alíquota Instituições Financeiras
Lei 7.689/1988	8%	12%
Lei 7.856/1989	10%	12%
ECR nº 1/1994 (1994/1995)	10%	30%
EC nº 10/1996 (jan/1996 a jun/1997)	10%	30%
Lei 11.727/2008	9%	15%

Por certo, essa diferenciação foi objeto diversas discussões levadas ao Poder Judiciário, como se verá mais adiante.

c) **Contribuintes (art. 4º)** – Na própria estrutura concebida pelo legislador pode-se extrair o sujeito passivo da CSLL, cabendo ao art. 4º da Lei nº 7.689/1988 especificar tratarem-se de pessoas jurídicas domiciliadas no País e as que lhes são equiparadas pela legislação tributária.

Sobre esse aspecto pessoal da hipótese de incidência da CSLL, desde há muito tempo discutiu-se no âmbito do Poder Judiciário o alcance da expressão "empregadores" utilizada pelo inciso I do art. 195 da Constituição Federal, na medida em que algumas empresas, em razão de particularidades da sua atividade não possui empregados

---

financiamento e investimento, sociedades de crédito imobiliário, sociedades corretoras, distribuidoras de títulos e valores mobiliários e empresas de arrendamento mercantil (art. 1º do Decreto-lei nº 2.426/1988). Com a alteração da redação do art. 3º da Lei 7.689/1988 pela Lei nº 11.727/2008, os contribuintes com alíquota diferenciada passaram a incluir: corretoras de câmbio e de valores mobiliários, administradoras de cartões de crédito, cooperativas de crédito, associações de poupança e empréstimo, seguros privados e as de capitalização (vide art.1º da Lei Complementar nº 105/2001).

e que, portanto, não estariam abrangidos no rol daqueles que estariam obrigados ao pagamento das contribuições sociais.

Prevaleceu o entendimento consagrado em diversos precedentes do Supremo Tribunal Federal[11], no sentido de que o alcance pretendido pelo legislador constitucional foi muito mais amplo que o próprio significado da expressão "empregador", exegese que se extrai da leitura do próprio caput do art. 195, que propugna o princípio da solidariedade no financiamento da seguridade social.

Mesmo após a promulgação da Emenda Constitucional nº 20/1998, que alterou o inciso I do art. 195 para nele incluir, além dos empregadores, as empresas e as entidades a ela equiparadas na forma da lei, como contribuintes, o STF manteve o entendimento anterior[12]. O argumento dos contribuintes era de racionalidade bastante simples e objetiva: na medida em que o Congresso Nacional promulga uma emenda constitucional para incluir as empresas e entidades, presume-se que, até a sua promulgação, apenas os "empregadores" estariam obrigados a participar diretamente do financiamento da seguridade social.

Os esforços argumentativos dos contribuintes cederam espaço para o entendimento da maioria dos Ministros do STF no sentido de que *(i)* a ausência de empregados é uma opção do empregador; e *(ii)* a exclusão de qualquer empresa, sem expressa previsão constitucional, viola o princípio da solidariedade no financiamento da seguridade social, insculpido no caput do art. 195 da Constituição.

4. Desafio à Constitucionalidade da CSLL

Após diversas discussões perante o Poder Judiciário, dois principais *leading cases* envolvendo a instituição da CSLL pela Lei nº 7.689/1988 foram julgados pelo Pleno do Supremo Tribunal Federal, com diferença de dias: os Recursos Extraordinários nºs 146.733[13] e 138.284[14].

---

[11] STF – AgReg RE 364.215 – 2ª Turma – Rel. Min. Carlos Velloso – j. 17/08/2004 – DJ 03/09/2004; AgReg RE 354.017 – 2ª Turma – Rel. Min. Gilmar Mendes – j. 06/12/2005 – DJ 03/02/2006; AgReg RE 317.103 – 1ª Turma – j. 16/06/2007 – DJ 24/08/2007.

[12] STF – AgReg RE 585.181 – 2ª Turma – Rel. Min. Joaquim Barbosa – j. 03/08/2010 – Dje 07/10/2010.

[13] STF – Pleno – RE nº 146.733-9/SP – Rel. Ministro Moreira Alves – j. 29/06/1992 – DJU. 06/11/1992.

[14] STF – Pleno – RE nº 138.284-8/CE – Rel. Ministro Carlos Veloso – j. 01/07/1992 – DJU. 28/08/1992

Esses julgamentos, ao final reconheceram a constitucionalidade da instituição da CSLL pela Lei nº 7.689/1988, e a inconstitucionalidade apenas do seu art. 8º que determinava a exigência da CSLL para os fatos geradores ocorridos no ano de 1988, com violação ao princípio da anterioridade prevista no § 6º do art. 195[15] da Constituição Federal.

Revela destacar nesses julgados, especialmente no encadeamento didático do voto do Ministro Moreira Alves, relator do RE nº 146.733, seis questões que nortearam o entendimento do STF em julgamentos futuros, quais sejam: *(i)* questão da destinação constitucional e da administração pela Secretaria da Receita Federal; *(ii)* a natureza tributária das contribuições sociais; *(iii)* a necessidade de lei complementar para a instituição das contribuições sociais originalmente previstas no art. 195 da CF/88; *(iv)* a validade da utilização de medidas provisórias para a instituição de tributos; *(v)* da bitributação sobre o lucro com a incidência do IRPJ e da CSLL e; *(vi)* se as contribuições estão efetivamente sujeitas ao princípio da anterioridade. A sétima questão foi exatamente a possibilidade da cobrança da CSLL sobre os fatos geradores ocorridos em 1988, o que foi definitivamente considerado inconstitucional pelo STF.

RICARDO LOBO TORRES[16], comentando o referido julgamento no ponto acerca da possibilidade ou não da Secretaria da Receita Federal administrar e arrecadar a CSLL assevera:

> *"Alegavam principalmente que a falta de referibilidade entre o pagamento das contribuições sociais (Finsocial e Contribuição sobre o Lucro) e a contraprestação estatal, por um lado, e o recolhimento do tributo à Receita Federal e não ao INSS, de outra parte, conspurcavam a integridade do conceito de contribuição, que passava a se confundir com o de imposto, tornando-a inconstitucional. Não creio que assim fosse: o absurdo consistia em transmudar a natureza do ingresso – de contribuição parafiscal para tributo; mas, sendo tributo, pouco importa se será colhido ao Fisco (Receita Federal) ou ao Parafisco*

---

[15] CF – Redação original – Art. 195. A seguridade social será financiada por toda a sociedade, de forma direta e indireta, nos termos da lei, mediante recursos provenientes dos orçamentos da União, dos Estados, do Distrito Federal e dos Municípios, e das seguintes contribuições sociais: (...) § 6º As contribuições sociais de que trata este artigo só poderão ser exigidas após decorridos noventa dias da data da publicação da lei que as houver instituído ou modificado, não se lhes aplicando o disposto no art. 150, III, b. §

[16] TORRES, Ricardo Lobo. "Princípio da eficiência em matéria tributária". In MARTINS, Ives Gandra da Silva (coordenação). *Princípio da eficiência em matéria tributária: Pesquisas tributárias – nova série 12*. São Paulo: Revista dos Tribunais, 2006, p. 81.

(INSS), se ambos têm responsabilidade no campo da seguridade social; menos ainda importa que seja vera contribuição ou que apresente as características de imposto com destinação especial, se foi autorizado pela própria Constituição".

A nosso sentir, todas essas questões enfrentadas pelo Supremo Tribunal Federal, que serão objeto de uma análise mais detida nos capítulos seguintes, imprimiram uma marca indelével no entendimento acerca das contribuições sociais de uma forma geral, com repercussões que ainda se verificam nos dias atuais, como, por exemplo, nas discussões acerca da inconstitucionalidade da revogação da isenção da COFINS para as sociedades civis de profissão regulamentada, concedida pela Lei Complementar nº 70/1991, através da Lei nº 9.430/1996 (art. 56)[17], oportunidade em que se retornou ao STF a análise da necessidade de lei complementar para a instituição, ou alteração, das contribuições sociais.

5. Identidade com a base de cálculo do imposto sobre a renda – Os principais problemas advindos dessa opção legislativa

Como anteriormente abordado, a discussão acerca da existência da dupla incidência tributária sobre uma mesma base econômica (bitributação) tanto pelo IRPJ quanto pela CSLL foi superada pelo Supremo Tribunal Federal nos julgamentos dos Recurso Extraordinários nºs 146.733 e 138.284.

Esse reconhecimento da distinção entre as hipóteses de incidência, com fulcro na natureza constitucional dos dois tributos, tem gerado algumas divergências quanto à concepção do vocábulo "lucro", escolhido pelo legislador constituinte como signo presuntivo de riqueza, capaz de deflagrar a obrigação tributária.

De fato, como assim nos ensina RICARDO LOBO TORRES, a renda, os proventos e o lucro são conceitos constitucionais abertos, que necessitam de complementação por parte do legislador ordinário, dentro de uma concepção mínima de acréscimo patrimonial:

"A renda e proventos são conceitos constitucionais abertos, que devem ser trabalhados pela doutrina e pela legislação. A CF não opta por qualquer das teorias elaboradas sobre a noção de renda nem define o fato gerador do tributo. O legislador tem, portanto,

---

[17] STF – RE nº 377.457 – Repercussão Geral – Pleno – Rel. Min. Gilmar Mendes – j. 17/09/2008 – DOU 19/12/2008.

liberdade para concretização normativa, respeitados os limites do sentido possível do conceito de renda, acrescido da noção residual de proventos, como acréscimo de patrimônio em determinado lapso de tempo".[18]

Por ora, parte-se da premissa que o "lucro" é uma expressão que designa o resultado positivo da promoção dinâmica de esforços ou empreendimentos da pessoa física ou jurídica para gerar uma riqueza nova, a partir do seu próprio patrimônio, em um certo período. A essa riqueza nova, dá-se o nome de "lucro" como acréscimo ao patrimônio já existente.

No âmbito da tributação das pessoas jurídicas, esse patrimônio em movimento, por sua vez, impõe à pessoa o dispêndio de parte desse patrimônio, sem o que tal dinâmica estaria comprometida. Mesmo para aqueles tipos de empresas que atuam num regime de passividade, em que o acréscimo patrimonial tem origem em aspectos externos à sua atuação (locação, ganho de capital, royalties etc.), também verifica-se a necessidade de dispêndios de natureza patrimonial a título de investimentos.

No plano da interpretação do direito, ao menos três formas revelam um impasse para a teoria da interpretação do direito tributário, quais sejam, a interpretação conceptualista, a econômica e a valorativa, sobre as quais RICARDO LOBO TORRES apresenta algumas teses pós-positivistas para a superação desse impasse.

A interpretação conceptualista está ancorada na "Jurisprudência dos Conceitos"[19], na crença de que os conceitos e categorias jurídicas suficientemente expressam a realidade social que o legislador pretendeu capturar e regular. Assim, sob essa perspectiva, a norma jurídica contém integralmente todos os elementos necessários para subsumir o fato à norma.

De outro lado, a interpretação econômica assenta-se na "Jurisprudência dos Interesses"[20] que, nas palavras de RICARDO LOBO

---

[18] TORRES, Ricardo Lobo. Curso de direito financeiro e tributário. 9ª edição. Rio de Janeiro: Renovar, 2002. p. 339.
[19] Para uma compreensão do tema "Jurisprudência dos Conceitos" vide LARENZ, Karl. *Metodologia da Ciência do Direito*. Tradução José Lamego. 3ª ed. Lisboa: Fundação Calouste Gulbenkian, 1997. p. 20 e seguintes.
[20] Para uma compreensão do tema "Jurisprudência dos Interesses" vide LARENZ, Karl. *Metodologia da Ciência do Direito*. Tradução José Lamego. 3ª ed. Lisboa: Fundação Calouste Gulbenkian, 1997. p. 63 e seguintes. Também, para uma crítica à "Jurisprudência dos Interesses" vide CANARIS, Claus-Wilhelm. Pensamento sistemático e conceito de sistema na ciência do direito. Trad. A. Menezes Cordeiro. 2ª ed. Lisboa: Fundação Calouste Gulbenkian, 1996.

Torres[21], *"projetou-se para o campo da fiscalidade por meio da 'consideração econômica do fato gerador' (wirtschaftliche Betrachtungsweise), prevista no art. 4º do Código Tributário Alemão de 1919, por alguns apelidada, inclusive com sentido pejorativo, de 'interpretação econômica'"*. Destaca-se, em suas principais teses: na preeminência da capacidade contributiva extraída diretamente dos fatos sociais; na função criadora do juiz; e na intervenção sobre a propriedade e regulamentação da vontade.

Em certa medida, a duas correntes teóricas de interpretação acima referidas se anulam pelo radicalismo contido nas suas proposições, de um lado a extremada relevância e rigidez da subsunção do fato à norma e, de outro, a extrema liberdade outorgada aos juízes para criarem um direito, quando houver lacunas a serem preenchidas na norma, a partir de conceitos mais amplos de justiça, "primado da indagação da vida e da valoração da vida".

Entre nós, Ricardo Lobo Torres[22], sustenta o primado da interpretação valorativa do direito tributário, calcada na "Jurisprudência de valoração"[23] como forma de "superação do impasse" determinado pela exclusão dos extremos trazidos pelas interpretações conceptualista e econômica, apresentando 5 teses para a superação desse impasse, quais sejam:

a) preeminência dos princípios fundantes do Estado Democrático de Direito, que no Brasil se expressam no art. 1º da CF: soberania, cidadania, dignidade humana, autonomia da vontade, valor do trabalho, pluralismo;

b) ponderação entre o princípio da capacidade contributiva, vinculado à ideia de justiça e obtido por argumentação democrática, e o princípio da legalidade, vinculado à segurança jurídica em sua configuração de "segurança da regra";

c) equilíbrio entre os poderes do Estado, com possibilidade de controle jurisdicional de políticas fiscais adotadas pelo legislador;

d) harmonização entre direito e economia viver *sub specie juris*, na medida em que ambos exibem o coeficiente ético comum; e

---

[21] Torres, Ricardo Lobo. Planejamento tributário: elisão e evasão fiscal. Rio de Janeiro: Elsevier, 2013. p. 13.

[22] Torres, Ricardo Lobo. Planejamento tributário: elisão e evasão fiscal. Rio de Janeiro: Elsevier, 2013. p. 14.

[23] Para uma compreensão do tema "Jurisprudência de valoração" vide Larenz, Karl. *Metodologia da Ciência do Direito*. Tradução José Lamego. 3ª ed. Lisboa: Fundação Calouste Gulbenkian, 1997. p. 163.

e) a simbiose entre a interpretação finalística e sistemática, eis que, de acordo com o pluralismo metodológico, o sistema jurídico já segrega a finalidade.

Nesse sentido, RICARDO LOBO TORRES reafirma a necessidade do direito harmonizar-se com a economia, a partir de um coeficiente ético comum, o que de fato norteará o intérprete a alcançar a concepção da expressão "lucro" utilizada pelo legislador. De fato, o lucro no limite lógico pretendido pelo legislador constituinte não pode se afastar de um conceito econômico de acréscimo patrimonial, adquirido em certo período de tempo.

Essa concepção de acréscimo patrimonial cede espaço para interpretações que seguem exclusivamente a vontade do legislador ordinário, sem a correta apreciação do fenômeno econômico do lucro como acréscimo patrimonial, como se aquele pudesse, fora dos contornos básicos estabelecidos pela Constituição Federal, determinar que um decréscimo patrimonial possa assemelhar-se ao conceito de lucro.

Na medida em que o legislador constituinte e o ordinário propugnam a identidade da base de cálculo entre o IRPJ e a CSLL, preservando-se as particularidades quanto a destinação desses tributos (o art. 57 da Lei nº 8.981/1995), equiparando as formas de apuração de ambos, evidencia-se um avanço considerável, não apenas quanto à aproximação das bases de incidência, mas sobretudo como forma de promoção do Princípio da Praticidade[24], permitindo ao contribuinte a redução de variáveis quando da apuração desses dois tributos.

Mas essa aproximação ainda, nos parece, revela algumas disparidades inconciliáveis do ponto de vista econômico que necessitam ser observados para que o conceito constitucional de lucro, como acréscimo patrimonial, se identifique e seja comum para os dois tributos.

O primeiro deles diz respeito aos percentuais da base de cálculo para o lucro presumido das atividades em geral: para o IRPJ a alíquota de presunção é de 8% e para a CSLL é de 12%, aplicáveis sobre a receita bruta (excepcionando-se as prestadoras de serviços, que possuem a mesma alí-

---

[24] Esse foi um dos argumentos lançados pelo Min. Moreira Alves, em seu voto, no RE nº 146.733, para considerar que a arrecadação pela Secretaria da Receita Federal não desvirtua a natureza jurídica da CSLL como fonte de financiamento direto para a seguridade social.

quota de presunção do lucro para os dois tributos, em 32%). Não há fundamento econômico aparente (talvez político) que possa justificar que uma mesma empresa, comercial, por exemplo, possa auferir presumidamente um lucro de 8% para o IRPJ e um lucro de 12% para a CSLL.

Por certo, os críticos a essa objeção desde logo lançam mão do argumento de tratar-se o lucro presumido uma opção para o contribuinte que, insatisfeito, pode seguir pela via do regime do lucro real; sob essa concepção, estaríamos diante, pois, de um benefício fiscal concedido ao contribuinte. No entanto, perde-se muito nessa simplificação da interpretação, pois o sentido constitucional e econômico de lucro, abrindo possibilidades irrestritas para o legislador ordinário editar normas que à toda evidência afastam-se dos limites cognitivos da base de incidência do lucro como acréscimo patrimonial.

Ora, se os dois tributos incidem sobre uma mesma base identificável em termos econômicos (lucro), a discrepância entre as bases de cálculo, desacompanhada de uma razão política ou até mesmo econômica (que não identificamos) revela uma injustificada presunção de lucratividade inexistente. Nesse particular, não se está deduzindo proposições contrárias às presunções em direito tributário, mas sim, buscando aproximá-las de uma realidade comum os dois tributos que, na sua matriz constitucional tem o lucro como fenômeno revelador da riqueza pretendida pelo Estado.

Partindo-se da premissa de aproximação na forma de apuração do IRPJ e da CSLL, a divergência entre as alíquotas de presunção promove um injustificado desequilíbrio na destinação dos recursos para a seguridade social, quando se compara as empresas submetidas ao regime geral de tributação pelo lucro presumido com as empresas prestadoras de serviços que possuem, ainda que maior, o percentual de presunção de 32% para os dois tributos.

Outro exemplo dos problemas da aproximação das bases de cálculo está no fato de considerar determinadas despesas, absolutamente necessárias à manutenção da atividade produtiva da empresa, apenas como dedutível para fins de apuração do IRPJ, excetuando a CSLL, como ocorreu no caso da diferença de correção monetária de balanço instituída pela Lei nº 8.200/1991, quando as empresas submetidas ao lucro real foram obrigadas a registrar em seus balanços e oferecer à tributação a diferença entre as aplicações dos índices IPC e o BNTF.

Nessa hipótese o Superior Tribunal de Justiça – STJ[25] entendeu pela legalidade do art. 41 do Decreto nº 332/1991, que regulamentou a aplicação da Lei nº 8.200/1991, determinando expressamente a indedutibilidade da diferença negativa da correção monetária para a CSLL, vez que tal "benefício" alcançava apenas o IRPJ, deixando de considerar que essa parcela (despesa) não representou um acréscimo patrimonial econômico ou jurídico para o contribuinte.

Nessa mesma linha encontra-se a questão referente à dedutibilidade, também para a CSLL, dos juros pagos a título de remuneração do capital próprio, a chamada JCP, instrumento de remuneração aos sócios ou acionistas, prevista no art. 9º da Lei nº 9.429/1995[26]. O caput do artigo reconhece a dedutibilidade dos juros na apuração do lucro real, dentro dos limites estabelecidos, mas no seu § 10º excepciona essa mesma dedutibilidade para a CSLL.

O referido § 10º foi revogado pela Lei nº 9.430/1996, mas as discussões persistem até os dias de hoje, tendo o Ministro Luiz Fux, em sede de retratação, ter determinado a submissão do tema ao Plenário Virtual para a análise, nos autos do RE nº 606.982[27], ainda pendente. Uma vez reconhecida a repercussão geral sobre esse tema, o Supremo Tribunal Federal terá uma excelente oportunidade de, com profundidade, enfrentar a questão dos limites do legislador em criar situações diferenciadas para a CSLL, sob o argumento de tratar-se de um benefício fiscal para o IRPJ.

No caso da JCP não se está diante de um benefício fiscal, mas uma limitação para a dedutibilidade de uma despesa. Note-se, porque relevante, que os juros pagos aos sócios provêm de um patrimônio disponibilizado à empresa que, se fosse buscar recursos no mercado, teria invariavelmente de incorrer na despesa com juros e a mesma seria dedutível. Na hipótese do

---

[25] STJ – REsp nº 772.439/RJ – 1ª Turma – Rel. Ministro Luiz Fux – DJ 18/05/2006 e REsp nº 1.127.610 – Primeira Seção – Rel. Ministro Benedito Gonçalves – j. 23/07/2010 – DJ 30/06/2010.
[26] Lei nº 9.249/1995 (redação original) – Art. 9º A pessoa jurídica poderá deduzir, para efeitos da apuração do lucro real, os juros pagos ou creditados individualizadamente a titular, sócios ou acionistas, a título de remuneração do capital próprio, calculados sobre as contas do patrimônio líquido e limitados à variação, pro rata dia, da Taxa de Juros de Longo Prazo – TJLP.f (...) § 10. O valor da remuneração deduzida, inclusive na forma do parágrafo anterior, deverá ser adicionado ao lucro líquido para determinação da base de cálculo da contribuição social sobre o lucro líquido. (Revogado pela Lei nº 9.430, de 1996)
[27] STF – RE nº 606.982 – Rel. Min. Luiz Fux – j. 15/02/2013 – Dje, 21/02/2013 – Processo pendente de submissão ao Plenário Virtual para análise da Repercussão Geral.

JCP, o legislador ordinário impôs o limite de dedutibilidade como despesa por tratar-se de operação com partes relacionadas, em que existe potencial verificação de abuso na estipulação dos juros. Essa limitação também existe em outras figuras tais como as regras de dedutibilidade dos royalties, dos juros pagos a empresa controlada ou coligada no exterior (*thin capitalization*) e até mesmo a figura o preço de transferência (*transfer pricing*).

Nesses termos, caso seja reconhecida a repercussão geral, o STF terá uma oportunidade ímpar de analisar a constitucionalidade de uma lei que se afasta, a toda evidência, dos limites constitucionais do vocábulo lucro. E mais, avaliar-se-á a constitucionalidade de uma lei que determina a tributação de uma despesa necessária para a atividade da empresa.

O problema nos parece estar em conexão com o emprego indiscriminado do termo "benefício fiscal" para justificar a discrepância de tratamentos na apuração do lucro para a CSLL e para o IRPJ.

Essa linha argumentativa utilizada pelo STJ – de tratar-se de um benefício fiscal – tem origem ou tem sido utilizada como justificativa para suportar o entendimento de que o vocábulo "lucro" é um conceito aberto (vide Ricardo Lobo Torres acima), que necessita de uma integração normativa que lhe atribua aplicabilidade, porém, a esse conteúdo a ser preenchido não se deve atribuir a condição de benefício fiscal, como uma faculdade do legislador ordinário para abrir mão total ou parcialmente da arrecadação em prol de outros interesses.

O campo das decisões políticas do legislador ordinário, para dar efetividade ao vocábulo "lucro" presente na Constituição Federal, não é irrestrito e encontra limites na própria concepção econômica do acréscimo patrimonial. Na medida em que o legislador estabelece um novo critério de atualização monetária, os reflexos dessa novel disciplina deve produzir os efeitos econômicos que pode, ou não, afetar a apuração do lucro. Não estamos aqui diante de uma decisão política de tributação ou não do IRPJ, como se "benefício fiscal" o fosse, mas sim no campo do limite da compreensão possível do vocábulo "lucro" tendo como limite o acréscimo patrimonial. Quando o comando legislativo determina que a diferença de atualização monetária, mesmo representando um decréscimo patrimonial, deve ser adicionada ao lucro exclusivamente para fins de apuração da CSLL, está-se do campo da inconstitucionalidade e do confisco, pois não nos parece concebível, do ponto de vista econômico ou jurídico, que o legislador tenha tamanha liberdade, ocultada no termo "benefício fiscal", para fazer incidir a CSLL sobre parcela inexistente do patrimônio[28].

Noutra ordem de divergências, agora no campo de efetivos benefícios fiscais concedidos exclusivamente para o IRPJ, a diferenciação se apresenta justificável do ponto de vista constitucional e até econômico, na medida em que a CSLL tem destinação específica para o financiamento direto da seguridade social. Exemplo disso colhe-se nos casos dos benefícios ao desporto (Lei nº 11.438/2006), às atividades audiovisuais (Lei nº 8.685/93), à cultura (Lei nº 8.313/1991 – Lei Rouanet), ao fundo da criança e do adolescente (Lei nº 8.069/1990) e ao fundo do idoso (Lei nº 12.213/2010).

Nesses casos de benefício fiscal é imperioso afirmar-se que o legislador ordinário tem absoluta liberdade para instituí-los, dentro dos contornos constitucionais da sua competência, inclusive para identificar quais os tributos e em que condições o benefício será concedido ao contribuinte.

Não obstante as críticas que se possam fazer aos benefícios à inovação tecnológica (Lei nº 11.196/2005 e Lei nº 11.484/2007), que alcançam os dois tributos, em todos os exemplos trazidos acima, verifica-se que, de uma forma ou de outra, os programas estão efetivamente vinculados ao orçamento geral da União Federal e, portanto, desvinculados diretamente da seguridade social que possui orçamento próprio, com contribuições sociais destinadas a esse específico fim.

6. Do Bônus de Adimplência Fiscal

Uma outra questão que acentua as diferenciações entre o IRPJ e a CSLL foi trazida pela Lei nº 10.637/2002, na forma de benefício fiscal, o denominado "bônus de adimplência fiscal".

Atualmente regulamentado pela Instrução Normativa RFB nº 390/2004, o bônus de adimplência fiscal alcança as pessoas jurídicas optantes pelo regime de apuração pelo lucro real e pelo lucro presumido, e corresponderá a um crédito de 1% do valor da base de cálculo da CSLL relativamente ao ano-calendário ou trimestre em que corresponder o benefício. Uma vez creditado, o bônus poderá ser utilizado exclusivamente para abater a CSLL a pagar, podendo ser acumulado para utilização em períodos ou exercícios futuros.

---

[28] Frise-se, porque importante, que a diferença de atualização monetária foi fixada pelo próprio legislador e não se configura, portanto, como uma redução patrimonial desejada ou espontaneamente incorrida pelo contribuinte, desvinculada da manutenção da sua atividade.

Para fazer jus ao bônus de adimplência fiscal o contribuinte deverá permanecer, por 5 anos anteriores ao aproveitamento do benefício, sem a ocorrência de qualquer dos seguintes eventos: I – lançamento de ofício; II – débitos com exigibilidade suspensa; III – inscrição em dívida ativa; IV – recolhimentos ou pagamentos em atraso; V – falta ou atraso no cumprimento de obrigação acessória.

O principal questionamento que se trouxe quando da edição da Lei nº 10.637/2002 foi a hipótese do contribuinte sagrar-se vencedor nas discussões nas discussões judiciais ou administrativas, pois a IN RFB nº 390/2004 tratou parcialmente do tema ao considerar que o contribuinte poderá calcular, a partir do ano-calendário em que obteve a decisão definitiva, o bônus em relação aos anos-calendário em que estava impedida de deduzi-lo.

E se diz que a instrução normativa tratou parcialmente da questão porque apenas as hipóteses de lançamento de ofício e de débitos com exigibilidade suspensa foram contempladas nessa regra, deixando-se as situações de inscrição em dívida ativa sem regulamentação. Ora, como se sabe, algumas situações de inscrição em dívida ativa decorrem não do inadimplemento de obrigações principais ou acessórias, mas sim de simples equívocos do contribuinte quanto ao cumprimento de obrigações acessórias e que, uma vez levadas ao Poder Judiciário, resolvem-se em favor do contribuinte. Nesse particular se faz importante ressaltar que a norma pretende alcançar apenas inadimplências inequívocas e não o seu cumprimento de forma equivocada, especialmente provocadas pela própria administração tributária que não prima, no mais das vezes, pela simplificação.

No entanto, é importante que se registre, que a administração tributária aplicará elevadas penalidades ao contribuinte que se aproveitar do benefício de forma irregular, pois foram duplicadas pelo legislador ordinário as multas regulares pela falta de pagamento e pelo não atendimento, no prazo marcado, de intimações para prestar esclarecimentos, previstas no inciso I e no § 2º do art. 44 da Lei nº 9.430/1996. Assim as multas serão de 150% pela falta de recolhimento da CSLL e de 225% para a falta de prestação de informações.

7. Principais temas em discussão no STF relacionados à CSLL

Como antecipado nos capítulos anteriores, até que se harmonize definitivamente as bases de incidência da CSLL e do IRPJ, muitas questões são e serão levadas ao Poder Judiciário para que este dê a palavra final acerca dos limites legais e constitucionais do alcance do vocábulo "lucro".

O propósito desse capítulo não será abordar uma cronologia de todos temas que chegaram ao Poder Judiciário, acompanhando as diversas alterações na legislação, desde a instituição da CSLL pela Lei nº 7.689/1988, mas sim buscar os principais julgamentos em ordem a compreender quais são os pontos fundamentais da hipótese de incidência em que o contribuinte se opõe ao Fisco na interpretação da lei e da constituição. Nesse contexto, não serão objeto de análise os julgados ou os pendentes de julgamento quando envolvam conjuntamente questões relacionadas ao IRPJ e à CSLL.

Da mesma forma, não participarão dessa análise os temas que foram ou estão submetidos à análise do Superior Tribunal de Justiça – STJ sobre a CSLL que, no mais das vezes, com poucas exceções de ordem processual, são levados ao STF para decidir de conflitos de ordem constitucional, na medida em que a referida contribuição tem origem na própria Constituição Federal.

Dentre os diversos julgamentos, escolhemos quatro deles em razão da relevância que impuseram para o tema das contribuições sociais de um modo geral e a conexão dos mesmos com outros temas de relevante interesse para o direito tributário, e ainda outros temas que merecerão no futuro uma definição pela Corte Suprema.

8a) RE nº 146.733 – Constitucionalidade da Lei nº 7.689/1988 – Temas enfrentados – Análise do Voto do Ministro Moreira Alves
O leading case relacionado à CSLL foi, sem espaço para dúvidas, o julgamento do RE nº 146.733 que enfrentou diversos seis temas ligados à constitucionalidade da Lei nº 7.689/1988, que nortearam o entendimento do STF em julgamentos futuros, quais sejam: *(i)* questão da destinação constitucional e da administração pela Secretaria da Receita Federal; *(ii)* a natureza tributária das contribuições sociais; *(iii)* a necessidade de lei complementar para a instituição das contribuições sociais originalmente previstas no art. 195 da CF/88; *(iv)* a validade da utilização de medidas provisórias para a instituição de tributos; *(v)* da bitributação sobre o lucro com a incidência do IRPJ e da CSLL e; *(vi)* se as contribuições estão efetivamente sujeitas ao princípio da anterioridade.

Primeiro Tema Enfrentado: A verificação se a CSLL é uma contribuição destinada ao financiamento da seguridade social ou se é um adicional do IRPJ – Questão da destinação constitucional e da administração pela Secretaria da Receita Federal.

O argumento lançado para afastar a validade da cobrança da CSLL reside no fato de que a Constituição Federal estabeleceu duas fontes de financiamento da seguridade social, a direta e a indireta. A primeira (direta) socorre-se das contribuições sociais previstas no art. 195, incisos I a III da Constituição Federal e; a segunda (indireta) socorre-se de previsões orçamentárias do orçamento geral da União Federal, Estados e Municípios (art. 165, §5º, item III, art. 194, parágrafo único, item VII e art. 195, § 5º, item I).

Assim, sob esse aspecto, decorre o entendimento de que as contribuições sociais que financiam diretamente a seguridade social não podem ser arrecadas e administradas por órgãos que revertam o produto da arrecadação para o orçamento geral da União Federal, sob pena de violação da referibilidade ou estrita vinculação da arrecadação aos fins previstos na Constituição Federal.

Esse tema, trazido à discussão no RE nº 146.733, tem origem em discussões anteriores acerca da instituição da contribuição ao FINSOCIAL, por oportunidade da promulgação da Constituição de 1988, especificamente na recepção dessa contribuição pelo ADCT (art. 57) como fonte de custeio direto da seguridade social, nesse sentido asseverou Gilberto de Ulhôa Canto:

"Além da referibilidade que deve haver entre o sujeito passivo da contribuição para a seguridade social e a própria atividade a cujo custeio o produto da contribuição é destinado, tratando-se de contribuição direta, ela tem de ser arrecadada e administrada pelos próprios órgãos aos quais afetos os serviços, traço este tradicional da parafiscalidade, que a Carta em virgor imprimiu às contribuições para a seguridade social. Esse requisito, básico, fundamental, não é atendido pela legislação sobre o Finsocial, ora em vigor."[29]

No entanto, em que pesem os esforços argumentativos dos contribuintes e nos reconhecimentos de inconstitucionalidade por alguns Tribunais Regionais Federais, notadamente da 3ª e 5ª Regiões[30], não prosperou

---

[29] CANTO, Gilberto de Ulhôa. *Direito tributário aplicado: pareceres*. Rio de Janeiro: Forense Universitária, 1992. p. 359.

[30] TRF 3ª Região – AM S 10.856 (0014336-09.1989.4.03.6100)– Rel. Desembargadora Lucia Figueiredo – Tribunal Pleno – j. 13/06/1991 – DOU 01/07/1991 e TRF 5ª Região – AMS 976, j. 02/05/1990, Dou 04/06/1990 – Rel. Desembargador Hugo de Brito Machado.

o argumento de que a Lei nº 7.689/1988 não criou uma contribuição nos moldes delineados pela Constituição por permitir que outro ente da própria União Federal, no caso a Secretaria da Receita Federal, fosse o órgão arrecadador, posto que, nesses moldes, os recursos da CSLL seriam destinados ao orçamento geral da União.

Nos termos do voto do Ministro Moreira Alves, relator do RE nº146.733, *"para que fosse inconstitucional essa forma de arrecadação, necessário seria que a Constituição tivesse criado um sistema de seguridade social cuja realização, em todas suas etapas, tivesse de ser da competência exclusiva de um órgão autônomo de seguridade social".*

Na esteira desse mesmo entendimento, para o Ministro Ilmar Galvão o fato da Secretaria da Receita Federal administrar e fiscalizar a CSLL não desvirtua, por si só, a natureza da CSLL como contribuição social, destinada à seguridade social. Para o Ministro *"o que, razoavelmente, se deve entender é que cabe aos agentes da Receita Federal disciplinar e realizar os lançamentos pertinentes, fiscalizando as empresas, a fim de evitar sonegações e retardamentos nos recolhimentos. Enfim, obviou-se a duplicidade de meios com vistas à arrecadação dos dois tributos, já que têm eles, praticamente, fonte de referência comum, seja, o balanço anual das empresas".*

Acompanhando o voto líder, o Ministro Sepúlveda Pertence foi definitivo ao afirmar:

> *O que a lei estabeleceu, naquele dispositivo, foi apenas a centralização do processo administrativo de arrecadação e fiscalização o que, como notou bem o voto vencido a que se reportou o eminente Relator, do Juiz Fleury Filho, do Tribunal Regional Federal de São Paulo, decorre de que a seguridade social não corresponde, na própria Constituição, um órgão único, totalmente distinto da administração direta: deixa-o claro o próprio artigo 165, III, CF, ao incluir, no âmbito da seguridade social, não apenas as autarquias previdenciárias e outras entidades da administração direta, mas também os órgãos da administração direta envolvidos na consecução dos seus objetivos. O orçamento da seguridade social – mais abrangente que o da Previdência Social – teria, portanto, que ter em vista, também, a arrecadação desses recursos destinados a Administração Direta, embora afetados, vinculados a determinadas despesas com o amplo e complexo setor que nelas se compreende.*

Restou, portanto, superada a questão da inconstitucionalidade da Lei nº 7.689/1988, quanto ao fato de a Secretaria da Receita Federal ter sido eleita pelo legislador como órgão legitimado para administrar e arrecadar a

CSLL, não havendo, nesse contexto, qualquer desvirtuamento da sua natureza jurídica como fonte de financiamento direto da Seguridade Social.

Segundo Tema Enfrentado: A natureza tributária da CSLL

O RE nº 146.733 também afastou definitivamente as controvérsias anteriores que ocuparam a doutrina e jurisprudência por um período significativo, entre a edição da Emenda Constitucional nº 8/1977 até um bom período após a promulgação da nova Carta Constitucional, em 1988[31].

Do voto do Ministro Moreira Alves extrai-se o entendimento de que a CSLL, como uma legítima contribuição social, subordina-se ao capítulo concernente ao sistema tributário nacional, com observância aos artigos 146, III[32], 149[33] e 150, I e III[34], com as particularidades do art. 195[35] da Cons-

---

[31] STF - RE nº 100.8790/SP - Pleno - Rel. Min. Francisco Rezek - j. 15/08/1984 - DOU 13/03/1987 (natureza não tributária do PIS, após a EC nº 8/1977); RE nº 103.778/DF - Pleno - Rel. Min. Cordeiro Guerra - j. 18/09/1986 - DOU 13/12/1985 (natureza tributária do FINSOCIAL) e; RE nº 148.754 - Pleno - Rel. para acórdão Min. Francisco Rezek - j. 24/06/1993 - DOU 04/03/1994 (natureza do PIS, após a EC nº 8/1977 e a edição dos Decretos nº 2.445 e 2.449, de 1988)

[32] CF - art. 146. Cabe à lei complementar: (...) III - estabelecer normas gerais em matéria de legislação tributária, especialmente sobre: a) definição de tributos e de suas espécies, bem como, em relação aos impostos discriminados nesta Constituição, a dos respectivos fatos geradores, bases de cálculo e contribuintes; b) obrigação, lançamento, crédito, prescrição e decadência tributários; c) adequado tratamento tributário ao ato cooperativo praticado pelas sociedades cooperativas; d) definição de tratamento diferenciado e favorecido para as microempresas e para as empresas de pequeno porte, inclusive regimes especiais ou simplificados no caso do imposto previsto no art. 155, II, das contribuições previstas no art. 195, I e §§ 12 e 13, e da contribuição a que se refere o art. 239 (redação pela EC nº 42/2003).

[33] CF - Art. 149. Compete exclusivamente à União instituir contribuições sociais, de intervenção no domínio econômico e de interesse das categorias profissionais ou econômicas, como instrumento de sua atuação nas respectivas áreas, observado o disposto nos arts. 146, III, e 150, I e III, e sem prejuízo do previsto no art. 195, § 6º, relativamente às contribuições a que alude o dispositivo.

[34] CF - Redação original - Art. 150. Sem prejuízo de outras garantias asseguradas ao contribuinte, é vedado à União, aos Estados, ao Distrito Federal e aos Municípios: I - exigir ou aumentar tributo sem lei que o estabeleça; II - instituir tratamento desigual entre contribuintes que se encontrem em situação equivalente, proibida qualquer distinção em razão de ocupação profissional ou função por eles exercida, independentemente da denominação jurídica dos rendimentos, títulos ou direitos; III - cobrar tributos: a) em relação a fatos geradores ocorridos antes do início da vigência da lei que os houver instituído ou aumentado; b) no mesmo exercício financeiro em que haja sido publicada a lei que os instituiu ou aumentou.

[35] CF - Redação original - Art. 195. A seguridade social será financiada por toda a sociedade, de forma direta e indireta, nos termos da lei, mediante recursos provenientes dos orçamentos

tituição Federal. A conjugação desses artigos da Constituição Federal se relacionam de forma a considerar que as contribuições sociais estão inseridas e submetidas ao sistema tributário nacional, não obstante a particularidade do resultado da sua arrecadação ser destinada à seguridade social.

Para o Ministro Moreira Alves,

> *"por terem esta natureza tributária é que o artigo 149, que determina que as contribuições sociais observem o inciso III do artigo 150 (cuja letra b consagra o princípio da anterioridade), exclui dessa observância as contribuições para a seguridade social previstas o artigo 195, em conformidade com o disposto no par. 6º deste dispositivo, que, aliás, em seu par. 4º, ao admitir a instituição de outras fontes destinadas a garantir a manutenção ou expansão da seguridade social, determina se obedeça o art. 154, I, norma tributária, o que reforça o entendimento favorável à natureza tributária dessas contribuições sociais."*

A estreita ligação entre os artigos 150 e 195 da Constituição Federal – quando este último, no seu § 6º, excepciona a aplicação do princípio da anterioridade prevista na alínea "b" do inciso III do art. 150 – nos parece

---

da União, dos Estados, do Distrito Federal e dos Municípios, e das seguintes contribuições sociais: I – dos empregadores, incidente sobre a folha de salários, o faturamento e o lucro; II – dos trabalhadores; III – sobre a receita de concursos de prognósticos. § 1º As receitas dos Estados, do Distrito Federal e dos Municípios destinadas à seguridade social constarão dos respectivos orçamentos, não integrando o orçamento da União. § 2º A proposta de orçamento da seguridade social será elaborada de forma integrada pelos órgãos responsáveis pela saúde, previdência social e assistência social, tendo em vista as metas e prioridades estabelecidas na lei de diretrizes orçamentárias, assegurada a cada área a gestão de seus recursos. § 3º A pessoa jurídica em débito com o sistema da seguridade social, como estabelecido em lei, não poderá contratar com o poder público nem dele receber benefícios ou incentivos fiscais ou creditícios. § 4º A lei poderá instituir outras fontes destinadas a garantir a manutenção ou expansão da seguridade social, obedecido o disposto no art. 154, I. § 5º Nenhum benefício ou serviço da seguridade social poderá ser criado, majorado ou estendido sem a correspondente fonte de custeio total. § 6º As contribuições sociais de que trata este artigo só poderão ser exigidas após decorridos noventa dias da data da publicação da lei que as houver instituído ou modificado, não se lhes aplicando o disposto no art. 150, III, b. § 7º São isentas de contribuição para a seguridade social as entidades beneficentes de assistência social que atendam às exigências estabelecidas em lei. § 8º O produtor, o parceiro, o meeiro e o arrendatário rurais, o garimpeiro e o pescador artesanal, bem como os respectivos cônjuges, que exerçam suas atividades em regime de economia familiar, sem empregados permanentes, contribuirão para a seguridade social mediante a aplicação de uma alíquota sobre o resultado da comercialização da produção e farão jus aos benefícios nos termos da lei.

não deixar dúvidas de que o constituinte pretendeu dar às contribuições sociais, e por conseguinte à CSLL, natureza tributária.

Terceiro Tema Enfrentado: Necessidade de lei complementar para a instituição da CSLL

No âmbito dos debates iniciais acerca da constitucionalidade da Lei nº 7.689/1988 também surgiu a discussão acerca da necessidade ou não da instituição da CSLL através de lei complementar, nas exatas palavras do Ministro Moreira Alves: *"para que se institua a contribuição social prevista no inciso I do artigo 195, é mister que a lei complementar, a que alude o artigo 146, estabeleça as normas gerais a ela relativas, consoante o disposto em seu inciso III? E, na falta dessas normas gerais, só poderá ser tal contribuição instituída por lei complementar?"*

Prevaleceu o entendimento, com reflexos até os dias de hoje[36], no sentido de que não é necessária a edição de lei complementar, para a instituição de contribuições sociais já previstas no inciso I do art. 195 da Constituição Federal de 1988.

Nos termos do voto do Ministro Moreira Alves, o inciso III do art. 146[37] da Constituição Federal apenas é aplicável para os impostos e para a instituição de novas contribuições sociais, diversas daquelas previstas originalmente no art. 195, posto que, todas as linhas estruturais para a instituição das contribuições sociais já foram devidamente estabelecidas pelo legislador constituinte, sendo desnecessária a edição de lei complementar.

Quarto Tema Enfrentado: Edição de medida provisória para a instituição da CSLL

O quarto tema enfrentado durante o julgamento do RE nº 146.733 diz respeito à possibilidade da instituição de tributos através de medida pro-

---

[36] STF – RE nº 377.457 – Repercussão Geral – Pleno – Rel. Min. Gilmar Mendes – j. 17/09/2008 – DOU 19/12/2008 (discussão acerca da necessidade da natureza exclusivamente formal, e não material, da Lei Complementar nº 70/1991, sendo possível a revogação de isenção através de lei ordinária – Lei nº 9.430/1996, art. 56. Isenção da COFINS para as sociedades civis de profissão regulamentada)

[37] CF – Art. 146. Cabe à lei complementar: (...) III – estabelecer normas gerais em matéria de legislação tributária, especialmente sobre: a) definição de tributos e de suas espécies, bem como, em relação aos impostos discriminados nesta Constituição, a dos respectivos fatos geradores, bases de cálculo e contribuintes; b) obrigação, lançamento, crédito, prescrição e decadência tributários; c) adequado tratamento tributário ao ato cooperativo praticado pelas sociedades cooperativas.

visória, e para o caso específico da Lei nº 7.689/1989 (que foi publicada 9 dias após a medida provisória), se a invalidade da medida provisória se projeta sobre a lei de conversão para também torna-la invalida.

Inaugura-se no STF uma das discussões mais polêmicas no meio jurídico: a possibilidade do STF apreciar os requisitos constitucionais para a edição de uma medida provisória.

Não nos pareceu, nesse campo de discussões, que o RE nº 146.733 contivesse realmente uma dimensão mais profunda no debate sobre o tema das medidas provisórias, não ao menos na intensidade que o Ministro Moreira Alves pretendeu trazer nesse julgamento. Nesse particular nos pareceu que o Ministro pretendeu balizar ou esgotar o tema projetando o entendimento para julgamentos futuros estabelecendo parâmetros para determinar os limites de validade da edição de medidas provisórias no campo tributário, fazendo prevalecer um entendimento de autorrestrição[38] do Poder Judiciário em atuar como legislador positivo, muito característico desse período.

Esse balizamento alcançou três pontos que permaneceram intocáveis por quase 20 anos, quais sejam: *(i)* a possibilidade da edição de medidas provisórias sem qualquer restrição quanto à matéria nela veiculada; *(ii)* que a medida provisória deveria ser entendida como lei no seu sentido material e não formal; e *(iii)* a conversão empresta à medida provisória a natureza de projeto de lei, dando assim a permanência da sua eficácia.

Noutras oportunidades o tema da edição da medida provisória também foi colocado à prova do STF, especialmente quanto ao início do termo de contagem da anterioridade, prevalecendo o entendimento no sentido de que deve iniciar-se da edição da primeira medida provisória, convalidando os atos praticados e as exigências enquanto esta seja regularmente reeditada[39].

No caso da CSLL, em que pese os entendimentos contrários, a simples conversão, dias após a sua edição, nos parece retiraria da medida provisória os requisitos da urgência e da relevância, pois o Poder Executivo poderia seguir a tramitação regular do projeto de lei, sem a utilização desse subterfúgio.

---

[38] CAMPOS, Carlos Alexandre de Azevedo. Dimensões do ativismo judicial do STF. Rio de Janeiro: Forense, 2014. p. 178. Para o autor *"a autorrestrição judicial pode ser entendia como a filosofia adjudicatória ou mesmo a prática decisória que consiste em retração do poder judicial em favor dos outros poderes políticos, seja por motivos de deferência político-democrática, seja por prudência político-institucional"*.

[39] STF – RE nº 240.266/PR – Tribunal Pleno – Rel. para Acórdão Min. Maurício Corrêa – j. 22/09/1999 – DJ. 03/03/2000.

O entendimento de que não cabia ao STF analisar os requisitos constitucionais de relevância e urgência para a edição de medidas provisórias prevaleceu no âmbito do Poder Judiciário por um longo período até o julgamento do ADI-MC nº 4.048[40], quando a Suprema Corte considerou liminarmente inconstitucional a edição desse veículo legislativo para a abertura de créditos extraordinários do orçamento da União Federal.

Assim, com um hiato de quase 20 anos desde a promulgação da Constituição Federal, em 2008, o STF reconheceu, com margem apertada de votos, além da sua competência para analisar os requisitos constitucionais de relevância e urgência da Medida Provisória nº 405/2007, a contaminação, por inconstitucionalidade, da lei de conversão (Lei nº 11.658/2008), além de criticar o excesso de edição de medidas provisórias pelo Poder Executivo para abertura de créditos extraordinários. Pareceu-nos, nesse julgamento, uma evidente sobreposição ao balizamento apresentado em 1989 pelo Ministro Moreira Alves.

É de se reconhecer, contudo, que em matéria tributária a edição de medidas provisórias ainda comportará muitas discussões, pois como nos alerta CARLOS ALEXANDRE DE AZEVEDO CAMPOS, *"não há no Supremo, em definitivo, juiz que adote a autorrestrição estrutural como autêntica filosofia de adjudicação constitucional em um sistema de governo de poderes separados. Nessa seara, os ministros do Supremo Tribunal Federal são eles e as circunstâncias dos casos."*[41]

Quinto Tema Enfrentado: Identidade de bases de cálculo da CSLL e do IRPJ

O RE nº 146.733 ainda enfrentou um tema relevante para nortear o entendimento acerca da base de cálculo da CSLL e a sua identidade com a base de cálculo do IRPJ. Nesse campo de comparações o Ministro Moreira Alves foi bastante econômico nos argumentos, afastando a restrição contida no inciso I do art. 154 da Constituição Federal[42] e, ao mesmo tempo e mais uma vez, a necessidade da sua instituição pela via da lei complementar.

---

[40] STF – ADI-MC nº 4.048 – Tribunal Pleno – Rel. Min. Gilmar Mendes – j. 14/05/2008 – DJ. 21/08/2008.

[41] CAMPOS, Carlos Alexandre de Azevedo. Dimensões do ativismo judicial do STF. Rio de Janeiro: Forense, 2014. p. 320.

[42] CF/88 – *Art. 154. A União poderá instituir: I – mediante lei complementar, impostos não previstos no artigo anterior, desde que sejam não-cumulativos e não tenham fato gerador ou base de cálculo próprios dos discriminados nesta Constituição;*

Para o Ministro Moreira Alves a CSLL não era um imposto novo, resultado do exercício da competência tributária residual da União Federal, mas uma contribuição social prevista no art. 195 da Constituição Federal, uma fonte direta de manutenção da seguridade social incidente sobre o lucro dos empregadores; disso decorrendo inexistir qualquer óbice para a instituição dos dois tributos.

Sexto Tema Enfrentado: Aplicação do princípio da anterioridade – Exigência para os fatos geradores ocorridos em 31/12/1988

O último tema enfrentado nesse acórdão está relacionado à aplicação do princípio da anterioridade, este sim da maior relevância para a cobrança da CSLL ainda em 1988, posto que a Lei nº 7.689/1988 exigiu o seu pagamento para os fatos geradores ocorridos até 31 de dezembro daquele ano.

Prevaleceu o entendimento pela violação ao princípio da irretroatividade da lei tributária, no caso das contribuições sociais, prevista no § 6º do art. 195 da Constituição Federal, acrescido do fato que o próprio art. 34 do ADCT[43] determinar que as normas tributárias entrariam em vigor apenas no quinto mês subsequente ao da promulgação da Constituição (março/1989), o que também coincidiu com os 90 dias da edição da Lei º 7.689/1988, em meados de dezembro/1988, declarando-se, portanto, a inconstitucionalidade do seu art. 2º

Por diferença de 3 dias, o tema a constitucionalidade da CSLL voltaria a ser apreciada pelo plenário do Supremo Tribunal Federal, no RE nº 138.294[44], em 01/07/1992, em que mais uma vez restaria consagrada a constitucionalidade da sua instituição e a inconstitucionalidade do art. 2º da Lei nº 7.689/1988, em razão da violação ao princípio da irretroatividade, pela sua cobrança sobre o lucro apurado pelas empresas em 31/12/1988. No voto do Ministro Carlos Veloso, relator desse recurso extraordinário, aprofunda-se substancialmente o reconhecimento da natureza tributária da CSLL e numa classificação acerca das diversas contribuições sociais (parafiscais e para a seguridade social) previstas na Constituição Federal.

---

[43] CF – ADCT – art. 34 *O sistema tributário nacional entrará em vigor a partir do primeiro dia do quinto mês seguinte ao da promulgação da Constituição, mantido, até então, o da Constituição de 1967, com a redação dada pela Emenda nº 1, de 1969, e pelas posteriores.*
[44] STF – RE nº 138.284 – Tribunal Pleno – Rel. Min. Carlos Veloso – j. 01/07/1992 – DJ, 28/08/1992.

A impressão que se extrai desses julgamentos, paradigmáticos em matéria tributária e ricos em detalhes, foi a construção de entendimentos acerca da interpretação, especialmente, das novas fontes de financiamento direto da seguridade social, e de como a interpretação do Supremo Tribunal Federal se comportaria nos anos seguintes, como veremos, com a prevalência do princípio da solidariedade no custeio da seguridade social.

8b) RE nº 564.413/SC – Repercussão Geral – Imunidade da CSLL para Empresas Exportadora – Incidência

O tema em discussão no RE nº 564.413[45] teve grande relevância pois submeteu ao Supremo Tribunal Federal a análise do alcance da imunidade prevista no inciso I do § 2º do art. 149, com redação pela Emenda Constitucional nº 33/2001, sobre a receita e sobre o lucro.

Os debates que se seguiram, sob a relatoria do Ministro Marco Aurélio, retomaram uma discussão antiga acerca da interpretação de conceitos tomados pelo legislador constitucional para identificar e circunscrever o alcance da competência tributária do legislador ordinário. Nessa ordem de discussões, revelam-se profícuas as discussões acerca das definições de "receita" e "faturamento"[46], notadamente quando do julgamento do alcance do art. 3º da Lei nº 9.718/1998, prevalecendo o entendimento de que tais vocábulos, para períodos anteriores à Emenda Constitucional nº 20/1998, aplicavam-se indistintamente para expressar os resultados da venda de mercadorias, de serviços ou de mercadorias e serviços.

Para o Ministro Marco Aurélio a opção político-legislativa constitucional foi pela expressão "receitas" e apenas essa poderia ser alcançada pela imunidade, não cabendo ao Supremo Tribunal Federal estender esse conceito, em demasia, para alcançar uma parcela que é passível de não ocorrer, qual seja, o lucro. Nos parece claro que o Ministro não deixa de considerar que as receitas de exportação compõem o lucro das empresas, base de cálculo da CSLL, mas, dentre os conceitos possíveis de interpretação contidos na Constituição Federal o legislador poderia ter utilizado as expressões "receitas" e "lucro", mas optou apenas por "receitas".

---

[45] STF – RE nº 564.413 – Tribunal Pleno – Rel. Min. Marco Aurélio – j. 12/08/2010 – DJ, 28/10/2010.

[46] STF – RE nº 346.084/PR – Tribunal Pleno – Rel. para Acórdão Min. Marco Aurélio – j. 09/11/2006 – DJ, 01/09/2006

No voto dissidente do Ministro Gilmar Mendes, traz a discussão para o campo da abrangência da regra desonerativa, reafirmando o histórico de interpretação das imunidades, atendo-se a Corte *"às finalidades constitucionais às quais estão vinculadas as mencionadas regras de imunidade tributária"*, seja para ampliar o alcance da norma ou para restringi-la. Toma o Ministro como exemplo de interpretação ampliativa os julgados referentes à imunidade: *(i)* dos livros para abranger os "álbuns de figurinhas"[47], *(ii)* dos imóveis utilizados como escritório e residência de membros de instituições de educação e de assistência social[48]; (iii) das rendas obtidas pelas instituições de assistência social mediante cobrança de estacionamento[49]. Por outro lado, traz também exemplos de interpretações restritivas (redução teleológica), nos julgados referentes à imunidade: (i) do terceiro adquirente de títulos da dívida agrária[50]; (ii) apenas materiais relacionados com papel da impressão de livros[51]; (iii) receita da produção e venda de pães por entidades de assistência social[52].

Destacou ainda no seu voto divergente o fato de que as regras de imunidade tributária *"têm por escopo a consecução de determinadas finalidades ou a preservação de certos valores consagrados no texto constitucional"* e, para o caso da imunidade nas exportações é possível extrair da Constituição de 1988 uma *"clara orientação normativa no sentido da desoneração da atividade exportadora, com a finalidade de aumentar a competitividade dos produtos brasileiros no mercado internacional"*. Tal interpretação coaduna-se, inclusive, com as exposições de motivos da edição da própria Emenda Constitucional nº 33/2001.

Traz ainda em seu voto mais dois argumentos que nos parecem definitivos para a interpretação ampliativa da imunidade nos casos de importação, quais sejam, a utilização da expressão "receitas", ao invés de "receita"

---

[47] STF – RE nº 221.239 – Tribunal Pleno – Rel. Min. Elen Gracie, j. 25/05/2004, DJ, 06/08/2004.
[48] STF – RE nº 221.395 – Tribunal Pleno – Rel. Min. Marco Aurélio, j. 08/02/2000, DJ, 21/05/2000.
[49] STF – RE nº 144.900 – Tribunal Pleno – Rel. Min. Illmar Galvão, j. 22/04/1997, DJ, 26/09/1997.
[50] STF – RE nº 169.628 – Tribunal Pleno – Rel. Min. Maurício Corrêa, j. 28/09/1999, DJ 19/04/2002.
[51] STF – RE nº 178.863 – Tribunal Pleno – Rel. Min. Carlos Velloso, j. 25/03/1997, DJ, 30/05/1997.
[52] STF – RE nº 134.573 – Tribunal Pleno – Rel. Min. Moreira Alves, j. 02/05/1995, DJ, 29/09/1995.

e a vinculação daquelas na formação do lucro tributável, tudo a justificar também a imunidade para a CSLL.

Mesmo prevalecendo o entendimento do Ministro Marco Aurélio nesse julgamento da CSLL, pela intepretação restritiva da imunidade das receitas auferidas nas exportações, remanesce o debate ainda presente acerca da interpretação teleológica, com viés econômico, do texto constitucional e da possibilidade do princípio da solidariedade do financiamento da seguridade social ceder espaço para a realização de outros princípios e interesses do legislador constitucional.

Nos parece que esse tema, ainda que não ligado diretamente à CSLL, estará na pauta do Supremo Tribunal Federal, quando este avaliará o alcance da imunidade tributária dos chamados e-readers (dispositivos eletrônicos de leitura), a partir do julgamento do RE nº 330.817, com repercussão geral admitida sob a relatoria do Ministro Dias Toffoli. Também nesse caso o Supremo Tribunal Federal estará às voltas com duas discussões muito presentes nos dias de hoje: a interpretação finalística do texto constitucional (teleológica) e os avanços que a tecnologia imprime na percepção econômica e jurídica da realização dos princípios e interesses do legislador constitucional.

8c) RE nº 364.215 AgR – Empresas sem Empregados – Princípio da Solidariedade – Novel redação do inciso I do art. 195 da Constituição Federal – Emenda Constitucional nº 20/1998

A partir da edição da Emenda Constitucional nº 20/1998[53], o inciso I do art. 195 da Constituição Federal recebeu nova redação para ampliar os contribuintes que estariam submetidos às contribuições sociais, no caso particular do presente trabalho, da CSLL. Antes, apenas o "empregador" e agora a "empresa" e a "entidade a ela equiparada na forma da lei".

---

[53] Art. 195. A seguridade social será financiada por toda a sociedade, de forma direta e indireta, nos termos da lei, mediante recursos provenientes dos orçamentos da União, dos Estados, do Distrito Federal e dos Municípios, e das seguintes contribuições sociais: I – do empregador, da empresa e da entidade a ela equiparada na forma da lei, incidentes sobre: (Redação dada pela Emenda Constitucional nº 20, de 1998) a) a folha de salários e demais rendimentos do trabalho pagos ou creditados, a qualquer título, à pessoa física que lhe preste serviço, mesmo sem vínculo empregatício; (Incluído pela Emenda Constitucional nº 20, de 1998) b) a receita ou o faturamento; (Incluído pela Emenda Constitucional nº 20, de 1998) c) o lucro; (Incluído pela Emenda Constitucional nº 20, de 1998)

Parece-nos que a edição da Emenda Constitucional nº 20/1998 veio a reboque de uma discussão inaugurada por alguns contribuintes que, numa condição empresarial *sui generis*, não possuíam empregados; em palavras mais simples, não eram empregadores. Nessa condição encontravam-se, por exemplo, as cooperativas, empresas holdings (que tem como objeto a participação em outras empresas) ou aquelas que dependiam exclusivamente do esforço pessoal dos sócios, sem a contratação de empregados.

Essa argumentação ganhou força com a edição da Emenda Constitucional nº 20/1998, como se o legislador constituinte reconhecesse a posteriori que antes da sua edição apenas as empresas na condição de "empregadores" seriam chamadas a contribuir para o financiamento da seguridade social. No entanto, ela surge, nos parece, em momento anterior com outro tema conexo da contribuição ao INSS incidente sobre a folha de salários, quando o Supremo Tribunal Federal julgou a inconstitucionalidade da exigência dessa mesma contribuição social sobre valores pagos a autônomos, administradores e avulsos, estes não alcançados no conceito de empregados, e portanto, não incluídos na "folha de pagamentos"[54]. Nessa ordem de convicções, para aqueles que advogaram essa tese, na realidade normativa constitucional anterior à EC nº 20/1998, se os contribuintes que não se enquadravam na qualidade de "empregadores" não estariam, portanto, sujeitos ao pagamento das contribuições, especialmente sobre a receita e o lucro (CSLL).

Naquela oportunidade, ao julgar o RE nº 166.772/RS[55], sob a relatoria do Ministro Marco Aurélio, o STF firmou entendimento no sentido de que

"a relação jurídica mantida com administradores e autônomos não resulta de contrato de trabalho e, portanto, de ajuste formalizado à luz da Consolidação das Leis do Trabalho. Daí a impossibilidade de se dizer que o tomador dos serviços qualifica-se como empregador e que a satisfação do que devido ocorra via folha de salários. Afastado o enquadramento do inciso I do artigo 195 da Constituição Federal, exsurge a desvalia constitucional da norma ordinária disciplinadora da matéria. A referência contida no § 4º do artigo 195 da Constituição Federal ao inciso I do artigo 154 nela insculpido, impõe a observância de veículo próprio – lei complementar".

---

[54] Sobre o tema ver: ROCHA, Valdir de Oliveira. *Empresas sem empregados e contribuições de seguridade social.* In *Contribuições sociais: Questões polêmicas.* Coord. Valdir de Oliveira Rocha. São Paulo: Dialética, 1995. p. 75 e seguintes.

[55] STF – RE nº 166.772 – Tribunal Pleno – Rel. Min. Marco Aurélio – j. 12/05/1994 – DJ, 16/12/1994.

Assim, firmes nesse entendimento, os contribuintes que não possuíam empregados, antes da edição da EC nº 20/1998, vislumbraram a legitimidade para também pleitearem a não participação para o financiamento da seguridade social.

Entretanto, a partir do julgamento do RE nº 364.215 AgR[56], o Supremo Tribunal Federal consolidou outro entendimento que afastou definitivamente a possibilidade de uma empresa não contribuir, mesmo não sendo "empregadora", na medida em que *"o vocábulo empregador inscrito no art. 195, I, C.F., compreende a pessoa jurídica empregadora em potencial"*. No voto sob da relatoria do Ministro Carlos Veloso prevaleceu o entendimento de que

"a melhor exegese para o vocábulo 'empregador', adotada pelo legislador constituinte no inciso I, do artigo 195 da Constituição Federal é que ele abarca a pessoa jurídica enquanto potencial empregadora, mesmo porque o comando maior do qual não se pode olvidar, está contido no caput do artigo 195, preconizando que a 'A seguridade social será financiada por toda a sociedade', não se podendo dissociar que a menção a toda a sociedade pressupõe, obviamente, que a intenção do legislador foi de não excluir ninguém da responsabilidade de financiar a seguridade social. Usou-se o vocábulo 'empregador' ali tão somente enquanto qualificativo da entidade. A singularidade das contribuições sociais aflora na proporção da compreensão do fenômeno científico do seguro social e sua correspondente especificidade e instrumentalidade social".

E esse foi entendimento que prevaleceu nas Turmas do STF, sendo reproduzido nos julgamentos que se seguiram[57] até os dias atuais. O ponto relevante a se comentar nesse caso foi o início da construção de um entendimento que privilegia o princípio da solidariedade no financiamento da seguridade social como norte para interpretações futuras acerca das contribuições sociais.

8d) RE nº 578.846 – Repercussão Geral – Instituições Financeiras – Alíquotas diferenciadas de contribuições sociais

Um outro tema que ainda permanece pendente de análise em sede de repercussão geral é a controvérsia acerca da possibilidade da fixação de

---

[56] STF – RE nº 364.215 AgR – Segunda Turma – Rel. Min. Carlos Veloso – j. 17/08/2004 – DJ, 03/09/2004.

[57] Confirmação do precedente: STF – RE nº 500.121 AgR – Segunda Turma – Rel. Min. Ricardo Lewandowski – j. 20/03/2012 – DJ, 02/04/2012 e STF- AI nº 737253 – Primeira Turma – Rel. Min. Rosa Weber – j. 12/03/2013 – DJ, 19/03/2013.

alíquotas diferenciadas de CSLL e de outras contribuições sociais para as instituições financeiras.

O tema durante muito tempo foi enfrentado pelas Turmas do Supremo Tribunal Federal[58], prevalecendo o entendimento de que não *"cabe[ria] ao Supremo atuar como legislador positivo"* para afastar tratamentos diferenciados entre contribuintes. A origem dos precedentes utilizados pelos Ministros indica como origem a ADI nº 2.554[59], que, por sua vez, faz referência ao julgamento da ADI nº 1.643[60], ambos sob a relatoria do Ministro Maurício Corrêa. Nessas duas ações diretas de inconstitucionalidade o tema em discussão foi a ofensa ao princípio da isonomia em razão da Lei nº 9.317/1996 excluir expressamente os serviços profissionais liberais da opção pelo SIMPLES – Sistema Integrado de Pagamento de Impostos e Contribuições das Microempresas e Empresas de Pequeno Porte.

O caso das instituições financeiras, no entanto, nos parece diferente dos precedentes enfrentados anteriormente pelo Supremo Tribunal Federal. Naquelas oportunidades a ofensa ao princípio da isonomia estava relacionada a regimes tributários que excluíam certa categoria de contribuintes, notadamente, os profissionais liberais no caso do SIMPLES (ADI nº 1.643) e a indústria que pleiteava isonomia em relação à metodologia de recolhimento da contribuição ao PIS e da COFINS previsto para as comercializadoras de automóveis, sob o argumento de que exercia também o comércio de produtos (RE nº 585.740)[61], esse último com a repercussão geral negada (vencido o Ministro Marco Aurélio).

Para as instituições financeiras a ofensa ao princípio da isonomia se verifica sob outra perspectiva, qual seja, da efetiva majoração das alíquotas das contribuições sociais (no caso sob análise da CSLL) exclusivamente para elas. Argumentam, em síntese: *"(i) a violação ao princípio da isonomia (art. 5º, caput e 150, II da Constituição Federal), na medida em que nada se distin-*

---

[58] Exemplos de julgados, anteriores à admissão da repercussão geral: RE nº 490.576 AgR – 2ª Turma – Rel. Min. Joaquim Barbosa – j. 01/03/2011 – Dje, 30/03/2011; RE nº 485.290 AgR – 2ª Turma – Rel. Min. Ellen Gracie – j. 03/08/2010 – DJe, 20/08/2010; RE nº 410.515 AgR – 1ª Turma – Rel. Min. Cármen Lúcia – j. 26/05/2009 – Dje, 01/07/2009.

[59] STF – ADI MC nº 2.554 – Decisão monocrática – Rel. Min. Maurício Corrêa – j. 13/12/2001 – DJ, 01/02/2002. Liminar negada com base na existência de precedente na ADI MC nº 1643.

[60] STF – ADI nº 1.643 – Tribunal Pleno – Rel. Min. Maurício Corrêa – j. 05/12/2002 – DJ, 14/02/2003.

[61] STF – RE nº 585.740 – Plenário Virtual – Rel. Min. Menezes Direito – DJ, 22/08/2008.

guem das demais empresas tributadas à razão de alíquota menor, no que se refere aos custos impostos à seguridade social; e (ii) contrariedade à regra que estabelece a proporção entre a destinação finalística da contribuição e sua motivação, também em razão de a atividade desenvolvida não implicar dispêndios maiores no campo da seguridade social"[62].

Não obstante a consolidação da jurisprudência, o tema voltará a ser analisado pelo Plenário do Supremo Tribunal Federal em razão do reconhecimento da repercussão geral no RE nº 578.846[63], sob a relatoria do Ministro Dias Toffoli. Dentre os temas que serão submetidos à apreciação do Supremo Tribunal Federal encontra-se a violação ao princípio da isonomia, pois a norma atacada criou uma majoração exclusiva das alíquotas do PIS para as instituições financeiras. Não obstante a questão da majoração das alíquotas da CSLL para as instituições financeiras já tenha sido objeto de apreciação pelo Supremo Tribunal Federal quando do julgamento do RE nº 587.008[64], sob o regime de repercussão geral, o foi apenas sob a perspectiva da violação ao princípio da anterioridade, restando intocado o tema da isonomia para o financiamento da seguridade social.

Parece-nos tratar-se de uma oportunidade ímpar para a Corte Suprema enfrentar diretamente as questões apresentadas pelos contribuintes, especialmente quando em momento anterior à edição da Emenda Constitucional nº 20/1998, não havia previsão expressa no art. 195 da Constituição Federal, para que se adotasse tratamento diferenciado entre contribuintes no financiamento da seguridade social, notadamente quando estamos diante da CSLL (com exceção do período de 1994 a 1996, com a inclusão do art. 71 no ADCT).

Nessa ordem de convicções, considerando que a base de cálculo da CSLL é o lucro das empresas, aquele contribuinte que a aufere em valores mais expressivos terá, consequentemente, um valor maior de CSLL a pagar. Não nos convence o argumento, no campo da CSLL, que a majoração da alíquota exclusivamente para as instituições financeiras seria uma medida de justiça tributária, posto que, apenas esta espécie de contribuinte, e nenhum outro, é gravado com a referida majoração. Uma medida

---

[62] Excerto do voto do Min. Joaquim Barbosa no RE nº 490.576 AgR.
[63] STF – RE nº 578.846 – Plenário Virtual – Rel. Min. Dias Toffoli – j. 20/06/2013 – Dje, 28/03/2013.
[64] STF – RE nº 587.008 – Tribunal Pleno – Rel. Min. Dias Toffoli – j. 02/02/2011 – Dje, 06/05/2011.

de justiça tributária, acaso se pretenda verdadeiramente promove-la, seria a adoção da progressividade das alíquotas; caso contrário, verificar-se-á um regime de exceção e não uma medida de justiça tributária.

9. Conclusões

No desenvolvimento desse trabalho, analisa-se inicialmente o histórico legislativo da CSLL, destacando as discussões que se travaram durante os debates da opção pelo legislador constituinte pelo vocábulo "lucro" contido no art. 195 da Constituição Federal, em dimensão que poderia gerar conflitos com o imposto sobre a renda.

Em seguida, pontuou-se o início conturbado da instituição da CSLL através da edição da Medida Provisória nº 22/1988 e da sua conversão, dias depois, na Lei nº 7.689/1988, com a consequente propositura, nos primeiros dias de 1989, da ADI-MC nº 15.

No terceiro item desse trabalho discorre-se sobre os aspectos material (base de cálculo e alíquota) e pessoal da CSLL contidos na Lei nº 7.689/1988, merecendo destaque a diversidade de alíquotas e a discussão que se seguiria, anos depois, acerca daqueles contribuintes que não eram empregadores e que, a princípio, não seriam alcançados pela redação do art. 195 da Constituição Federal, anterior à Emenda Constitucional nº 20/1998.

A seguir, apresenta-se uma perspectiva inicial da identidade entre a base de cálculo do IRPJ e da CSLL, com destaque para a impossibilidade do legislador ordinário preencher e dar efetividade ao vocábulo "lucro" previsto na Constituição Federal sem observar os limites econômicos que esse vocábulo revela, trazendo para o debate duas questões que bem exemplificam situações em que o legislador ordinário afastou-se dos limites da interpretação para alcançar parcelas que não revelam lucratividade. Destaca-se nesse item o tema da dedutibilidade dos juros sobre o capital próprio (JCP), oportunidade ímpar para o STF analisar os limites constitucionais impostos ao legislador ordinário para considerar uma despesa necessária à atividade da empresa dedutível para fins de IRPJ mas não para a CSLL.

No item 7 prossegue-se com a análise do benefício fiscal ligado exclusivamente à CSLL, denominado bônus de inadimplência, fixando-se os requisitos para que o contribuinte habilite-se ao seu aproveitamento.

Por fim, foram selecionados quatro acórdãos que entendeu-se representariam os contornos essenciais e as discussões mais relevantes para a

CSLL, onde o Supremo Tribunal Federal teve a oportunidade de analisar a própria constitucionalidade da Lei nº 7.689/1988, verificar se as empresas exportadoras teriam direito ao não pagamento da CSLL sobre a parcela do lucro composto pelas receitas de exportação, a hipótese das empresas sem empregados não serem obrigadas ao pagamento da CSLL e, por fim, a discussão acerca da majoração das alíquotas da contribuição, exclusivamente para as instituições financeiras.

Todos os temas discutidos no presente trabalho revelam alguns temas que ainda merecerão aprofundada reflexão por parte do Poder Judiciário e da doutrina, notadamente quanto aos esforços de aproximação entre o IRPJ e a CSLL que tem como fundamento constitucional o lucro, mas destinações diversas no campo do orçamento da União Federal. Os avanços nesse campo são fundamentais para que, mesmo compreendendo e reconhecendo tratarem-se de tributos diversos, o legislador e o intérprete deixem de se apoiar em premissas equivocadas, notadamente de considerar qualquer diferenciação entre esses tributos como benefício fiscal.

Não obstante a opção político-legislativa do constituinte pelo vocábulo "lucro" necessite de uma integração legislativa, é preciso que essa integração tenha como norte o resultado positivo da promoção dinâmica de esforços ou empreendimentos da pessoa física ou jurídica para gerar uma riqueza nova, a partir do seu próprio patrimônio, em um certo período. Como afirmado anteriormente, a essa riqueza nova, dá-se o nome de "lucro" como acréscimo ao patrimônio já existente.

Contribuições de Seguridade Social Previdenciárias da Empresa, das Entidades Equiparadas, do Empregador Doméstico e dos Segurados

FABIO ZAMBITTE IBRAHIM

1. Introdução – A Parafiscalidade

Na conhecida e multicitada evolução do Estado liberal para Estado social, especialmente na segunda metade do século XIX, a questão do financiamento ganha contornos próprios. A ideia tradicional de que o Estado somente deveria assegurar a liberdade formal torna-se insubsistente, sob o alegado paradoxo do liberalismo, o qual, ao postular a liberdade, acaba por cerceá-la, ao não assegurar meios indispensáveis de vida[1].

Admitida a necessidade de maior ação estatal, patrocinando direitos sociais e condições mínimas de vida, a demanda por maiores fontes de custeio torna-se tema premente, e os parcos recursos já existentes possuíam, como se pode prever, destinações consolidadas[2].

---

[1] Por todos, ver FERNANDES, Simone Lemos. *Contribuições Neocorporativas na Constituição e nas Leis*. Belo Horizonte: Delrey, 2005, p. 31. No entanto, importa notar que tais visões implicam acepção restritiva e, em alguma medida, equivocada do liberalismo, pois a preservação do mínimo existencial, especialmente no Brasil, foi inicialmente fundamentada por premissas liberais. Sobre o tema, ver TORRES, Ricardo Lobo. *Curso de Direito Tributário e Financeiro*. 11ª edição. Rio: Renovar, 2004, p. 67.

[2] No jargão econômico – e com certo tom de ironia – é comum afirmar-se que *a receita faz a despesa*, ou seja, uma vez apresentado o ingresso, somente com muita dificuldade poderia o Estado abrir mão daqueles recursos. Sobre um exercício concreto de tentativa de redução de gastos estatais no Brasil – e sua conseqüente dificuldade concreta – ver GIAMBIAGI, Fabio e TAFNER, Paulo. *Demografia – A Ameaça Invisível. Op. cit.*, pp. 175 e seguintes.

Neste ambiente, surge a ideia da *parafiscalidade*, cujo sentido etimológico é evidente, como fonte de receita para as atividades então conhecidas como *paraestatais*, assim consideradas, especialmente, as ações na área social, que escapavam aos encargos clássicos do Estado moderno. Não sem razão afirma-se que tal forma de financiamento teve, como manifestação mais importante, a seguridade social[3]. Por este motivo, o tema aqui desenvolvido tratará, especificamente, de contribuições sociais, muito embora se saiba que o fenômeno da parafiscalidade não se limita a elas.

A discussão não é nova, já que o financiamento da proteção social era um dos principais problemas a serem administrados por Bismarck, como observado, quando da criação do seguro social alemão, haja vista o descontentamento de segmentos conservadores que não admitiam maiores gastos por conta do limitado orçamento público.

No entanto, mesmo na gênese do financiamento de um dos modelos mais conhecidos e pioneiros de previdência social, o tema não logrou consenso, pois o próprio Bismarck se posicionara contra o sistema de financiamento aprovado, não vendo problema em repartir o custeio por toda a sociedade, pela cobrança de impostos – no caso, por meio de taxação e monopólio estatal do tabaco – haja vista o interesse geral na proteção social[4].

A criação de exações próprias para o financiamento da proteção social teria duas justificativas elementares, que são usualmente apresentadas. Uma, de ordem valorativa, seria não impor sobre toda a sociedade o encargo financeiro que somente visa o benefício de alguns, justificando tal imposição somente sobre o grupo que se beneficia do modelo existente. É um financiamento baseado na solidariedade de grupo, ao invés da solidariedade de todo corpo social.

Outra justificativa, de ordem pragmática, seria superar os descontentamentos gerados por aumentos de tributos tradicionais, mostrando à sociedade que a nova exação teria fundamento específico e arrecadação

---

[3] Cf. FONROUGE, Carlos M. Giuliani. *Derecho Financiero*, vol II, 2ª Ed. Buenos Aires: Palmas, 1970, p. 1021.
[4] Cf. HENNOCK, E. P. *The Origin of the Welfare State in England and Germany, 1850-1914 – Social Policies Compared*. Cambridge: Cambridge Press, 2007, p. 185 e seguintes. Interessante notar, pela avaliação histórica do modelo de proteção alemão, que a referência ao modelo bismarckiano de previdência social, em verdade, tinha pouca relação com as expectativas pessoais de Bismarck de como deveria ser a proteção social.

vinculada a determinado fim, sem possibilidade de desvio para ações tradicionais do Estado.

Ambos os fundamentos apresentados, em certa medida, são corretos. Mas o fato de tais afirmativas serem verdadeiras não traduz, como se possa parecer, a necessidade de uma nova exação, pois o mesmo fim poderia ser alcançado por meio de impostos e taxas, com pequenas adequações legislativas, especialmente na atualidade[5].

A pretensa natureza específica das contribuições sociais se torna ainda mais complexa, no Brasil, com a Constituição de 1988, pois as ações sociais, antes *paraestatais*, há muito deixaram de ser atípicas ou estranhas aos demais encargos públicos, transmutadas em normas jurídicas sindicáveis por meio do processo legislativo ou mesmo judicial, muito embora, em desenvolvimento incompleto da técnica protetiva, ainda mantém, na parte do financiamento, o engodo das contribuições sociais.

Ainda que os primórdios da parafiscalidade tenham assento desde a Antiguidade, é bastante razoável afirmar que tal expediente se robustece com o incremento das ações estatais, as quais, inexoravelmente, trazem a necessidade de maior financiamento[6]. O crescimento estatal, com a consequente demanda por financiamento, permitiu o desenvolvimento de técnicas pré-existentes de custeio, e a parafiscalidade veio bem a calhar.

Outro aspecto que trouxe alguma elevação da técnica foi a sua adoção por regimes autoritários, que viam no modelo um instrumento de burla nas tradicionais garantias dos contribuintes, que, por meio da parafiscalidade, sob argumento da imediata necessidade de custeio de ações relevantes para a vida humana, poderiam ser cobradas sem as limitações ao poder de tributar estatal estabelecidas na Constituição.

Essa é a principal razão da forte acolhida, na segunda metade do século XX, da parafiscalidade em regimes autoritários, especialmente durante

---

[5] Como bem resume BUYS DE BARROS, A. B., *a parafiscalidade é um expediente político do Estado intervencionista transformado em técnica financeira* (*Um Ensaio Sobre a Parafiscalidade*. Rio: José Konfino, 1956, p. 100).

[6] De acordo com FERNANDES, Simone Lemos, as contribuições especiais teriam nascido com o Estado liberal, e não social, pois taxas e impostos, na origem, eram cobrados com fundamento na vantagem geral (impostos) ou pessoal (taxas). Para grupos restritos de beneficiados, novas formas deveriam surgir, e em tal contexto aparecem as contribuições. No entanto, a evolução teria sido tímida, pela estrutura e ações limitadas do Estado liberal. Por isso, conclui que as contribuições teriam surgido já na Idade Média (*op. cit.*, pp. 33 e seguintes).

o fascismo italiano e na França de Vichy[7]. No caso brasileiro não foi diferente, tendo a parafiscalidade grande desenvolvimento com a Era Vargas,[8] bastando lembrar que a partir de 1933 começaram a ser criados no Brasil os Institutos de Aposentadorias e Pensões, os quais, pela primeira vez, concentravam no poder central a gestão e, especialmente, as receitas da previdência social brasileira[9].

Sem embargo, isso não implica afirmar que a parafiscalidade seja uma criação da ditadura e de regimes totalitários, pois é certo que havia desenvolvimento elevado da técnica já nos regimes liberais do século XIX, embora tenha existido forte aumento com Mussolini[10].

Teve também forte acolhida com a descrição pormenorizada feita na França, inicialmente com o inventário Schumann, adotando a divisão de Laferrière, o qual falava de *receitas para-orçamentárias*, que seriam arrecadadas pelo próprio Estado e aplicadas nos fins específicos norteadores de sua cobrança, e parafiscais propriamente ditas, arrecadas por entes paraestatais[11].

No entanto, foi também, na França, tema do Inventário Petsch, com ampliação do leque de contribuições e mesmo a exagerada inclusão de contribuições sobre indenizações, em 1948 e, verdadeiramente, já havia surgido em textos anteriores, como o Relatório Jacquier, em 1933[12].

---

[7] Cf. BUYS DE BARROS, A. B.. *Op. cit.*, p. 51. Esse foi um dos motivos que propiciou forte discussão sobre a parafiscalidade na França, no pós-guerra. Sobre o tema, ver FARIA, Sylvio Santos, *op. cit.*, p. 35, GONTIJO, Paulo Cezar. *A Parafiscalidade*. Rio de Janeiro: Instituto Brasileiro de Direito Financeiro, 1958, p. 12 e GUIMARÃES, Ylves J. de Miranda. *A Situação Atual da Parafiscalidade no Direito Tributário*, São Paulo: José Bushatsky, 1977, pp. 22-3.

[8] Cf. MAIA, J. Motta. *A Parafiscalidade na Constituição de 1967*. Rio: Instituto do Açúcar e do Álcool, 1968, p. 08.

[9] Apesar da previdência social, no Brasil, tem como marco reconhecido o Decreto-Legislativo nº 4682, de 24/01/1923, a administração e gestão dos recursos, no modelo deste ato, conhecido como Lei Eloy Chaves, ficava por conta das Caixas de Aposentadorias e Pensões, que não possuíam qualquer vinculo com a Administração Pública. Sobre o tema, ver o meu *Curso de Direito Previdenciário*, 15º ed, Niterói: Impetus, 2010.

[10] Sobre o tema, ver MORSELLI, Emanuelle. *Parafiscalidade e Seu Controle*. Rio: Instituto Brasileiro de Direito Financeiro, 1954, p. 23.

[11] O conteúdo do Inventário Schumann, que traz o nome do ministro francês responsável por sua elaboração, já conta com grande detalhamento na literatura nacional, não merecendo aqui maiores aprofundamentos. Sobre o tema, ver BUYS DE BARROS, A. B.. *Op. cit.*, pp. 58 e seguintes e FARIA, Sylvio Santos, *op. cit.*, pp 55 e seguintes.

[12] Cf. FARIA, Sylvio Santos, *op. cit.*, pp. 20 e 33. Como reconheceu Morselli expressamente, sua teoria sobre a parafiscalidade teve grande influência do Relatório Jacquier (*Parafiscalidade e seu Controle, op. cit., loc. cit.*).

Emanuelle Morselli é reconhecido como um dos primeiros doutrinadores a tentar apresentar alguma sustentação dogmática da parafiscalidade, expondo uma pretensa distinção entre o tributo com finalidade eminentemente política, como os impostos, e outros com fins sociais e econômicos, como as contribuições sociais (que ele chamava de *impostos parafiscais*).

Como afirmava Morselli, a parafiscalidade relaciona-se com os deveres especiais *atinentes aos fins econômicos ou sociais – que, por sua vez, dizem respeito a determinadas categorias profissionais, etc. – garantidas ou reconhecidas pelo Estado como organismos institucionais*[13]. Para Morselli, há a divisão das necessidades públicas em fundamentais (finalidades do Estado) e complementares (finalidades econômicas ou sociais)[14]. Não discorda de grande semelhança com as formas clássicas de tributação, mas entende que as contribuições não têm fim político, mas sim social ou econômico[15].

Em certa medida, a parafiscalidade também foi apresentada como forma de justificar a nova forma interventiva do Estado, em tentativa de preservar, ainda que parcialmente, o paradigma da ação estatal neutra, ao lado de um novo um viés redistributivo e com pretensões de correção das falhas do modelo capitalista[16]. Pode-se dizer que, ao menos em parte, a criação da parafiscalidade foi uma tentativa de preservar as ingenuidades do modelo

---

[13] MORSELLI, Emanuele. *Curso de Ciência das Finanças Públicas – Introdução e Princípios Gerais* (tradução de Elza Meschick), 5ª edição. Rio: Edições Financeiras S.A., 1959, p. 17. *A regra é o princípio do interesse ou do benefício da categoria econômica ou social a que o fim particular se refere* (op. cit., p. 17).

[14] Em suas palavras, *A teoria da parafiscalidade baseia-se na distinção das necessidades públicas em fundamentais e complementares. As primeiras correspondem às finalidades do Estado, de natureza essencialmente política (defesa externa e interna, justiça, etc.). As segundas correspondem às finalidades sociais e econômicas, as quais, sobretudo recentemente, assumiram grandes proporções e novas determinações financeiras. Trata-se principalmente de necessidades de grupos profissionais econômicos e de grupos sociais* (Parafiscalidade e Seu Controle, op. cit., p. 24).

[15] Cf. FARIA, Sylvio Santos, *op. cit.*, p. 44. No Brasil, a doutrina adotou, eventualmente, distinção similar, tendo as contribuições a finalidade de financiar necessidades públicas *suplementares*, enquanto os impostos seriam fontes das necessidades *fundamentais*. Sobre o tema, ver GUIMARÃES, Ylves J. de Miranda. *A Situação Atual da Parafiscalidade no Direito Tributário*, op. cit., pp. 21-2.

[16] Cf. BUYS DE BARROS, A. B.. *Um Ensaio Sobre a Parafiscalidade*. Rio: José Konfino, 1956, pp. 15 a 20. Como afirma, (...) *a fiscalidade, através de seus meios clássicos de atuação, não pode exercer em toda plenitude aquelas funções que lhe são inerentes, donde valer-se o Estado da parafiscalidade como meio coadjutor, técnico e eficaz, para a consecução de seus fins financeiros, econômicos e sociais* (op. cit., p. 20).

até então vigente; estimular a sociedade ao pagamento e, não raramente, burlar as restrições legais e constitucionais à imposição tributária[17].

Foi, enfim, uma tentativa de adaptação da ciência das finanças públicas às novas realidades políticas, econômicas e sociais, um reflexo da evolução do Estado liberal para social, com o consequente aumento do gasto público; uma necessidade de novos caminhos para financiamento, com menor reação dos contribuintes, *esquecidos dos benefícios resultantes das imposições que lhe são cobradas*[18]. Pelo seu histórico, não é difícil verificar seu expediente preponderantemente político, como forma de estímulo social à cotização forçada. A saga do tema, no Brasil, não foi diferente.

No Direito brasileiro, as contribuições surgem, em âmbito constitucional, com a Carta de 1934 (art. 121, "h")[19]. A Constituição de 1937 as previa, mais restritivamente, nos artigos 130 e 138[20], assim como em 1946, no art. 157, XVI[21]. Sem embargo, há quem veja já na a Constituição de 1824 a primeira previsão, ainda que implícita, ao dispor, no Art. 15, X, da atri-

---

[17] Um reflexo ainda remanescente desta concepção é o fato da Constituição de 1988 admitir que as contribuições sociais escapem à incidência da regra da anterioridade, conforme art. 195, § 6º do texto constitucional. Sobre a questão da burla às limitações ao poder de tributar e ao orçamento, ver GUIMARÃES, Ylves J. de Miranda, *op. cit.*,, p. 06.

[18] Cf. FARIA Sylvio Santos, *op. cit.*, pp. 08 e 20.

[19] Art. 121 – *A lei promoverá o amparo da produção e estabelecerá as condições do trabalho, na cidade e nos campos, tendo em vista a proteção social do trabalhador e os interesses econômicos do País.*
§ 1º – A legislação do trabalho observará os seguintes preceitos, além de outros que colimem melhorar as condições do trabalhador:
(...)
h) assistência médica e sanitária ao trabalhador e à gestante, assegurando a esta descanso antes e depois do parto, sem prejuízo do salário e do emprego, e instituição de previdência, mediante contribuição igual da União, do empregador e do empregado, a favor da velhice, da invalidez, da maternidade e nos casos de acidentes de trabalho ou de morte;

[20] Art. 130 – *O ensino primário é obrigatório e gratuito. A gratuidade, porém, não exclui o dever de solidariedade dos menos para com os mais necessitados; assim, por ocasião da matrícula, será exigida aos que não alegarem, ou notoriamente não puderem alegar escassez de recursos, uma contribuição módica e mensal para a caixa escolar.*
Art. 138 – *A associação profissional ou sindical é livre. Somente, porém, o sindicato regularmente reconhecido pelo Estado tem o direito de representação legal dos que participarem da categoria de produção para que foi constituído, e de defender-lhes os direitos perante o Estado e as outras associações profissionais, estipular contratos coletivos de trabalho obrigatórios para todos os seus associados, impor-lhes contribuições e exercer em relação a eles funções delegadas de Poder Público.*

[21] Art. 157 – *A legislação do trabalho e a da previdência social obedecerão nos seguintes preceitos, além de outros que visem a melhoria da condição dos trabalhadores:*
(...)

buição da assembleia geral, para fixar anualmente as despesas públicas e repartir a contribuição direta, a qual, na legislação, tomava lugar com a contribuição para montepios[22].

Já na Constituição de 1967, as contribuições foram expressamente inseridas por mero receio, com o Código Tributário Nacional – então denominado Sistema Tributário Nacional – e especialmente com a EC nº. 18/65, da possível impossibilidade de cobrança por falta de amparo normativo, inviabilizando entidades paraestatais[23]. Com a EC nº. 01/69 manteve-se a previsão de contribuições previdenciárias no texto, além de diversas previsões sobre a possibilidade de contribuições especiais, sendo o texto constitucional que, até então, mais fez referência a tais exações.

Adotada a EC nº. 01/69, com sua ampla previsão e fixação explícita das contribuições sociais, começa a se formar o entendimento das contribuições como espécie autônoma de tributo, consagrando a teoria tripartite de Rubens Gomes de Souza, com impostos, taxas e contribuições, que, até então, era minoritária, além de explicitar, por fim, a natureza tributária das contribuições[24].

Com a Emenda nº. 08, de 1977, alarga-se a previsão da competência da União para instituir contribuições, que além dos encargos da previdência social e de intervenção no domínio econômico, passa a incluir, pela pri-

---

XVI – previdência, mediante contribuição da União, do empregador e do empregado, em favor da maternidade e contra as conseqüências da doença, da velhice, da invalidez e da morte;

[22] Cf. MACHADO, Brandão, São Tributos as Contribuição Sociais? in Direito Tributário Atual, v. 7/8, São Paulo, Resenha Tributária, 1987-88, p. 1845.

[23] Art 157 – A ordem econômica tem por fim realizar a justiça social, com base nos seguintes princípios: (...)
§ 9º – Para atender à intervenção no domínio econômico, de que trata o parágrafo anterior, poderá a União instituir contribuições destinadas ao custeio dos respectivos serviços e encargos, na forma que a lei estabelecer.
Art 158 – A Constituição assegura aos trabalhadores os seguintes direitos, além de outros que, nos termos da lei, visem à melhoria, de sua condição social:
(...)
XVI – previdência social, mediante contribuição da União, do empregador e do empregado, para seguro-desemprego, proteção da maternidade e, nos casos de doença, velhice, invalidez e morte;
Sobre a evolução histórica do tema, na Constituição de 1967, ver J. Motta Maia, op. cit., pp. 11 a 13. Como afirma o autor, após a edição do CTN, houve forte divergência sobre a possibilidade de cobrança das contribuições especiais, que durante algum tempo, para alguns, eram enquadradas como taxas, na forma do art. 79, II do CTN (op. cit., p. 14).

[24] Cf. Simone Lemos Fernandes, op. cit., pp. 140-1 e 169.

meira vez, o interesse de categorias profissionais[25]. A mesma Emenda retirou as contribuições sociais do capítulo constitucional referente ao Sistema Tributário Nacional, como tentativa de transmutar sua natureza jurídica, que acabou por prevalecer no STF, em flagrante privilégio do aspecto geográfico da previsão normativa constitucional. A mudança teve como intuito preservar o prazo decadencial de 30 anos das contribuições previdenciárias, as quais, reconhecida a natureza tributária, deveriam adequar-se ao lustro previsto no CTN[26].

---

[25] *Art. 21. Compete à União instituir impôsto sôbre:*
(...)
§ 2º A União pode instituir:
I – contribuições, observada a faculdade prevista no item I deste artigo, tendo em vista intervenção no domínio econômico ou o interesse de categorias profissionais e para atender diretamente a parte da União no custeio dos encargos da previdência social. (Redação dada pela Emenda Constitucional nº 8, de 1977)
Art. 43. Cabe ao Congresso Nacional, com a sanção do Presidente da República, dispor sôbre tôdas as matérias de competência da União, especialmente:
(...)
X – Contribuições sociais para custear os encargos previstos nos artigos 165, itens II, V, XIII, XVI e XIX, 166, § 1º, 175, § 4º e 178. (Incluído pela Emenda Constitucional nº 8, de 1977)
Art. 163. São facultados a intervenção no domínio econômico e o monopólio de determinada indústria ou atividade, mediante lei federal, quando indispensável por motivo de segurança nacional ou para organizar setor que não possa ser desenvolvido com eficácia no regime de competição e de liberdade de iniciativa, assegurados os direitos e garantias individuais.
Parágrafo único. Para atender a intervenção de que trata êste artigo, a União poderá instituir contribuições destinadas ao custeio dos respectivos serviços e encargos, na forma que a lei estabelecer.
Art. 165. A Constituição assegura aos trabalhadores os seguintes direitos, além de outros que, nos têrmos da lei, visem à melhoria de sua condição social:
(...)
XVI – previdência social nos casos de doença, velhice, invalidez e morte, seguro-desemprêgo, seguro contra acidentes do trabalho e proteção da maternidade, mediante contribuição da União, do empregador e do empregado;
Art. 166. É livre a associação profissional ou sindical; a sua constituição, a representação legal nas convenções coletivas de trabalho e o exercício de funções delegadas de poder público serão regulados em lei.
§ 1º Entre as funções delegadas a que se refere êste artigo, compreende-se a de arrecadar, na forma da lei, contribuições para custeio da atividade dos órgãos sindicais e profissionais e para a execução de programas de interêsse das categorias por êles representados.
Art. 178. As emprêsas comerciais, industriais e agrícolas são obrigadas a manter o ensino primário gratuito de seus empregados e o ensino dos filhos dêstes, entre os sete e os quatorze anos, ou a concorrer para aquêle fim, mediante a contribuição do salário-educação, na forma que a lei estabelecer.

[26] Neste sentido, ver FERNANDES, Simone Lemos, *op. cit.*, pp. 162 a 164. Atualmente, como se verá, as contribuições tem sua natureza tributária reconhecida pelo STF, e o prazo decadencial das contribuições previdenciárias é de cinco anos, como previsto no CTN e expresso pela

Na Constituição de 1988, a divisão das contribuições especiais, como definido no art. 149, traz forte semelhança com a previsão da Carta de 1969, com ampliação das contribuições sociais, que não são limitadas ao financiamento da previdência social, como previsto no texto de 1969. A divisão proposta pelo constituinte de 1988 em muito se aproxima dos modelos propostos por Merigot e, no Brasil, por Buys de Barros[27].

Quanto à qualificação das contribuições como tributos, o Judiciário brasileiro teve idas e vindas, pois a opinião dominante na doutrina, até 1977, era a de que as contribuições possuíam natureza tributária, estando integradas no Sistema Tributário Nacional. O Supremo Tribunal Federal, no julgamento do Recurso Extraordinário 78.291-SP, de 4 de junho de 1974, Rel. Min. Aliomar Baleeiro, reconheceu a natureza tributária das contribuições.

Com a superveniência da Emenda Constitucional n. 8, de 14 de abril de 1977, entendeu o STF que as contribuições sociais, referidas no art. 43, X, da Constituição, deixaram de ser tributos, especialmente por estarem situadas em capítulo diverso daquele relativo ao sistema tributário, como definido no RE n. 86.595-BA, Rel. Min. Xavier de Albuquerque, julgado em 17/05/1978[28].

Posteriormente, com o advento da Constituição de 1988, pelo fato das contribuições especiais terem previsão dentro do Sistema Tributário Nacional (art. 149, CF/88) e, mais importante, serem submetidas, em grande parte, ao regime jurídico tributário, entendeu-se que as mesmas teriam readquirido a natureza de tributo (RE n. 146.733-SP, RE n. 148.754-RJ, entre outros)[29].

---

súmula vinculante n. 08 da Corte Constitucional. Em verdade, cumpre observar que muito do interesse despertado nos tributaristas brasileiros, quanto a natureza jurídica das contribuições previdenciárias, foi justamente devido a essa questão. Sobre tal indagação, ver MARTINEZ, Wladimir Novaes. *Curso de Direito Previdenciário*, 3ª Ed, São Paulo: LTr, 2010, p. 207.

[27] Sobre o tema, ver BUYS DE BARROS, A. B., *op. cit.*, p. 64.

[28] Nas palavras do Min. Moreira Alves, em voto no precedente citado, (...) *Por isso mesmo, e para retirar delas* [as contribuições] *o caráter de tributo, a Emenda Constitucional nº. 8/77 alterou a redação desse inciso* [art. 21, § 1º, I], *substituindo a expressão 'e o interesse da previdência social' por 'e para atender diretamente à parte da União no custeio dos encargos da previdência social', tendo a par disso, e com o mesmo objetivo, acrescentado um inciso – o x – ao artigo 43 da Emenda nº. 1/69. (...) Portanto, de 1966 a 1977 (do Decreto-lei 27 à Emenda Constitucional nº. 8), contribuições como a devida ao FUNRURAL tinham natureza tributária. Deixaram de tê-la, a partir da Emenda nº. 8.*

[29] Interessante notar que o próprio Morselli tinha reservas quanto à classificação das contribuições previdenciárias como tributos. Para ele, o seguro social, na acepção pura,

Essa ampliação do fenômeno da parafiscalidade impôs desafio à doutrina da época, a qual, tanto no Brasil como alhures, trouxe produção elevada sobre o tema, na busca de um deslinde adequado para a natureza das contribuições especiais. O debate, como antecipado, cinge-se a (in)existência de uma natureza jurídica diversa das contribuições, tanto pela finalidade como pelos fundamentos[30].

De toda forma, não obstante os percalços do tema na atualidade, é inquestionável que a Constituição de 1988 tenha adotado tal sistemática, ainda que com particularidades estranhas às origens da tributação parafiscal. Não sem motivo tem preferido a doutrina e jurisprudência referir-se a contribuições especiais ou neologismos diversos como forma de camuflar o desvirtuamento histórico do instituto. De toda forma, a proposta, aqui, é expor, objetivamente, a dinâmica de custeio vigente[31].

2. Custeio dos Trabalhadores

No âmbito previdenciário, são duas contribuições que versam sobre o tema. A cotização das empresas sobre a folha de salários e demais rendimen-

---

implicaria mera retribuição pelos riscos cobertos, não tendo as contribuições sociais natureza tributária, por não existir redistribuição entre o grupo (*Parafiscalidade e Seu Controle, op. cit.*, p. 27). Todavia, reconhece que tal enquadramento poderia mudar com as formas mais solidárias de seguro social (*op. cit., loc. cit.*). Chega a afirmar que, uma vez ampliada a proteção social para toda a sociedade, sai-se da parafiscalidade para a fiscalidade (*op. cit., loc. cit.*).

[30] O tema não é restrito ao debate nacional, estando presente alhures. Na Espanha, por exemplo, as contribuições são frequentemente apresentadas como *prestações patrimoniais de caráter público*; mais amplas que tributos, com fundamento em precedentes do Tribunal Constitucional espanhol, como a sentença 182 de 28 de outubro de 1997. Sobre o debate da natureza jurídica das contribuições sociais na Espanha, com as divergências doutrinárias sobre a matéria, ver CAVALLÉ, Angel Urquizu. *La Financiación del Sistema Público de Seguridad Social en Espana*, in COELHO, Sacha Calmon Navarro (org.). *Contribuições para Seguridade Social*. São Paulo: Quartier Latin, 2007, pp. 118 a 125. Já na Argentina, há consenso sobre a natureza tributária das contribuições, mas sem unicidade de pensamento quanto a sua natureza específica (cf. PÉREZ, Daniel G.. *El financiamiento de La Seguridad Social em La Republica Argentina*, in *Contribuições para Seguridade Social, op. cit.*, p. 208). Em Portugal, a posição dominante é a que contribuições sociais nada mais são do que impostos, mesmo os incidentes sobre a folha de salários (cf. NABAIS, José Casalta. *O Financiamento da Segurança Social em Portugal*, in *Contribuições para Seguridade Social, op. cit.*, p. 577). Na França, há mesmo quem entenda que a natureza jurídica da exação variará de acordo com a regulamentação do Poder Executivo, haja vista as particularidades do modelo, com ampla delegação normativa (cf. FERNANDES, Simone Lemos, *op. cit.*, pp. 54 a 58).

[31] Para maiores considerações, ver o meu *Curso de Direito Previdenciário*, 19 ed, Ed. Impetus.

tos (art. 195, I, "a", CF/88) e a contribuição dos trabalhadores (art. 195, II, CF/88). Enquanto todas as demais exações do art. 195 da Constituição têm destinação à manutenção da seguridade social, as duas primeiras são ainda mais específicas, voltadas unicamente à manutenção do Regime Geral de Previdência Social – RGPS. Daí a denominação de *contribuições previdenciárias*.

De forma a melhor compreender o tema, dá-se início ao custeio dos segurados para, na sequencia, apresentar as cotizações devidas por empresas.

2.1. Segurados da Previdência Social

A legislação vigente admite a divisão dos segurados em obrigatórios e facultativos. *Grosso modo*, os segurados obrigatórios são aqueles que possuem atividade remunerada e, por isso, têm vinculação automática ao RGPS. Já os facultativos são pessoas sem qualquer labor remunerado e, portanto, ingressam na previdência se assim desejarem, como as donas-de-casa.

2.1.1. Segurados Obrigatórios

Para os segurados obrigatórios, a filiação é imediata, com o início do exercício da atividade remunerada. São eles:

a) Empregado
A lei enquadra como segurado empregado as seguintes pessoas (art. 11, I, da Lei nº 8.213/91):

a) Aquele que presta serviço de natureza urbana ou rural à empresa, em caráter não eventual, sob sua subordinação e mediante remuneração, inclusive como diretor empregado.

Trata-se de conceito semelhante ao da legislação trabalhista (art. 3º da CLT), com a inclusão do *rurícola*. Para fins previdenciários, não há distinção entre o empregado urbano ou rural. Tal distinção existia no passado, em períodos anteriores à Constituição de 1988. Atualmente, não é mais cabível qualquer discriminação entre estas figuras.

Observe-se que este item fala do trabalhador empregado, pois veremos que a lei traz algumas diferenças entre urbano e rural, compatíveis com a Constituição, mas em outras categorias de segurados obrigatórios. Interessante também observar que o conceito previdenciário de empregado é mais amplo que o conceito celetista, e por isso há outros itens *infra* que trazem outros tipos de segurados empregados, nem sempre assim qualificados pelo direito do trabalho.

Basicamente, temos aí a definição clássica de empregado: aquele obreiro que realiza sua tarefa com habitualidade, onerosidade, pessoalidade e subordinação. O dispositivo ainda acresce o diretor empregado. Obviamente adendo desnecessário, pois, sendo o contrato de emprego um *contrato realidade*, qualquer um que venha a laborar com os requisitos enumerados *supra* será, necessariamente, um empregado.

Devido à relevância do enquadramento correto do trabalhador para o custeio e benefício previdenciário, a fiscalização poderá reconhecer a existência de vínculo empregatício, sempre que observar a existência dos requisitos legais.[32]

> *b)* Aquele que, contratado por empresa de trabalho temporário, definida em legislação específica, presta serviço para atender a necessidade transitória de substituição de pessoal regular e permanente ou a acréscimo extraordinário de serviços de outras empresas.

Trata este dispositivo do trabalhador temporário, o qual é regido por diploma legal específico (Lei nº 6.019/74). Como define a lei citada, o trabalhador temporário é aquele utilizado somente em duas condições: para atender a necessidade transitória de substituição de seu pessoal regular e permanente ou a acréscimo extraordinário de serviços (art. 2º da Lei nº 6.019/74).

Logo, qualquer outro trabalhador que seja contratado para trabalho eventual, distinto das situações narradas, não será um trabalhador temporário, como impropriamente afirma o leigo. Estes trabalhadores, muitos conhecidos como "biscateiros" ou semelhantes são segurados obrigatórios, já que exercem atividade remunerada, mas em outra condição: são contribuintes individuais.

Também não se enquadram neste inciso, não obstante serem da mesma forma segurados empregados, os trabalhadores contratados por prazo determinado. Apesar de também não expressamente previstos aqui, são segurados empregados aqueles contratados pela Administração Pública, em caráter excepcional, na forma do art. 37, IX, da Constituição, haja vista

---

[32] Neste sentido, manifestou-se o STJ no REsp. 236.279/RJ, Rel. Min. Garcia Vieira, julgado em 08/02/2000.

a vinculação a RPPS demandar, necessariamente, cargo público de provimento efetivo, na forma do art. 40 da Constituição.

c) O brasileiro ou o estrangeiro domiciliado e contratado no Brasil para trabalhar como empregado em sucursal ou agência de empresa nacional no exterior.

A lei também protege o trabalhador que venha a laborar no exterior. É muito comum certo trabalhador ser contratado no Brasil e sofrer transferência para o exterior, ainda que temporária, como, por exemplo, no caso de uma obra de construção civil, realizada no Oriente Médio.

Esta pessoa não pode ficar à margem do sistema previdenciário e, por isso, a lei o inclui como segurado obrigatório, na condição de empregado. Entretanto, é preciso observar os requisitos impostos pela lei: o segurado deve ser contratado como empregado, ou seja, deve existir vínculo empregatício com o contratante, nos termos do art. 3º da CLT.

Já com relação à empresa brasileira, essa é a constituída sob as leis brasileiras e que tenha sua sede e administração no país. Tal definição existia no texto constitucional, art. 171, I, o qual foi revogado pela Emenda Constitucional nº 06/95.

Não obstante, como foi vontade do constituinte derivado excluir essa distinção do texto constitucional, não há motivo para mantê-la neste ponto da legislação previdenciária, pois não há sentido em excluir o trabalhador do RGPS somente em virtude de seu empregador ser uma entidade estrangeira; basta que tenha representação instalada no país. Obviamente, a empresa deve, ao menos, possuir alguma sucursal em território nacional, de modo a ser possível exigir desta o cumprimento de diversas obrigações previdenciárias, decorrentes do enquadramento do trabalhador contratado.

d) Aquele que presta serviço no Brasil à missão diplomática ou à repartição consular de carreira estrangeira e a órgãos a elas subordinados, ou a membros dessas missões e repartições, excluídos o não brasileiro sem residência permanente no Brasil e o brasileiro amparado pela legislação previdenciária do país da respectiva missão diplomática ou repartição consular.

Este dispositivo trata de norma supletiva: caso seja o trabalhador estrangeiro, sem residência permanente no país, ou mesmo brasileiro, já abrangido pelo regime previdenciário de outro país, está automaticamente excluído do RGPS. Todavia, ainda que excluído do RGPS nesta condição, caso venha esse trabalhador exercer outra atividade, poderá, em relação a esta nova função, ser segurado obrigatório do RGPS. Por exemplo, se um membro de missão diplomática, ainda que estrangeiro sem residência permanente no país, decidir lecionar inglês em curso de idiomas, será segurado obrigatório, em razão desta atividade.

e) O brasileiro civil que trabalha para a União, no exterior, em organismos oficiais brasileiros ou internacionais dos quais o Brasil seja membro efetivo, ainda que lá domiciliado e contratado, salvo se segurado na forma da legislação vigente do país do domicílio.

Dessa vez a lei trata exclusivamente do brasileiro civil (deixando o militar de fora, já que possui regime próprio de previdência), que trabalha para a União. Caso venha exercer seu mister em qualquer organismo internacional, como, *e. g.*, ONU, OEA etc. será segurado do RGPS na condição de empregado, exceto se protegido pela legislação previdenciária do país onde reside.

Assim como o item anterior, esta regra é supletiva, pois, se o brasileiro já é abrangido pelo sistema previdenciário local, está automaticamente excluído do RGPS.

Há menção, também, a organismos oficiais brasileiros, como, *e. g.*, embaixadas e consulados. Neste caso, a lei traz implicitamente a figura do *auxiliar local*, muito utilizado por repartições diplomáticas no exterior, e são basicamente pessoas que já residem no local estrangeiro há algum tempo, e, em virtude deste fato, têm pleno domínio dos costumes e hábitos locais, o que é de grande valia em países de cultura distinta da ocidental.

O auxiliar local tanto pode ser de nacionalidade brasileira como um nacional do local de instalação da repartição diplomática. Entretanto, a lei previdenciária brasileira somente abrange o auxiliar local de nacionalidade brasileira.

O Decreto nº 6.722/08, alterando o RPS, melhor disciplina o tema, qualificando como segurado empregado o auxiliar local de que tratam os art. 56 e 57 da Lei nº 11.440/06, desde que, em razão de proibição legal, não possa filiar-se ao sistema previdenciário local. Se permitida sua vinculação ao regime estrangeiro, estará necessariamente fora do RGPS.

f) O brasileiro ou estrangeiro domiciliado e contratado no Brasil para trabalhar como empregado em empresa domiciliada no exterior, cuja maioria do capital votante pertença à empresa brasileira de capital nacional.

Já neste caso, a norma abrange tanto o brasileiro como o estrangeiro, desde que seja domiciliado no Brasil e tenha sido aqui contratado, ainda que não em qualquer situação, pois o empregador deve ser domiciliado no exterior e a maioria do capital votante, ou seja, das ações com direito a voto, tem que pertencer à empresa brasileira de capital nacional.

A empresa de capital nacional era conceituada no revogado inciso II do art. 171 da CRFB/88, que dizia:

"empresa brasileira de capital nacional aquela cujo controle efetivo esteja em caráter permanente sob a titularidade direta ou indireta de pessoas físicas domiciliadas e residentes no País ou de entidades de direito público interno, entendendo-se por controle efetivo da empresa a titularidade da maioria de seu capital votante e o exercício, de fato e de direito, do poder decisório para gerir suas atividades."

Assim como já observamos na questão da empresa nacional, valem aqui as mesmas considerações, ou seja, basta que seja contratado no Brasil por alguma sucursal da empresa, para que venha a ser segurado do RGPS, na condição de empregado.

Infelizmente não é o que tem acontecido. Com muita frequência, temos jovens contratados por empresas estrangeiras, algumas com representação no país, que simplesmente ignoram qualquer compromisso com esses trabalhadores, perante sua proteção previdenciária, realizando contratos por prazo determinado e deixando por responsabilidade destes a administração de sua vida previdenciária.

Alegar-se que o serviço será prestado no exterior e, por isso, não abrangido pela lei nacional é evidente equívoco, em se tratando de matéria previdenciária. Certamente a lei brasileira não atingiria brasileiro contratado no exterior, mas, como a contratação foi efetuada em território nacional, a vinculação ao regime previdenciário ocorreu, também, em território nacional, já que aqui se iniciou a atividade remunerada, fato gerador da filiação previdenciária.

Como tal fato não é reconhecido, os trabalhadores nesta situação acabam sendo obrigados a inscrever-se como facultativos e dependem de parentes para efetuar os recolhimentos mensais, com potencial prejuízo em sua cobertura previdenciária.

No entanto, há a possibilidade de brasileiros não se filiarem ao regime previdenciário estrangeiro, assim como estrangeiros permanecerem legalmente fora do sistema brasileiro, mesmo que exercendo atividade em território nacional. Isso ocorre na hipótese do Acordo Internacional prever o *Certificado de Deslocamento Temporário*, o qual permite a atividade remunerada alhures sem vinculação ao regime previdenciário respectivo.

g) O servidor público ocupante de cargo em comissão, sem vínculo efetivo com a União, Autarquias, inclusive em regime especial, e Fundações Públicas Federais (alínea acrescentada pela Lei nº 8.647, de 13/4/93).

Trata essa alínea do servidor público que exerce, de modo exclusivo, cargo em comissão, sem ocupar cargo efetivo que o vincule a regime próprio de previdência social. Aliás, este dispositivo foi bastante ampliado pela EC nº 20/98 que introduziu a seguinte norma:

"ao servidor ocupante, exclusivamente, de cargo em comissão declarado em lei de livre nomeação e exoneração bem como de outro cargo temporário ou de emprego público, aplica-se o regime geral de previdência social (art. 40, § 13, da CRFB/88)."[33]

Deste modo, a regra é obrigatória: toda pessoa que ocupe exclusivamente cargo em comissão, cargo temporário ou emprego público é, necessariamente, vinculado ao RGPS, na condição de empregado.

---

[33] O STF não vislumbrou qualquer inconstitucionalidade neste dispositivo, chegando mesmo a afirmar que, por se referir a norma geral em matéria previdenciária, poderia até ser tratada por lei federal (ver ADIn-MC 2.024-MS, Rel. Min. Sepúlveda Pertence, julgada em 03/05/2007). No RMS nº 25.039-DF, o STF voltou a analisar a questão e manteve seu entendimento, afirmando que o *sistema previdenciário dos ocupantes de cargos comissionados foi regulado pela Lei nº 8.647/1993. Posteriormente, com a Emenda Constitucional 20/1998, o art. 40, § 13, da Constituição Federal determinou a filiação obrigatória dos servidores sem vínculo efetivo ao Regime Geral de Previdência. Como os detentores de cargos comissionados desempenham função pública a título precário, sua situação é incompatível com o gozo de quaisquer benefícios que lhes confira vínculo de caráter permanente, como é o caso da aposentadoria. Inadmissível, ainda, o entendimento segundo o qual, à míngua de previsão legal, não se deva exigir o preenchimento de requisito algum para a fruição da aposentadoria por parte daqueles que desempenham a função pública a título precário, ao passo que, para os que mantêm vínculo efetivo com a Administração, exige-se o efetivo exercício no cargo por cinco anos ininterruptos ou dez intercalados (art. 193 da Lei nº 8.112/1990).*

Para o servidor que já se encontra vinculado a regime próprio de previdência, por ocupar cargo de provimento efetivo, mas também acumule função comissionada, não haverá vinculação ao RGPS, não incidindo contribuição previdenciária sobre os valores pagos a título de vantagem pessoal pelo cargo de confiança.

O regime de emprego público é disciplinado pela Lei nº 9.962/00 e prevê a contratação destes empregados públicos pelo regime da CLT, vinculando-os ao RGPS. As contratações por tempo determinado para atender à necessidade temporária de excepcional interesse público são previstas na Constituição (art. 37, IX) e são regulamentadas pela Lei nº 8.745/93, com as alterações da Lei nº 9.849/99.

Ainda, incluem-se nessa sistemática os servidores públicos, ocupantes de cargo efetivo, mas desprovidos de regime próprio de previdência, como ocorre na maioria dos Municípios brasileiros. Muito embora a própria Constituição preveja regras distintas para esses servidores, tais normas somente poderão ser aplicadas com a criação do regime próprio do Ente Federativo. Na sua falta, as regras do RGPS, que têm aplicação subsidiária (art. 40, § 12, CRFB/88), devem ser integralmente aplicadas.

Certamente tais servidores não poderiam ficar desprotegidos, muito menos demandar destes Municípios, que são os Entes Federativos, em sua grande maioria, sem regimes próprios, o pagamento dos benefícios sem base atuarial. Daí a solução dada pela legislação previdenciária, ao enquadrá-los como empregados. As garantias previstas no art. 40 da Constituição, repita-se, partem da premissa da criação de um regime próprio previdenciário, atuarial e financeiramente viável, o que não ocorre na maioria dos Municípios brasileiros.

Por fim, essa regra é também aplicável ao ocupante de cargo de Ministro de Estado, Secretário Estadual, Distrital ou Municipal, sem vínculo efetivo com a União, os Estados, o Distrito Federal e os Municípios, suas autarquias, ainda que em regime especial, e fundações (art. 11, § 5º, da Lei nº 8.213/91).

h) o exercente de mandato eletivo federal, estadual ou municipal, desde que não vinculado a regime próprio de previdência social *(alínea acrescentada pela Lei nº 9.506, de 30/10/97).*

Por meio da supracitada lei, colocou-se fim ao Instituto de Previdência dos Congressistas – IPC, o qual era desprovido de qualquer tipo de equilíbrio financeiro ou atuarial, custeado por contribuições muito aquém do necessário para a sua manutenção.

Atualmente, qualquer ocupante de cargo eletivo, em qualquer esfera de governo, federal, estadual, distrital ou municipal está vinculado, obrigatoriamente, ao RGPS, na condição de empregado.

O único exercente de mandato eletivo excluído do RGPS é aquele que já se encontra vinculado a regime próprio de previdência, como o servidor público licenciado para o cumprimento de seu mandato.

Todavia, a situação se complicou com a decisão do STF, no RE 351717, interposto pelo Município de Timbaji (PR), no qual o Pretório Excelso decidiu que a cobrança de contribuições por parte do INSS do exercente de mandato eletivo e do Ente Federativo ao qual está vinculado é inconstitucional, pois configura fonte de custeio não prevista na Constituição.

Sem dúvida, a situação previdenciária de agentes políticos e até de servidores públicos ocupantes de cargos efetivos, sem regime próprio de previdência, tem sido bastante tormentosa. Para os demais servidores em sentido amplo, isto é, ocupantes de cargos temporários, exclusivos em comissão ou mesmo de emprego público, a Constituição é categórica ao determinar a filiação compulsória ao RGPS (art. 40, § 13, CRFB/88). É, inclusive, a previsão da alínea anterior, já tratada. Já para os eletivos e efetivos sem regime próprio, não há consenso a respeito.

A ideia da inclusão dos exercentes de mandato eletivo no RGPS, principalmente após o término do IPC – Instituto de Previdência dos Congressistas, com a Lei nº 9.506/97, foi justamente providenciar proteção previdenciária a estas pessoas, que ficariam ao desabrigo. Porém, com o entendimento do STF, sendo este mantido, estarão os mesmos fora do regime previdenciário brasileiro, abandonados à própria sorte.

Na verdade, a inclusão de tais agentes políticos no RGPS justifica-se pelo mesmo motivo da inclusão de servidores efetivos sem regime próprio. Para servidores efetivos, a Constituição assegura regime previdenciário, dotado inclusive de regras parcialmente distintas do RGPS, muito embora este tenha aplicação subsidiária (art. 40, § 12, CRFB/88). Mas o que fazer quando o regime próprio não é criado? Muitas vezes esta ausência deve-se à impossibilidade atuarial, pois são poucos servidores e o equilíbrio atuarial é necessário (art. 40, *caput*, CRFB/88), trazendo inclusive a Lei nº 9.717/98 requisitos mínimos para a criação de um regime próprio de previdência social.

A decisão do STF referente à inconstitucionalidade da cobrança de contribuições sobre valores pagos a exercentes de mandato eletivo, caindo no recorrente equívoco de decidir a lide somente perante o prisma tributário, acaba por deixar diversos brasileiros à margem do sistema protetivo, em um verdadeiro *limbo previdenciário*, pois não terão benefícios do RGPS, já que indevida a contribuição, e nem mesmo poderão demandá-los dos Entes Federativos, pois não há regime previdenciário próprio para exercentes de mandato eletivo. Ainda, o STF cria perigoso precedente, que se estendido para servidores ocupantes de cargo efetivo sem regime próprio, acabará por causar enorme prejuízo a estas pessoas e a toda sociedade.

Posteriormente, já há precedente do STJ afirmando que, por exercer a vereança nesse período, não haveria vinculação ao RGPS e nem a condição de servidor público, havendo, como consequência, a exclusão de qualquer regime previdenciário. A única opção seria efetuar o recolhimento como facultativo, o que deveria ter sido realizado à época. Hoje, o tempo não teria efeito algum para fins de aposentadoria (REsp nº 921.903-RS, Rel. Min. Sebastião Reis Júnior, julgado em 20/09/2011).

Em razão do entendimento firmado pela Corte Constitucional sobre a matéria, pelo controle difuso de constitucionalidade, o Senado Federal, por meio da Resolução nº 26, de 21 de junho de 2005, suspendeu a executoriedade da alínea "h", do inciso I, da Lei nº 8.212/91, com efeitos *erga omnes* e *ex-nunc*.

Tentando contornar tal problema, a Lei nº 10.887/04 inseriu nova alínea no art. 12, I, da Lei nº 8.212/91 e no art. 11, I, da Lei nº 8.213/91, justamente repetindo o disposto no presente item de modo literal. A ideia é que, com o advento da EC nº 20/98, posterior à Lei nº 9.506/97, o art. 195, II, da Constituição, na novel redação, preveja-se a cotização de trabalhadores e **demais segurados da previdência**, de modo que haja, desde a citada emenda, embasamento constitucional para o enquadramento e respectiva cobrança do exercente de mandato eletivo, quando não vinculado a regime próprio. Resta-nos aguardar futuras decisões do Pretório Excelso, que deve admitir a presente lei como constitucional, sob pena de excluir aquelas pessoas da proteção previdenciária.

i) o empregado de organismo oficial internacional ou estrangeiro em funcionamento no Brasil, salvo quando coberto por regime próprio de previdência social (alínea acrescentada pela Lei nº 9.876, de 26/11/99).

Nova regra supletiva para o empregado de organismo oficial internacional ou estrangeiro, só que dessa vez quando em funcionamento no território nacional. Aqui, a regra tanto vale para o brasileiro como para o estrangeiro, já que a lei não os distingue. Entretanto, somente há a proteção quando essas pessoas não são abrangidas por regime de previdência social ligado aos empregados do organismo em funcionamento no país.

b) *Empregado Doméstico*

O empregado doméstico, regido pela Lei nº 5.859/72, é aquele que presta serviço de natureza contínua a pessoa ou família, no âmbito residencial desta, em atividades sem fins lucrativos (art. 11, II, da Lei nº 8.213/91), ou seja, é aquele trabalhador que, além dos requisitos inerentes à relação de emprego reúne mais dois: trabalho em âmbito familiar e sem finalidade lucrativa.

Cabe cuidado com o conceito de ambiente familiar. Esse não se restringe ao ambiente interno da casa da família, mas também ao jardim ou até a atividades externas, desde que direcionadas ao bem-estar familiar, sem a finalidade lucrativa, como o motorista particular, o piloto de helicóptero ou jato particular etc. São todos empregados domésticos.

Facilmente, o empregado doméstico transforma-se em empregado. Basta que seu empregador venha utilizá-lo em atividade com fins lucrativos ou fora do ambiente familiar. Por exemplo, caso a dona de casa determine à sua doméstica que a auxilie na confecção de doces para revenda, *ipso facto*, esta segurada deixará de ser doméstica para ser empregada.

No exemplo anterior, caso o empregado doméstico seja transformado em empregado, a consequência seguinte é a alteração do enquadramento da empregadora doméstica, equiparada à empresa, com diversos efeitos distintos no custeio previdenciário.

Cabe ao empregador doméstico registrar a carteira de trabalho do empregado doméstico, além de efetuar os recolhimentos previdenciários mensalmente, incluído nesse aporte a sua contribuição, na condição de empregador doméstico, e a parcela descontada do respectivo empregado.

O regramento atual do doméstico, com o advento da Emenda Constitucional nº 72, de 02 de abril de 2013, trouxe algumas consequências para o direito previdenciário, em razão da extensão de direitos para essa categoria, conforme veremos. De toda forma, continua a existir autonomamente, sem se confundir com o segurado empregado.

c) Trabalhador Avulso

O avulso, para efeitos previdenciários, é definido no Regulamento da Previdência Social como:

"aquele que, sindicalizado ou não, presta serviço de natureza urbana ou rural, a diversas empresas, sem vínculo empregatício, com a intermediação obrigatória do órgão gestor de mão de obra, nos termos da Lei nº 8.630, de 25 de fevereiro de 1993, ou do sindicato da categoria, assim considerados (art. 9º, VI do RPS):

a) o trabalhador que exerce atividade portuária de capatazia, estiva, conferência e conserto de carga, vigilância de embarcação e bloco;

b) o trabalhador de estiva de mercadorias de qualquer natureza, inclusive carvão e minério;

c) o trabalhador em alvarenga (embarcação para carga e descarga de navios);

d) o amarrador de embarcação;

e) o ensacador de café, cacau, sal e similares;

f) o trabalhador na indústria de extração de sal;

g) o carregador de bagagem em porto;

h) o prático de barra em porto;

i) o guindasteiro; e

j) o classificador, o movimentador e o empacotador de mercadorias em portos."

E ainda aduz o art. 9º, § 7º, do RPS:

Para efeito do disposto na alínea "a" do inciso VI do caput, entende-se por:

I – capatazia – a atividade de movimentação de mercadorias nas instalações de uso público, compreendendo o recebimento, conferência, transporte interno, abertura de volumes para conferência aduaneira, manipulação, arrumação e entrega, bem como o carregamento e descarga de embarcações, quando efetuados por aparelhamento portuário;

II – estiva – a atividade de movimentação de mercadorias nos conveses ou nos porões das embarcações principais ou auxiliares, incluindo transbordo, arrumação, peação e despeação, bem como o carregamento e a descarga das mesmas, quando realizados com equipamentos de bordo;

III – conferência de carga – a contagem de volumes, anotação de suas características, procedência ou destino, verificação do estado das mercadorias, assistência à pesagem, conferência do manifesto e demais serviços correlatos, nas operações de carregamento e descarga de embarcações;

IV – conserto de carga – o reparo e a restauração das embalagens de mercadoria, nas operações de carregamento e descarga de embarcações, reembalagem, marcação, remarcação, carimbagem, etiquetagem, abertura de volumes para vistoria e posterior recomposição;

V – vigilância de embarcações – a atividade de fiscalização da entrada e saída de pessoas a bordo das embarcações atracadas ou fundeadas ao largo, bem como da movimentação de mercadorias nos portalós, rampas, porões, conveses, plataformas e em outros locais da embarcação; e

VI – bloco – a atividade de limpeza e conservação de embarcações mercantes e de seus tanques, incluindo batimento de ferrugem, pintura, reparo de pequena monta e serviços correlatos.

O avulso é trabalhador sem vínculo empregatício, pois, se este existir, torna-se empregado. Seu serviço pode ser prestado tanto na área rural como na urbana, na área portuária ou terrestre. Se este trabalhador não possui os requisitos inerentes à relação de emprego e atua em diversos segmentos econômicos, como distingui-lo do contribuinte individual?

A resposta está na *intermediação*. Somente será segurado avulso aquele que presta serviço com a intermediação obrigatória do sindicato, para os avulsos terrestres, ou o OGMO – órgão gestor de mão de obra, para os avulsos portuários. Caso o serviço seja prestado diretamente pelo trabalhador, não há a conformação à lei e, portanto, não se trata de trabalhador avulso, sendo um contribuinte individual, desde que atue sem vínculo empregatício.

Não se pode confundir a intermediação do sindicato com a situação de sindicalizado do avulso. Embora haja a intermediação obrigatória do sindicato ou OGMO, o trabalhador avulso, para possuir este enquadramento, não necessita ser sindicalizado, embora na prática a preferência para o trabalho evidentemente recaia sobre estes.

d) Segurado Especial

O segurado especial é o único segurado com definição no próprio texto constitucional, o qual determina o tratamento diferenciado a ser dado a estas pessoas:

*"O produtor, o parceiro, o meeiro e o arrendatário rurais e o pescador artesanal, bem como os respectivos cônjuges, que exerçam suas atividades em regime de economia familiar, **sem empregados permanentes**, contribuirão para a seguridade social mediante*

a aplicação de uma alíquota sobre o resultado da comercialização da produção e farão jus aos benefícios nos termos da lei (grifei, art. 195, § 8º, da CRFB/88)."

O segurado especial traduz-se, resumidamente, no pequeno produtor rural e no pescador artesanal. A legislação previdenciária, ao definir esta figura, determinava que este segurado não poderia se utilizar de mão de obra remunerada, ainda que eventual, atuando somente em regime de economia familiar. O auxílio eventual de terceiros era admissível, mas somente em condições de mútua colaboração, não existindo subordinação nem remuneração (art. 11, VII e § 1º da Lei nº 8.213/91 c/c art. 9º, VII e § 6º do RPS).

e) Contribuinte Individual

O contribuinte individual é uma espécie de segurado bastante genérica, ampla, comportando trabalhadores muito distintos entre si, mas com algo em comum: nenhum deles enquadra-se nas situações anteriores. Como contribuintes individuais, portanto, temos todos aqueles que fogem às regras já expostas e, por isso, foram aqui reunidos nessa classe.

Embora a conceituação pela negativa não seja recomendável, não há como dela escapar, quando da análise deste segurado. Assim, todo trabalhador excluído das demais categorias de segurado obrigatório será contribuinte individual.

Esta categoria foi criada pela Lei nº 9.876/99, a qual reuniu três categorias existentes (empresário, autônomo e equiparado a autônomo) em uma única, denominada contribuinte individual. Estes segurados são definidos na legislação previdenciária da seguinte forma (art. 11, V, da Lei nº 8.213/91):

> *"a) A pessoa física, proprietária ou não, que explora atividade agropecuária, a qualquer título, em caráter permanente ou temporário, em área superior a 4 (quatro) módulos fiscais; ou, quando em área igual ou inferior a 4 (quatro) módulos fiscais ou atividade pesqueira, com auxílio de empregados ou por intermédio de prepostos; ou ainda nas hipóteses dos §§ 10 e 11 do artigo 12 da Lei no 8.212/91;"*

Aqui temos a figura do produtor rural pessoa física que exerce atividade rural ou pesqueira, mas não se enquadra como segurado especial. A diferença pode ser em razão da propriedade útil, acima de quatro módulos fiscais, pelo fato de o empregador rural utilizar mais de 120 empregados/dia ou por extrapolar as demais permissões previstas pela Lei nº 11.718/08, como já abordado.

Anteriormente, somente seria enquadrado como produtor rural pessoa física, obrigatoriamente, se a houvesse a contratação de empregados, pois a atividade rural sem empregados sempre geraria enquadramento como segurado especial. Hoje não, pois o produtor, mesmo sem empregados, pode perder o enquadramento como segurado especial, quando, por exemplo, produz em área superior à permitida ou exerce a atividade turística acima do autorizado.

É irrelevante a condição de proprietário da terra, pois a pessoa física pode ser possuidor, meeiro ou arrendatário sem qualquer efeito para seu enquadramento previdenciário, já que continua a exercer atividade remunerada vinculante ao RGPS. Aliás, a própria atividade rural pode ser feita de modo mediato, isto é, com o intermédio de prepostos, permanecendo o enquadramento desta pessoa como contribuinte individual.

Neste caso, o produtor rural pessoa física – PRPF, assim chamado por possuir empregados e não estar constituído como pessoa jurídica, é também equiparado à empresa para fins previdenciários. Por isso, o segurado, além de sua contribuição na condição de contribuinte individual, terá de efetuar recolhimentos de contribuição na condição de empresa.

b) a pessoa física, proprietária ou não, que explora atividade de extração mineral – garimpo, em caráter permanente ou temporário, diretamente ou por intermédio de prepostos, com ou sem o auxílio de empregados, utilizados a qualquer título, ainda que de forma não contínua;

O garimpeiro tem sido objeto de constantes alterações na forma de seu custeio, já tendo recebido tratamento similar ao do segurado especial, contribuindo com percentual incidente sobre sua produção.

Atualmente, o garimpeiro, pessoa física que exerce a atividade de extração mineral, é fixado em lei como segurado contribuinte individual, com ou sem o auxílio de empregados. A existência ou não de empregados, nesse caso, é irrelevante para seu enquadramento, ao contrário do segurado especial, que somente poderá ter empregados na razão de 120 pessoas/dia.

A Lei nº 11.685/08 institui o Estatuto do Garimpeiro visando a disciplinar os direitos e deveres assegurados aos garimpeiros. A lei é importante também por definir o que se entende por garimpeiro: *toda pessoa física de nacionalidade brasileira que, individualmente ou em forma associativa, atue dire-*

tamente no processo da extração de substâncias minerais garimpáveis (art. 2º). Os minerais garimpáveis são o ouro, diamante, cassiterita, columbita, tantalita, wolframita, nas formas aluvionar, eluvional e coluvial, scheelita, demais gemas, rutilo, quartzo, berilo, muscovita, espodumênio, lepidolita, feldspato, mica, entre outros.

Pela lei, o exercício da atividade de garimpagem só poderá ocorrer após a outorga do competente título minerário, expedido nos termos do Decreto-Lei nº 227, de 28 de fevereiro de 1967, e da Lei nº 7.805, de 18 de julho de 1989, sendo o referido título indispensável para a lavra e a primeira comercialização dos minerais garimpáveis extraídos (art. 3º).

O art. 4º da Lei nº 11.685/08 inova ao prever que os garimpeiros realizarão suas atividades nas modalidades de trabalho i) autônomo; ii) em regime de economia familiar; iii) individual, com formação de relação de emprego; iv) mediante Contrato de Parceria, por Instrumento Particular registrado em cartório; e v) em Cooperativa ou outra forma de associativismo.

Pelo que se extrai dessa lei, em conjunto com a Lei nº 8.213/91, conclui-se que o garimpeiro será contribuinte individual na maioria dos casos, salvo quando houver relação de emprego, situação na qual deverá ser enquadrado como segurado empregado. Em qualquer hipótese, é proibido o trabalho do menor de 18 (dezoito) anos na atividade de garimpagem (art. 13 da Lei nº 11.685/08).

c) o ministro de confissão religiosa e o membro de instituto de vida consagrada, de congregação ou de ordem religiosa;

Os ministros de confissão religiosa, padres, pastores, presbíteros ou quaisquer assemelhados são aqui abordados.

Esta categoria foi recentemente alterada pela Lei nº 10.403/02, a qual excluiu a restrição da necessidade de serem *mantidos pela entidade a que pertencem, salvo se filiados obrigatoriamente à Previdência Social em razão de outra atividade ou a outro regime previdenciário, militar ou civil, ainda que na condição de inativos.*

Assim, somente seriam segurados nesta condição caso não exercessem outra atividade remunerada e não fossem já aposentados por qualquer outro regime. Hoje, não existe tal restrição, seguindo-se a regra geral: todo segurado que exerça mais de uma atividade remunerada vinculante ao RGPS será filiado em razão de ambas, inclusive o ministro de confissão religiosa.

Apesar de serem segurados, os valores por eles recebidos são excluídos do conceito de remuneração. Assim dispõe o art. 22, § 13, da Lei nº 8.212/91, inserido pela Lei nº 10.170/00:

> Não se considera como remuneração direta ou indireta, para os efeitos desta Lei, os valores despendidos pelas entidades religiosas e instituições de ensino vocacional com ministro de confissão religiosa, membros de instituto de vida consagrada, de congregação ou de ordem religiosa em face do seu mister religioso ou para sua subsistência desde que fornecidos em condições que independam da natureza e da quantidade do trabalho executado.

Obviamente, a retribuição concedida ao pároco ou pastor visa exclusivamente ao seu sustento, à sua subsistência. Concessões de valores elevados a ministros de confissão religiosa, a título de retribuição do mister religioso, descaracterizam a situação, evidenciando o pagamento de verdadeira *remuneração*. A propagação da religião é decorrente da fé, sendo incompatível com a busca do enriquecimento pessoal.

O pagamento de quantias vultosas a ministros de confissão religiosa deve gerar a perda da filiação destes na fundamentação legal supracitada, gerando nova filiação em outra espécie ou, até, na mesma (contribuinte individual), mas com fundamento legal distinto, como por exemplo, as alíneas *f* ou *g*.

A priori sem relevância, a mudança de enquadramento destas pessoas, ainda que permaneçam contribuintes individuais, é de extrema importância, pois é capaz de delinear a entidade religiosa como verdadeira *empresa*, situação na qual esta será responsável por todas as contribuições previstas em lei.

De acordo com o STJ, até mesmo o tempo de serviço prestado como aspirante à vida religiosa deve ser computado como tempo de serviço, tais como *"noviça e juvenista, alfabetizando e lecionando matéria de ensino primário em condições equivalentes às de empregado"*[34]

> d) o brasileiro civil que trabalha no exterior para organismo oficial internacional do qual o Brasil é membro efetivo, ainda que lá domiciliado e contratado, salvo quando coberto por regime próprio de previdência social;

---

[34] REsp. 512.549-RS, Rel. Min. Arnaldo Esteves Lima, julgado em 20/11/2006. Precedentes citados: REsp. 386.062-RS, *DJ* 21/8/2006, e REsp. 246.556-RS, *DJ* 15/5/2000.

Situação bastante similar ao art. 11, I, *e*, o qual prevê a condição de segurado empregado para *o brasileiro civil que trabalha para a União, no exterior, em organismos oficiais brasileiros ou internacionais dos quais o Brasil seja membro efetivo, ainda que lá domiciliado e contratado, salvo se segurado na forma da legislação vigente do país do domicílio.*

A diferença reside no contratante do serviço. Quando o brasileiro civil é contratado pela União, para a prestação do serviço em organismo oficial internacional, será ele um empregado. Já quando trabalha para o próprio organismo oficial internacional, será contribuinte individual.

A distinção tem razão de ser: a lei brasileira não pode atribuir a condição de empregador, com os encargos daí decorrentes, à pessoa jurídica localizada no exterior. Como já disse, é até possível que tal fato aconteça, mas somente quando o brasileiro seja contratado em território nacional, por uma representação ou sucursal da empresa ou organização internacional.

Entretanto, pelo disposto na lei, ainda que contratado no Brasil, este trabalhador será necessariamente um contribuinte individual, para efeitos previdenciários. Esta regra ainda é supletiva, pois somente será segurado caso não seja filiado a nenhum outro regime próprio de previdência social.

> e) o titular de firma individual urbana ou rural, o diretor não empregado e o membro de conselho de administração de sociedade anônima, o sócio solidário, o sócio de indústria, o sócio administrador e o sócio cotista que recebam remuneração decorrente de seu trabalho em empresa urbana ou rural, e o associado eleito para cargo de direção em cooperativa, associação ou entidade de qualquer natureza ou finalidade, bem como o síndico ou administrador eleito para exercer atividade de direção condominial, desde que recebam remuneração;

Tais segurados eram denominados, em período anterior à Lei nº 9.876/99, segurados empresários. Aqui a lei reconhece como atividade remunerada, vinculante ao RGPS, qualquer forma de exercício de direção de sociedade.

Não é segurado obrigatório todo e qualquer sócio, mas somente aquele que exerça a direção ou, ao menos, receba remuneração pelo seu trabalho na sociedade. Um simples acionista ou cotista, que não tenha vínculo algum com a administração da sociedade, nem realize qualquer atividade remunerada em favor dessa, está excluído desse dispositivo.

É evidente que o acionista ou cotista supracitados até podem ser segurados obrigatórios, desde que exerçam uma outra atividade remunerada, sem vínculo com a sociedade. O simples fato de ser acionista ou cotista não transforma uma pessoa em segurado obrigatório, pois a participação no lucro da sociedade não é remuneração, não corresponde à contraprestação do serviço realizado pelo segurado.

Com relação ao sócio-administrador da limitada, ao titular da firma individual, ao diretor não empregado da sociedade anônima, ao sócio solidário e ao sócio de indústria, não há necessidade de remuneração para serem enquadrados como segurados contribuintes individuais. Isto ocorre em virtude da presunção de vínculo, já que tais figuras são as responsáveis pela administração da sociedade ou empresa.

A lei inclui também associações, mesmo que sem fins lucrativos, e até as cooperativas, no que diz respeito às pessoas eleitas para cargos de direção. O que vincula o indivíduo como segurado obrigatório é a atividade onerosa deste. É irrelevante o fato de o segurado prestar serviços para entidade sem fins lucrativos.

Também incluso encontra-se o síndico ou administrador eleito para exercer atividade de direção condominial. Para alguns, esse síndico seria somente o cabecel, principal quinhoeiro de bem indivisível. Entretanto, para o INSS, esta norma legal inclui, também, o síndico de prédio condominial, que, se remunerado, estará filiado ao RGPS na qualidade de contribuinte individual. Neste caso, a mera dispensa de pagamento da taxa condominial é remuneração, ainda que indireta, pois visa a recompensar o trabalho desenvolvido pelo síndico.

Nesse mesmo sentido, já decidiu o STJ, ao afirmar que é *"devida a contribuição social sobre o pagamento do pró-labore aos síndicos de condomínios imobiliários, assim como sobre a isenção da taxa condominial devida a eles, na vigência da Lei Complementar nº 84/96 (...). A partir da promulgação da Lei nº 9.876/99, a qual alterou a redação do art. 12, inciso V, alínea "f", da Lei nº 8.212/91, com as posteriores modificações advindas da MP nº 83/2002, transformada na Lei nº 10.666/2003, previu-se expressamente tal exação, confirmando a legalidade da cobrança da contribuição previdenciária"*[35]

Já o diretor da sociedade anônima somente será contribuinte individual caso não preencha os requisitos inerentes à relação de emprego (art. 3º da CLT), pois aí seria segurado empregado. Por isso, a lei refere-se a este como diretor não empregado.

---

[35] REsp. 411.832/RS, Rel. Min. Francisco Falcão, 1ª Turma, *DJ* 19/12/2005, p. 211.

f) quem presta serviço de natureza urbana ou rural, em caráter eventual, a uma ou mais empresas, sem relação de emprego;

g) a pessoa física que exerce, por conta própria, atividade econômica de natureza urbana, com fins lucrativos ou não;

As duas alíneas *supra* são extremamente abrangentes, atingindo praticamente qualquer pessoa que exerça seu labor de modo eventual, sem a caracterização do vínculo empregatício. Aí, estão os trabalhadores autônomos, que já foram categoria independente antes da Lei nº 9.876/99.

Esta categoria é a que mais cresce em nosso país, com a busca cada vez maior, por parte de empresas, dos prestadores de serviço, ao invés de empregados, o que tem gerado inúmeras fraudes ao contrato de emprego.

Infelizmente, os trabalhadores desta categoria, mesmo em relação aos mais esclarecidos, têm considerado como secundária a questão previdenciária, deixando de efetuar os recolhimentos devidos e debilitando a proteção social, no caso de algum infortúnio.

Como se verá melhor no custeio, o sistema de inclusão previdenciária, com alíquota reduzida de contribuição, é especialmente voltada a este tipo de segurado, incluindo o microempreendedor individual, figura criada pela LC nº 128/08.

O Regulamento da Previdência Social traz relação exemplificativa de trabalhadores que se enquadram como contribuintes individuais neste enquadramento legal (art. 9º, § 15, do RPS):

I – o condutor autônomo de veículo rodoviário, assim considerado aquele que exerce atividade profissional sem vínculo empregatício, quando proprietário, co-proprietário ou promitente comprador de um só veículo;

II – aquele que exerce atividade de auxiliar de condutor autônomo de veículo rodoviário, em automóvel cedido em regime de colaboração, nos termos da Lei no 6.094, de 30 de agosto de 1974;

III – aquele que, pessoalmente, por conta própria e a seu risco, exerce pequena atividade comercial em via pública ou de porta em porta, como comerciante ambulante, nos termos da Lei no 6.586, de 6 de novembro de 1978;

IV – o trabalhador associado a cooperativa que, nessa qualidade, presta serviços a terceiros;

V – o membro de conselho fiscal de sociedade por ações;

VI – *aquele que presta serviço de natureza não contínua, por conta própria, a pessoa ou família, no âmbito residencial desta, sem fins lucrativos;*
VII – *o notário ou tabelião e o oficial de registros ou registrador, titular de cartório, que detêm a delegação do exercício da atividade notarial e de registro, não remunerados pelos cofres públicos, admitidos a partir de 21 de novembro de 1994;*
VIII – *aquele que, na condição de pequeno feirante, compra para revenda produtos hortifrutigranjeiros ou assemelhados;*
IX – *a pessoa física que edifica obra de construção civil;*
X – *o médico residente de que trata a Lei nº 6.932, de 07 de julho de 1981;*
XI – *o pescador que trabalha em regime de parceria, meação ou arrendamento, em embarcação com mais de seis toneladas de arqueação bruta, salvo quando na condição exclusiva de parceiro outorgado, utilizando embarcação de até dez toneladas de arqueação bruta;*
XII – *o incorporador de que trata o art. 29 da Lei nº 4.591, de 16 de dezembro de 1964;*
XIII – *o bolsista da Fundação Habitacional do Exército contratado em conformidade com a Lei nº 6.855, de 18 de novembro de 1980; e*
XIV – *o árbitro e seus auxiliares que atuam em conformidade com a Lei nº 9.615, de 24 de março de 1998;*
XV – *o membro de conselho tutelar de que trata o art. 132 da Lei nº 8.069, de 13 de julho de 1990 (Estatuto da Criança e do Adolescente), quando remunerado;*
XVI – *o interventor, o liquidante, o administrador especial e o diretor fiscal de instituição financeira de que trata o § 6º do art. 201 do RPS.*

O médico residente não se confunde com o estagiário, pois aquele já é profissional formado, apto á exercer a medicina. Daí seu enquadramento como segurado obrigatório. Embora receba bolsa, essa é, em verdade, também de natureza remuneratória, pois embora ingresse em residência médica com o fim de obter especialização, também aplica seus conhecimentos na atividade e tem prerrogativa legal para atendimento clínico.

O Decreto nº 4.729, de 9 de junho de 2003, também expressou o enquadramento como contribuinte individual do administrador não empregado na sociedade limitada, urbana ou rural. Além do sócio-administrador e do sócio-cotista que recebam remuneração decorrente de seu trabalho, o administrador que exerce sua atividade sem vínculo empregatício também é contribuinte individual. Na verdade, sempre foi. O decreto somente veio retirar qualquer dúvida a respeito.

O mesmo decreto havia previsto que o segurado recolhido à prisão, sob regime fechado ou semiaberto, que, nessa condição, prestasse serviço, dentro ou fora da unidade penal, seria contribuinte individual. Em verdade, só externava o que o INSS, com razão, já entendia. Todavia, com a edição do Decreto nº 7.054/09, o RPS foi novamente alterado, passando a prever que o segurado recolhido à prisão sob regime fechado ou semiaberto, que, nesta condição, preste serviços remunerados, será segurado facultativo. Também afirma o RPS, na nova redação, que o presidiário que não exerce atividade remunerada nem esteja vinculado a qualquer regime de previdência social também se enquadra como segurado facultativo. Ou seja, atualmente, pouco importa se o preso possui ou não atividade remunerada – somente poderá enquadrar-se no RGPS como segurado facultativo.

A alteração do RPS é de legalidade duvidosa, pois ainda que a Lei nº 8.213/91 seja omissa quanto ao enquadramento do presidiário ao exercer atividade remunerada, a Lei nº 10.666/03, art. 2º, prevê expressamente a possibilidade de enquadramento do preso como contribuinte individual, o que, pela lógica do sistema de seguro social, ocorreria quando do exercício de atividade remunerada.

O membro de conselho tutelar, aqui também previsto, foi expressamente inserido somente por meio do Decreto nº 4.032/01 e, por isso, já entendeu o STJ que, em período anterior, não eram segurados obrigatórios, cabendo, tão somente, a filiação facultativa, que poderia ter sido exercida à época.[36]

2.1.2. Segurados Facultativos

A regra básica do seguro social é a *compulsoriedade* de filiação e a consequente contribuição. Entretanto, obedecendo ao princípio da universalidade de participação no RGPS, criou-se figura atípica, cuja filiação ao RGPS decorre exclusivamente de ato de vontade do interessado.

A gênese deste segurado é decorrente do chamado contribuinte em dobro. Tratava-se do segurado que, apesar de deixar de exercer emprego ou atividade que o submetia a regime previdenciário, poderia continuar filiado ao RGPS, desde que passasse a efetuar em dobro o pagamento mensal da contribuição (art. 9º da Lei Orgânica da Previdência Social – LOPS, Lei nº 3.807/60). Atualmente, é previsto na Lei nº 8.213/91, art. 13, Lei nº 8.212/91, art. 14 e RPS, art. 11 e art. 20, parágrafo único.

---

[36] REsp 1.075.516-RS, Rel. Min. Luiz Fux, julgado em 16/12/2010.

Esse procedimento tinha como objetivo não prejudicar o segurado que estava às portas da aposentadoria, possibilitando a permanência do mesmo no sistema, desde que assumisse sua contribuição e a de seu empregador. Daí a contribuição em dobro.

A atual configuração, na forma do segurado facultativo, é muito mais ampla, pois permite a filiação voluntária de qualquer pessoa excluída do sistema previdenciário, na maioria das vezes, em virtude da ausência de atividade remunerada.

Essa possibilidade existe em relação a todas as pessoas que não são vinculadas automaticamente ao sistema previdenciário, ou seja, não exercem atividade remunerada que deflagre a filiação automática. Como possíveis facultativos, temos a dona de casa, o estagiário, o estudante, etc.

Alguns trabalhadores, apesar de exercerem atividade remunerada, são excluídos do RGPS expressamente. Isso ocorre quando esses indivíduos já possuem filiação a regime próprio de previdência, em razão da atividade remunerada que exercem, como os servidores públicos federais e militares.

Essas pessoas não podem obter filiação perante o RGPS como facultativos, visto que já integram regime próprio de previdência social (art. 201, § 5º, da CRFB/88). Todavia, excepcionalmente, poderão obter a filiação facultativa, na hipótese de afastamento sem vencimento e desde que não permitida, nessa condição, contribuição ao respectivo regime próprio (art. 11, § 2º, do RPS).

É necessário advertir que a vedação da filiação de servidor vinculado a RPPS como facultativo no RGPS não existia, tomando lugar somente com o advento da EC nº 20/98. Torna-se evidente que a intenção do constituinte derivado foi limitar a inclusão no RGPS, direcionando estas pessoas a ingressar em regime complementar privado. Todavia, o que dizer dos diversos servidores que já contribuíam como facultativos, buscando uma garantia de melhor aposentadoria?

Entendo que em razão dos princípios da confiança e da boa-fé, os quais regem a atuação da Administração Pública, devem esses servidores, que já contribuíam como facultativos até 16/12/98, ter permissão para continuar nesta condição, além da cotização que já fazem ao RPPS. Do contrário, haverá servidores que contribuíram ao RGPS durante décadas e, agora, verão todo o investimento perdido. Não se trata de alegar direito adquirido à regime jurídico, mas sim a garantia de uma justa expectativa criada pela Administração. A mudança das regras deve sempre ser acompanhada de uma transição razoável.

Caso o militar ou o servidor venham exercer nova atividade remunerada, vinculante ao RGPS, ainda que concomitante com a atividade pública, serão necessariamente segurados obrigatórios. O que a Constituição impede é a filiação destas pessoas como facultativas, seguindo-se a regra geral da filiação compulsória, no caso de exercício da atividade remunerada.

Atualmente, o presidiário também será sempre segurado facultativo, pouco importando se exerce ou não atividade remunerada, ao contrário do que previa o RPS antes da alteração do Decreto nº 7.054/09.

Para uma pessoa filiar-se como segurado facultativo, basta atender a dois requisitos básicos: não ser segurado obrigatório e ser maior de 16 anos. O primeiro requisito exclui os trabalhadores em geral, pois já são segurados obrigatórios, e o segundo exclui qualquer pessoa com idade inferior a 16 anos.

2.2. Salário de contribuição

O salário de contribuição, instituto exclusivo do Direito Previdenciário, é a expressão que quantifica a base de cálculo da contribuição previdenciária dos segurados da previdência social, configurando a tradução numérica do fato gerador. Ao afirmarmos que o fato gerador da contribuição é a atividade remunerada, é necessário quantificar esse evento, de modo que possa ser tributado. Aí entra o salário de contribuição. O tema é tratado na Lei nº 8.212/91, art. 28, e no RPS, art. 214.

Apesar de o salário de contribuição ser base de cálculo para os segurados, excepcionalmente, o mesmo também é base da contribuição do empregador doméstico e da cota patronal do microempreendedor individual – MEI, criado pela LC nº 128/08. O salário de contribuição não é aplicado ao segurado especial, que tem regra própria de custeio, sobre a produção rural, salvo quando contribui facultativamente como contribuinte individual.

Não seria exagero afirmar que o salário de contribuição configura o conceito de maior relevância para o Direito Previdenciário, não só devido à sua utilização no custeio, mas também pelo fato de o mesmo ser referência para o cálculo do salário de benefício do segurado, responsável pela quantificação do benefício a ser concedido. Ademais, indiretamente, ajudará a fixar a base de cálculo da contribuição das empresas.

A delimitação do salário de contribuição é assunto de grande complexidade do ramo previdenciário do Direito, sendo, por consequência, fonte de intermináveis discussões e simplificações indevidas, que acabam por macular o instituto previdenciário.

A definição legal do Plano de custeio é assim feita (art. 28 da Lei nº 8.212/91, com a redação dada pela Lei nº 9.876/99), entendendo-se por salário de contribuição:

I – para o empregado e trabalhador avulso: a remuneração auferida em uma ou mais empresas, assim entendida a totalidade dos rendimentos pagos, devidos ou creditados a qualquer título, durante o mês, destinados a retribuir o trabalho, qualquer que seja a sua forma, inclusive as gorjetas, os ganhos habituais sob a forma de utilidades e os adiantamentos decorrentes de reajuste salarial, quer pelos serviços efetivamente prestados, quer pelo tempo à disposição do empregador ou tomador de serviços nos termos da lei ou do contrato ou, ainda, de convenção ou acordo coletivo de trabalho ou sentença normativa;

II – para o empregado doméstico: a remuneração registrada na Carteira de Trabalho e Previdência Social;

III – para o contribuinte individual: a remuneração auferida em uma ou mais empresas ou pelo exercício de sua atividade por conta própria, durante o mês;

IV – para o segurado facultativo: o valor por ele declarado.

2.2.1. Parcelas Integrantes da Base de cálculo

Genericamente, a lei determina que o salário de contribuição seja composto pela remuneração do segurado (exceto o segurado especial). Como se sabe, as parcelas meramente ressarcitórias e indenizatórias são excluídas desta base.

Não há listagem de rubricas integrantes do salário de contribuição, pois quaisquer valores dotados de natureza remuneratória, em regra, integrarão o salário de contribuição. Algumas parcelas, contudo, devido às constantes dúvidas que provocam, são expressamente previstas na legislação.

A gratificação natalina é uma destas parcelas, prevista de modo preciso como integrante do salário de contribuição (art. 28, § 7º, da Lei nº 8.212/91). Muito já se discutiu sobre essa rubrica, inclusive questionando-se sua existência, em virtude de sua exclusão do cálculo do salário de benefício. Argumentava-se o seguinte: se há a contribuição sobre o 13º salário, como excluí-lo da base de cálculo do benefício?

A aparente lógica deste raciocínio é deposta pela singela lembrança da gratificação natalina, paga pelo sistema previdenciário. Ou seja, a incidência justifica-se como custeio do abono anual, que é a gratificação natalina dos beneficiários da previdência social.[37] No capítulo referente ao salário de benefício, fica clara a razão de tal exclusão, pois a soma da gratificação natalina iria gerar valores indevidos a maior, visto que um ano teria 13 competências.

Ainda, o recolhimento do 13º salário é feito de modo autônomo frente à competência de dezembro, inclusive para efeitos de enquadramento na tabela de alíquotas dos segurados empregados, avulsos e domésticos, e para efeitos de limite máximo do salário de contribuição (art. 7º, § 2º, da Lei nº 8.620/93).

Apesar da clareza meridiana da Lei nº 8.620/93, o STJ já decidiu que a contribuição previdenciária deve incidir sobre o montante total recebido pelo empregado, não podendo ser calculada em separado quando do pagamento do 13º salário.[38] Por outro lado, de modo mais técnico, o REsp 442.781, Rel. Min. Castro Meira, 2ª Turma, admite a soma somente até dezembro de 1992, em razão do advento, nos exercícios subsequentes, da Lei nº 8.620/93. Ainda, há decisões que determinam novamente o somatório em razão da Lei nº 8.870, de 15/4/1994, somente por esta dizer, novamente, que o 13º salário integra o salário de contribuição.

Evidenciando uma confusão de forma com conteúdo, entendeu o STJ que a nova lei *"revigorou a sistemática de arrecadação prevista na redação original do art. 28, § 7º, da Lei nº 8.212/91, sem mencionar a aplicação da tabela em separado. Daí resulta que o valor do 13º salário deve ser adicionado à remuneração normal devida no mês de dezembro, para então incidir sobre o resultado obtido o percentual a título de contribuição previdenciária, exceto para o exercício de 1993, cujo cálculo em separado foi expressamente autorizado pela Lei nº 8.620/93".* Se a lei nada disse sobre o cálculo em separado ou em conjunto, é obvio que não houve revogação tácita da Lei nº 8.620/93, devendo o cálculo ainda ser feito em separado. Do contrário, admitir-se-á a concessão de benefício (abono anual) sem o correspondente custeio.

Também determina a lei que as diárias para viagem, desde que excedentes a 50% da remuneração mensal do segurado, integrem o salário de contribuição (art. 28, § 8º, *a* da Lei nº 8.212/91). A restrição legal visa a impedir tradicional expediente de alguns empregadores, que disfarçam

---

[37] Pela procedência da cobrança decida pelo STF, ver RREE 219.689, 220.779, 215.923.
[38] REsp 573.644, Rel. Min. Luiz Fux, 1ª Turma.

parte da remuneração de seus empregados como diárias, de modo a excluí--las da base contributiva.

As diárias são valores pagos ao trabalhador para que esse possa arcar com despesas extraordinárias, decorrentes de atividades fora de seu local habitual de trabalho, como alimentação, transporte, hospedagem etc. Caso não exista o deslocamento, as diárias são verbas remuneratórias, não obstante a denominação.

Entretanto, caso o empregador possa comprovar, de modo inequívoco, a real natureza de ressarcimento das diárias pagas, ainda que superiores a 50% da remuneração mensal, deve tal valor ser excluído da base de cálculo. É evidente que o pagamento a título de diárias possa ser feito com o intuito de sonegação, mas, se inequivocamente demonstradas, não haveria razão para a incidência, ainda que os valores fossem superiores ao limite legal, que deveria somente ser aplicado ao pagamento de diárias sem comprovação adequada.

De modo geral, nenhum benefício do Regime Geral de Previdência Social integra o salário de contribuição. A lógica é evidente, pois a razão de ser da contribuição é o custeio do benefício a ser pago, substituto da remuneração, que vem a ser a base de incidência. Não existe benefício para a substituição de outro benefício e, portanto, não se deve cobrar qualquer contribuição sobre prestações securitárias.

Entretanto, a lei determina a incidência sobre o salário-maternidade, sendo o único benefício que também compõe o salário de contribuição (art. 28, § 2º, da Lei nº 8.212/91). Certamente este preceito legal é ainda consectário do tempo em que esta prestação era benefício trabalhista, e não previdenciário, como hoje. Os Tribunais têm afastado essa incidência devido à inexistência de natureza salarial. Atualmente, a contribuição da segurada é descontada pelo próprio INSS, quando do pagamento do benefício, enquanto a cota patronal, quando existir, é paga normalmente com as demais contribuições.

No caso da empregada gestante, cabe à empresa também reter a contribuição devida por essa. Com o advento da Lei nº 10.710/03, a obrigatoriedade do pagamento do salário-maternidade da gestante retornou à empresa, e, por isso, ela deve recolher sua contribuição e de sua empregada, como se a mesma estivesse em atividade.

Essas parcelas constam do texto legal de modo meramente exemplificativo. Qualquer outro valor pago com habitualidade, ou destinado a retribuir o trabalho do obreiro, deve integrar-se ao salário de contribuição.

Antiga querela diz respeito ao aviso prévio indenizado (art. 7º, XXI, CRFB/88 e arts. 487 a 491, CLT). É tranquilo que a contribuição previdenciária incida sobre o aviso prévio trabalhado, haja vista a natureza remuneratória do serviço realizado no período. No entanto, a dúvida ainda permanece na hipótese de o mesmo ser *indenizado*, isto é, pago integralmente pelo empregador na hipótese de rescisão imediata da relação de emprego.

De início, a Previdência Social optou pela cobrança de contribuições sobre o aviso prévio indenizado, no que foi rechaçada por diversos precedentes do STF (RE 76700, 75289, 73720 e 72092), naturalmente na época em que a Corte Constitucional detinha competência sobre a matéria.

Todavia, na atualidade, o Tribunal Superior do Trabalho, tendo a última palavra sobre a natureza do aviso prévio indenizado, já se manifestou, diversas vezes, pela natureza remuneratória do mesmo (Enunciado nº 305), até em razão de a lei fixar seu cômputo como se trabalhado fosse, e por isso sempre foi base de incidência do FGTS (art. 487, § 1º, CLT).

A Lei nº 8.212/91 até previa, expressamente, a exclusão da incidência do aviso prévio indenizado, mas tal dispositivo restou revogado pela Lei nº 9.528/97. O Regulamento da Previdência Social fixava a exclusão do aviso prévio indenizado do salário-de-contribuição (art. 214, § 9º, "f"), mas o dispositivo foi também revogado pelo Decreto nº 6.727/09. Apesar dos esforços do Fisco, o Judiciário tem repudiado essa incidência, por não se tratar de remuneração do trabalho, mas sim mera indenização pela dispensa antecipada (REsp 1.221.665-PR, Rel. Min. Teori Albino Zavascki, julgado em 8/2/2011, entre outros).

O tema assume maior relevância na atualidade, pois com o advento da Lei nº 12.506/11, o aviso prévio, trabalhado ou indenizado, poderá chegar ao máximo de 90 dias, implicando maiores consequências na interpretação da incidência de contribuição na modalidade indenizada.

2.2.2. Parcelas Excluídas da Base de cálculo

Da mesma forma que o item anterior, o legislador achou por bem explicitar algumas rubricas que não são incluídas no salário de contribuição, em geral devido à ausência de natureza remuneratória das mesmas.

Evidentemente, é impossível a previsão da legislação de todas as parcelas excluídas do salário de contribuição, sendo a antevisão legal meramente exemplificativa. O art. 28, § 9º, da Lei nº 8.212/91 traz este rol exemplificativo de parcelas excluídas do salário de contribuição. Percebe-se que muitas são condicionais, ou seja, somente são excluídas, se atenderem a certas condições, como, por exemplo, ser direito extensível a todos os segurados da empresa, no caso dos planos médicos.

De toda forma, caso haja pagamento de alguma verba desvinculada da atividade remunerada, sem caráter contraprestacional, a conclusão, pelo menos *a priori*, é pela exclusão do salário de contribuição. Um exemplo que pode ser apresentado, apesar de controvertido, é a quebra de caixa, que possui um viés preponderantemente indenizatório, visando a compensar pequenas diferenças no fechamento de caixa.[39] As seguintes parcelas são expressamente excluídas do salário de contribuição:

a) os benefícios da previdência social, nos termos e limites legais, salvo o salário-maternidade;

Esse dispositivo determina, como regra, a exclusão dos benefícios da previdência social da base de incidência. Deste modo, por exemplo, um segurado que receba auxílio-doença não efetuará contribuição à previdência social.[40] Da mesma forma, um segurado que receba auxílio-acidente não terá este valor somado à sua remuneração, para efeitos de quantificação do salário de contribuição. Também o aposentado do RGPS não contribuirá sobre seu benefício.

Com relação ao auxílio-doença, é necessário notar que os quinze primeiros dias de afastamento, que são encargo da empresa, têm, na interpretação do Fisco, incidência de contribuição previdenciária, ou seja, integram o salário de contribuição, apesar do segurado já se encontrar afastado. Sobre esse tema, o STJ possui alguns precedentes excluindo a incidência, sob alegação de inexistir atividade remunerada no período e, portanto, tratar-se de verba indenizatória. Sobre o tema, ver item 5.3 do capítulo 18.

O que causa estranheza é a contribuição sobre o salário-maternidade. Esse benefício tem origem trabalhista, mas foi absorvido pela previdência social, a qual ainda continua a considerá-lo como base de contribuição,

---

[39] Sobre a exclusão dessa verba, ver REsp 942.365-SC, Rel. originário Min. Luiz Fux, Rel. para acórdão Min. Teori Albino Zavascki, julgado em 26/4/2010.

[40] Apesar de, legalmente, inexistir contribuição neste caso, alguns autores consideram que a contribuição existe, mas disfarçada, já que o percentual do auxílio-doença é de 91%, e não 100%. Todavia, essa concepção, como dito, não encontra respaldo normativo expresso.

tanto para a empresa como para a segurada. As decisões judiciais pelo afastamento da incidência são, *a priori*, adequadas, mas deveriam externar que, mesmo desprovido de incidência, o lapso temporal em gozo de benefício continua sendo computado para fins de carência e tempo de contribuição.

b) as ajudas de custo e o adicional mensal recebidos pelo aeronauta nos termos da Lei nº 5.929, de 30 de outubro de 1973;

Esses adicionais são concedidos no caso de transferência provisória ou permanente do aeronauta, nos seguintes termos:

I) no caso de transferência provisória, o empregador é obrigado a pagar ao aeronauta, além do salário, um adicional mensal, nunca inferior a 25% do salário recebido na base;

II) na transferência permanente, o aeronauta, além do salário, terá assegurado o pagamento de uma ajuda de custo, nunca inferior ao valor de 4 meses de salário, para indenização de despesas de mudança e instalação na nova base, bem como o seu transporte, por conta da empresa, nele compreendidas a passagem e a translação da respectiva bagagem.

c) a parcela "in natura" recebida de acordo com os programas de alimentação aprovados pelo Ministério do Trabalho e da Previdência Social, nos termos da Lei nº 6.321, de 14 de abril de 1976;

O atual Ministério do Trabalho e Emprego, ao aprovar programas de alimentação ao trabalhador, permite às pessoas jurídicas dedução do lucro tributável, para fins do imposto sobre a renda, equivalente ao dobro das despesas comprovadamente realizadas no período-base.

Atualmente, a disciplina do assunto é feita pelo Decreto nº 05, de 14/1/91, com as alterações do Decreto nº 349/91, que regulamentou a Lei nº 6.321, de 14 de abril de 1976.

Na visão do STJ, se o auxílio-alimentação é fornecido em dinheiro, haverá incidência de contribuição previdenciária (REsp. 662.241/CE). Já se a alimentação é posta, *in natura*, em refeitório da própria empresa, não haverá incidência, independente de inscrição no Programa de Alimentação do Trabalhador – PAT (REsp. 511.359/AM, entre outros).

Em precedente um pouco diferente, entendeu a Corte que o vale-alimentação, ainda que fornecido de forma peculiar – com custeio dividido entre empregador e empregados, também se assemelha ao fornecimento de alimentação *in natura*, o que, por consequência, exclui a incidência de contribuição previdenciária (REsp 1.185.685-SP, Rel. originário Min. Hamilton Carvalhido, Rel. para acórdão Min. Luiz Fux, julgado em 16/12/2010).

Já de acordo com a súmula 67 da Turma Nacional de Uniformização dos Juizados Especiais Federais, *o auxílio-alimentação recebido em pecúnia por segurado filiado ao Regime Geral da Previdência Social integra o salário de contribuição e sujeita-se à incidência de contribuição previdenciária.*

    d) as importâncias recebidas a título de férias indenizadas e respectivo adicional constitucional, inclusive o valor correspondente à dobra da remuneração de férias de que trata o art. 137 da Consolidação das Leis do Trabalho-CLT;

Esse ponto merece atenção: somente as férias indenizadas são excluídas do salário de contribuição; seja em virtude de rescisão contratual, na qual as férias vencidas ou proporcionais são pagas, ou ainda no caso da dobra, paga pela empresa. Inclui-se na parcela excluída o adicional constitucional. As férias, quando pagas no período de vigência do contrato de trabalho, e o adicional constitucional sofrem incidência normalmente.

Observe que, no caso da dobra (art. 137 da CLT), a não incidência é exclusiva da parcela indenizatória, pois as férias normais, de acordo com a literalidade do texto legal, compõem o salário de contribuição. O abono pecuniário, referente à conversão em pecúnia de 1/3 do período de férias a que tiver direito (art. 143 da CLT), também é excluído da base de incidência. Idêntico tratamento tem o abono de férias (art. 144 da CLT).

O adicional constitucional (art. 7º da XVII da CRFB/88), como pagamento acessório, segue a sorte do principal – se são férias indenizadas ou a parcela da dobra, o adicional respectivo também é excluído da base, e vice-versa.

    e) as importâncias:
    1. previstas no inciso I do art. 10 do Ato das Disposições Constitucionais Transitórias;

Trata-se da multa em virtude de rescisão do contrato de trabalho pelo empregador sem justa causa, equivalente a 40% dos depósitos efetuados na conta do FGTS do trabalhador demitido.

A Lei Complementar nº 110, de 29 de junho de 2001, instituiu contribuição social devida pelos empregadores, em caso de despedida de empregado sem justa causa, à alíquota de 10% sobre o montante de todos os depósitos devidos, referentes ao Fundo de Garantia do Tempo de Serviço – FGTS, durante a vigência do contrato de trabalho, acrescido das remunerações aplicáveis às contas vinculadas (art. 1º). Tanto o percentual devido ao trabalhador (40%), como o devido ao Poder Público (10%) não integram o salário de contribuição.

Aliás, tal lei complementar veio instituir uma alegada contribuição social, visando ao pagamento de parcelas de FGTS devidas a diversos trabalhadores. Sem embargo da importância social deste pagamento, já determinado judicialmente, cabe observar que o mecanismo escolhido para a obtenção de recursos é impróprio, pois as contribuições sociais, como já se disse nesta obra *ad nauseam*, devem ser destinadas à seguridade social, não ao FGTS, como previsto na citada lei (art. 3º, § 1º).

Sem embargo, o STF, ao julgar as Ações Diretas de Inconstitucionalidade nºs 2.556 e 2.568, ajuizadas respectivamente pela CNI e pelo PSL contra a Lei Complementar nº 110/01, entendeu liminarmente que tais exações enquadram-se no conceito de *contribuições sociais gerais*, criadas, não a partir da competência residual da União (art. 195, § 4º, da CRFB/88), mas sim pela previsão genérica do art. 149 da Constituição. Tais exações não são necessariamente vinculadas à seguridade social, devendo ainda atender ao Princípio da Anterioridade (art. 150, III, *b*, da CRFB/88).

2. relativas à indenização por tempo de serviço, anterior a 5 de outubro de 1988, do empregado não optante pelo Fundo de Garantia do Tempo de Serviço – FGTS;

Esta importância diz respeito aos trabalhadores que, ao iniciarem suas atividades em período anterior à Constituição de 1988, optaram pela estabilidade prevista no art. 497 da CLT, em vez do recebimento do FGTS.

3. recebidas a título da indenização de que trata o art. 479 da CLT;

Nos contratos que tenham termo estipulado, o empregador que, sem justa causa, despedir o empregado será obrigado a pagar-lhe, a título de indenização, e por metade, a remuneração a que teria direito até o termo do contrato. Esse valor é excluído do salário de contribuição, já que evidentemente indenizatório – nem precisaria estar previsto em lei, como diversos outros valores indenizatórios aqui citados.

4. recebidas a título da indenização de que trata o art. 14 da Lei nº 5.889, de 8 de junho de 1973;

A supracitada lei trata do trabalho rural, e o artigo em questão diz respeito ao trabalho de safra, isto é, o que tenha sua duração dependente de variações estacionais da atividade agrária.

Nesses contratos, em seu término normal, a empresa paga ao safrista, a título de indenização do tempo de serviço, importância correspondente a 1/12 do salário mensal, por mês de serviço ou fração superior a 14 dias.

5. recebidas a título de incentivo à demissão;

São valores pagos aos trabalhadores que decidem rescindir seus contratos de trabalho. É um meio muito utilizado de evitar demissões, as quais são mais traumáticas para os empregados das empresas em geral.

Tais importâncias precisam ser devidamente comprovadas, como, por exemplo, através de acordo assinado por empregador e empregado, com supervisão do sindicato. Nestas condições, são estes valores excluídos do salário de contribuição.

6. recebidas a título de abono de férias na forma dos arts. 143 e 144 da CLT;

Trata do abono pecuniário e do abono de férias. Ambos têm natureza indenizatória e, portanto, são excluídos do salário de contribuição.

7. recebidas a título de ganhos eventuais e os abonos expressamente desvinculados do salário;

Essa parcela tem denominação por demais vaga, o que acaba por facilitar muitas tentativas de camuflagem da remuneração do trabalhador, por meio de designações semelhantes, como valores pagos de modo esporádico.

A ideia para a exclusão destes valores é que tais rubricas não são pagas de modo continuado ao trabalhador e, logo, não serão substituídas pelo benefício previdenciário, o que permite sua exclusão da base de cálculo.

Como afirmou o STJ, em hipótese de pagamento de abono único, se não vinculado ao salário, isto é, sem representar contraprestação por serviços, não teriam como compor base de contribuição previdenciária.[41]

---

[41] REsp. 819.552-BA, Rel. originário Min. Luiz Fux, Rel. para acórdão Min. Teori Albino Zavascki, julgado em 2/4/2009.

De modo geral, entende-se que determinada rubrica deixa de ser eventual, quando passa a ser paga por três meses consecutivos. Entretanto, outras situações podem também configurar a habitualidade do pagamento, dependendo do caso concreto.

Contudo, deve-se observar a necessidade de expressa desvinculação do salário, a qual certamente não é feita com mera reprodução desses termos, em recibo firmado pelo segurado, mas sim fielmente demonstrado por normas da empresa, que regulem sua concessão, além da própria contabilidade da mesma. Caso não haja essa comprovação, serão tais ganhos ou abonos incorporados ao salário de contribuição, gerando contribuições devidas.

8. recebidas a título de licença-prêmio indenizada;

Receita incomum na iniciativa privada, os valores de licença-prêmio seriam pagos em virtude da conversão de certo período maior de licença concedido voluntariamente pelo empregador em pecúnia, tendo em vista o interesse de ambos.

9. recebidas a título da indenização de que trata o art. 9º da Lei nº 7.238, de 29 de outubro de 1984;

Reza a supracitada lei:

"O empregado dispensado, sem justa causa, no período de 30 dias que antecede a data de sua correção salarial, terá direito à indenização adicional equivalente a um salário mensal, seja ele optante ou não pelo Fundo de Garantia por Tempo de Serviço – FGTS."

Tal valor é excluído do salário de contribuição.

f) a parcela recebida a título de vale-transporte, na forma da legislação própria;

O vale-transporte foi instituído pela Lei nº 7.418, de 16 de dezembro de 1985, e regulamentado pelo Decreto nº 95.247/87. Por esse sistema, o empregador fornecerá os vales a seus empregados para utilização efetiva em despesas de deslocamento residência-trabalho e vice-versa, através do sistema de transporte coletivo público, urbano ou intermunicipal e/ou interestadual, com características semelhantes aos urbanos, geridos diretamente, ou mediante concessão ou permissão de linhas regulares e com tarifas fixadas pela autoridade competente, excluídos os serviços seletivos e os especiais (art. 1º da Lei nº 7.418/85, com a redação dada pela Lei nº 7.619/87).

O STJ, inicialmente, acatando a posição do Fisco, entendeu que o vale-transporte, para os fins aqui previstos, não poderia ser pago em dinheiro (REsp. 508.583-PR, Rel.ª Min.ª Eliana Calmon, julgado em 16/08/2005), sob pena de integrar o salário de contribuição. Posteriormente, a Corte, com base em precedente do STF (RE 478.410/SP, Rel. Min. Eros Grau, 10/03/2010), passou a admitir a natureza indenizatória da verba (na verdade, ressarcimento), e deliberou por excluir a incidência, mesmo que paga em pecúnia (EREsp 816.829-RJ, Rel. Min. Castro Meira, julgados em 14/03/2011, entre outros), sendo essa a posição dominante dos Tribunais Superiores.

Vejam que, para a exclusão desta parcela do salário de contribuição, o fornecimento há que ser feito de acordo com a legislação, sob pena de ser qualificado como remuneração, integrando o salário de contribuição. Por isso, a concessão do vale-transporte requer a participação obrigatória dos trabalhadores no custeio do benefício, mediante desconto de 6% de seu salário, por força do disposto no art. 9º do Decreto nº 95.247/87.

Neste sentido, já se manifestou a Primeira Turma do Superior Tribunal de Justiça, no REsp. nº 194.229/98, Relator Ministro José Delgado, expondo que

> "O vale-transporte, quando descontado no percentual estabelecido em lei do empregado não integra o salário-de-contribuição para fins de pagamento da previdência social. Situação diversa ocorre quando a empresa não efetua tal desconto, pelo que passa a ser devida a contribuição para a previdência social, porque tal valor passou a integrar a remuneração do trabalhador".

Todavia, como reconhece o Parecer/MPS/CJ nº 1714/99, *"O fornecimento de transporte coletivo direto e gratuito, para deslocamento integral dos empregados, não compõe a base de cálculo das contribuições previdenciárias, nos termos da legislação vigente no período apurado"*.

Ou seja, se a própria empresa dispõe de transporte e fornece o mesmo gratuitamente aos empregados, não há que se falar em necessidade de desconto, não havendo também qualquer incremento no salário de contribuição dos segurados.

g) a ajuda de custo, em parcela única, recebida exclusivamente em decorrência de mudança de local de trabalho do empregado, na forma do art. 470 da CLT;

Diz respeito às despesas resultantes da transferência do empregado, que correrão por conta do empregador. Somente estará excluída da base de incidência se paga em parcela única. Do contrário, o total ingressará no salário de contribuição.

De acordo com o STJ, *"a verba de representação paga aos gerentes de bancos tem a mesma finalidade da ajuda de custo, com natureza indenizatória. Por isso não integra a base de cálculo da contribuição previdenciária".*[42]

Como já dito, a previsão das parcelas excluídas do salário de contribuição é exemplificativa, cabendo a inclusão de outros valores indenizatórios, como a verba de representação, paga ao segurado para custeio de valores necessários à manutenção de apresentação pessoal adequada ao exercício da função ou custeio de gastos com clientes, por exemplo.

h) as diárias para viagens, desde que não excedam a 50% (cinquenta por cento) da remuneração mensal;

Quando as diárias são superiores a 50%, presume-se que há omissão de remuneração. O valor total, então, é convertido em salário de contribuição, e não somente a diferença, como se poderia supor.

Assim, se, por exemplo, determinado empregado receber R$ 1.000,00, sendo R$ 200,00 referentes a diárias, seu salário de contribuição será somente de R$ 800,00. As contribuições do segurado e da empresa serão sobre R$ 800,00 e não R$ 1.000,00. Observe que a base de cálculo da empresa e do segurado serão diferentes, quando esse receber acima do teto do salário de contribuição (a contribuição deste é limitada ao teto, enquanto a da empresa não comporta limite).

i) a importância recebida a título de bolsa de complementação educacional de estagiário, quando paga nos termos da Lei nº 6.494, de 7 de dezembro de 1977;

Determina a lei que o estagiário poderá receber bolsa, ou outra forma de contraprestação que venha a ser acordada, devendo o estudante, em qual-

---

[42] REsp. 371.409-RS, Rel. Min. Eliana Calmon, julgado em 01/10/2002, Precedente citado do TST: RR 25.437-RS, *DJ* 12/6/1992.

quer hipótese, estar segurado contra acidentes pessoais. Essa bolsa, para efeitos previdenciários, não tem caráter remuneratório e, portanto, não se constitui em salário de contribuição. Caso o estagiário deseje ingressar na previdência social, poderá fazê-lo na condição de segurado facultativo. Atualmente, o estágio é disciplinado pela Lei nº 11.788/08.

j) a participação nos lucros ou resultados da empresa, quando paga ou creditada de acordo com lei específica;

A participação nos lucros ou resultados da empresa, de que trata o art. 7º, inciso XI, da Constituição Federal, é prevista na Lei nº 10.101/00, a qual dispõe que esta participação será objeto de negociação entre a empresa e seus empregados.

A lei também determina que a participação nos lucros não substitua ou complemente a remuneração devida a qualquer empregado, nem constitua base de incidência de qualquer encargo trabalhista, não se lhe aplicando o princípio da habitualidade (art. 3º). O texto legal também expressa a vedação de pagamento de qualquer antecipação ou distribuição de valores, a título de participação nos lucros ou resultados da empresa, em periodicidade inferior a um semestre civil ou mais de duas vezes no mesmo ano civil. Assim, se tais valores, ainda que decorrentes de lucro, forem pagos em desacordo com a lei, como, por exemplo, mensalmente, serão desconsiderados como tal, sendo agregados ao salário de contribuição e gerando contribuição do trabalhador e da empresa.

Na visão do STF, a participação nos lucros somente é excluída do salário de contribuição após a edição da Lei nº 10.101/00. Quaisquer valores anteriores à lei, pagos a titulo de participação nos lucros, deve integrar o salário de contribuição (RE 398284).

Da mesma forma, o STJ já validou a cobrança de contribuição previdenciária sobre valores pagos a título de participação nos lucros, mas em contrariedade à lei. Na dicção do Tribunal, *para o gozo do benefício fiscal pretendido pela recorrente, é indispensável a observância da disciplina da lei específica acerca da forma como deve ser creditada a participação nos lucros.*[43]

Acredito que a discussão tenha sido mal desenvolvida no Judiciário, pois a Constituição expressamente desvincula a participação nos lucros e resultados – PLR do salário, o que, no caso, produz uma imunidade tribu-

---

[43] REsp 856.160-PR, Rel. Min. Eliana Calmon, julgado em 4/6/2009.

tária. Como é consensual na dogmática jurídica contemporânea, as normas constitucionais não têm sua vigência condicionada aos anseios e humores do legislador ordinário e, portanto, a visão restritiva dessa exclusão ainda reflete, em larga medida, a parca aceitação do PLR como instrumento legítimo de premiação de empregados.

Obviamente, a Lei nº 10.101/00 não se aplica ao pagamento feito ao sócio da empresa, quando da retirada de lucros, que pode ser, perfeitamente, em tempo inferior ao estabelecido, desde que não se configure, como frequentemente acontece, tratar-se de remuneração dissimulada de antecipação de lucros.

k) abono do Programa de Integração Social – PIS e do Programa de Assistência ao Servidor Público – PASEP;

Como visto na definição das contribuições sociais, o PIS e o PASEP possuem essa natureza, sendo que os pagamentos efetuados a seus beneficiários são excluídos da base de incidência.

l) os valores correspondentes a transporte, alimentação e habitação fornecidos pela empresa ao empregado contratado para trabalhar em localidade distante da de sua residência, em canteiro de obras ou local que, por força da atividade, exija deslocamento e estada, observadas as normas de proteção estabelecidas pelo Ministério do Trabalho;

Esse dispositivo complementa o disposto na alínea *e*, referente ao vale--transporte. Muitas vezes, o próprio empregador fornece o transporte, não concedendo o vale. Nessas condições, desde que o transporte se evidencie como realmente necessário e seja fornecido de acordo com as normas do Ministério do Trabalho e Emprego, tais valores estarão excluídos do salário de contribuição, não sendo considerados como salário indireto.

De acordo com o STJ, *não incide contribuição previdenciária no fornecimento pelo empregador de transporte integral ao empregado mediante o sistema de "passe livre", em razão de sua semelhança com a disponibilidade de transporte gratuito para deslocamento integral.*[44]

O tema, ainda hoje, é envolto em questionamentos diversos, pois a legislação não é clara, até por, com razão, permitir às partes interessadas alguma

---

[44] REsp. 504.407-RS, Rel. Min. João Otávio de Noronha, julgado em 19/5/2005. Precedente citado: REsp. 506.168-RS, *DJ* 14/3/2005.

margem de autonomia na fixação de critérios de rateio e pagamento, sob pena de desestimular a concretização desse importante preceito constitucional. No STF, o tema é objeto do RE 569-441-RS, que teve repercussão geral reconhecida e, quando julgado, deve estabelecer alguns parâmetros importantes sobre o assunto.

   m) a importância paga ao empregado a título de complementação ao valor do auxílio-doença, desde que este direito seja extensivo à totalidade dos empregados da empresa;

Algumas empresas, em virtude de convenção ou acordo coletivo, assumem o compromisso de complementar a eventual diferença que venha existir entre a remuneração do trabalhador e o auxílio-doença pago pelo INSS. Como se sabe, o auxílio-doença é benefício que comporta limite máximo. Logo, o segurado que tenha remuneração superior a esse seria naturalmente prejudicado durante o período de afastamento.

Embora a lei não preveja esta obrigação, alguns empregadores assumem o compromisso da complementação, que estará a salvo da incidência, desde que tal direito seja assegurado a todos os empregados da empresa.

   n) as parcelas destinadas à assistência ao trabalhador da agroindústria canavieira, de que trata o art. 36 da Lei nº 4.870, de 1º de dezembro de 1965;

Parcela da receita obtida na forma da supracitada lei é direcionada ao financiamento e custeio de serviços de assistência aos trabalhadores da agroindústria canavieira e seus dependentes, visando a:

   a) higiene e saúde, por meio de assistência médica, hospitalar e farmacêutica, bem como à maternidade e à infância, complementando a assistência prestada pelas usinas e fornecedores de cana;
   b) complementação dos programas de educação profissional e de tipo médio gratuitas;
   c) estímulo e financiamento a cooperativas de consumo;
   d) financiamento de culturas de subsistência, nas áreas de terras utilizadas pelos trabalhadores rurais;
   e) promoção e estímulo de programas educativos, culturais e de recreação.

Tais valores são expressamente excluídos do salário de contribuição.

o) o valor das contribuições efetivamente pago pela pessoa jurídica relativo a programa de previdência complementar, aberto ou fechado, desde que disponível à totalidade de seus empregados e dirigentes, observados, no que couber, os arts. 9º e 468 da CLT;

O financiamento de regimes privados de previdência, por parte dos empregadores, tem aumentado com velocidade nos últimos anos, sendo que muitas das entidades previdenciárias privadas são especialmente criadas para atender à clientela determinada, como os empregados de empresa específica.

Tais valores pagos pela empresa, na condição de patrocinadora de regime privado de previdência, são excluídos do salário de contribuição, mas com a ressalva de sempre: desde que a vantagem seja extensível a todos os empregados e dirigentes. Caso a empresa, por exemplo, tenha patrocínio previdenciário exclusivo para os diretores, tal valor será, necessariamente, agregado ao salário de contribuição. O fato de o regime privado de previdência ser fechado ou aberto, isto é, limitado aos trabalhadores de certa empresa ou a qualquer pessoa é irrelevante.

p) o valor relativo à assistência prestada por serviço médico ou odontológico, próprio da empresa ou por ela conveniado, inclusive o reembolso de despesas com medicamentos, óculos, aparelhos ortopédicos, despesas médico-hospitalares e outras similares, desde que a cobertura abranja a totalidade dos empregados e dirigentes da empresa;

Devido ao caráter social da concessão de auxílio médico e medicamentos, ainda que sejam uma espécie de remuneração indireta, o legislador achou por bem excluí-los do salário de contribuição, evitando, assim, que as empresas e seus trabalhadores venham pagar contribuições sobre esses valores. Entretanto, os serviços médicos e reembolsos devem ser extensíveis a todos os segurados da empresa. Caso contrário, integrarão o salário de contribuição.

Na visão do STJ, a exclusão aqui prevista também se estende ao seguro de vida em grupo. Entendeu a Corte que não incide a contribuição previdenciária sobre os valores repassados à sociedade empresarial – seguradora – a título de seguro de vida dos empregados da sociedade empresarial contribuinte.[45]

---

[45] REsp. 839.153-SC, Rel. Min. Luiz Fux, julgado em 9/12/2008.

q) o valor correspondente a vestuários, equipamentos e outros acessórios fornecidos ao empregado e utilizados no local do trabalho para prestação dos respectivos serviços;

A exclusão somente é válida para os itens fornecidos **para** a execução do trabalho, ou seja, trata-se de material necessário para o bom andamento do serviço. Distinguem-se dos materiais fornecidos **pelo** trabalho, isto é, os concedidos em virtude de um trabalho realizado, os quais são remuneração indireta e, obrigatoriamente, integram o salário de contribuição.

r) o ressarcimento de despesas pelo uso de veículo do empregado e o reembolso creche pago em conformidade com a legislação trabalhista, observado o limite máximo de seis anos de idade, quando devidamente comprovadas as despesas realizadas;

Certas empresas, com frequência, solicitam que seus empregados, em especial vendedores, utilizem seus próprios veículos para a realização de atividades externas, reembolsando-os dos gastos com combustível e manutenção. Também algumas empresas, em vez de manterem creches para os filhos menores de suas empregadas, preferem reembolsá-las dos gastos com creches particulares.

Em ambas as situações, os valores pagos são excluídos do salário de contribuição, desde que pagos de acordo com as normas estipuladas pelo Ministério do Trabalho e Emprego.

Neste mesmo sentido temos a Súmula 310 do STJ, ao dispor que o auxílio-creche não integra o salário de contribuição.

Questão interessante sobre o reembolso-creche ou reembolso-babá surge com a mudança da Lei de Diretrizes e Bases da Educação (Lei nº 9.394/96), com nova redação dada ao art. 32 pela Lei nº 11.274/06, dispondo que *"O ensino fundamental obrigatório, com duração de 9 (nove) anos, gratuito na escola pública, iniciando-se aos 6 (seis) anos de idade".* Ora, se o ensino começa aos seis anos de idade, não haveria motivo para manter-se a criança em creches ou com babás até essa idade, pois, nessa idade, deve iniciar a vida escolar. Por este mesmo motivo é que a EC nº 53/2006 alterou o art. 7º, XXV, da Constituição, restringindo, como direito de empregados e avulsos, a assistência gratuita aos filhos e dependentes desde o nascimento até cinco anos de idade em creches e pré-escolas, e não mais até os seis anos.

Isto posto, estaria o dispositivo estudado automaticamente limitado a cinco anos? Entendo que não. É certo que não há mais a mesma relevância para excluir-se do salário de contribuição valor pago a título de reembolso-creche ou babá na idade de seis anos, pois essa garantia não é mais fixada em texto constitucional. Mas, não obstante, nada impede que o empregador ainda forneça essa vantagem, especialmente quando a criança não se encontra em horário integral na escola. Ademais, até pelo Princípio da Legalidade, caso haja o desejo de limitar essa dispensa do salário de contribuição, é evidente que a mesma deve ser feita por lei, não podendo o Administrador Público simplesmente inferir que a restrição limita-se automaticamente, em evidente prejuízo da segurança jurídica.

Como já dito, a exclusão desta verba do salário de contribuição não tem a correlação necessária com a Constituição e a Lei de Diretrizes da Educação. Poderia, por exemplo, a lei previdenciária excluir da base de cálculo previdenciária o reembolso-creche até os dez anos de idade da criança, pois a frequência escolar não exclui, necessariamente, este tipo de serviço. Ressalte-se, evidentemente, que o valor pago a título de reembolso-creche ou babá deve sempre ser comprovado.

Gerando ainda maior controvérsia sobre o tema, a Emenda Constitucional nº 59/09, ao dar nova redação ao art. 208 da Constituição, passou a expressar que a educação básica, obrigatória e gratuita, tem início aos quatro anos de idade, com atendimento à criança em todas as suas etapas, *por meio de programas suplementares de material didático escolar, transporte, alimentação e assistência à saúde*. Haveria alguma mudança para fins de composição do salário de contribuição? Novamente entendo que não. Pelos argumentos já expostos, nada impede que a lei venha a propiciar algum benefício fiscal para empresas que patrocinem creches, ainda que em idade superior a 4 anos. A idade máxima da Lei nº 8.212/91 não visa criar uma similitude de tratamento com regras educacionais, mas somente elidir eventuais abusos, como empresas que tentem camuflar remuneração por meio de reembolso creche, seja por pagamentos sem comprovação, ou mesmo em razão de filhos de idade mais elevada.

s) o valor relativo a plano educacional, ou bolsa de estudo, que vise à educação básica de empregados e seus dependentes e, desde que vinculada às atividades desenvolvidas pela empresa, à educação profissional e tecnológica de empregados, nos termos da Lei nº 9.394, de 20 de dezembro de 1996, e:

1. não seja utilizado em substituição de parcela salarial; e

2. o valor mensal do plano educacional ou bolsa de estudo, considerado individualmente, não ultrapasse 5% (cinco por cento) da remuneração do segurado a que se destina ou o valor correspondente a uma vez e meia o valor do limite mínimo mensal do salário-de-contribuição, o que for maior.

A Lei nº 9.394/96 estabelece as diretrizes e bases da educação nacional, prevendo, no art. 21, a Educação Básica como sendo a formada pela Educação Infantil e os Ensinos Fundamental e Médio, visando a desenvolver o educando, assegurar-lhe a formação comum indispensável ao exercício da cidadania e fornecer-lhe meios para progredir no trabalho e em estudos posteriores.

Além da Educação Básica, o dispositivo legal trata dos cursos de capacitação e qualificação profissionais, isto é, os ensinamentos necessários para o exercício de profissão ou, até mesmo, seu aprimoramento, independente do nível, podendo mesmo abranger pós-graduação. De toda forma, a exclusão somente será válida se o curso for vinculado às atividades desenvolvidas pela empresa. Se, por exemplo, um mecânico tem um curso de teatro pago pelo empregador, ainda que voltado à qualificação profissional, não estará excluído do salário de contribuição.

O dispositivo foi alterado pela Lei nº 12.513/11, a qual ampliou as possibilidades de financiamento educacional aos dependentes (no ensino fundamental e médio) e, também, estabeleceu um limite para a cota patrocinada, que não pode ser superior a 5% da remuneração do segurado. A restrição pode ser desproporcional, especialmente quando o financiamento é voltado para cursos de nível superior, o que é possível. Afinal, além da educação básica, a benesse se estende à educação profissional e tecnológica dos empregados, sem qualquer restrição de nível.

Interessante notar, também, que a redação atual não mais exige que a benesse seja extensível a todos os empregados, como na redação anterior, o que muito limitava essa exclusão, já que, dificilmente, uma empresa poderia, simultaneamente, financiar educação e treinamento para todos os empregados.

t) a importância recebida a título de bolsa de aprendizagem garantida ao adolescente até quatorze anos de idade, de acordo com o disposto no art. 64 da Lei nº 8.069, de 13 de julho de 1990;

A Lei nº 8.069/90 dispõe sobre o Estatuto da Criança e do Adolescente – ECA e prevê a concessão de bolsa de aprendizagem ao adolescente até 14 anos de idade, o qual somente pode trabalhar na condição de menor aprendiz. Em verdade, este limite de idade foi aumentado pela EC nº 20/98, ao proibir qualquer trabalho ao menor de 16 anos (art. 7º, XXXIII, da CRFB/88). Atualmente, o menor somente poderá assumir a condição de aprendiz aos 14 anos.

Considera-se aprendizagem a formação técnico-profissional ministrada, segundo as diretrizes e bases da legislação de educação em vigor. A formação técnico-profissional obedecerá aos seguintes princípios:

I. garantia de acesso e frequência obrigatória ao ensino regular;
II. atividade compatível com o desenvolvimento do adolescente;
III. horário especial para o exercício das atividades.

Como se vê, a bolsa de aprendizagem não tem natureza salarial, já que a atividade desenvolvida pelo menor visa ao aprendizado de uma profissão, conciliada com o ensino tradicional. Por isso, é excluída do salário de contribuição.

u) os valores recebidos em decorrência da cessão de direitos autorais;

Os direitos autorais são decorrentes do lucro obtido com o desenvolvimento de trabalho definido, como a publicação de um livro. Embora a elaboração desse trabalho tenha, em geral, objetivo pecuniário, não há liame direto entre a obra desempenhada e o ganho obtido, de modo que os direitos autorais escapam ao conceito de retribuição pelo trabalho desenvolvido, não se revestindo de natureza remuneratória.

2.3. Contribuições dos Segurados
Fixado o salário de contribuição, é possível, então, quantificar a contribuição devida pelos segurados obrigatórios.

2.3.1. Segurados empregados, avulsos e domésticos
A incidência da contribuição, para esses segurados, não é meramente proporcional, mas sim progressiva, isto é, à medida que é aumentado o salário de contribuição, incrementa-se a alíquota. Esta é definida em lei como 8,0; 9,0 ou 11,0%, dependendo da faixa de remuneração (art. 20 da Lei nº 8.212/91).

Em valores atualizados, a partir de 1º de janeiro de 2014, a tabela de contribuição desses segurados é a seguinte:

SALÁRIO DE CONTRIBUIÇÃO (R$)	ALÍQUOTA
1 Salário mínimo até R$ 1.317,07	8,00%
de R$ 1.317,08 até R$ 2.195,12	9,00%
de R$ 2.195,13 até R$ 4.390,24	11,00%

O salário de contribuição do segurado, como se verá em item próprio, é a soma de todos os valores recebidos no mês, até um determinado teto. Assim se, por exemplo, um empregado com dois empregos recebe R$ 1.500,00 em cada um, seu salário de contribuição será de R$ 3.000,00, cabendo a cada empregador efetuar o desconto sobre sua parcela com a alíquota respectiva, que, no caso, será de 11%. Obviamente, uma empresa deverá comunicar à outra os valores pagos, de modo a possibilitar o desconto correto. Caso isso não seja feito, ainda que por culpa do segurado, o ônus de eventuais diferenças devidas será das empresas, haja vista a presunção absoluta de recolhimento dos valores.

Há limite máximo para a contribuição. Como os benefícios do RGPS possuem teto, ou seja, não podem ser superiores a determinado valor, a contribuição segue limite idêntico, pois o salário de contribuição não ultrapassa o valor fixado em lei. Ao invés de fixar-se o teto pela contribuição, a lei estabelece o teto limitando a base de cálculo.

Embora a lógica do sistema vigente seja a existência do teto para a contribuição, esse não precisaria existir. Como o regime de financiamento da previdência brasileira é o de repartição simples, não há, necessariamente, liame direto entre a contribuição e o benefício pago, o que, por questões de ordem social, justificaria a existência de teto para o benefício e a inexistência do mesmo para a contribuição. Todavia, a tendência mundial é, claramente, maior correlação entre o custeio e o benefício, em detrimento da solidariedade (que ficaria mais restrita aos benefícios por incapacidade), mas estimulando as pessoas a efetivarem suas contribuições, na medida em que há clara vinculação entre o que foi pago e o que será recebido. É a prevalência dos sistemas bismarkianos de previdência.

A sistemática de cálculo é a mesma para qualquer dos três segurados citados. No caso do empregado, seja esse vinculado a uma multinacional ou a uma microempresa, a forma de contribuição é a mesma. Uma exceção é o empregado que presta serviço para pequeno produtor rural na forma da Lei nº 11.718/08, que tem alíquota sempre de 8%, independente do efetivo salário de contribuição.

Já quanto à forma de recolhimento, para os segurados empregados, avulso e doméstico, a obrigação do desconto e do recolhimento da contribuição é encargo da empresa, empregador (pessoa física ou jurídica) e do empregador doméstico. Será feito em conjunto com o recolhimento dos empregadores ou empresas, na mesma guia.

Tradicionalmente, esse encargo colocado junto à fonte pagadora é classificado como forma de substituição tributária. No entanto, entendo que tal classificação é equivocada, pois a sujeição passiva ainda é ocupada pelo segurado, situação especialmente óbvia no momento da repetição de indébito – quem tem direito é o segurado, e não a empresa. Se houvesse substituição tributária, seria a empresa o titular do direito, pois o substituto tributário recolhe tributo em nome próprio. Em verdade, a retenção na fonte é mera obrigação instrumental (ou acessória), que, na hipótese de inadimplemento, traz a responsabilidade tributária como sanção.[46]

Como dispõe a lei, o desconto de contribuição e de consignação legalmente autorizadas sempre se presume feito oportuna e regularmente pela empresa a isso obrigada, não lhe sendo lícito alegar omissão para se eximir do recolhimento, ficando diretamente responsável pela importância que deixou de receber ou arrecadou, em desacordo com o disposto em Lei (art. 33, § 5º, da Lei nº 8.212/91).

2.3.2. Segurados contribuintes individuais e facultativos

Já para estes segurados, a contribuição não é progressiva, mas sim proporcional. Apesar de a base de cálculo ser a mesma utilizada no caso dos segurados supracitados (salário-de-contribuição), a alíquota é constante, equivalente a 20%. Ainda, como ressaltado *supra*, o salário-de-contribuição, base imponível da previdência, será objeto de estudo em capítulo próprio.

Os segurados facultativos, vinculados ao RGPS de modo voluntário, uma vez filiados, também são obrigados a efetuar seus recolhimentos, de acordo com a sistemática legal, que é muito similar ao caso do contribuinte individual.

---

[46] Para melhor abordagem desta questão, ver *A Retenção na Fonte como Obrigação Instrumental – Aplicações no Custeio Previdenciário*. Niterói: Impetus, 2007.

A contribuição desses segurados sempre foi mais elevada que a dos demais, em especial, pela ausência, no passado, de contribuição patronal respectiva sobre tais valores. No caso do contribuinte individual, a ausência de cota patronal devia-se à falta de amparo legal e, no caso do facultativo, por impossibilidade prática.

Entretanto, como se verá, já existe a contribuição patronal sobre a remuneração paga ou creditada a contribuinte individual (art. 22, III, da Lei nº 8.212/91), o que gera uma situação de extrema desigualdade para o trabalhador autônomo (segurado contribuinte individual), quando presta serviços à empresa.

Em virtude deste fato, a Lei nº 9.876/99 criou uma sistemática de redução da contribuição deste segurado, por meio de um abatimento da contribuição feita pela empresa sobre a remuneração paga ou creditada ao contribuinte individual. Basicamente, de 20% a contribuição foi reduzida para 11%.

Uma melhoria desta relação surgiu com a Medida Provisória nº 83/02, posteriormente convertida na Lei nº 10.666/03, a qual prevê a obrigatoriedade da empresa em arrecadar a contribuição do segurado contribuinte individual a seu serviço, descontando-a da respectiva remuneração, e a recolher o valor arrecadado, juntamente com a contribuição a seu cargo, até o dia 20 do mês seguinte ao da competência (art. 4º).

Por esta nova regra, caberá à empresa já efetuar a retenção da cotização devida pelo individual, na alíquota de 11%, sendo a responsabilidade pelo recolhimento exclusiva desta, cabendo inclusive a aplicabilidade da presunção absoluta de que o desconto foi feito à época devida e de modo correto, imputada a cobrança de quaisquer diferenças somente à empresa, nunca ao segurado (art. 33, § 5º, da Lei nº 8.212/91).

Com o advento da Lei Complementar nº 123/06, que instituiu o SIMPLES Nacional, criou-se outra possibilidade do contribuinte individual recolher contribuição inferior. A nova lei prevê que este segurado poderá contribuir com somente 11% (onze por cento) sobre o valor correspondente ao limite mínimo mensal do salário-de-contribuição (salário-mínimo), e desde que trabalhe por conta própria, sem relação de trabalho com empresa ou equiparado. Nesta situação, garantirá benefícios do RGPS no valor de salário-mínimo, exceto a aposentadoria por tempo de contribuição, que fica excluída. Essa benesse também é aplicável ao facultativo, nos mesmos termos.

A possibilidade de recolher somente 11% do salário mínimo também vale para contribuintes individuais que se enquadrem como Microempreendedores Individuais – MEI, figura criada pela Lei Complementar nº 128/08, definida como o empresário individual que tenha auferido receita bruta, no ano-calendário anterior, de até R$ 36.000,00 (trinta e seis mil reais), optante pelo Simples Nacional. A sistemática do MEI, com valores de contribuição e vedações é atualmente prevista no art. 18-A da Lei Complementar nº 123/06, com a redação dada pela Lei Complementar nº 128/08.

É importante observar que os demais contribuintes individuais continuam submetidos à regra geral, isto é, seus salários de contribuição são fixados de acordo com a respectiva (e real) remuneração do mês, dentro dos limites mínimo e máximo da legislação, contribuindo com uma alíquota de 20%, salvo se prestadores de serviço a empresas, situação na qual, em regra, a mesma é reduzida para 11%.

Esta previsão não se aplica ao segurado especial. Como se verá *infra*, este segurado tem a opção, também, de contribuir como se fosse contribuinte individual, e a vantagem disso seria a percepção de aposentadoria por tempo de contribuição e benefícios superiores ao salário-mínimo. Como a regra da Lei Complementar nº 123/06, com a alíquota de somente 11%, garante unicamente benefícios de salário-mínimo e exclui a aposentadoria por tempo de contribuição, não faria sentido a opção, pois são exatamente as prestações que o mesmo já tem direito na sua condição de especial.

Esta benesse, que se adéqua com o disposto no art. 201, §§ 11 e 12, da Constituição, visa estimular o ingresso efetivo desses segurados no RGPS. Caso esses segurados, posteriormente, pretendam contar o tempo correspondente para fins de obtenção da aposentadoria por tempo de contribuição ou da contagem recíproca entre regimes previdenciários, deverão complementar a contribuição mensal mediante o recolhimento de mais 9% (nove porcento), acrescido dos juros moratórios, mas sem multa de mora.

Em suma, a sistemática atual ficou assim:

1. A regra geral de recolhimento, para CI e facultativos, ainda é de 20% sobre o respectivo salário de contribuição.
2. Caso o CI não trabalhe para empresas (pois aí já seria descontado na fonte) e desde que abra mão da aposentadoria por tempo de contribuição, pagará somente 11% do salário-mínimo. O mesmo continua valendo para o facultativo (escolhe entre pagar 20% do salário de contribuição ou 11% do salário mínimo).

3. Caso o CI seja um MEI, a contribuição cai para 5% do salário mínimo (também só perde, com isso, a aposentadoria por tempo de contribuição).
4. Na hipótese de um facultativo sem renda própria e de baixa renda, também cai a contribuição para 5% do salário-mínimo (para os demais facultativos, que não estão adequados a essas restrições, há ainda a possibilidade de recolher somente 11% do salário-mínimo).

Caso algum desses segurados mude de ideia e queira recolher a diferença de contribuição para a alíquota plena, de 20%, isso poderá ser feito, como já autorizava a legislação anterior, mediante o pagamento da diferença percentual (dependendo da opção – 5% ou 11%) e acréscimo de juros, sem multa.

No caso do facultativo de baixa renda, a Lei nº 12.470/11 traz um conceito a ser observado, o que funciona como um pré-requisito para que a pessoa, como facultativa, possa optar pelo recolhimento ainda mais reduzido de 5% do salário-mínimo. Para tanto, deve a família ser inscrita no Cadastro Único para Programas Sociais do Governo Federal – CadÚnico cuja renda mensal seja de até dois salários-mínimos.[47] É um critério de baixa renda diverso do utilizado pela LOAS e da própria previdência social, para fins de concessão de salário-família e auxílio-reclusão.

A Lei nº 12.470/11 também insere preceito desnecessário no art. 24 da Lei nº 8212/91, ao estabelecer que *"presentes os elementos da relação de emprego doméstico, o empregador doméstico não poderá contratar microempreendedor individual de que trata o art. 18-A da Lei Complementar nº 123, de 14 de dezembro de 2006, sob pena de ficar sujeito a todas as obrigações dela decorrentes, inclusive trabalhistas, tributárias e previdenciárias".*

Ora, se há a presença dos requisitos da relação de emprego, é evidente que a pessoa, pretensamente contratada como MEI, é, em verdade, um empregado doméstico, cabendo seu reconhecimento e tributação como tanto. É preceito que, além de confuso, expõe uma obviedade.

2.3.3. Segurados Especiais

Para o segurado especial não há salário de contribuição, pois esse conceito perde o sentido. Aqui, a base de cálculo é simplesmente o valor de venda da produção rural (incluindo a pesqueira, para o pescador artesanal).

---

[47] Sobre esse cadastro, ver http://www.mds.gov.br/bolsafamilia/cadastrounico.

Ao contrário dos demais segurados, a contribuição do segurado especial não é, necessariamente, mensal, pois essa somente existe quando há alguma venda de produto rural. Se o segurado está no período entressafras, não há venda e, portanto, não há contribuição, embora o mesmo continue sendo segurado obrigatório do RGPS, com plena cobertura previdenciária.

De fato, o segurado especial é uma figura *sui generis*, com tratamento totalmente distinto, inclusive para efeitos de concessão de benefícios. Tal distinção somente é válida, como se disse, por ser prevista na própria Constituição.

A alíquota de contribuição do segurado especial é de 2,0% da receita bruta, proveniente da comercialização da sua produção (art. 25, I, da Lei nº 8.212/91). Acresce-se a esta o percentual de 0,1% para o custeio das prestações por acidente do trabalho (art. 25, II, da Lei nº 8.212/91). No total, a contribuição do segurado especial para a Previdência Social é de 2,1%.[48]

Dispositivo curioso é o que dá ao segurado especial a possibilidade de, além da contribuição obrigatória supracitada, contribuir, *facultativamente*, como se contribuinte individual fosse (art. 25, § 1º, da Lei nº 8.212/91). Nesse caso, o segurado especial poderá, se desejar, também contribuir como individual.

3. Custeio das Empresas

O art. 15 da Lei nº 8.212/91 traz o conceito de empresa e do empregador doméstico, no âmbito previdenciário:

I. *empresa* – a firma individual ou sociedade que assume o risco de atividade econômica urbana ou rural, com fins lucrativos ou não, bem como os órgãos e entidades da administração pública direta, indireta e fundacional;

II. *empregador doméstico* – a pessoa ou família que admite a seu serviço, sem finalidade lucrativa, empregado doméstico.

Ainda, traz a lei a figura do equiparado à empresa, que é também sujeito passivo da relação obrigacional previdenciária, como se empresa fosse. Reza a lei que se equipara à empresa o contribuinte individual, em relação

---

[48] Este percentual é ainda acrescido de contribuição devida ao Serviço Nacional de Aprendizagem Rural (SENAR). Todavia, por não ser fonte de receita da seguridade social, tanto esta como as outras contribuições devidas a terceiros não são objeto de estudo.

a segurado que lhe preste serviço, bem como a cooperativa, a associação ou a entidade de qualquer natureza ou finalidade, a missão diplomática e a repartição consular de carreira estrangeiras.

Já o Regulamento da Previdência Social (art. 12) dispõe de modo mais completo:

> equiparam-se a empresa, para os efeitos deste Regulamento:
>
> I – o contribuinte individual, em relação a segurado que lhe presta serviço;
>
> II – a cooperativa, a associação ou a entidade de qualquer natureza ou finalidade, inclusive a missão diplomática e a repartição consular de carreiras estrangeiras;
>
> III – o operador portuário e o órgão gestor de mão de obra de que trata a Lei nº 8.630, de 1993; e
>
> IV – o proprietário ou dono de obra de construção civil, quando pessoa física, em relação a segurado que lhe presta serviço.

Tal previsão tem como objetivo evitar a elisão à contribuição previdenciária por aspectos meramente formais de algumas figuras atípicas. Como se vê, o conceito é bastante amplo, pois se centra no quesito suficiente e necessário para a qualificação de sujeito passivo da contribuição previdenciária: utilizar-se de trabalho remunerado na realização de alguma atividade, ainda que não econômica.

A finalidade de lucro é irrelevante para a caracterização de uma empresa perante a previdência social. A principal fonte de custeio do RGPS decorre da contribuição sobre a remuneração, e, em virtude disto, até uma pessoa física que remunere outra torna-se, previdenciariamente, uma empresa.

Ao contrário do que possa parecer, tamanha amplitude conceitual não reflete um excesso do Legislador. Basta lembrar que, enquanto o trabalhador é um beneficiário direto do sistema protetivo, a empresa que o remunera é uma beneficiária indireta, já que não terá de manter o estipêndio do segurado durante o período de inatividade do mesmo.

Dentro da seara previdenciária, tem-se por empresa não só a entidade com o objetivo de lucro, mas qualquer pessoa, inclusive a natural, que, no exercício de alguma atividade, venha a remunerar[49] o labor de outrem, rea-

---

[49] Volto a lembrar que a remuneração, no âmbito previdenciário, não é somente parcela decorrente do trabalho, mas, também, valor a ser substituído pelo benefício previdenciário, mantendo o sustento do segurado e de seus dependentes.

lizado em auxílio de seu mister. Nas palavras de Wladimir Novaes Martinez, *a empresa pode ser conceituada, sinteticamente, como o empreendimento com os riscos da atividade econômica. Mas, para incluir as não econômicas, é o esforço organizado licitamente com vistas à produção de bens e serviços, com pessoas contratadas*.[50]

É interessante observar que a doutrina de Direito Empresarial costuma classificar a empresa como o *"exercício, pelo empresário, de atividade organizada para a produção ou a circulação de bens e serviços"*,[51] ou seja, a empresa seria o objeto do direito, enquanto a sociedade, seu sujeito.[52] Em que pese o atual desenvolvimento doutrinário relativo à definição de empresa, colocando-a como mero objeto de direito, não há como ignorar o fato que a lei adotou doutrina defendida por Michel Despax, no sentido da personificação da empresa.[53]

Rubens Requião reconhece que, independente do debate científico em torno do conceito de empresa, *"o direito positivo tem formulado critérios e noções para deles se valer em seus propósitos"*.[54] É essa a realidade existente no âmbito previdenciário, com a definição de empresa do Plano de Custeio e Organização da Seguridade Social – Lei nº 8.212/91, em seu art. 15, o qual personificou a empresa e deu-lhe a abrangência necessária.

Em sede exacional, no que concerne a tributos e a contribuições, cabe à lei evitar a elisão fiscal decorrente de meros aspectos formais, sobrecarregando os demais componentes da sociedade. Trata-se de consectário natural do princípio da isonomia e equidade da imposição estatal, previstos, respectivamente, nos art. 150, II e 194, V, da CF/88.

Daí forçoso concluir que o Legislador adotou, para fins previdenciários, o *perfil subjetivo de empresa*. Nesta situação, *a pessoa física ou jurídica que organiza a produção ou circulação de bens é identificada com a própria empresa. Corresponde a este perfil a certo uso coloquial da palavra ("a empresa faliu", "a empresa está contratando pessoal" etc.)*.[55]

---

[50] *Curso de Direito Previdenciário*. Tomo II. São Paulo: LTr, 1998, p. 195.
[51] Cf. Rubens Requião. *Curso de Direito Comercial*. Vol. I. São Paulo: Saraiva, 1998, p.171.
[52] Rubens Requião. Op. cit., p. 60.
[53] *Apud* Rubens Requião. Op. cit., loc. cit.
[54] Rubens Requião. Op. cit., p. 58.
[55] Cf. Fábio Ulhôa Coelho, *in Parecer sobre Sociedades Simples e Empresárias*.

3.1. A Contribuição Incidente sobre as Remunerações de Empregados e Avulsos

Essa contribuição é de 20% sobre o total das remunerações pagas, devidas ou creditadas a qualquer título, durante o mês, aos segurados empregados e trabalhadores avulsos que lhe prestem serviços, destinadas a retribuir o trabalho.

Não só as remunerações efetivamente pagas entram na base, mas também as devidas ou creditadas. Com isso, nenhuma empresa poderá deixar de pagar contribuições previdenciárias, alegando que não remunerou seus empregados.

A partir do momento em que há a prestação do serviço, tendo-se remuneração devida, há o fato gerador. O que interessa é o crédito jurídico, não necessariamente o efetivo pagamento.

Mas, se assim é, qual a razão de mencionar a lei as remunerações pagas? Ora, se, quando devido o estipêndio, já existe o fato gerador, não haveria razão para os valores pagos figurarem na lei. Mas a razão é simples: o fato gerador da contribuição também segue o regime de caixa, isto é, há a materialização da hipótese de incidência tanto com o crédito jurídico (remuneração devida), como também em adiantamentos, antes mesmo de o trabalho ser realizado.

Essa lógica não é aplicável à gratificação natalina, pois a legislação é expressa, ao prever sua incidência somente em 20 de dezembro, salvo rescisão durante o ano ou quando se tratar de trabalhador avulso. O mesmo vale para o valor de férias, que somente sofrem incidência no mês a que se referirem. Para as demais situações, deve-se entender como disposto no parágrafo anterior, sob pena de negar vigência a dispositivo de lei, considerando-o inútil.

O modo da remuneração pode ser qualquer um, inclusive as gorjetas, os ganhos habituais sob a forma de utilidades e os adiantamentos decorrentes de reajuste salarial, quer pelos serviços efetivamente prestados, quer pelo tempo à disposição do empregador ou tomador de serviços, nos termos da lei ou do contrato ou, ainda, de convenção ou acordo coletivo de trabalho ou sentença normativa.

Os valores decorrentes de remuneração obtida em reclamatória trabalhista, acordo ou sentença, também compõem o fato gerador desta contribuição. Nessas situações, a obrigação previdenciária, na visão predominante da Justiça do Trabalho, surge com a decisão judicial, contando-

-se a partir daí o prazo decadencial para a cobrança do crédito. Todavia, o art. 43, § 2º, da Lei nº 8.212/91, expressamente prevê que o fato gerador ocorre com a prestação do serviço.

Ao contrário da contribuição dos segurados, a qual incide sobre o salário de contribuição, a cota patronal incide sobre a remuneração. Isso é fundamental pelo seguinte: a base de incidência da contribuição patronal não possui limite máximo, como a dos segurados. Embora a composição da base-de-cálculo siga, rigorosamente, a mesma sistemática, a base imponível das empresas não é submetida a qualquer limite.

Logo, se um empregado, por exemplo, recebe remuneração de R$ 8.000,00, sua contribuição, na condição de segurado empregado, será de 11% sobre o teto, enquanto a contribuição da empresa será de 20% sobre o total, ou seja, 20% de R$ 8.000,00.

No aspecto estritamente previdenciário, a Lei nº 12.546/11 altera a sistemática de tributação de algumas atividades no que diz respeito à contribuição previdenciária patronal, sobre a folha de pagamento, como prevista no art. 195, I, "a" da Constituição e disciplinada, em especial, pelo art. 22 da Lei nº 8.212/91. De acordo com o art. 7º da Lei nº 12.546/11, as empresas que prestam, exclusivamente, os serviços de tecnologia da informação – TI e tecnologia da informação e comunicação – TIC, na forma da Lei nº 11.774/08, passam a não mais contribuir com os 20% sobre a remuneração de empregados, avulsos e individuais (art. 22, I e III, da Lei nº 8.212/91), mas, ao revés, tem um aumento de 2,5% de COFINS. A benesse, em tese, é provisória.

3.2. A Contribuição Incidente sobre as Remunerações de Contribuintes Individuais

Essa contribuição é de 20% sobre o total das remunerações pagas ou creditadas a qualquer título, no decorrer do mês, aos segurados contribuintes individuais que lhe prestem serviços, salvo quando objeto de substituição, na forma da Lei nº 12.546/11.

Essa regra aplica-se a qualquer pessoa física que preste serviço à empresa sem vínculo empregatício ou sem a condição de segurado avulso. Por isso, a contratação de serviços eventuais de pessoa física não exclui a contribuição da empresa para a Previdência Social.

A diferença existente entre estas categorias, atualmente, é a cobrança do SAT, que é devido sobre as remunerações de empregados e avulsos, mas indevida em relação aos contribuintes individuais (os segurados contribuintes individuais não possuem direito a benefícios acidentários).

Assim como no caso anterior, a contribuição da empresa não possui limite máximo – incide sobre a totalidade das remunerações de seus contribuintes individuais.

Para os contribuintes individuais empresários, o lucro distribuído está fora da base de cálculo, já que este é retribuição do capital e não decorrente diretamente do seu labor. Obviamente, se há pagamento de lucros sem origem comprovada, tem-se remuneração disfarçada, que será considerada como base de cálculo.

No pagamento de lucros, ainda que a título de antecipação, a empresa deverá comprovar a origem desse ou, pelo menos, a real probabilidade de serem realizados, dentro do exercício em andamento, por meio de algum documento ou registro contábil. O mero pagamento de valores fixos por mês, a título de antecipação de lucros, sem a menor base contábil é, em verdade, remuneração, sendo integrada à base de cálculo da contribuição da empresa e do segurado.

3.3. O Adicional das Instituições Financeiras

Determina a lei que bancos comerciais, bancos de investimentos, bancos de desenvolvimento, caixas econômicas, sociedades de crédito, financiamento e investimento, sociedades de crédito imobiliário, sociedades corretoras, distribuidoras de títulos e valores mobiliários, empresas de arrendamento mercantil, cooperativas de crédito, empresas de seguros privados e de capitalização, agentes autônomos de seguros privados e de crédito e entidades de previdência privada abertas e fechadas, além das contribuições básicas, devem a contribuição adicional de 2,5% sobre a mesma base de cálculo (art. 22, § 1º, da Lei nº 8.212/91, com a redação dada pela Lei nº 9.876/99).

Tal acréscimo visa a atender ao princípio da isonomia, pois essas entidades, como regra, têm atividade altamente informatizada, reduzindo ao máximo a mão de obra empregada, o que traz como consequência a redução da arrecadação previdenciária em detrimento de outros segmentos econômicos.

Buscando reduzir tal desigualdade, o legislador optou por cobrar adicional dessas empresas, que, em vez de pagarem a alíquota básica de 20%, devem utilizar-se de alíquota equivalente a 22,5%. Essa alíquota distinta incide sobre os pagamentos a todos os segurados, isto é, sobre as remunerações de empregados, avulsos e contribuintes individuais. O SAT e seu adicional são pagos pela regra geral, assim como a contribuição sobre a nota fiscal ou fatura emitidas por cooperativa de trabalho.

Contudo, não se pode afirmar que todas as entidades financeiras devam pagar esse acréscimo. Em virtude da legalidade estrita, não é possível aplicar-se a analogia para a cobrança da contribuição adicional a outras instituições financeiras não relacionadas na lei. Assim, somente figurarão como sujeito passivo do acréscimo de 2,5% as entidades supracitadas. A relação é exaustiva.

Hoje, a Constituição, de modo expresso, traz a possibilidade de alteração de alíquotas, em virtude da atividade econômica desenvolvida pela empresa, de modo a reduzir as desigualdades no custeio previdenciário (art. 195, § 9º, da CRFB/88, inserido pela EC nº 20/98).

3.4. A desoneração da Folha de Salários

Como exposto anteriormente, a Constituição, na forma do art. 195, §13, ainda que de forma errática, permite a substituição da contribuição sobre a folha de salários por meio de incremento da COFINS, como forma de estímulo à economia.

O tema tem início, de forma incipiente, com a edição da Medida Provisória nº 428, de 12 de maio de 2008, posteriormente convertida na Lei nº 11.774/08. A contribuição sobre a remuneração de empregados, avulsos e contribuintes individuais, prevista no art. 22, I e III, da Lei nº 8.212/91, normalmente fixada em 20%, sofreria reduções para empresas que prestam serviços de tecnologia da informação – TI e de tecnologia da informação e comunicação – TIC.

Diz a lei que a redução será obtida mediante a *subtração de um décimo do percentual correspondente à razão entre a receita bruta de venda de serviços para o mercado externo e a receita bruta total de vendas de bens e serviços* (art. 14, *caput*).

A ideia era a seguinte: para cada 10% da receita total que seja destinada à exportação, reduz-se 1% da contribuição sobre a folha. Por exemplo, se uma empresa de TI, na sua receita total, tem, exatamente, 50% desta originária de exportação e a outra metade oriunda do mercado interno, terá a contribuição sobre a folha reduzida para 15% (50% de receita global de exportação reduz em 5% a contribuição sobre a folha). Se uma empresa de TI dedica-se exclusivamente à exportação (100%), terá sua contribuição sobre a folha reduzida para 10%.

Nota-se que não se tratava, propriamente, de substituição de contribuições, mas mera redução como forma de estímulo à exportação. O novo formato de incidência ganha corpo com a edição da Medida Provisória nº 540, de 2 de agosto de 2011, convertida na Lei nº 12.546/2011.

Aqui há algumas mudanças no esquema supracitado, ainda que temporárias. No aspecto estritamente previdenciário, a Lei nº 12.546/2011 efetivamente altera a sistemática de tributação de algumas atividades no que diz respeito à contribuição previdenciária patronal, sobre a folha de pagamento, como prevista no art. 195, I, "a" da Constituição e disciplinada, em especial, pelo art. 22 da Lei nº 8.212/91. De acordo com o art. 7º da Lei nº 12.546/2011, as empresas que prestam, exclusivamente, os serviços de tecnologia da informação – TI e tecnologia da informação e comunicação – TIC, na forma da Lei nº 11.774/2008, passam a não mais contribuir com os 20% sobre a remuneração de empregados, avulsos e individuais (art. 22, I e III, da Lei nº 8.212/91), mas, ao revés, tem um aumento de 2,5% de COFINS. A benesse foi prevista até 31 de dezembro de 2014.

A redução da contribuição sobre a folha de pagamento até então prevista, na forma do art. 14 da Lei nº 11.774/2008, fica suspensa. Sem embargo, a nova disciplina é, em regra, mais vantajosa, pois não restringe a benesse a empresas de TI e TIC que atuem para o mercado externo, além de finalizar, ainda que provisoriamente, com a maior parte da cota patronal previdenciária, impondo pequeno aumento da COFINS.

3.5. A Contribuição para Cobertura de Riscos Ambientais do Trabalho (SAT/RAT)

A Constituição assegura aos trabalhadores *"seguro contra acidentes de trabalho, a cargo do empregador, sem excluir a indenização a que este está obrigado, quando incorrer em dolo ou culpa"* (art. 7º, XXVIII, da CRFB/88).

O seguro de acidentes do trabalho dentro da Previdência Social atende à teoria do *risco social*, pois se todos se beneficiam do trabalho alheio, os segurados em geral devem participar do custeio de um sistema solidário de financiamento, mais seguro e efetivo do que a ideia anterior do *risco profissional*, no qual a responsabilidade era, unicamente, do respectivo empregador. Ainda que de ordem objetiva, a responsabilidade limitada ao empregador do acidentado deixava o empregado em situações difíceis, especialmente quando da insolvência financeira do responsável.

A lei define o acidente de trabalho como o que ocorre pelo exercício do trabalho a serviço da empresa ou pelo exercício do trabalho dos segurados especiais, provocando lesão corporal ou perturbação funcional que cause a morte ou a perda ou redução, permanente ou temporária, da capacidade para o trabalho (art. 19 da Lei nº 8.213/91).

3.5.1. Beneficiários do SAT

Em princípio, a garantia desse seguro é restrita ao empregado, já que o texto constitucional se refere a empregador. Contudo, há norma no sentido de igualdade de direitos entre o trabalhador com vínculo empregatício permanente e o trabalhador avulso (art. 7º, XXXIV, da CRFB/88).

Assim, são abrangidos pelo SAT os segurados empregados e avulsos, além do segurado especial, expressamente previsto na Lei nº 8.213/91. Alguma dúvida ainda surge em relação a uma espécie de contribuinte individual, que é o médico residente. Esta figura era incluída como beneficiário do SAT, em virtude da Lei nº 6.932/81, com a redação dada pela Lei nº 8.138/90, que assegura os direitos previdenciários, bem como os decorrentes de acidentes de trabalho (art. 4º, § 5º).

Como a Lei nº 8.213/91, que passou a tratar por completo da matéria, não mais menciona o médico residente como beneficiário do SAT, há aí revogação tácita desse direito, pois o mesmo é contribuinte individual. Todavia, como os benefícios comuns e acidentários atualmente gozam da mesma sistemática de cálculo, o assunto perde importância, restando poucas diferenças, como a estabilidade provisória do acidentado (art. 118 da Lei nº 8.213/91), que é restrita ao empregado.

Embora os demais segurados sejam excluídos do seguro de acidentes de trabalho, não assiste razão aos que afirmam estarem tais segurados desprotegidos no acontecimento de algum sinistro no exercício de sua atividade.

Para a doméstica, o direito a prestações acidentárias surge com o advento da Emenda Constitucional nº 72/13, a qual estende a essa categoria a cobertura acidentária, por conta do empregador, na forma do art. 7º, XXVIII. De toda forma, é interessante ressaltar que a forma de cálculo e o valor do benefício comum são idênticos ao benefício decorrente de acidente de trabalho, sendo a principal distinção referente à estabilidade no emprego, que passa a existir para a doméstica.[56]

---

[56] "O segurado que sofreu acidente do trabalho tem garantida, pelo prazo mínimo de doze meses, a manutenção do seu contrato de trabalho na empresa, após a cessação do auxílio-doença acidentário, independentemente de percepção de auxílio-acidente" (art. 118 da Lei

3.5.2. A Contribuição Básica e para o Custeio da Aposentadoria Especial
A parcela básica do SAT/RAT

A contribuição para o SAT/RAT insere-se na previsão genérica do art. 195, I, *a*, da Constituição, que trata do custeio dos benefícios concedidos pelo RGPS (art. 167, XI, da CRFB/88), o que, evidentemente, inclui as prestações acidentárias. Por isso, sobre a remuneração de empregados e avulsos, além da cotização básica das empresas de 20%, essas ainda vertem ao sistema um acréscimo de 1, 2 ou 3% a título de custeio do seguro de acidentes do trabalho.

Já a cotização dos segurados especiais, assim como a contribuição básica, incide sobre a receita bruta da comercialização da produção rural, na alíquota de 0,1%. Para estes segurados, a base de contribuição é diferenciada, a alíquota é única, e é o próprio segurado que arca com a contribuição (ainda que outro possa ser o responsável pelo recolhimento). Na regra geral, a contribuição para o SAT referente a empregados e avulsos tem como base a remuneração desses segurados, a alíquota é variável, e é a empresa que figura no polo passivo da relação obrigacional (para empresas rurais, o SAT também é em regra calculado com alíquota única e incidindo sobre a receita da produção).

Atualmente, a lei não menciona benefícios do SAT, mas sim os benefícios concedidos em razão do grau de incidência de incapacidade laborativa, decorrente dos riscos ambientais do trabalho. A nova denominação, muito mais abrangente, será melhor explicada adiante.

Esta contribuição incide, como dito, sobre o total das remunerações pagas ou creditadas, no decorrer do mês, aos segurados empregados e trabalhadores avulsos, sendo as alíquotas (art. 22, II, da Lei nº 8.212/91):

a) *1% para as empresas em cuja atividade preponderante o risco de acidentes do trabalho seja considerado leve;*

b) *2% para as empresas em cuja atividade preponderante esse risco seja considerado médio;*

c) *3% para as empresas em cuja atividade preponderante esse risco seja considerado grave.*

---

nº 8.213/91). Adicionalmente, pode-se dizer também que o benefício acidentário sempre dispensará carência (ao contrário do comum, que dependerá do caso concreto), e é de competência da Justiça Estadual, ao contrário das lides que envolvam benefícios comuns, que são de competência da Justiça Federal. Tais questões são tratadas em capítulos específicos.

Apesar de a lei não mencionar as remunerações devidas como fato gerador dessa contribuição, expressando somente os valores pagos ou creditados, não há razão para a exclusão daqueles valores. Cabe ao aplicador da lei, ao compor a norma jurídica a partir do texto legal, conjugar mandamentos existentes em distintos segmentos da figura literal legislativa (a lei), que é mero meio de veiculação da norma jurídica (quase sempre imperfeito, e daí a importância da hermenêutica jurídica).

A lei não traz definição expressa da atividade preponderante, lacuna preenchida pelo Regulamento da Previdência Social, aprovado pelo Decreto nº 3.048/99, o qual define como preponderante a atividade que ocupa, na empresa, o maior número de segurados empregados e trabalhadores avulsos (art. 202, § 3º, do RPS).

Após a identificação da atividade preponderante, a empresa deve consultar a Relação de Atividades Preponderantes e correspondentes Graus de Risco, prevista no Anexo V do Regulamento da Previdência Social, o qual correlaciona a atividade econômica preponderante da empresa e os respectivos riscos de acidentes do trabalho.

A classificação dos graus de risco por atividade econômica é feita com base em estatísticas do Ministério da Previdência Social, carecendo as empresas de legitimidade para demandar, em juízo a reavaliação pericial de sua empresa em particular.[57] Em verdade, como se verá, a avaliação individual, por empresa, será feita por meio do FAP – Fator Acidentário de Prevenção.

A contribuição ao SAT, assim como as demais contribuições sociais, são lançadas por homologação, cabendo ao sujeito passivo quantificar o valor devido e efetuar o recolhimento. Por isso é responsabilidade da empresa identificar corretamente sua atividade preponderante e localizar sua alíquota de contribuição.

O enquadramento é feito, levando em consideração todos os estabelecimentos da empresa, de modo que a alíquota SAT será única. Se, por exemplo, há um único estabelecimento com risco grave, tendo 500 empregados, e outros 5 estabelecimentos com risco leve, tendo 50 empregados cada, a alíquota SAT será de 3% incidente sobre a remuneração de todos os 750 empregados.

---

[57] Cf. REsp 1.000.302-RS, Rel. Min. Castro Meira, julgado em 12/05/09.

É importante observar que a contribuição para o SAT é obrigação exclusiva da empresa, não do segurado. A cobrança desses valores, sob hipótese alguma, poderá ser repassada ao beneficiário do seguro.

A falta de definição legal do conceito de atividade preponderante tem trazido diversos questionamentos quanto à validade desta exação, pois, para alguns, estaria configurada violação ao princípio da legalidade estrita (art. 150, I, da CRFB/88), pelo qual a definição completa da hipótese de incidência deve constar de lei.

De fato, não é admissível que a lei venha somente determinar a criação de algum tributo ou contribuição, sem definir seus aspectos pessoal, temporal, espacial e material, ainda que implicitamente. Em especial, o último aspecto, de natureza material, que traduz o próprio fato gerador da imposição exacional.

Uma lei que venha, singelamente, determinar a instituição de uma contribuição qualquer, sem a definição de sua regra de incidência, não está instituindo coisa alguma, mas sim delegando, de modo indevido, essa atribuição ao Poder Executivo, o qual certamente iria regulamentar essa lei hipotética ao seu bel-prazer, configurando a hipótese de incidência como bem lhe conviesse.

Por outro lado, não obstante a segurança jurídica que deve ser proporcionada pelo princípio da legalidade estrita, excepcionalmente, o Direito aceita conceitos indeterminados e cláusulas abertas, os quais carecem de preenchimento, no caso, pelo Poder Executivo. Tais normas são aceitas inclusive no Direito Penal, ramo do Direito também submetido ao rigor da legalidade estrita.

Seria totalmente irreal supor que o legislador teria condições de analisar todas as atividades econômicas existentes no País, verificando os riscos de acidente do trabalho em cada uma delas e ainda definindo, para aquelas que exercem várias atividades, qual seria a preponderante.

No entanto, o STJ acabou por manter seu entendimento, no sentido do enquadramento por estabelecimento, ao contrário do previsto no RPS. Para este fim, editou a Súmula nº 351, que expressa este pensamento, muito embora em redação imprecisa.[58]

---

[58] A alíquota de contribuição para o Seguro de Acidente do Trabalho – SAT é aferida pelo grau de risco desenvolvido em cada empresa, individualizada pelo seu CNPJ, ou pelo grau de risco da atividade preponderante quando houver apenas um registro.

Pelo texto da súmula, parece que a decisão foi favorável ao enquadramento por empresa, mas o Tribunal parece ter utilizado a palavra *empresa* na concepção empresarial tradicional, ou seja, como atividade econômica, individualizável por estabelecimento (unidade produtiva), e não a concepção previdenciária de empresa. De qualquer forma, deixa claro que se os estabelecimentos (chamados de *empresa*) não possuírem CNPJ, por óbvio, o enquadramento será único.

Essa visão jurisprudencial também afetará muito negativamente o funcionamento do Fator Acidentário de Prevenção – FAP, pois esse almeja a quantificação da sinistralidade individual, por empresa, dentro de avaliações específicas de frequência, gravidade e custo, como se verá. Se a alíquota básica do SAT variar de um estabelecimento para outro, a sistemática do FAP resta caduca, pois o enquadramento estatístico é feito com base em avaliações por grupo de atividade econômica ao qual a empresa pertence. Se uma mesma empresa pertencer a vários grupamentos econômicos, com índices de sinistralidade diferentes, como pretende o STJ, torna-se inviável o cálculo individualizado do FAP, pois as premissas de comparação se perdem.

Dessa forma, é acertada a disciplina do RPS, ao fixar o enquadramento único por empresa, sob pena de corromper-se toda a lógica do sistema estatístico desenvolvido pelas Nações Unidas, que é adotado no Brasil por meio da Classificação Nacional de Atividades Econômicas – CNAE.

É importante notar que a tabela CNAE, com os graus de risco de cada atividade profissional, foi revista e atualizada pelo Decreto nº 6.042/07, que alterou, na maioria das atividades, o enquadramento de risco para baixo, elevando algumas outras, como os bancos comerciais, que passaram a ter enquadramento de risco grave, já que, atualmente, geram benefícios em frequência muito superior às demais atividades, incluindo indústrias. A nova tabela, com novos enquadramentos de risco, é válida a partir de julho de 2007 (art. 5º, II, do Decreto nº 6.042/07).

3.5.3. O Fator Acidentário de Prevenção – FAP

A cobrança do SAT, de acordo com os riscos leve, médio ou grave, parte, naturalmente, de médias apuradas pelo Ministério da Previdência Social de acordo com as atividades desenvolvidas. Como visto no item anterior, o novo enquadramento das atividades econômicas, por meio da reformulação da tabela CNAE, foi resultado dessa avaliação periódica, mas agora com a utilização da CID10, que é a nova classificação internacional de doenças, permitindo a avaliação de virtualmente todas as incapacidades registradas (muitas doenças ocupacionais não eram notificadas por comunicação de acidente do trabalho – CAT, o que desvirtuava a distribuição do risco acidentário entre atividades econômicas).

Não obstante, é sabido que muitas empresas, apesar de realizarem atividades *a priori* de elevado risco de acidentes, possuem baixos índices em razão de pesados investimentos em treinamento e prevenção. Por isso, o mais razoável seria a possibilidade de cobrança reduzida de tais empresas, em razão de seus cuidados constantes com a saúde e integridade física do trabalhador. Ao revés, aquelas que possuam índice de acidentes acima do percentual médio da atividade econômica desenvolvida deveriam arcar com parcela maior do custeio, em razão do potencial desequilíbrio atuarial e financeiro que possam provocar no sistema.

Ou seja, o nexo técnico epidemiológico previdenciário – NTEP, com a utilização da CID10 ao invés da CAT, permitiu a reavaliação macro das atividades econômicas, expondo claramente aquelas que produzem maior índice de sinistralidade. Agora, cabe uma análise micro, não mais por atividade econômica, mas sim para cada empresa dentro dessa atividade. A equidade no custeio deve ser alcançada nestes dois níveis.

A Lei nº 10.666, de 08 de maio de 2003, teve esta intenção, ao prever que:

> *"a alíquota de contribuição de um, dois ou três por cento, destinada ao financiamento do benefício de aposentadoria especial ou daqueles concedidos em razão do grau de incidência de incapacidade laborativa decorrente dos riscos ambientais do trabalho, poderá ser reduzida, em até cinquenta por cento, ou aumentada, em até cem por cento, conforme dispuser o regulamento, em razão do desempenho da empresa em relação à respectiva atividade econômica, apurado em conformidade com os resultados obtidos a partir dos índices de frequência, gravidade e custo, calculados segundo metodologia aprovada pelo Conselho Nacional de Previdência Social"* (art. 10).

De acordo com a citada lei, agora o Poder Executivo poderá até aumentar o SAT, caso a empresa não venha a atender às expectativas de investimentos em prevenção e controle de acidentes de trabalho. Dessa forma, ao invés da redução somente, é cabível também aumento do SAT para os que não tomam as medidas cabíveis em matéria de medicina e segurança do trabalho. Assim, as alíquotas SAT de 1, 2 ou 3% poderão ser aumentadas em até 2, 4 ou 6%, respectivamente. Tudo dentro de uma respectiva empresa.

A possibilidade de redução ou aumento do SAT não é novidade, pois a Lei nº 7.787/89 já possibilitava à empresa, cujo índice de acidente de trabalho fosse superior à média do respectivo segmento econômico, arcar com contribuição adicional de 0,9% a 1,8% para financiamento do respectivo seguro. Da mesma forma, a Lei nº 8.212/91 prevê a redução do SAT com o fim de estimular investimentos em prevenção de acidentes (art. 22, § 3º).

Tal possível incremento de alíquota em nada se confunde com a possibilidade legal do INSS propor, nos casos de negligência quanto às normas padrão de segurança e higiene do trabalho indicados para a proteção individual e coletiva, ação regressiva contra os responsáveis (art. 120 da Lei nº 8.213/91). O acréscimo do SAT somente visa a manter o equilíbrio financeiro e atuarial do sistema, sem produzir a fixação de pena ao sujeito passivo.

A delegação ao Poder Executivo é amplamente defensável pelo postulado da razoabilidade, pois não haveria condições de o Poder Legislativo apreciar questão de tamanha complexidade técnica. Naturalmente, os parâmetros administrativos deverão ser plausíveis e adequados, sob pena de nulidade. Sempre caberá ao Judiciário coibir regras arbitrárias e pouco coerentes.

De acordo com o art. 14 da Lei nº 10.666/03, o Poder Executivo regulamentaria a questão da redução ou incremento do SAT, em razão do desempenho da empresa em relação à respectiva atividade econômica, no prazo de 360 (trezentos e sessenta) dias. A regulamentação da matéria foi finalmente feita, com atraso, pelo Decreto nº 6.042/07, inserindo o art. 202-A no RPS, e fixando que a variação da alíquota SAT básica será feita a partir do Fator Acidentário de Prevenção – FAP, e, posteriormente, aperfeiçoada pelo Decreto nº 6.957/09.

O tema foi ainda objeto de regulamentação pela Resolução MPS/CNPS nº 1.269, de 15 de fevereiro de 2006, a qual se referia ao FAP como *Fator Acidentário Previdenciário*. Foi posteriormente substituída pela Resolução MPS/CNPS nº 1.308/09, aperfeiçoando a metodologia de cálculo do FAP, nos termos já expostos, e alterando sua terminologia para *Fator Acidentário de Prevenção*. Em seguida, a metodologia foi novamente alterada pela Resolução MPS/CNPS nº 1.316, de 31 de maio de 2010.

A previsão legal é razoável em virtude da evidente relevância do assunto e grande urgência na obtenção de soluções adequadas. Milhares de trabalhadores brasileiros estão sendo mortos ou mutilados, em razão do pouco caso de seus empregadores. Além da efetiva fiscalização das condições ambientais do labor, deve o Estado utilizar-se de todos os meios a seu dispor, inclusive um dos mais eficientes: o aumento da imposição previdenciária.

Naturalmente, qualquer alteração de enquadramento do SAT que resulte em aumento da contribuição somente poderá ter eficácia após 90 (noventa) dias, a contar da data de sua publicação, em obediência à anterioridade nonagesimal (art. 195, § 4º, da CRFB/88).

O FAP consiste num multiplicador variável num intervalo contínuo de cinco décimos (0,5000) a dois inteiros (2,0000), aplicado com quatro casas decimais, considerado o critério de arredondamento na quarta casa decimal, a ser aplicado à respectiva alíquota. A variação é feita de acordo com índices de frequência, gravidade e custo, como se verá. Ou seja, pode aumentar ou reduzir o SAT básico, de acordo com as condições efetivas de cada empresa. Esse índice não é aplicado sobre o eventual *adicional de SAT*, a ser visto *infra*.

A nova sistemática não implica mudança do enquadramento do SAT básico, mas sim a *variação* desse percentual (redução de até 50% ou aumento de até 100% – daí o FAP variar de 0,50 a 2,00). Por exemplo, imaginemos a atividade de bancos comerciais, que se enquadram no código 6421-2/00 da tabela CNAE, ou seja, tem SAT de 3%. O Banco Delta, por ter FAP de 1,35 terá SAT final de 4,05 % (3 x 1,35). O Banco Ômega, por ter FAP 0,83 terá SAT 2,55 % (3 x 0,85). O SAT básico, como visto no item anterior, ainda é enquadrado de acordo com a atividade econômica preponderante da empresa.

De acordo com o RPS, em sua nova redação (art. 202-A, § 4º), dada pelo Decreto nº 6.957/09, os índices de frequência, gravidade e custo serão calculados segundo metodologia aprovada pelo Conselho Nacional de Previdência Social, levando-se em conta:

> *I – para o índice de frequência, os registros de acidentes e doenças do trabalho informados ao INSS por meio de Comunicação de Acidente do Trabalho – CAT e de benefícios acidentários estabelecidos por nexos técnicos pela perícia médica do INSS, ainda que sem CAT a eles vinculados;*
>
> *II – para o índice de gravidade, todos os casos de auxílio-doença, auxílio-acidente, aposentadoria por invalidez e pensão por morte, todos de natureza acidentária, aos quais são atribuídos pesos diferentes em razão da gravidade da ocorrência, como segue: a) pensão por morte: peso de cinquenta por cento; b) aposentadoria por invalidez: peso de trinta por cento; e c) auxílio-doença e auxílio-acidente: peso de dez por cento para cada um;*

III – para o índice de custo, os valores dos benefícios de natureza acidentária pagos ou devidos pela Previdência Social, apurados da seguinte forma: a) nos casos de auxílio--doença, com base no tempo de afastamento do trabalhador, em meses e fração de mês; e b) nos casos de morte ou de invalidez, parcial ou total, mediante projeção da expectativa de sobrevida do segurado, na data de início do benefício, a partir da tábua de mortalidade construída pela Fundação Instituto Brasileiro de Geografia e Estatística – IBGE para toda a população brasileira, considerando-se a média nacional única para ambos os sexos.

Resumidamente, o que se faz é o seguinte: o FAP será fixado a partir da quantificação dos benefícios acidentários gerados na empresa, mas não somente nos números de benefícios concedidos (*frequência*), mas também na duração desses benefícios, já que quanto mais extensos, maior o gasto do sistema (*gravidade*), com atribuição de pesos diferenciados para situações mais gravosas, e também o valor destes benefícios, pois se o acidentado tinha um salário de benefício elevado, maior será a renda mensal e, portanto, maior o gasto do sistema previdenciário (*custo*).

É interessante observar que, para fins de frequência, a Lei nº 11.430/06, ao acrescentar o art. 21-A à Lei nº 8.213/91, tem influência direta neste cálculo, pois permite a fixação da doença como decorrente do trabalho, a partir da vinculação de determinadas patologias a certas atividades econômicas. É o conhecido *nexo técnico epidemiológico previdenciário* – NTEP, como visto anteriormente. Ou seja, o NTEP, além de permitir o reconhecimento automático de determinadas incapacidades como acidentárias, traz como consequência a elevação do FAP, em razão da piora dos índices de frequência.

Nos termos do art. 202-A, § 5º, o Ministério da Previdência Social:

"(...) publicará anualmente, sempre no mesmo mês, no Diário Oficial da União, os róis dos percentis de frequência, gravidade e custo por Subclasse da Classificação Nacional de Atividades Econômicas – CNAE e divulgará na rede mundial de computadores o FAP de cada empresa, com as respectivas ordens de frequência, gravidade, custo e demais elementos que possibilitem a esta verificar o respectivo desempenho dentro da sua CNAE-Subclasse."

Ademais, o eventual incremento de alíquota deverá, necessariamente, observar a noventena do art. 195, § 6º, da Constituição. Acredito que esse interregno somente deva ser respeitado na hipótese de FAP maior que a unidade, pois somente aí haveria aumento de contribuição.

De acordo com a nova redação dada pelo Decreto nº 6.957/09, para o cálculo anual do FAP, serão utilizados os dados de janeiro a dezembro de cada ano, até completar o período de dois anos, a partir do qual os dados do ano inicial serão substituídos pelos novos dados anuais incorporados, produzindo, assim, renovação constante dos dados. Para a empresa constituída após janeiro de 2007, o FAP será calculado a partir de 1º de janeiro do ano seguinte ao que completar dois anos de constituição. Até então, submeter-se-á às alíquotas de 1, 2 ou 3% sem aplicação do FAP. De modo a permitir a inclusão rápida do FAP no custeio, excepcionalmente, no primeiro processamento do FAP, serão utilizados os dados de abril de 2007 a dezembro de 2008.

De acordo com a Resolução CNPS nº 1.309/09, é criada, também, a taxa de rotatividade para a aplicação do Fator Acidentário de Prevenção – FAP, o que implica, basicamente, que, após a obtenção do índice do FAP, não será concedida a bonificação para as empresas cuja taxa média de rotatividade for superior a setenta e cinco por cento. Para tanto, *a taxa média de rotatividade do CNPJ consiste na média aritmética resultante das taxas de rotatividade verificadas anualmente na empresa, considerando o período total de dois anos, sendo que a taxa de rotatividade anual é a razão entre o número de admissões ou de rescisões (considerando-se sempre o menor), sobre o número de vínculos na empresa no início de cada ano de apuração, excluídas as admissões que representarem apenas crescimento e as rescisões que representarem diminuição do número de trabalhadores do respectivo CNPJ (item 3.3 da Resolução). A ideia desta inclusão é evitar que as empresas que mantêm por mais tempo os seus trabalhadores sejam prejudicadas por assumirem toda a acidentalidade.*

Dessa forma, tenta-se evitar eventual burla à sistemática do FAP, pois as empresas poderiam trocar seus empregados com mais frequência, visando a reduzir seus índices de sinistralidade, especialmente ao rescindir o contrato de emprego de segurados já com alguma redução laborativa. Por isso, *as empresas que apresentam taxa média de rotatividade acima de setenta e cinco por cento não poderão receber redução de alíquota do FAP, salvo se comprovarem que tenham sido observadas as normas de Saúde e Segurança do Trabalho em caso de demissões voluntárias ou término de obra* (item 3.7).

A eficácia dessa nova regra fora inicialmente fixada em setembro de 2007, com base no art. 5º do Decreto nº 6.042/07, pela qual o FAP somente seria aplicável na quantificação do SAT a partir de janeiro de 2008. A partir daí, sempre no mês de setembro, a Previdência Social informaria o novo FAP para o ano seguinte, por empresa.

No entanto, devido ao desconhecimento generalizado desta inovação e mesmo aos questionamentos sobre a metodologia de cálculo, o Ministério da Previdência Social acabou por fixar o início do FAP para 2009, com base no Decreto nº 6.257/07, que estabelecia a publicação do mesmo em setembro de 2008, produzindo efeitos a partir de janeiro de 2009. Surpreendentemente, houve novo adiamento com o Decreto nº 6.577/08, ficando o FAP novamente adiado, desta vez para 2010. O tema foi também disciplinado pela Portaria Interministerial MPS/MF nº 254, de 24 de setembro de 2009, a qual dispõe sobre a publicação dos índices de frequência, gravidade e custo, por atividade econômica, considerados para o cálculo do Fator Acidentário de Prevenção – FAP, permitindo às empresas observarem sua situação dentro do grupamento econômico.

3.5.4. Os Aspectos Controvertidos do SAT/RAT/FAP

Em tese, como exposto no desenvolvimento do tema e em todas as edições anteriores dessa obra, sempre fui favorável à delegação legal ao Executivo para a regulamentação da matéria. Nesse aspecto, a decisão do STF, autorizando o aludido encargo, foi irretorquível. Todavia, nos últimos anos, tanto no SAT quando no FAP, tem-se notado um verdadeiro abuso de confiança por parte do Executivo, o qual tem, de maneira irresponsável e injustificada, adulterado as premissas do modelo.

Com o pretexto de aprimorar o mecanismo, as Resoluções nº. 1.308/09 e 1.309/09, combinadas com o Decreto nº. 6.957/09 produziram incremento generalizado das alíquotas, aliado a uma revisão da tabela CNAE também com aumento geral de alíquotas. Em seguida, a metodologia foi novamente alterada pela Resolução CNPS nº 1.316, de 31 de maio de 2010.

A delegação da Lei nº. 10.666/03 ao Poder Executivo para disciplinar o funcionamento do mecanismo – razoável pelas complexidades técnicas da matéria e a necessária avaliação estatística, de forma continuada – serviram, infelizmente, para prejudicar a ferramenta e atender interesses alheios à saúde e segurança do trabalhador.[59]

---

[59] Nesse sentido, é emblemática a forte crítica do criador do FAP, ao comentar a nova sistemática: *Diga-se de passagem, essa nova versão não recebeu absolutamente nenhuma contribuição da minha parte, pois foi elaborada e conduzida pelo Departamento de Saúde Ocupacional do MPS, ao longo de 2009, em parceria com o Instituto de Psicologia da UnB, mediante convênio para, exatamente, "aprimorar" o método. Coloco aspas no "aprimorar", pois em verdade, como à frente discuto, houve uma deterioração técnica e científica desses instrumentos, uma vez que muitas de suas definições metodológicas*

Não se deve, com toda a certeza, ignorar o FAP como um dos melhores instrumentos de incentivo à melhoria do meio ambiente do trabalho o qual, portanto, deve ser robustecido e aprimorado.[60] Sem embargo, a disciplina atual, aliada à base de dados frágil, demanda revisões urgentes, sob pena de inviabilizar sua utilização de forma continuada.

O novo anexo V do RPS, com a redação dada pelo Decreto nº. 6.957/09, não teve qualquer fundamento ou justificativa, expondo flagrante arbitrariedade com finalidade unicamente arrecadatória, usando-se das liberdades legais na regulamentação para – sob pretexto de complexidade técnica – impor majoração pura e simples de alíquotas. Com isso, perde-se parte do estímulo à prevenção de acidentes.

Pessoalmente, mesmo antes do STF decidir o RE 343.446-SC, já havia me manifestado pela possibilidade e mesmo necessidade de delegação, ao Poder Executivo, da disciplina específica do custeio das prestações acidentárias, haja vista a complexidade técnica do tema e a expertise do Executivo na matéria. No entanto, o problema aqui é outro. Trata-se do abuso de confiança por parte da Administração, que derroga as regras vigentes sem qualquer justificativa. Em situações como essa, o dever de fundamentação é ainda maior, expondo à sociedade os motivos de tamanha modificação. Nada disso ocorreu.

Outro grave problema, além da alíquota básica do SAT/RAT, decorre da atual sistemática de cálculo do FAP, baseada em percentis, a qual ignora as variadas situações das empresas, com características muito diversificadas, além de grande parte das situações concretas, no período avaliado, não ter acidente algum, impondo, não raramente, incremento indevido de alíquota.[61]

---

simplesmente não são explicadas, foram, por assim dizer, sacadas do nada, com aquiescência dos trabalhadores e empresários que deliberaram na sessão plenária do CNPS, que votou as Resoluções nº. 1.308/09 e 1.309/09 (OLIVEIRA, Paulo Rogério Albuquerque de. *Nexo Técnico Epidemiológico Previdenciário – NTEP, Fator Acidentário de Prevenção – FAP: um novo olhar sobre a saúde do trabalhador*. 2ª Ed. São Paulo: LTr, 2010, p. 125).

[60] No mesmo sentido, OLIVEIRA, Paulo Rogério Albuquerque de. *Nexo Técnico Epidemiológico Previdenciário – NTEP, Fator Acidentário de Prevenção – FAP*, op. cit., p. 127.

[61] Um reflexo do mecanismo de percentis, em prejuízo das empresas, foi a negativa de redução de alíquota – FAP 0,5 – para empresas sem qualquer acidente. Obviamente, não havendo qualquer infortúnio, as variáveis de freqüência, gravidade e custo são nulas e, por conseguinte, o FAP deveria ser o menor possível. com a divisão em percentis, isso não ocorre. O erro era tão flagrante que, nesse caso, foi corrigido pela Resolução CNPS nº. 1.316/10.

A categorização por percentis, conceitualmente, parte da premissa da divisão em determinado universo em partes iguais, que é exatamente o que não ocorre no aglomerado de empresas em determinada atividade econômica, em especial pelo porte dos mais variados, aliado a uma dominância, em determinados setores, por pequenas empresas.

A identificação das distâncias relativas é justamente o que se busca no FAP. Mas, com o critério de percentis, é exatamente o que não se consegue.[62] A estrutura básica do fator foi desnaturada.

Para piorar, há, ainda, as dificuldades específicas da base de dados, com informações conflitantes e mesmo equivocadas. Não raramente, os elementos do Cadastro Nacional de Informações Sociais – CNIS padecem de vícios e equívocos, muitos dos quais gerados por erros de informação ou processamento.

Por natural, nenhuma base de dados é imune a erros, e o CNIS não seria exceção. O problema ocorre quando tais erros geram incremento de sinistralidade da empresa, com consequente majoração de contribuição, e a reavaliação demanda esforço elevado das empresas envolvidas, as quais, em regra, devem comparar empregado a empregado, acidente por acidente, de forma a identificar os vícios de informação porventura existentes.

É importante que a Receita Federal do Brasil, em conjunto com os demais órgãos envolvidos, traga as fontes de cálculo do FAP da maneira mais acessível possível, com possibilidade de recursos efetivos e com rápida avaliação, de forma a não macular esse importante instrumento de estímulo ao meio ambiente de trabalho salubre.

Além das questões citadas, há outros problemas na atual metodologia do FAP. Primeiramente, não é correta a contagem, na frequência de acidentes, das comunicações de acidente do trabalho – CAT sem benefício previdenciário, o qual, em regra, exige mais de 15 dias de afastamento. O acidente do trabalho é aquele que, além do nexo causal, traz a necessária incapacidade, temporária ou permanente, além do óbito. Nada impede, portanto, que haja um acidente com curto período de afastamento – sendo inclusive correta a comunicação – mas tal evento, em geral, não é relevante para o INSS e, por não gerar benefício, não deveria ser computado.

No mesmo contexto, erra o sistema ao inserir, na quantificação de acidentes, as prestações previdenciárias oriundas de sinistros *in itinere*, ou

[62] Cf. OLIVEIRA, Paulo Rogério Albuquerque de. *Uma Sistematização sobre a Saúde do Trabalhador. Do Exótico ao Esotérico*. São Paulo: LTr, 2011, p. 283.

seja, nos trajetos da residência para o trabalho e vice-versa. O empregador não possui, em regra, qualquer responsabilidade ou mesmo condição de interferir em tais eventos e, portanto, submetê-lo a sanções indiretas por sinistros provocados além muros – nessa hipótese – é absurdo.

A inclusão de tais situações acaba, em verdade, por criar efeito reverso no estímulo à prevenção acidentária, pois contabiliza evento fora do alcance dos empregadores. Para fins de comparação, a disciplina da União Europeia sobre acidentes do trabalho explicitamente exclui os acidentes *in itinere* da quantificação.[63]

Também os índices compostos do novo FAP, com variação de peso de 35, 50 e 15%, para fins de frequência, gravidade e custo do fator, não foram justificados, sendo, simplesmente, apresentados na nova regulamentação, demonstrando total falta de comprometimento com uma motivação mínima à sociedade do que ocorreu.

Outro ponto obscuro diz respeito ao cálculo em si do FAP. Sabe-se que para apurar o fator, há uma avaliação comparativa com as demais empresas do segmento econômico. Como tais informações não são prestadas, sob alegação de sigilo fiscal, qualquer reavaliação do FAP calculado, por parte da empresa interessada, será inviável. Na verdade, a defesa, hoje, limita-se a identificar erros na base de dados, mas sem enfrentar o âmago da questão, que é a fixação da empresa dentro do grupamento econômico.

A alegação de sigilo é descabida, pois não se está expondo o quanto determinada empresa deve ou pagou de contribuição social, mas somente exibindo o grau de sinistralidade daquele empreendimento. Tais informações, em geral, já são de conhecimento dos sindicatos, por exemplo, além dos segurados que, no trabalho diário, têm noticia dos acidentes e doenças provocados no dia-a-dia.

A questão do sigilo fiscal existe, desde sempre, como forma de proteger o sujeito passivo frente a exposições invasivas e mesmo vexatórias de sua condição fiscal, o que poderia prejudicar investimentos futuros, afastar clientes ou mesmo levar o negócio à falência. Nunca será finalidade de o sigilo fiscal omitir os números acidentários de determinada empresa, especialmente pelo potencial moralizador e incentivador na adequação do meio ambiente do trabalho.

---

[63] Cf. < http://www.hsa.ie/eng/Statistics/ESAW_Methodology.pdf>, p. 12. Consulta em 30/03/2012.Sobre o tema, ver também FERNÁNDEZ AVILÉS, José Antonio. *Op. cit*, p. 199.

3.5.5. O adicional ao SAT/RAT

Já a inovação existe em relação ao financiamento da aposentadoria especial (arts. 57 e 58 da Lei nº 8.213/91), o qual foi criado como adicional do SAT, por meio da Lei nº 9.732/98. O objetivo deste complemento é subsidiar o pagamento da aposentação dos segurados expostos a agentes nocivos.[64]

A exposição a agentes nocivos, desde que seja feita de forma permanente, dá direito à aposentação precoce, após 15, 20 ou 25 anos de trabalho, dependendo do agente nocivo ou da combinação de agentes a que está exposto o segurado.

Dentro do atual contexto previdenciário, o seguro de acidentes do trabalho – SAT tem sofrido consideráveis modificações. Não somente frente às prestações acidentárias, que praticamente seguem as mesmas regras de concessão e cálculo dos denominados *benefícios comuns*, mas principalmente devido aos constantes debates sobre o financiamento desse segmento protetivo.

O custeio do SAT trouxe maior perplexidade aos estudiosos com os adicionais criados pela Lei nº 9.732/98, com a finalidade de custeio da aposentadoria especial, concedida em razão de exposição permanente a agentes nocivos. Tal fonte suplementar de recursos foi também estendida a outras hipóteses pela Lei nº 10.666/03, que nada mais fez que aperfeiçoar o instrumento.

Esses adicionais geram dúvidas, pois não têm liame direto com o custeio clássico de prestações acidentárias, já que a atividade especial não produz, necessariamente, incapacidade laborativa. Sem embargo, o que se percebe claramente é que a Lei nº 9.732/98 consolidou o novo perfil do SAT, o qual começou a definir-se com a Medida Provisória nº 1.523-9/97,[65] que passou a cuidar não somente de benefícios decorrentes de acidentes

---

[64] O INSS tem se utilizado, em razão da criação deste adicional, das siglas RAT (risco de acidente do trabalho) ou GIILDRAT (grau de incidência de incapacidade laborativa decorrente dos riscos ambientais do trabalho). Tais denominações teriam a vantagem de externar a nova abrangência do SAT, incluindo o custeio básico e adicional. Tais modificações terminológicas, ainda que justificáveis tecnicamente, não são utilizadas nesta obra, pois acabam por tornar o assunto ainda mais hermético, excluindo uma sigla já utilizada por décadas em âmbito previdenciário.

[65] Cf. Donadon, João. *O benefício de Aposentadoria Especial aos Segurados do Regime Geral de Previdência Social que Trabalham Sujeitos a Agentes Nocivos* – Origem, Evolução e Perspectivas, p. 22. Disponível em <http://www.previdenciasocial.gov.br/docs/textosestudo02.pdf>. Acesso em 13/09/04.

do trabalho, mas de toda prestação originária de alguma espécie de risco de incapacidade laborativa em razão das condições ambientais do trabalho.

A nova feição legal dada ao SAT, alcançando genericamente os benefícios decorrentes dos riscos ambientais do trabalho, surgiu com a edição da Medida Provisória nº 1.523-9/97, convertida na Lei nº 9.528/97, que alterou a redação do inciso II do art. 22 da Lei nº 8.212/91. Contudo, o custeio respectivo somente foi modificado com a Lei nº 9.732/98. A alteração de 1997 ampliou o escopo de ação do SAT, deixando *a posteriori* alterações da cotização.[66]

Daí afirmar-se que, com o advento da Lei nº 9.732/98, o benefício da aposentadoria especial passou a contar com fonte adicional de recursos, na inteligência do novel § 6º inserido no art. 57 da Lei nº 8.213/91.[67]

É fundamental observar-se que a Lei nº 9.732/98 concluiu a nova formatação do SAT, pois este deixou de ser fonte exclusiva de custeio para os benefícios decorrentes de incapacidade laborativa, alcançando também atividades que exponham segurados a riscos ambientais do trabalho, os quais produzem prejuízos presumidos à higidez física e mental do trabalhador, possibilitando a aposentação precoce, após 15, 20 ou 25 anos, estando ligado ao agente nocivo a que está exposto o segurado.

O adicional ao SAT será de doze, nove ou seis pontos percentuais, conforme a atividade exercida pelo segurado a serviço da empresa permita a concessão de aposentadoria especial após 15, 20 ou 25 anos de contribuição, respectivamente (art. 57, § 6º, da Lei nº 8.213/91, com a redação dada pela Lei nº 9.732/98). Quanto menor o tempo de trabalho, maior o adicional, já que o gasto do sistema com a manutenção do benefício será maior. Por exemplo, atividade especial de 15 anos terá incidência do adicional de 12%.

---

[66] Segundo João Donadon, ao tratar do advento da Medida Provisória nº 1.523-9/97, "Note-se que não houve qualquer alteração dos percentuais devidos pelas empresas. Alterou-se tão somente a destinação dos recursos, talvez para preservar a receita do RGPS em eventual quebra do monopólio do INSS em relação ao SAT em favor da iniciativa privada, admitida no § 10 do art. 201 da CF na redação dada pela Emenda Constitucional 20/98". *Op.cit., loc. cit.*

[67] "O benefício previsto neste artigo será financiado com os recursos provenientes da contribuição de que trata o inciso II do art. 22 da Lei nº 8.212, de 24 de julho de 1991, cujas alíquotas serão acrescidas de doze, nove ou seis pontos percentuais, conforme a atividade exercida pelo segurado a serviço da empresa permita a concessão de aposentadoria especial após quinze, vinte ou vinte e cinco anos de contribuição, respectivamente". A exposição a agentes nocivos, desde que seja feita de forma permanente, dá direito à aposentação precoce, após 15, 20 ou 25 anos de trabalho, dependendo do agente nocivo ou da combinação de agentes a que está exposto o segurado (art. 57, *caput*, da Lei nº 8.213/91).

O acréscimo à alíquota básica do SAT incide, exclusivamente, sobre a remuneração do segurado sujeito às condições especiais, ao contrário do SAT básico, de 1, 2 ou 3%, que incide sobre a totalidade da remuneração de empregados e avulsos (art. 22, II, da Lei nº 8.212/91 c/c art. 57, § 7º, da Lei nº 8.213/91).

Por exemplo, supondo que determinada empresa tenha 1.000 empregados, mas somente 50 têm exposição permanente a agentes nocivos – neste caso, a alíquota básica do SAT incidirá sobre a folha de pagamento referente aos 1.000 empregados, enquanto o adicional incidirá somente sobre a remuneração dos 50 segurados expostos.

Concluiu o legislador que o trabalho em condições nocivas, em virtude do desgaste acelerado da higidez física e até psicológica do obreiro é fator naturalmente concorrente ao acometimento de lesões laborais, que se tornam mais frequentes em tais condições inadequadas de labor.

Ressalte-se, assim, que, originariamente, o SAT, na alíquota básica (1, 2 ou 3%) destinava-se ao custeio dos benefícios concedidos em virtude de acidentes do trabalho. Na atualidade, o SAT, ampliado por seu adicional, alcança também o custeio da aposentadoria especial, benefício que não é diretamente ligado à infortunística.

Cabe, exclusivamente, à empresa financiar o custo adicional trazido ao sistema previdenciário, em virtude da aposentadoria precoce do trabalhador. Nada mais adequado, já que é a mesma que expõe o segurado a agentes nocivos, exposição que poderia ser controlada ou mantida em níveis aceitáveis, com a adoção de técnicas de segurança e medicina do trabalho.[68]

Não deve prosperar alegações de inconstitucionalidade baseadas em nova fonte de custeio criada por lei ordinária, ao invés de lei complemen-

---

[68] Situação interessante diz respeito ao segurado que deixou de ser exposto a agente nocivo, sem completar o tempo mínimo para a aposentação especial. Nesse caso, não terá direito ao benefício, já que não atendeu a seus requisitos, podendo somente solicitar a aposentadoria comum. Nessa situação, o adicional pago pela empresa deve ser devolvido? Certamente que não. Como dispõe a lei, o adicional visa ao custeio da aposentadoria especial, é certo, mas não de uma aposentadoria especial determinada, e sim de todas as concedidas pelo sistema. Como já se disse, a previdência brasileira adotou, como regra de financiamento, o regime de repartição simples, no qual a contribuição individual, seja de segurado ou empresa, não é direcionada para segurados específicos, mas para toda a clientela protegida. Ainda mais, nesta hipótese, o segurado poderá transformar seu tempo de trabalho exercido em condições especiais em comum, multiplicando seu tempo especial por meio de índices fixados na legislação (art. 70 do RPS).

tar. Como visto, o que a Lei nº 9.732/98 fez foi meramente ampliar a contribuição ao SAT já existente, buscando recursos para que esse tenha como escopo de atuação também o benefício por incapacidade presumida, como a aposentadoria especial. Não houve criação de nova contribuição social, mas somente a ampliação de exação já existente.

Se desejasse, o Legislador poderia ter simplesmente aumentado a alíquota básica de contribuição das empresas, elevando-a de 20% para o patamar que entendesse necessário. Isso evidencia a inexistência de qualquer tentativa de burla à Constituição, mas simplesmente a criação de mecanismo mais adequado à proteção social. Ao invés de criar-se aumento direto na alíquota básica, teve o Legislador o cuidado de desmembrar o incremento de modo a justificar à sociedade a razão de tê-lo feito.

Confundir-se aumento de contribuição existente com nova figura exacional é erro crasso – não se deve rotular a ampliação de incidência já existente como nova imposição. Por óbvio, é impossibilidade lógica "criar" contribuição nos mesmos moldes de hipótese de incidência já definida existente, sendo a tão prolatada "criação" mera ampliação da cobrança, com fins específicos.

Da mesma forma errônea a argumentação no sentido de que seria inconstitucional a criação ou ampliação de fonte de custeio para benefício já existente. O sistema previdenciário, incluindo o SAT, deve manter seu equilíbrio financeiro e atuarial e, sendo este também dinâmico, ao se vislumbrar as mutações das premissas básicas do sistema, deve o administrador agir prontamente, evitando o desequilíbrio, seja por aumento de contribuição, ampliação dos requisitos de elegibilidade ou mesmo redução das prestações futuras.

Admitir que o custeio preestabelecido pela lei é imutável gera conclusão absurda de que o sistema nunca poderá adequar-se à nova realidade, quando, por exemplo, a expectativa de vida da população aumenta de forma generalizada, o que evidentemente demanda mudanças nas regras do sistema.

Caso entenda-se que a ampliação das alíquotas é desnecessária, a comprovação de tal fato carece de demonstração puramente matemática, frente à Ciência da Atuária, e não a partir de ilações sem embasamento. De acordo com a presunção de constitucionalidade de toda e qualquer lei, cabem aos interessados as eventuais demonstrações de inadequação de tais percentuais ou mesmo de sua desnecessidade.

A cobrança do adicional do SAT foi também estendida às cooperativas de produção, incidente sobre a remuneração paga, devida ou creditada ao cooperado filiado, na hipótese de exercício de atividade que autorize a concessão de aposentadoria especial após quinze, vinte ou vinte e cinco anos de contribuição. Funciona de maneira idêntica à regra geral já estabelecida *supra*, sendo que esta previsão expressa para as cooperativas de produção foi criada pela Lei nº 10.666/03.

Todavia, para a cobrança deste adicional de SAT, somente será considerada como cooperativa de produção aquela em que seus associados contribuam com serviços laborativos ou profissionais para a produção em comum de bens, quando a cooperativa detenha, por qualquer forma, os meios de produção (art. 1º, § 3º, da Lei nº 10.666/03). Assim, associações em que os cooperados se utilizem de seu próprio maquinário para a produção estão excluídas da referida cobrança.

Como já dito no tópico anterior, a previsão é despicienda, pois se o associado de cooperativa de produção tem exposição permanente ao agente nocivo, terá direito ao benefício especial e, naturalmente, caberá à cooperativa de produção, empresa para efeitos previdenciários, recolher a parte patronal acrescida do adicional ora tratado.

Aliás, será situação inusitada, pois não haverá o SAT básico, de 1, 2 ou 3%, já que os cooperados são contribuintes individuais, mas o adicional deverá ser pago no advento da exposição permanente ao agente nocivo.

Já para os associados de cooperativa de trabalho, a regra é outra. Para esse tipo de associação, frequentemente utilizada em atividades de cessão de mão de obra, a incidência da cota patronal da contribuição é diferenciada: sobre o documento fiscal emitido pela cooperativa, a cargo da empresa tomadora do serviço, como se verá no tópico seguinte.

Caso os cooperados filiados à cooperativa de trabalho sejam também expostos a agentes nocivos na empresa tomadora de serviço, essa, além de recolher os 15% (tratados no tópico seguinte), deverá arcar com a contribuição adicional de nove, sete ou cinco pontos percentuais, incidente sobre o valor bruto da nota fiscal ou fatura de prestação de serviços, conforme a atividade exercida pelo cooperado permita a concessão de aposentadoria especial após quinze, vinte ou vinte e cinco anos de contribuição, respectivamente.

De acordo com o Decreto nº 4.729/03, o qual alterou o RPS, será emitida nota fiscal ou fatura de prestação de serviços específica para a atividade exercida pelo cooperado que permita a concessão de aposentadoria especial (art. 202, § 12, do RPS). A cooperativa deve emitir documentos fiscais diferenciados, em razão dos segurados que tenham ou não exposição a agentes nocivos.

O art. 14 da Medida Provisória nº 83, convertida na Lei nº 10.666/03, previa o início de vigência do novo adicional para cooperativas de produção e trabalho, a partir do dia primeiro do mês seguinte ao nonagésimo dia de sua publicação, ou seja, a contar da competência de abril/2003. O art. 15 da Lei nº 10.666/03 manteve o início da cobrança na competência de abril/2003.

A obediência à anterioridade nonagesimal é correta quanto às cooperativas de trabalho, em razão de inovação contributiva, mas para as cooperativas de produção, não haveria razão para o mesmo, pois já se enquadram na regra geral – a Medida Provisória não trouxe inovação alguma neste ponto.

Em oposição ao entendimento estatal, acredito que a Lei nº 8.213/91 é textual ao estender o direito à aposentadoria especial a todos os segurados expostos a agentes nocivos, de modo que ao se criar o adicional de SAT para as empresas que exponham seus segurados a tais condições, traria em seu bojo, por óbvio, todas as hipóteses autorizadas pela lei.

O prazo para recolhimento segue a regra geral – até o dia 20 do mês seguinte ao da competência. Caso não haja expediente bancário neste dia, o prazo é antecipado para o anterior dia útil.

3.6. As Cooperativas de Trabalho e a Contribuição de 15% sobre o Valor Bruto da Nota Fiscal ou Fatura de Serviços

A contribuição da empresa é de 15% sobre o valor bruto da nota fiscal ou fatura de prestação de serviços, relativamente a serviços que lhe sejam prestados por cooperados, por intermédio de cooperativas de trabalho.

É importante observar que o sujeito passivo dessa contribuição é a empresa contratante, tomadora do serviço, e não a cooperativa. Na verdade, a ideia dessa exação é substituir a que seria devida pela cooperativa, ao repassar os valores recebidos a seus cooperados.

Como se sabe, a cooperativa é equiparada à empresa para efeitos previdenciários e, portanto, ao dispor de valores aos seus cooperados, que são contribuintes individuais, deveria verter à Previdência Social a contribuição de 20% sobre esses valores, como qualquer outra empresa.

Contudo, devido à dificuldade, principalmente da fiscalização, em garantir esses recolhimentos, a sistemática contributiva foi alterada, criando-se uma clara substituição tributária, cabendo ao tomador de serviço recolher tais valores, sobre uma base de cálculo também distinta: a fatura ou nota fiscal de serviços emitida pela cooperativa.

Dessa forma, a cooperativa não terá de efetuar recolhimento algum em razão dos valores creditados a seus cooperados, já que tal obrigação foi substituída pelo recolhimento a cargo da empresa tomadora de serviço.

De toda forma, tendo em vista a incidência da contribuição em termos diversos do estabelecido no art. 195, I, "a" da Constituição, entendeu o STF a referida contribuição como inconstitucional, nos termos do RE 595.838/SP.

3.7. Contribuições Substitutivas da Parte Patronal

Tem sido uma preocupação constante do legislador a adequação da cobrança previdenciária a certas atividades econômicas peculiares, que não se coadunam com perfeição à incidência sobre a folha de pagamento.

Alguns, dentro de uma perspectiva rigorosa perante o prisma tributário, chegam a ver inconstitucionalidades flagrantes na alteração de bases de cálculo para certas atividades, o que certamente seria correto para os tributos clássicos.

Entretanto, como já exposto, o enquadramento das contribuições sociais como tributo, ainda que traduza posição da doutrina majoritária e entendimento quase unânime nos tribunais, carece de certos cuidados, em especial com a já citada validade finalística dessas exações, que adotam um regime de incidência semelhante aos tributos, mas que devem ser dotadas de maior flexibilidade, já que o fim visado é o custeio da seguridade, incluindo a Previdência Social que deve atender ao equilíbrio financeiro e atuarial.

Ademais, o princípio constitucional da equidade no custeio impõe tratamento diferenciado em determinadas situações, buscando uma tributação justa, o que significa, na cota patronal previdenciária, dimensionar, ao menos, a contribuição de acordo com o sinistro.

3.7.1. Associações Desportivas que Mantêm Equipe de Futebol Profissional

Dispõe a lei que a contribuição dessas entidades corresponde a 5% da receita bruta, decorrente dos espetáculos desportivos de que participem em todo território nacional, em qualquer modalidade desportiva, inclusive jogos internacionais, e sob qualquer forma de patrocínio, licenciamento de uso de marcas e símbolos, publicidade, propaganda e de transmissão de espetáculos desportivos (art. 22, § 6º, da Lei nº 8.212/91).

Também incide a mesma contribuição no caso de recebimento de recursos de empresa ou entidade, a título de patrocínio, licenciamento de uso de marcas e símbolos, publicidade, propaganda e transmissão de espetáculos com o mesmo percentual de 5% da receita bruta decorrente do evento, inadmitida qualquer dedução (art. 22, § 9º, da Lei nº 8.212/91).

Além disso, para usufruir desta forma substitutiva de cotização previdenciária, deveria a associação desportiva atender aos ditames da Medida Provisória nº 39, de 14 de junho de 2002, a qual alterava a Lei nº 9.615/98, que institui normas gerais sobre desporto. De acordo com a Medida Provisória, a entidade que não se constituísse regularmente em sociedade comercial perderia a sistemática atual de contribuição, devendo participar do financiamento da seguridade social de acordo com as mesmas regras das empresas em geral.

Essa regra não é aplicável a qualquer associação desportiva, mas somente àquelas que mantenham equipe de futebol profissional. Caso a equipe, ainda que de futebol, seja amadora, aplicam-se as regras gerais de custeio. Porém, em sendo aplicada a regra aqui tratada, a substituição vale para toda a folha de pagamento de empregados e avulsos, não só para os jogadores de futebol. Assim, a associação com equipe de futebol profissional não verterá qualquer contribuição sobre valores pagos a quaisquer empregados e avulsos, incluindo o SAT.

É importante verificar que a contribuição incide sobre a receita de todos os eventos desportivos, inclusive internacionais, e não somente o futebol. A regra é a seguinte: para adequar-se a essa incidência diferenciada, deverá existir clube de futebol profissional. Em existindo, a contribuição incide sobre a receita de todas as modalidades desportivas, inclusive o futebol.

O recolhimento desses valores é de responsabilidade da entidade promotora do espetáculo e da entidade patrocinadora, cabendo a elas o desconto da receita bruta decorrente dos espetáculos desportivos e o respectivo recolhimento à previdência social.

3.7.2. Produtores Rurais

Além do segurado especial, já tratado, tem-se duas outras espécies de produtores rurais: o produtor rural pessoa física e o pessoa jurídica. Todos são segurados obrigatórios do RGPS, mas esses dois últimos são contribuintes individuais, sujeitando-se às regras de recolhimento dessa categoria de segurado.

A contribuição do produtor rural pessoa física, na condição de equiparado à empresa, é de 2% da receita bruta proveniente da comercialização da sua produção, mais 0,1% da receita bruta proveniente da comercialização da sua produção, para financiamento das prestações por acidente do trabalho.

Assim, sua contribuição totaliza 2,1% sobre a receita bruta. O percentual é idêntico ao do segurado especial, assim como a base de cálculo, o que aumenta ainda mais a dificuldade de compreensão desta sistemática.

Aparentemente, o segurado especial e o PRPF contribuem da mesma forma, mas essa conclusão é equivocada. Em verdade, a contribuição do segurado especial é sobre a sua produção e a do PRPF é sobre seu salário de contribuição, já que é contribuinte individual. A coincidência de cálculo existe entre a contribuição do segurado especial, na condição de segurado, e a contribuição do PRPF, na condição de equiparado à empresa.

O segurado especial trabalha com o grupo familiar e, portanto, não é equiparado à empresa; sua única contribuição é a incidente sobre sua produção. Já o PRPF, assim como o PRPJ, efetua duas contribuições distintas – uma, na condição de segurado contribuinte individual, e outra, na condição de empresa.

Com relação à composição da base de cálculo da contribuição, valem as mesmas regras já mencionadas para o segurado especial. A responsabilidade pelo recolhimento da contribuição sobre a produção também segue a mesma regra, já definida para o segurado especial.

Apesar do exposto, cumpre notar que o STF, por meio do RE 363.852/MG, Rel. Min. Marco Aurélio, 03/02/2010, em análise tanto quanto precária da situação, entendeu tal contribuição sobre a receita da produção como inconstitucional, não raramente confundindo o custeio do PRPF com o segurado especial, a contribuição sobre a produção com a contribuição sobre a folha de salários e ignorando o princípio constitucional da equidade no custeio, que poderia permitir adequação legislativa visando a melhor atender ao setor rural, que sofre com a sazonalidade de sua produção, e a incidência sobre a folha não seria, em regra, a forma mais adequada.

Da mesma forma que o PRPF, produtor rural pessoa jurídica – PRPJ é segurado obrigatório na condição de contribuinte individual, devendo efetuar suas contribuições mensais nesta condição, como qualquer outro individual. Com o advento da Lei nº 10.666/03, sua contribuição será retida e recolhida em conjunto com a cota patronal.

A diferença reside na sua contribuição como empresa. O PRPF é equiparado à empresa, enquanto o PRPJ é empresa, já que constituído como pessoa jurídica. Sua contribuição está fora da Lei nº 8.212/91, sendo definida na Lei nº 8.870/94, a qual prevê as alíquotas de 2,5% da receita bruta proveniente da comercialização de sua produção mais 0,1% da receita bruta proveniente da comercialização de sua produção, para o financiamento da complementação das prestações por acidente de trabalho.

A alíquota é superior ao do PRPF, totalizando 2,6%. Cabe observar que tanto PRPF, PRPJ e segurado especial contribuem para o SAT, mas somente o segurado especial tem direito a benefícios decorrentes de acidente do trabalho. Lembre-se de que a contribuição ao SAT do PRPF e do PRPJ é destinada ao custeio dos benefícios concedidos aos seus trabalhadores, e não aos próprios.

Também para o PRPF, a alíquota do SAT é única (0,1%), inexistindo qualquer variação com o risco da atividade econômica específica da área rural desenvolvida. A sistemática é totalmente distinta da área urbana.

Já para o PRPJ, a responsabilidade pelo recolhimento das contribuições é sempre do próprio, não cabendo qualquer ônus ao adquirente. Daí a preferência de restaurantes e outros compradores para a aquisição de produtores rurais pessoas jurídicas.

Essa contribuição alternativa, atualmente, não substitui todas as contribuições previdenciárias do PRPJ na condição de empresa, mas somente as incidentes sobre a remuneração dos segurados empregados e avulsos e o SAT, inclusive seu adicional. Assim como os clubes de futebol, estão excluídas da substituição as contribuições sobre a remuneração de contribuintes individuais e a incidente sobre as faturas das cooperativas de trabalho.

4. Custeio do Empregador Doméstico

O empregador doméstico deve efetuar o recolhimento de contribuição relativa a 12% incidente sobre o salário de contribuição do empregado doméstico a seu serviço (art. 24 da Lei nº 8.212/91).

A lei define como base de cálculo da contribuição o salário de contribuição do doméstico e não a remuneração, concluindo-se que a contribuição do empregador, assim como a do doméstico, é dotada de limite máximo.

Aí reside mais uma distinção entre empresa e empregador doméstico. A contribuição daquela incide sobre a remuneração de seus trabalhadores, sendo, portanto, desprovida de qualquer limite máximo.

A contribuição do empregador doméstico não traz qualquer benefício a esse. De modo análogo às empresas, o empregador doméstico é mero patrocinador compulsório dos benefícios previdenciários do segurado a seu serviço e de seus dependentes. Caso o empregador doméstico também exerça atividade remunerada, aí será segurado obrigatório em razão dessa atividade e deverá verter as contribuições nessa condição, dessa vez em benefício próprio.

Além da sua contribuição, também é responsabilidade do empregador doméstico o desconto e repasse da contribuição devida pelo empregado a seu serviço, sendo ambas recolhidas em conjunto, na mesma guia. O prazo de recolhimento é idêntico ao contribuinte individual – dia 15 do mês seguinte ao da competência. Caso não haja expediente bancário, o prazo é prorrogado para o próximo dia útil.

5. Contribuições para Terceiros

Além das contribuições previdenciárias, a Secretaria da Receita Federal do Brasil – SRFB tem a competência para exigir o cumprimento de obrigações tributárias decorrentes de outras contribuições. No caso, são as contribuições para terceiros, que são entidades de personalidade jurídica própria, de natureza privada.

Os terceiros são, entre outros, o SENAC, SEBRAE, SESI, SESC, SENAT, DPC etc. Visam ao aprimoramento profissional e bem-estar de seus associados, vinculados a estas entidades, de acordo com a atividade econômica de seus empregadores. Sem embargo, segmento da doutrina classifica essas imposições como *contribuições sociais gerais*, que é enquadramento também aceitável, até pela admissão do STF da existência destas exações, não necessariamente vinculadas à Seguridade Social.

Embora arrecadadas pela SRFB, essas contribuições não são destinadas à Seguridade Social, cabendo à Previdência mera remuneração pelo serviço prestado, que é equivalente a 3,5% do montante arrecadado, salvo o salário-educação, que é de 1%.

Contribuição Previdenciária dos Servidores Inativos e Pensionistas

MARCELO LEONARDO TAVARES

1. Introdução – O conceito de Seguridade Social

A seguridade social compreende um conjunto integrado de ações de iniciativa dos poderes públicos e da sociedade, destinadas a assegurar os direitos relativos à saúde, à previdência social e à assistência social. Na busca da consolidação do atendimento a esses direitos sociais, são relacionados objetivos, dentre os quais: 1) universalidade da cobertura e do atendimento; 2) uniformidade e equivalência dos benefícios e serviços às populações urbanas e rurais; 3) seletividade e distributividade na prestação dos benefícios e serviços; 4) irredutibilidade do valor dos benefícios; 5) eqüidade na forma de participação no custeio; 6) diversidade da base de financiamento; 7) caráter democrático e descentralizado da administração, mediante gestão quadripartite, com participação dos trabalhadores, dos empregadores, dos aposentados e do Governo nos órgãos colegiados, e 8) a preexistência de custeio em relação ao aumento, extensão e criação de benefícios de seguridade social (art. 195, parágrafo 5º).

2. A Organização da Previdência

Existem dois sistemas previdenciários no Brasil: público e privado.
A previdência privada é um sistema complementar e facultativo de seguro, de natureza contratual. Suas normas básicas estão previstas no art. 202 da Constituição da República e nas Lei Complementares nºs 108 e 109/2001.

A Lei Complementar no 109/2001 dispõe que o sistema será denominado aberto, se for acessível a qualquer pessoa; ou fechado, se os assistidos somente puderem ser empregados de empresas, grupo de empresas e agentes públicos da União, Estados, Distrito Federal e Municípios (por exemplo, a PREVI – Fundo de Pensão dos Empregados do Banco do Brasil) ou membros de pessoas jurídicas de caráter profissional (Caixa de Assistência dos Advogados – CAARJ/OAB).

O sistema público, o que verdadeiramente pode ser intitulado de social, caracteriza-se por ser mantido por pessoa jurídica de direito público, tem natureza institucional, é de filiação compulsória e as contribuições têm natureza tributária; pode ser destinado aos servidores públicos e mantido pelos entes políticos da Federação, ou aos trabalhadores da iniciativa privada e gerido por uma autarquia federal – INSS.

Compete concorrentemente aos entes da Federação a edição de normas legais sobre previdência social (art. 24, XII, da Constituição). Sendo assim, é atribuição da União a edição de normas gerais sobre todo o sistema público de previdência, regras especiais sobre o Regime Geral de Previdência Social – RGPS e sobre os regimes próprios mantidos em favor dos servidores e militares federais. Aos Estados, Distrito Federal e Municípios, cabe, respectivamente, a promulgação de leis específicas sobre os respectivos regimes próprios de previdência dos Estados, distrital e municipal. Exemplo de regra geral em matéria previdenciária é a norma do art. 96 da Lei no 8.21391, que trata da contagem recíproca de tempo de contribuição. Outro exemplo é a Lei no 9.717/98, que trata das regras gerais de funcionamento dos regimes próprios de previdência social. As referidas regras vinculam todos os entes da Federação e devem ser observadas quando da elaboração das normas específicas da própria União, dos Estados, do Distrito federal e dos Municípios.

Os entes da Federação devem instituir regimes próprios de previdência social no interesse de seus servidores, nos termos do art. 149 (União) e no parágrafo primeiro do mesmo dispositivo (Estados, Distrito Federal e Municípios), com redação dada pela EC nº 41/2003. Entende-se por regime próprio de previdência social o que assegura pelo menos as aposentadorias e pensão por morte previstas no art. 40 da CF. Suas regras constitucionais estão previstas no art. 40, aplicando-se subsidiariamente as normas do art. 201. A Lei nº 9.717/98 regulamenta a matéria e dispõe sobre regras gerais para a organização e funcionamento dos regimes próprios da previdência social dos servidores públicos dos entes federativos. O diploma legal limita os gastos com o sistema previdenciário e determina que não poderão ser concedidos benefícios distintos dos previstos no RGPS (Lei nº 8.213/91), salvo quando houver exceção constitucional. Por fim, dispõe que compete à União, através do Ministério da Previdência Social, a orientação, supervisão e acompanhamento dos regimes próprios de previdência social. A Lei no 9.783/99 disciplina a contribuição para o custeio da previdência social dos servidores públicos, ativos e inativos e dos pensionistas.

A previdência no Regime Geral de Previdência Social é conceituada como seguro público, coletivo, compulsório, mediante contribuição e que visa cobrir os seguintes riscos sociais: incapacidade, idade avançada, tempo de contribuição, encargos de família, morte e reclusão.

3. As Contribuições para a Seguridade Social

A Constituição, no artigo 149, dispõe competir à União a instituição de contribuições sociais (em sentido estrito), contribuições de intervenção no domínio econômico (ex.: Adicional sobre o Frete para Renovação da Marinha Mercante – AFRMM) e de interesse das categorias profissionais ou econômicas (ex.: contribuição para OAB), ressalvando para os Estados, Distrito Federal ou Municípios a possibilidade de instituição de contribuição a ser cobrada de seus servidores, para o custeio, em benefício destes, de sistemas de previdência e assistência social (ex.: contribuição previdenciária dos servidores do Estado do Rio de Janeiro).

Dentre as contribuições sociais em sentido estrito, encontram-se as contribuições para a seguridade social.

A Constituição da República prevê o financiamento da seguridade social por toda a sociedade, de forma direta e indireta. A participação na modalidade direta corresponde ao pagamento das contribuições dos segurados. Indiretamente, a sustentação da seguridade é realizada mediante comprometimento parcial dos orçamentos dos entes federativos e pela contribuição devida pelas empresas, componente do preço dos produtos e serviços adquiridos por toda a sociedade.

A Emenda Constitucional no 20/98 deu nova redação aos incisos do art. 195 da Carta, modificando o permissivo para a instituição das contribuições para a seguridade social.

A empresa deve contribuir sobre a folha de salários e demais rendimentos do trabalho prestado pelos segurados (corresponde às hipóteses de incidência contidas nos arts. 22 e 24 da Lei nº 8.212/91); sobre a receita ou o faturamento, correspondente à COFINS e ao PIS (art. 239 CRFB/88); e sobre o lucro.

Além disso, ainda existem as contribuições dos segurados e sobre a receita do concurso de prognósticos e a contribuição exigida do importador de bens e serviços do exterior, ou de quem a lei a ele equiparar (esta última introduzida pela EC nº 42/2003).

Todas essas são intituladas de contribuições para a seguridade social, por se destinarem à manutenção genérica das prestações sociais de saúde, assistência e previdência social.

A denominação "contribuição previdenciária" é reservada às hipóteses previstas no art. 195, I, a, e II, da CRFB/88, pois são arrecadadas pelo INSS e somente podem ser empregadas no custeio específico da previdência social, nos termos do art. 167, XI, da Constituição. As receitas dos Estados, do Distrito Federal e dos Municípios destinadas à seguridade constarão dos respectivos orçamentos, não integrando o da União. Em relação à parcela proveniente da participação da União no custeio da seguridade, a lei orçamentária anual compreenderá o orçamento da seguridade social independentemente do orçamento fiscal (art. 165, § 5º, da Constituição).

As contribuições para a seguridade social estão sujeitas ao princípio da anterioridade nonagesimal, mitigado ou especial (art. 195, § 6º, da CRFB/88), somente podendo ser exigidas após o decurso de noventa dias da data da publicação da lei que as houver instituído ou modificado. As modificações menos onerosas ao contribuinte podem ser aplicadas desde a entrada em vigor da lei nova.

O § 7º do art. 195 da Carta isenta de contribuição para a seguridade social as entidades beneficentes de assistência social que atendam às exigências estabelecidas em lei (art. 55 da Lei nº 8.212/91). Cuida-se de imunidade condicionada ao preenchimento de requisitos legais. Para parte da doutrina,[1] como a matéria se relaciona com as limitações constitucionais ao poder de tributar (art. 146, II, da Constituição), deveria ser regulamentada somente por lei complementar (art. 14 do CTN). Contudo, prevalece o argumento de que a lei ordinária pode normatizar as condições de imu-

---

[1] É o entendimento de Roque Antonio Carraza (*Curso de Direito Constitucional Tributário*, 10ª ed., São Paulo: Malheiros, p. 440).

nidade, desde que atendidas as regras gerais previstas em lei complementar; sendo válida a disposição do art. 55, da Lei nº 8.212/91[2].

As contribuições poderão ter alíquotas ou bases de cálculo diferenciadas em razão da atividade econômica ou utilização intensiva de mão-de-obra. Logo, há possibilidade de instituição de contribuição mais gravosa para empresa que desenvolva atividade econômica que empregue menos trabalhadores (vide o art. 22, § 1º, da Lei nº 8.212/91, por exemplo). A lei definirá critérios de transferência de recursos da saúde e da assistência social mantida pelos Estados, Distrito Federal e Municípios. É vedada a concessão de remissão ou anistia da contribuição previdenciária incidente sobre a folha de salários ou remuneração dos segurados prestadores de serviços às empresas e da contribuição dos segurados, para débitos em montante superior ao fixado em lei complementar.

4. O Financiamento da Previdência dos Regimes Próprios

As normas constitucionais regentes da previdência dos servidores encontram-se previstas no art. 40 da Constituição e aplicam-se também às aposentadorias e pensões dos agentes públicos investidos em cargos vitalícios: magistrados, membros do Ministério Público e membros de tribunais de contas, por força dos artigos 93, VI; 129, parágrafo 4º; e 73, parágrafo 3º, da CRFB/88.

A contributividade do sistema previdenciário dos servidores foi introduzida na Constituição pela EC nº 3/93.

E a EC nº 41/2003 passou a estabelecer, de forma clara, quem deverá verter contribuição para o sistema: as entidades públicas, de um lado; e os servidores, ativos e inativos, e pensionistas, de outro.

Em relação às contribuições, o parágrafo primeiro, do art. 149, da Constituição, teve sua redação alterada pela EC nº 41/2003 em dois pontos. O primeiro, para excluir a possibilidade de utilização do que for arrecadado para o fundo previdenciário dos servidores para ações de assistência social destes, bem como para impor o respeito, nos regimes dos Estados, do Distrito Federal e dos Municípios, do limite mínimo da alíquota cobrada pela União em seu sistema previdenciário próprio.

---

[2] Sobre esta controvérsia ver as seguintes decisões do STF: ADINMC 1802-AF, ADINMC 2028-DF, ADINMC 2545, cuja leitura é imprescindível para o entendimento da matéria.

O abandono à referência "de sistemas...de assistência social" no dispositivo já não veio sem tempo. Isto porque a expressão era carente de boa técnica. Se a assistência social é um plano de proteção a pessoas necessitadas (art. 203, da CRFB/88), não há porque destinar qualquer tipo de prestação ao grupo específico dos servidores e seus dependentes, que mantêm vínculo de natureza previdenciária. Não existe, nem pode existir, programa assistencial para servidores, porque de outra forma estaríamos diante de um contra-senso. Assim é que, de forma oportuna, a nova redação do dispositivo constitucional está limitada à possibilidade de cobrança de contribuição dos servidores em favor do regime previdenciário próprio ao qual se filiam. Essa alteração também é importante porque se alinha ao espírito normativo do art. 167, XI, da Constituição, que prevê a vedação da utilização das contribuições previdenciárias do RGPS para outro fim que não seja a manutenção dos benefícios de previdência social mantidos pelo RGPS. É nessa linha que deve ser interpretado o parágrafo 1o, do art. 149, no sentido de servir de paradigma para declaração de inconstitucionalidade de qualquer tentativa legal de utilização do produto da cobrança de contribuição previdenciária dos servidores para despesas estranhas das relativas à manutenção dos benefícios previdenciários oferecidos. Isso inclui a invalidade de eventuais leis específicas dos entes federativos que permitam a utilização das receitas dos fundos em despesas de administração de Estados e Municípios. Como essas receitas formam fundo previdenciário, sequer podem ser utilizadas para custeio de sistema de saúde para servidores. A impossibilidade de desvio de recursos para o orçamento fiscal prescinde até de comentário. O destino do que for arrecadado com as contribuições previdenciárias dos servidores e da entidade pública deve ser exclusivamente previdenciário (a exceção encontra-se prevista no art. 76, do ADCT, com a redação dada pela EC nº 42/2003 – Reforma Tributária).

A segunda alteração é referente à alíquota mínima.

A EC nº 41/2003 impede que as alíquotas utilizadas por Estados, Distrito Federal e Municípios, na cobrança da contribuição de seus servidores, sejam inferiores à estipulada pela União no regime de previdência de seus servidores. A imposição está adequada à atribuição da União para fixar regras gerais em matéria previdenciária (art. 24, XII). As demais entidades federativas podem cobrar contribuição com base em alíquota superior à da União, mas não inferior. Não há necessidade de qualquer lei específica sobre o tema. Fixada a alíquota por lei da União, automaticamente esta se torna o limite mínimo. Eventuais leis estaduais, distrital ou municipais que preveem alíquota inferior, não estão recepcionadas, automaticamente, pela EC nº 41/2003. Aplicar-se-á, neste caso, a legislação federal até que seja editada lei específica da entidade da Federação, para manter a mesma alíquota da União ou outra maior. Aprovada lei específica posteriormente à EC nº 41/2003, instituindo alíquota inferior, será inconstitucional.

A introdução da necessidade de contribuição do Estado é extremamente moralizadora do orçamento dos regimes próprios, que, a partir de agora, deverá ser destacado do orçamento fiscal, para ser administrado somente em benefício do sistema. O regime continua garantido pelo Estado. Se do fechamento das receitas e despesas resultar débito, cabe à Administração Pública a cobertura do sistema, com o que obtiver de outros ingressos públicos.

A contribuição da União, dos Estados, do Distrito Federal e dos Municípios aos respectivos regimes próprios de previdência social não poderá ser inferior ao valor da contribuição do segurado nem superior ao dobro desta contribuição. A contribuição da União para o custeio do regime de previdência, de que trata o art. 40 da Constituição, é de vinte e dois por cento, incidente sobre a mesma base de cálculo das contribuições dos respectivos servidores ativos e inativos e pensionistas. A União também é responsável pela cobertura de eventuais insuficiências financeiras do regime, decorrentes do pagamento de benefícios previdenciários.

A contribuição do servidor ativo da União é de onze por cento sobre a totalidade da base de contribuição, composta vencimento do cargo efetivo, acrescido das vantagens pecuniárias permanentes estabelecidas em lei, os adicionais de caráter individual ou quaisquer outras vantagens, excluídas as diárias para viagens, a ajuda de custo em razão de mudança de sede, a indenização de transporte, o salário-família, o auxílio-alimentação, o auxílio-creche e o abono de permanência de que tratam o § 19 do art. 40 da Constituição, o § 5º do art. 2º e o § 1º do art. 3º da Emenda Constitucional nº 41/2003.

O servidor ocupante de cargo efetivo poderá optar pela inclusão na base de contribuição da parcela percebida em decorrência do exercício de cargo em comissão ou função de confiança para efeito de cálculo do benefício a ser concedido com fundamento no art. 40 da Constituição, respeitada, em qualquer hipótese, a limitação estabelecida no § 2º do citado artigo.

5. A Contribuição dos Inativos e Pensionistas do Serviço Público

A questão sobre a constitucionalidade de cobrança de contribuição de servidores inativos e pensionistas, prevista pela EC nº 41/2003 é objeto de controvérsia na doutrina.[3]

E não é nova.

Sobre o ponto muito já se discutiu, desde a entrada em vigor da EC no. 20/98, quando o Supremo Tribunal Federal declarou a inconstitucionalidade das normas impositivas de cobrança. Ocorre que o argumento utilizado na ADIn nº 2.010-DF para declarar a invalidade de alguns termos do art. lo, da Lei nº 9.783/99 que criara a contribuição sobre proventos dos inativos da União (bem como foram declaradas inconstitucionais leis estaduais e municipais no mesmo sentido) perante a EC nº 20/98 perdeu consistência.

É que a referida Emenda, ao alterar a redação do art. 195, II, da CRFB/88, vedou a incidência de contribuição sobre aposentadorias e pensões do Regime Geral de Previdência Social, norma que acabou sendo aplicada subsidiariamente ao regime dos servidores por conta do art. 40, parágrafo 12, que determina: *Além do disposto neste artigo, o regime de previdência dos servidores públicos titulares de cargo efetivo observará, no que couber, os requisitos e critérios fixados para o regime geral de previdência social*. Portanto, serviram de paradigma para a declaração de inconstitucionalidade da instituição de contribuição sobre proventos de inatividade e pensão do serviço público, a partir de 1998, a combinação do art. 40, parágrafo 12, com o art. 195, II, da CRFB/88. Essa combinação somente foi possível porque, no antigo art. 40, da Constituição, que cuida dos regimes próprios, não havia norma permitindo a cobrança. Com a introdução da nova redação do *caput* do art. 40, não se aplica mais aos servidores a vedação de incidência constante no art. 195, II, da CRFB/88, que agora se torna específica para proteger de contribuição somente os benefícios do RGPS dos trabalhadores.[4]

---

[3] Contra: MOREIRA NETO, Diogo de Figueiredo. Parecer sobre a proposta de Emenda Constitucional de Reforma da Previdência; DA SILVA, José Afonso. Parecer; MELLO, Celso Antonio Bandeira. Parecer. Página eletrônica www.conamp.org.br. (acesso em 22 de janeiro de 2004, às 15:30h). A favor: BARROSO, Luís Roberto. Constitucionalidade e Legitimidade da Reforma da Previdência (ascensão e queda de um regime de erros e privilégios). Manifestei-me também favoravelmente à cobrança no artigo "Reforma da Previdência Social – caminhos e descaminhos da proteção previdenciária dos servidores", in *Reforma da Previdência Social – temas polêmicos e aspectos controvertidos*. Rio de Janeiro: Lumen Juris, 2004.

[4] Já havia me manifestado assim, naquela oportunidade, no artigo "Considerações sobre a contribuição dos servidores nativos e pensionistas da União", publicado na Revista Dialética de Direito Tributário no. 45.

A partir da nova referência explícita à contribuição dos inativos pela EC nº 41/2003, não há como acolher a tese da invalidade porque não estariam sendo agredidas quaisquer das cláusulas pétreas do art. 60, parágrafo 4º, da Constituição.

Poder-se-ia argumentar: o aposentado e o pensionistas já terão contribuído para o sistema durante a atividade, não se justificando o pagamento posterior à aposentação ou pensionamento; e haveria redução de remuneração do servidor.

Em resposta à primeira tese, de falta de contraprestação, em benefícios, à contribuição do inativo e do pensionista, invoca-se a força do princípio da solidariedade, agora expresso no artigo 40, da CRFB/88. O aposentado não poderia, com a mesma amplitude do pensionista, utilizar-se desse fundamento, pois ainda teria interesse em contribuir para o fundo necessário à garantia de futura pensão a ser deixada. Mas mesmo o pensionista, como não contribui em sistema de capitalização, fica vinculado à responsabilidade inerente a todos os filiados, de contribuir para possibilitar a manutenção de todos os benefícios mantidos pelo sistema de seguro. Disso não decorre entendimento pela validade da contribuição sob o mesmo patamar entre o servidor ativo e o inativo, o que será analisado quando estudarmos as regras de cobrança dessas contribuições sobre os proventos.

Em contraposição ao segundo fundamento, não se pode esquecer que a regra constitucional de irredutibilidade de remuneração e subsídios (art. 37, XV, da CRFB/88) protege o valor nominal da totalidade da remuneração bruta, independentemente da incidência de tributos. A possibilidade de incidência de impostos já era expressa no próprio dispositivo referido, quando remete aos artigos 150 e 153, e agora é complementada com a previsão de incidência de outra modalidade de tributo: a contribuição previdenciária.[5]

O artigo 4º, da Emenda Constitucional, impõe a cobrança de contribuição previdenciária dos servidores já aposentados e dos pensionistas cujos benefícios foram concedidos antes da entrada em vigor da Reforma, bem como daqueles que venham a ter benefícios concedidos posteriormente

---

[5] Esse posicionamento, que tem a preferência do Supremo Tribunal Federal, estabelece que a irredutibilidade da remuneração dos servidores não tem caráter absoluto, e não impede a incidência das contribuições sociais de natureza tributária. ADIn MC no. 2010-DF, rel. Min. Celso de Mello, DJ do dia 12/04/2002, p. 51.

em virtude de reconhecimento a direito adquirido sob a égide da legislação antiga.

Quanto à cobrança de contribuição dos inativos e pensionistas, não vislumbro agressão aos postulados do direito adquirido e ao ato jurídico perfeito, tendo em vista que não existe direito subjetivo à não incidência futura de tributo, bem como o ato jurídico de concessão não prevê tal cláusula. Note-se que as contribuições previdenciárias aqui admitidas pela Constituição não retroagem. Elas incidem sobre fatos geradores ocorridos após a previsão em hipótese de incidência. Como não há direito adquirido à não imposição tributária para o futuro, ou cláusula específica, baseada em lei, de não incidência quando do ato de deferimento de benefício, não vislumbro como acolher a tese de agressão a esse institutos. O ato jurídico de aposentação é perfeito, se observou a lei, e gera direito adquirido ao gozo de benefício sob as condições estipuladas.

Ocorre que não existe garantia constitucional ou legal, nesses casos, à futura não incidência de tributo utilizando o valor dos proventos como base de cálculo. O fato de, no momento da concessão, não haver lei anterior prevendo a tributação não garante que lei futura não possa criar hipótese de incidência vinculada ao pagamento de benefício previdenciário. O que deve ser verificado é se foram atendidos os princípios da reserva legal tributário, da isonomia, da irretroatividade e da anterioridade e da vedação de confisco (art. 40, 150 e 195, da CRFB/88).

A radicalização da teoria que rejeita a tributação nesses casos, por exemplo, levaria à possibilidade de declaração de inconstitucionalidade de aumento de alíquota de imposto de renda incidente sobre provento de aposentadoria ou pensão, sob argumento de agressão ao direito adquirido à alíquota fixada no momento da concessão do benefício. Uma última tese poderia ser utilizada para a defesa do afastamento da incidência da contribuição: a de que os atuais aposentados já teriam vertido tributo suficiente para o sustento do sistema.

Ora, se observarmos que somente com a entrada em vigor da EC no. 3/93 à Constituição de 1988 houve previsão de que o sistema protetivo dos servidores pressupunha pagamento de contribuição, e que em quase a totalidade dos casos os sistemas próprios apenas cobravam do funcionalismo contribuição para a pensão (como acontece ainda hoje com os militares), chegaremos à conclusão de que o argumento parte de uma premissa da supervalorização histórica da contribuição dos servidores para a previdência. A verdade é que os servidores até a década de 1990 não pagavam contribuição para o sustento de suas aposentadorias. Ou não vertiam qualquer tributo para o regime, que era mantido exclusivamente com ingressos públicos e as aposentadorias e pensões tinham caráter assistencial, ou havia contribuição apenas para as pensões. Sendo assim, não seria razoável o acolhimento da tese. Poder-se-ia dizer que o sistema antigamente foi assim estruturado e que esta foi uma opção legítima à época. Se os servidores não eram cobrados, isso se deu por falta de previsão legal. Sem dúvida. Ocorre que se hoje os regimes próprios de previdência são deficitários, e realmente são, alguma parcela da sociedade ou toda ela terá que arcar com o ônus. Cobrar de todos, mediante aumento de carga de impostos, não me parece traduzir bom critério de justiça, pois conduz, mais uma vez, à solidariedade invertida.

O princípio da reserva legal será atendido a partir da previsão dos principais elementos da hipótese de incidência. Da irretroatividade, se a lei não incidir sobre fatos geradores anteriores ao início de sua vigência. Da isonomia, se os fatos semelhantes forem tratados da mesma forma. Nesse caso, como os inativos e pensionistas não estão na mesma situação fática que os servidores ativos, a Emenda não prevê a tributação sob regras idênticas. A cobrança de contribuição dos inativos e pensionistas somente a partir de determinado limite evita a agressão ao princípio de vedação de confisco. Por fim, aplica-se o princípio da anterioridade nonagesimal ou especial, previsto no art. 195, parágrafo 6º, da Constituição. Como a contribuição tem natureza de contribuição previdenciária e como não há regra constitucional excepcionando a aplicação do princípio, aplica-se subsidiariamente a anterioridade nonagesimal, por força do art. 40, parágrafo 12.

O parágrafo único, do art. 4o, da Emenda, prevê a cobrança de contribuição incidente sobre o valor dos proventos que exceder a cinqüenta por cento do limite máximo estabelecido para os benefícios do regime geral de previdência social do INSS para os servidores inativos e os pensionistas dos Estados, do Distrito Federal e dos Municípios, e sessenta por cento do limite máximo estabelecido para os benefícios do regime geral de previdência social do INSS, para os servidores inativos e os pensionistas da União.

Essa previsão afigura-se inconstitucional, pois estaria permitindo tributação com base de cálculo vedada, por analogia, aos proventos e aposentadoria e pensão do Regime geral de Previdência Social (art. 195, II, da CRFB/88). Foi justamente a conclusão a que chegou o Supremo Tribunal

Federal no julgamento das ADI 3105/DF e ADI 3128/DF, rel. orig. Min. Ellen Gracie, rel. p/ acórdão Min. Cezar Peluso, 18.8.2004.

O parágrafo 19, do art. 40, da CRFB/88, prevê a concessão de um abono de permanência em serviço para o servidor que, tendo implementado os requisitos para a aposentadoria voluntária integral, deixe de requerer o benefício e continue em atividade. O valor do abono equivale à contribuição que teria que ser vertida para o sistema previdenciário. Na realidade a vantagem corresponde a uma verdadeira isenção do pagamento da contribuição.

A lógica do abono reside na economia que a permanência do servidor traz para o orçamento da previdência do regime próprio. Quando o servidor, que completou os pressupostos da aposentação integral voluntária permanece no trabalho, a Administração economiza duas vezes: por não ter que pagar a aposentadoria e também por não ter que pagar remuneração para o servidor que será investido no cargo público no lugar daquele que se aposentou. Além disso, o Poder Público pode estar perdendo um servidor experiente e terá que substituí-lo por outro que, possivelmente, terá que passar por processo de treinamento até possuir a experiência do anterior.

O abono de permanência em serviço já foi previsto pelo Regime Geral de Previdência Social do INSS, na redação original da Lei nº 8.213/91, até o ano de 1995, e constava também no art. 8o, da EC no. 20/98, hoje revogado pela EC nº 41/2003.

6. A Contribuição dos Servidores para o Regime Facultativo Complementar

O art. 40, §§ 14/16, da Constituição, prevê a possibilidade de as entidades federativas criarem Regimes Facultativos Complementares de Previdência Social, passando, então, a limitar a proteção previdenciária dos respectivos Regimes Próprios ao valor do "teto" do INSS.

Na prática, a Constituição possibilita que sejam criados fundos de pensão para os servidores, aproximando o sistema de proteção dos Regimes Próprios daquele que é instituído pelo Regime Geral. Se não forem criados os fundos de pensão, o limite máximo do pagamento dos benefícios pelos regimes próprios obrigatórios será o previsto no art. 37, XI, da CRFB/1988. Se criarem, esse limite será o mesmo do previsto para o pagamento dos benefícios do RGPS pelo INSS.[6]

---

[6] O art. 40, § 16, Da Constituição, dispõe que a limitação do pagamento de benefícios do regime próprio e a correspondente disponibilização do regime complementar somente

A Regime Facultativo Complementar poderá ser instituído, em cada entidade federativa, por lei de iniciativa do respectivo Poder Executivo. Devem ser aplicados os princípios da previdência privada (art. 202, da CRFB/88) e os sistemas será mantido por intermédio de entidades fechadas de previdência complementar, de natureza pública, mediante o oferecimento de planos de benefícios somente na modalidade de contribuição definida.

No âmbito da União, a Lei nº 12.618/2012 instituiu o Regime de Previdência Complementar para os servidores públicos ocupantes de cargo efetivo e vitalício. Assim, para os servidores que tomaram posse em cargo público a contar da efetiva entrada em vigor dos Planos, a proteção do Regime Próprio ficou limitada ao "teto" do INSS e o Regime Facultativo passou a oferecer a complementação. Os planos oferecem seguro privado, de natureza complementar ao Regime Próprio, ao sendo autônomo em relação a ele. Os Planos de Previdência são oferecidos a todos os servidores ocupantes de cargo efetivo ou vitalício, mas são de adesão facultativa. São baseados na constituição de reservas técnicas (capitalização) em relação aos benefícios programáveis e devem assegurara pleno acesso à informação, transparência, solvência, segurança, liquidez e equilíbrio econômico-financeiro e atuarial.[7]

A União, suas autarquias e fundações são responsáveis, na qualidade de patrocinadores, pelo aporte de contribuições como patrocinadoras e pelo repasse das contribuições dos participantes. A contribuição do patrocinador e a do participante incidirão sobre a base de remuneração que exceder o "teto" do INSS, o que pode incluir, mediante opção, parcelas em decorrência de local de trabalho, de cargo comissionado ou função de confiança. Podem contribuir, sem patrocínio da União, os servidores que recebam remuneração inferior ao limite de "teto" do INSS.

---

podem ser aplicadas aos servidores que ingressarem no serviço público até a data da instituição do correspondente regime de previdência complementar mediante prévia e expressa opção dele. Portanto, o regime próprio de previdência limitado ao "teto" do INSS e o consequente oferecimento do regime complementar somente será imposto ao servidor que tenha ingressado no serviço público a partir da publicação do ato instituidor do novo regime complementar.

[7] A Lei Estadual do Rio de Janeiro nº 6.243/2012 instituiu o RJ PREV, Regime Facultativo Complementar para os servidores do Estado, sistema que segue, em linhas gerais, a orientação da Lei nº 12.618/2012, inclusive no que se refere à base de cálculo e às alíquotas de contribuição dos participantes de do patrocinador. Há previsão de que os municípios possam aderir ao sistema.

A alíquota de contribuição do participante será definida por ele anualmente. A do patrocinador será igual à do participante, mas não poderá exceder a 8,5%. O participante pode contribuir acima disso, sem contrapartida do patrocinador.

7. Conclusão

Até a promulgação da Emenda Constitucional nº 3/93 não havia um sistema propriamente previdenciário para os servidores organizado na Constituição. Em algumas entidades da Federação, as aposentadorias e pensões eram um favor do Estado, enquanto em outros os funcionários contribuíam somente para pensão, como ocorre, ainda hoje, com os militares. Em um sistema que funciona nessas bases, não se aplicam princípios previdenciários, em especial o de equilíbrio atuarial. O raciocínio é bem diferente: a sociedade sustenta seus servidores mediante ingressos públicos obtidos com receita tributária genérica, em reconhecimento à relevância de serviços prestados. Por este motivo, justificavam-se alguns institutos na legislação, como a cassação de aposentadoria dos funcionários inativos que não se mostram dignos do reconhecimento do povo, medida incompatível em um sistema de previdência, no qual não se pode cassar um provento em relação ao qual houve correspondente contribuição. O fato é que as legislações foram aos poucos sendo modificadas até a consolidação da proteção dos servidores na forma previdenciária.

A tendência é que os Regimes Próprios, agora com a conformação previdenciária e de natureza contributiva, encontrem o desejável equilíbrio financeiro e atuarial, ainda mais com a criação dos Regimes Facultativos Complementares de Previdência.

DOUTRINA DE LEITURA OBRIGATÓRIA

CAMPOS, Marcelo Barroso Lima Brito de. *Regime Próprio de Previdência Social dos Servidores Públicos*. Curitiba: Juruá, 2008.

MELO, José Eduardo Soares de. *Contribuições Sociais no Sistema Tributário*. São Paulo: Malheiros, 1996.

TAVARES, Marcelo Leonardo. "Reforma da Previdência Social – caminhos e descaminhos da proteção previdenciária dos servidores", in *Reforma da Previdência Social – temas polêmicos e aspectos controvertidos*. Rio de Janeiro: Lumen Juris, 2004.

_____. *Direito Previdenciário*. Rio de Janeiro: Lumen Juris, 6ª. Edição, 2004.

Contribuições Previdenciárias sobre a Receita nas Importações

MÁRCIO ÁVILA

1. Base constitucional

O estudo das contribuições previdenciárias sobre a receita nas importações deve começar pela análise constitucional. A autorização para a instituição do PIS/PASEP e da COFINS sobre a importação de bens e serviços provenientes do exterior foi trazida pela Emenda Constitucional nº 42/03, que alterou a redação dos arts. 149 e 195 da Constituição Federal. O § 2º, inc. I do art. 149 determina que as contribuições sociais de que trata o caput incidirão também sobre a importação de produtos estrangeiros ou serviços. Já o art. 195, inc. IV estabelece que a seguridade social será financiada, dentre outros, pela contribuição social a ser paga pelo importador de bens ou serviços do exterior, ou de quem a lei a ele equiparar.

Com base nesse duplo fundamento constitucional, a Medida Provisória nº 164/04, convertida na Lei nº 10.865/04, veio instituir referidas contribuições, que têm como sujeito ativo a União. A justificativa oficial (Exposição de Motivos da MP nº 164/04) para a incidência do PIS/PASEP e da COFINS na importação foi a seguinte:

> 2. "As contribuições sociais ora instituídas dão tratamento isonômico entre a tributação dos bens produzidos e serviços prestados no País, que sofrem a incidência da Contribuição para o PIS-PASEP e da Contribuição para o Financiamento Seguridade Social (COFINS), e os bens e serviços importados de residentes ou domiciliados no exterior, que passam a ser tributados às mesmas alíquotas dessas contribuições".

No Recurso Extraordinário nº 559.937/RS, objeto de repercussão geral, a Ministra Ellen Gracie, acertadamente, assentou que as contribuições incidentes na importação não guardam identidade com o PIS e a COFINS incidentes sobre operações internas, na medida em que possuem bases econômicas e fundamentos constitucionais diversos[1]. Ainda de acordo com a Ministra, os referidos gravames nas operações de importação seriam política tributária a equilibrar a balança comercial, o que tornaria inaplicável a comparação com o PIS e a COFINS incidentes sobre operações internas. O ponto de interseção seriam a destinação e o regime de não-cumulatividade.

Dispositivo de grande relevância é o § 1º do art. 20 da Lei nº 10.865/04, segundo o qual, as mencionadas contribuições incidentes na importação sujeitam-se, no que couber, às disposições da legislação do imposto de renda, do imposto de importação, especialmente quanto à valoração aduaneira, e da contribuição para o PIS/PASEP e da COFINS. É bem verdade que a exegese de um tributo com base nas disposições de outros tributos exige grande habilidade do intérprete, na medida em que apenas os pontos em comum entre as exações poderiam ser aproveitados. Mas quais seriam esses pontos comuns? A identificação fica a depender da envergadura jurídica do intérprete. Não há resposta segura. Apenas o caso concreto é capaz de demonstrá-la.

De qualquer forma, o § 1º do art. 20 da Lei nº 10.865/04 é um importante norte para o exercício exegético e para o preenchimento de lacunas sobre a matéria.

2. Fato gerador

As contribuições para o PIS/PASEP e a COFINS na importação têm como fato gerador a entrada de bens estrangeiros no território nacional, ou, o pagamento, o crédito, a entrega, o emprego ou a remessa de valores a residentes ou domiciliados no exterior como contraprestação por serviço prestado (respectivamente, incisos I e II do art. 3º da Lei nº 10.865/04).

Quanto à entrada do bem estrangeiro no território nacional, o fato gerador é concretizado através do registro da declaração de importação (DI). No caso de mercadoria a granel, por questões de logística e volatilidade do produto, a legislação aduaneira permite a realização de despacho

---

[1] STF. Recurso Extraordinário nº 559.937/RS. Tribunal Pleno. Relatora: Ministra Ellen Gracie. Relator para acórdão: Ministro Dias Toffoli. Data de Julgamento: 20.03.13. DJe: 17.10.13. Inf. nº 699.

antecipado (Instrução Normativa RFB nº 1.282, de 16 de julho de 2012). Mas, conforme assentado pela Primeira Turma do STJ, o registro antecipado da DI não tem o condão de alterar o momento da ocorrência do fato gerador, para fazê-lo retroagir (REsp nº 1.118.815/RS, Rel. Min. Luiz Fux, DJe 09/09/2010). No caso julgado, o contribuinte havia realizado o registro antecipado de declarações de importação antes do início da vigência da Lei nº 10.865/2004. Contudo, a entrada dos bens estrangeiros em território nacional ocorreu após a vigência da referida lei, tendo sido reconhecida a ocorrência dos fatos geradores, o que acarretou na validação da cobrança dos tributos devidos e da multa por atraso no recolhimento.

Outrossim, não é a prestação do serviço que constitui o fato gerador do PIS/COFINS na importação, mas a sua contraprestação. São dois fatos geradores bem destacados: a entrada do bem estrangeiro no território nacional ou a contraprestação por serviço prestado.

É possível perceber, reforçando o entendimento da Ministra Ellen Gracie no Recurso Extraordinário nº 559.937/RS, que as referidas contribuições não guardam identidade com o PIS e a COFINS incidentes sobre operações internas, pois as duas últimas contribuições têm como fato gerador o faturamento mensal, assim entendido o total das receitas auferidas pela pessoa jurídica (art. 1º das Leis 10.637/02 e 10.833/03).

O fato gerador da contraprestação por serviço prestado é que demanda maior atenção. Nos termos do parágrafo primeiro do art. 1º da Lei nº 10.865/04, a incidência do PIS e da COFINS na importação pressupõe que o prestador do serviço seja uma pessoa física ou jurídica residente no exterior e que a prestação do serviço seja executada: a) no país; ou, b) no exterior, mas cujo resultado se verifique no país. Quanto à execução do serviço no país, a regra parece suficientemente clara. As dúvidas surgem no item "b". O que significa um serviço que é executado no exterior, mas cujo resultado se verifique no país?

O tema ganha especial importância diante da necessidade de registro de diversas operações no ambiente do Sistema Integrado de Comércio Exterior de Serviços, Intangíveis e Outras Operações que produzam variações no patrimônio (SISCOSERV), que criou um verdadeiro *big brother* das tributações aduaneira e internacional[2]. Através do SISCOSERV,

---

[2] Nos termos do art. 25 da Lei nº 12.546/11: "É instituída a obrigação de prestar informações para fins econômico-comerciais ao Ministério do Desenvolvimento, Indústria e Comércio

é possível averiguar com maior eficiência, informações relativas à entrada e saída de valores do país. Apesar de não ser o intuito inicial do sistema, é fato que as autoridades tributárias terão mais uma ferramenta para fiscalizar a incidência de tributos em diversas hipóteses (IRRF, CIDE, PIS/COFINS-importação, ISS-importação, etc.).

O resultado que se verifique no país pode ser concebido sob três prismas diferentes, cada qual com suas respectivas consequências jurídica: a) utilidade do serviço; b) conclusão do serviço; ou, ainda, c) resultado econômico.

O resultado econômico traz em si, a ideia de efeito financeiro para a empresa brasileira, ainda que o serviço tenha sido integralmente prestado no exterior. Para essa linha de pensamento, se o serviço gerou ganhos financeiros para a contratante brasileira, haverá incidência das contribuições. Essa corrente deve ser afastada porque o serviço sempre é contratado com vistas a gerar algum proveito. A pessoa jurídica residente no Brasil normalmente aufere resultado econômico no País.

Ninguém contrata serviço com o intuito de se prejudicar financeiramente. É lógico que a prestação de serviço pode até causar algum tipo de prejuízo, mas essa nunca é a intenção inicial do contratante. Logo, esse entendimento leva à conclusão absurda segundo a qual toda e qualquer contratação efetuada por empresa brasileira de pessoa jurídica no exterior estaria sujeita à cobrança do PIS e da COFINS.

O resultado como conclusão do serviço está relacionado ao local onde o serviço é concluído. Referida corrente se apega aos fundamentos da territorialidade. Esse ponto é importante porque tem respaldo em entendimentos da própria Receita Federal do Brasil. Na Solução de Consulta nº 220, de 16 de agosto de 2012, da 8ª Região Fiscal, entendeu-se não incidir PIS/COFINS-importação sobre os pagamentos realizados a representante comercial residente ou domiciliado no exterior pela prestação de serviços de captação e intermediação de negócios lá efetuados[3].

Exterior relativas às transações entre residentes ou domiciliados no País e residentes ou domiciliados no exterior que compreendam serviços, intangíveis e outras operações que produzam variações no patrimônio das pessoas físicas, das pessoas jurídicas ou dos entes despersonalizados".

[3] "COFINS-IMPORTAÇÃO. REPRESENTAÇÃO COMERCIAL NO EXTERIOR. NÃO INCIDÊNCIA. Os pagamentos à representante comercial residente ou domiciliado no exterior pela prestação de serviços de captação e intermediação de negócios lá efetuados, não estão sujeitos à incidência da Contribuição por não configurarem hipótese de serviço prestado

O terceiro entendimento relaciona o conceito de resultado à utilidade do serviço. Perceba que as ideias de necessidade ("precisar") e utilidade ("benefício") do serviço estão sempre presentes nessa corrente de pensamento. Afere-se o local onde foi aproveitado o serviço, onde o serviço foi útil. Se a utilidade do serviço se der no Brasil, incidirão as contribuições. Caso negativo, os correspondentes fatos geradores não correrão.

Alberto Macedo defende a utilidade do serviço tanto para o ISS-importação quanto para o PIS/COFINS-importação, condicionando a incidência desses tributos ao fato de o beneficiário estar situado no Brasil. Confira (Grifamos):

> Não há, portanto, espaço para um entendimento em que o legislador, tanto do ISS quanto do PIS/COFINS, tenha adotado o critério do resultado-consumação, em detrimento do resultado-utilidade. (...) Mas e se, num serviço em que o prestador está localizado no exterior, o contratante estiver no Brasil, e o beneficiário estiver em outro país? Haveria importação de serviço para o Brasil? Tendo em vista a importância que a legislação (Lei Complementar nº 116/2003 e Lei nº 10.865/2004) conferiu ao conceito de resultado do serviço e à necessidade de que ele se concretize no Brasil para que haja importação de serviço, **é mister que no Brasil esteja domiciliado ao menos o beneficiário do serviço,** podendo essa figura se cumular com a do contratante, não sendo suficiente, portanto, para que haja importação de serviço para o Brasil,

no Brasil ou cujo resultado aqui se verifique. CONTRIBUIÇÃO PARA O PIS/PASEP-IMPORTAÇÃO. REPRESENTAÇÃO COMERCIAL NO EXTERIOR. NÃO INCIDÊNCIA. Os pagamentos à representante comercial residente ou domiciliado no exterior pela prestação de serviços de captação e intermediação de negócios lá efetuados, não estão sujeitos à incidência da Contribuição por não configurarem hipótese de serviço prestado no Brasil ou cujo resultado aqui se verifique". No mesmo sentido: Processo de Consulta nº 7/10. Superintendência Regional da Receita Federal – SRRF/7ª RF. Assunto: Contribuição para o Financiamento da Seguridade Social – Cofins. Ementa: "COMISSÕES SOBRE VENDAS NO EXTERIOR. REPRESENTANTES COMERCIAIS. COFINS -IMPORTAÇÃO. NÃO-INCIDÊNCIA. As comissões de vendas pagas a representantes comerciais no exterior por intermediação nas vendas lá efetuadas não estão sujeitas à incidência da Cofins – Importação , por não configurarem hipótese de serviço prestado no Brasil ou cujo resultado aqui se verifique". Assunto: Contribuição para o PIS/Pasep. Ementa: "COMISSÕES SOBRE VENDAS NO EXTERIOR. REPRESENTANTES COMERCIAIS. PIS/PASEP-IMPORTAÇÃO. NÃO-INCIDÊNCIA. As comissões de vendas pagas a representantes comerciais no exterior por intermediação nas vendas lá efetuadas não estão sujeitas à incidência da Contribuição para o PIS/PASEP-Importação, por não configurarem hipótese de serviço prestado no Brasil ou cujo resultado aqui se verifique".

que apenas a pessoa unicamente contratante (ou seja, sem ela ser também beneficiária do serviço) esteja situada no Brasil. (...) **Tanto no ISS quanto no PIS-Cofins-Importação, num serviço executado por prestador localizado no exterior, basta que o beneficiário esteja situado no Brasil para haver uma importação de serviço exigível por esses tributos**, podendo sua figura se fundir com a do contratante na mesma pessoa. Ao revés, se o beneficiário do serviço estiver localizado em outro país e somente o contratante estiver no Brasil, não haverá importação de serviço". (MACEDO, Alberto. ISS e PIS-Cofins-Importação – Critérios Espacial e Pessoal na Prestação Internacional de Serviços. **In:** *RDDT nº 187*. São Paulo: Dialética, 2011, p. 21-23 e 28).

No Processo de Consulta nº 35/11, da 8ª Região Fiscal, entendeu-se que o PIS e a COFINS incidiriam sobre as importâncias pagas, creditadas, entregues, empregadas ou remetidas ao exterior a título de remuneração pelo direito de uso de programa de computador (*software*), pelo fato de o resultado se verificar no Brasil[4]. O mesmo entendimento foi seguido no Processo de Consulta nº 46/07, da mesma região fiscal[5]. Em que pese essas manifestações da Receita Federal do Brasil adotarem o resultado como utilidade do serviço, possuem uma forte inconsistência: não enfrentam o

---

[4] "PAGAMENTOS AO EXTERIOR A TÍTULO DE LICENÇA OU CESSÃO DE USO DE SOFTWARE. As importâncias pagas, creditadas, entregues, empregadas ou remetidas ao exterior a título de remuneração pelo direito de uso de programa de computador – software, constituem fato gerador da Contribuição para o PIS/Pasep-Importação, por se tratar de serviço executado no exterior, cujo resultado se verifica no país. PAGAMENTOS AO EXTERIOR A TÍTULO DE LICENÇA OU CESSÃO DE USO DE SOFTWARE. As importâncias pagas, creditadas, entregues, empregadas ou remetidas ao exterior a título de remuneração pelo direito de uso de programa de computador, software, constituem fato gerador da Cofins – Importação, por se tratar de serviço executado no exterior, cujo resultado se verifica no país.

[5] "REMESSA AO EXTERIOR – Programas de Computador (Software). Contribuição para o Financiamento da Seguridade Social – COFINS. IMPORTAÇÃO DE SERVIÇOS (Programas de Computador) – Licença de Uso. FATO GERADOR As importâncias pagas, creditadas, entregues, empregadas ou remetidas ao exterior a título de remuneração mensal pelo direito de uso dos programas de computador – software, constituem fato gerador da Cofins, por se tratar de serviço executado no exterior, cujo resultado se verifica no país. Contribuição para o PIS/PASEP. IMPORTAÇÃO DE SERVIÇOS (Programas de Computador) – Licença de Uso. FATO GERADOR As importâncias pagas, creditadas, entregues, empregadas ou remetidas ao exterior a título de remuneração mensal pelo direito de uso dos programas de computador – software, constituem fato gerador da contribuição para o PIS/Pasep, por se tratar de serviço executado no exterior, cujo resultado se verifica no país".

fato de a licença ou cessão de uso de *software* não serem serviço propriamente dito, a justificar a incidência do PIS/COFINS-importação. Parece-nos claro que não estamos diante de serviço.

O processo de consulta exposto a seguir, da 7ª Região Fiscal, é bem mais interessante porque enfrenta a questão da inexistência de serviço (Grifamos):

>**Processo de Consulta nº 9/10**
>
>Superintendência Regional da Receita Federal – SRRF/7ª RF
>
>Assunto: Contribuição para o Financiamento da Seguridade Social – Cofins.
>
>Ementa: "REMESSA AO EXTERIOR. PAGAMENTO DE SEGURIDADE SOCIAL NO EXTERIOR. O fato gerador da Cofins-Importação independe de o serviço ser executado no País ou no exterior. Entretanto ressalta-se que, no caso de a execução ocorrer no exterior, a prestação de serviço deve gerar resultado no País. **A operação que consiste na remessa de valores ao exterior para pagamento da seguridade social no país de origem de funcionário estrangeiro de pessoa jurídica domiciliada no Brasil não se caracteriza como prestação de serviços, não se sujeitando, portanto, à incidência da Cofins-Importação.** Ainda que se configurasse uma prestação de serviços, essa remessa também não estaria sujeita à tributação da Cofins – Importação, já que o resultado da operação realizada não geraria efeitos no Brasil, mas, sim, no próprio país para onde o pagamento da seguridade social é efetuado".
>
>Assunto: Contribuição para o PIS/Pasep.
>
>Ementa: REMESSA AO EXTERIOR. PAGAMENTO DE SEGURIDADE SOCIAL NO EXTERIOR. O fato gerador da Contribuição para o PIS- Importação independe de o serviço ser executado no País ou no exterior. Entretanto ressalta-se que, no caso de a execução ocorrer no exterior, a prestação de serviço deve gerar resultado no País. **A operação que consiste na remessa de valores ao exterior para pagamento da seguridade social no país de origem de funcionário estrangeiro de pessoa jurídica domiciliada no Brasil não se caracteriza como prestação de serviços, não se sujeitando, portanto, à incidência da Contribuição para o PIS- Importação.** Ainda que se configurasse uma prestação de serviços, essa remessa também não estaria sujeita à tributação da Contribuição para o PIS- Importação, já que o resultado da operação realizada não geraria efeitos no Brasil, mas, sim, no próprio país para onde o pagamento da seguridade social é efetuado.

Da mesma forma, também no Processo de Consulta nº 412/07, da 8ª Região Fiscal, destacou-se que a simples licença de uso de marca, a título de *royalties*, não caracteriza contrapartida de serviços provenientes do exterior[6]. O mesmo raciocino é válido para o aluguel de equipamentos (Grifamos):

> Processo de Consulta nº 86/12
> Ementa: "COFINS-IMPORTAÇÃO. ALUGUEL. NÃO INCIDÊNCIA. Não há incidência da Cofins-Importação sobre o pagamento efetuado a pessoa física ou jurídica residente ou domiciliada no exterior pelo aluguel de servidores em datacenter situados também no exterior. **A contribuição incide sobre a importação de produtos estrangeiros ou serviços, não alcançando, portanto, as remessas efetuadas como contraprestação pelo aluguel de equipamentos.**
> SERVIÇOS EXECUTADOS NO EXTERIOR CUJO RESULTADO NÃO SE VERIFIQUE NO PAÍS. Não há incidência da Cofins – Importação sobre o pagamento efetuado à pessoa física ou jurídica residente ou domiciliada no exterior pela prestação de serviços provenientes e executados no exterior, cujo resultado não se verifique no País. Desta forma, não há incidência da contribuição sobre os serviços prestados por residentes ou domiciliados no exterior destinados a assegurar o bom funcionamento dos servidores a que se refere o tópico acima".

---

[6] Assunto: Contribuição para o Financiamento da Seguridade Social – Cofins. Ementa: "LICENÇA DE USO DE MARCA, PAGA A EMPRESA DOMICILIADA NO EXTERIOR. O pagamento, o crédito, a entrega, o emprego ou a remessa de valores a residentes ou domiciliados no exterior, por simples licença de uso de marca, a título de royalties, não caracterizam contrapartida de serviços provenientes do exterior, prestados por pessoa física ou pessoa jurídica residente ou domiciliada no exterior, executados no País, ou executados no exterior, cujo resultado se verifique no País, não cabendo a incidência da Cofins–importação". Assunto: Contribuição para o PIS/Pasep. Ementa: "LICENÇA DE USO DE MARCA, PAGA A EMPRESA DOMICILIADA NO EXTERIOR. O pagamento, o crédito, a entrega, o emprego ou a remessa de valores a residentes ou domiciliados no exterior, por simples licença de uso de marca, a título de royalties, não caracterizam contrapartida de serviços provenientes do exterior, prestados por pessoa física ou pessoa jurídica residente ou domiciliada no exterior, executados no País, ou executados no exterior, cujo resultado se verifique no País, não cabendo a incidência do PIS/Pasep–importação". A transferência pura e simples de tecnologia (*know-how*) não representa importação de serviços ou mercadorias, de forma que não há que se falar em incidência de PIS ou COFINS (Solução de Consulta nº 138/10 – 7ª Região Fiscal – DOU 24.02.11).

Não há incidência de PIS e COFINS sobre a aquisição de serviços de conferência por áudio, vídeo ou via *web* prestados por pessoa jurídica domiciliada no exterior, quando os destinatários desses serviços encontram-se fora do território nacional[7]. Também não incidem as contribuições sobre os pagamentos efetuados a prestadores estrangeiros, por serviços relativos ao registro/depósito no exterior de marcas, patentes e desenhos industriais, de propriedade de residentes ou domiciliados no Brasil, por não configurarem hipóteses de serviços prestados no Brasil ou cujo resultado aqui se verifique[8].

No Processo de Consulta nº 40/08, da 4ª Região Fiscal, ficou assentado que as contribuições não abrangeriam a remessa ao exterior pela prestação de serviços de divulgação e promoção de destinos turísticos brasileiros, porque estes teriam sido realizados por pessoa física ou pessoa jurídica residente ou domiciliada no exterior, além de a execução e o resultado

---

[7] Processo de Consulta nº 327/11. Superintendência Regional da Receita Federal – SRRF/8ª RF. Assunto: Contribuição para o PIS/Pasep. Ementa: "IMPORTAÇÃO DE SERVIÇOS. NÃO INCIDÊNCIA. Não há incidência de PIS/Pasep-Importação na importação de serviços provenientes e executados no exterior, prestados por pessoa física ou pessoa jurídica residente ou domiciliada no exterior, cujo resultado não se verifique no País. Por isso, não há incidência de PIS/Pasep- Importação sobre a aquisição de serviços de conferência por áudio, vídeo ou via web prestados por pessoa jurídica domiciliada no exterior, quando os destinatários desses serviços encontram-se fora do território nacional". Assunto: Contribuição para o Financiamento da Seguridade Social – Cofins. "IMPORTAÇÃO DE SERVIÇOS. NÃO INCIDÊNCIA. Não há incidência de Cofins – Importação na importação de serviços provenientes e executados no exterior, prestados por pessoa física ou pessoa jurídica residente ou domiciliada no exterior, cujo resultado não se verifique no País. Por isso, não há incidência de Cofins – Importação sobre a aquisição de serviços de conferência por áudio, vídeo ou via web prestados por pessoa jurídica domiciliada no exterior, quando os destinatários desses serviços encontram-se fora do território nacional".

[8] Processo de Consulta nº 63/06. Superintendência Regional da Receita Federal – SRRF/10ª RF. Assunto: Outros Tributos ou Contribuições. Ementa: "CONTRIBUIÇÃO PARA O PIS/PASEP-IMPORTAÇÃO. Não incide a Contribuição para o PIS/Pasep- Importação sobre os pagamentos efetuados a prestadores estrangeiros, por serviços relativos ao registro/depósito no exterior de marcas, patentes e desenhos industriais, de propriedade de residentes ou domiciliados no Brasil, por não configurarem hipóteses de serviços prestados no Brasil ou cujo resultado aqui se verifique. COFINS -IMPORTAÇÃO. Não incide a Cofins – Importação sobre os pagamentos efetuados a prestadores estrangeiros, por serviços relativos ao registro/depósito no exterior de marcas, patentes e desenhos industriais, de propriedade de residentes ou domiciliados no Brasil, por não configurarem hipóteses de serviços prestados no Brasil ou cujo resultado aqui se verifique".

dos serviços terem ocorrido no exterior[9]. A resposta à consulta formulada foi bastante esclarecedora quanto ao ponto: "Entende-se que o resultado verifica-se no exterior quando a divulgação e a promoção realizam-se no exterior e atingem público alvo localizado no exterior". É possível perceber que na presente solução de consulta o conceito de resultado fica vinculado tanto à conclusão do serviço quanto à sua utilidade.

Expostas as três correntes sobre o conceito de resultado verificado no país, entendemos que o local da conclusão do serviço como hipótese de incidência do tributo, por si só, remete à prestação do serviço executada no Brasil. Por outro lado, a simples utilidade do serviço para a empresa brasileira é uma conexão muito fraca com o território nacional. Com vistas à manutenção da constitucionalidade do art. 1º, § 1º, inc. II da Lei nº 10.865/04, defendemos que a hipótese de incidência do PIS/COFINS--importação deve pressupor dois requisitos cumulativos: a conclusão do serviço no Brasil e a presença do beneficiário no território nacional.

3. Base de cálculo, alíquota e lançamento

A base de cálculo na importação de bens, nos termos da antiga redação do art. 7º, inciso I da Lei nº 10.865/04, era a seguinte:

> Art. 7º, I – o valor aduaneiro, assim entendido, para os efeitos desta Lei, o valor que servir ou que serviria de base para o cálculo do imposto de impor-

---

[9] "Despesas. Serviços Executados no Exterior. Promoção de Destinos Turísticos Brasileiros. Remessa ao Exterior. A incidência da Contribuição Social para o Financiamento da Seguridade Social devida pelo Importador de Bens Estrangeiros ou Serviços do Exterior – COFINS – Importação, não abrange a remessa ao exterior pela prestação de serviços de divulgação e promoção de destinos turísticos brasileiros, quando estes forem realizados por pessoa física ou pessoa jurídica residente ou domiciliada no exterior, desde que a execução e o resultado dos serviços se perfaça no exterior. Entende-se que o resultado verifica-se no exterior quando a divulgação e a promoção realizam-se no exterior e atingem público alvo localizado no exterior. ASUNTO: Contribuição para o PIS/Pasep. Ementa: Despesas. Serviços Executados no Exterior. Promoção de Destinos Turísticos Brasileiros. Remessa ao Exterior. A incidência da Contribuição para os Programas de Integração Social e de Formação do Patrimônio do Servidor Público incidente na Importação de Produtos Estrangeiros ou Serviços – PIS/PASEP-Importação, não abrange a remessa ao exterior pela prestação de serviços de divulgação e promoção de destinos turísticos brasileiros, quando estes forem realizados por pessoa física ou pessoa jurídica residente ou domiciliada no exterior, desde que a execução e o resultado dos serviços se perfaça no exterior. Entende-se que o resultado verifica-se no exterior quando a divulgação e a promoção realizam-se no exterior e atingem público-alvo localizado no exterior. Legislação: Lei nº 10.865, de 2004".

tação, acrescido do valor do Imposto sobre Operações Relativas à Circulação de Mercadorias e sobre Prestação de Serviços de Transporte Interestadual e Intermunicipal e de Comunicação – ICMS incidente no desembaraço aduaneiro e do valor das próprias contribuições, na hipótese do inciso I do caput do art. 3º desta Lei;

Fácil perceber que o conceito de valor aduaneiro foi bastante alargado pelo dispositivo legal. O Decreto Legislativo nº 30/94 aprovou o Acordo sobre a Implementação do Artigo VII do Acordo Geral sobre Tarifas e Comércio – GATT 1994 (Acordo de Valoração Aduaneira – AVA), enquanto o Decreto nº 1.355/94 o promulgou. O Regulamento Aduaneiro (Decreto nº 6.759/09) cuida da matéria, ao prever[10]:

Art. 76. Toda mercadoria submetida a despacho de importação está sujeita ao controle do correspondente valor aduaneiro.
Parágrafo único. O controle a que se refere o caput consiste na verificação da conformidade do valor aduaneiro declarado pelo importador com as regras estabelecidas no Acordo de Valoração Aduaneira.
Art. 77. Integram o valor aduaneiro, independentemente do método de valoração utilizado:
I – o custo de transporte da mercadoria importada até o porto ou o aeroporto alfandegado de descarga ou o ponto de fronteira alfandegado onde devam ser cumpridas as formalidades de entrada no território aduaneiro;
II – os gastos relativos à carga, à descarga e ao manuseio, associados ao transporte da mercadoria importada, até a chegada aos locais referidos no inciso I; e
III – o custo do seguro da mercadoria durante as operações referidas nos incisos I e II.

O Tribunal Regional Federal da 4ª Região declarou a inconstitucionalidade parcial do art. 7º, inc. I da Lei nº 10.865/04. A União interpôs recurso extraordinário (RE nº 559.937/RS), aduzindo sua constitucio-

---

[10] Em que pese os citados dispositivos do Regulamento Aduaneiro referirem-se ao imposto de importação, não se pode olvidar o previsto no § 1º do art. 20 da Lei nº 10.865/04, segundo o qual, as contribuições incidentes na importação sujeitam-se, no que couber, às disposições da legislação do imposto de renda, do imposto de importação, especialmente quanto à valoração aduaneira, e da contribuição para o PIS/PASEP e da COFINS.

nalidade. A pessoa jurídica recorrida sustentou que a ampliação da base de cálculo dos tributos em discussão violaria sobremaneira os princípios da segurança jurídica, da capacidade contributiva, não cumulatividade e a própria isonomia arguida pelo Fisco, ultrapassando os limites do conceito de "valor aduaneiro" estampado no art. 149, § 2º, inc. III, alínea "a", da Constituição Federal.

Acertadamente, o STF julgou inconstitucional a segunda parte do art. 7º, inc. I, da Lei 10.865/04 ("acrescido do valor do Imposto sobre Operações Relativas à Circulação de Mercadorias e sobre Prestação de Serviços de Transporte Interestadual e Intermunicipal e de Comunicação – ICMS incidente no desembaraço aduaneiro e do valor das próprias contribuições"). Entendeu-se que a referência ao valor aduaneiro inserta no art. 149, § 2º, III, alínea *"a"* da Constituição Federal implicou utilização de expressão com sentido técnico inequívoco, porquanto já era utilizada pela legislação tributária para indicar a base de cálculo do imposto de importação.

Tendo em vista a decisão plenária da Suprema Corte, a Lei nº 12.865/13 alterou o referido inciso, estabelecendo apenas o valor aduaneiro como base de cálculo para as contribuições.

A não-cumulatividade do PIS/COFINS-importação é prevista nos artigos 15 a 18 da Lei nº 10.865/04. Consta do § 12º do art. 195 da Constituição Federal de 1988 (redação dada pela Emenda Constitucional nº 42/03) que a lei definirá os setores de atividade econômica para os quais as contribuições do importador de bens e serviços do exterior serão não-cumulativas. Diante da previsão constante da Carta Magna, foi questionada a constitucionalidade do § 3º do art. 31 da Lei nº 10.865/04, que estabelece a vedação, a partir do último dia do terceiro mês subseqüente ao da publicação da referida lei, do crédito relativo a aluguel e contraprestação de arrendamento mercantil de bens que já tenham integrado o patrimônio da pessoa jurídica. Nestes termos, por violação ao *status* constitucional da não-cumulatividade, foi reconhecida a repercussão geral no Recurso Extraordinário com Agravo nº 790.928/PE (Rel. Min. Luiz Fux). O recurso está pendente de julgamento no STF.

No que se refere à importação de serviços, a base de cálculo é o valor pago, creditado, entregue, empregado ou remetido para o exterior, antes da retenção do imposto de renda, acrescido do ISS e do valor das próprias contribuições (art. 7º, inc. II da Lei nº 10.865/04).

Enquanto a alíquota do PIS/PASEP-Importação é de 1,65% (um inteiro e sessenta e cinco centésimos por cento), a COFINS-Importação é de 7,6%

(sete inteiros e seis décimos por cento). No Recurso Extraordinário nº 633.345/ES (Rel. Min. Marco Aurélio), foi reconhecida repercussão geral em disputa relativa a alíquotas diferenciadas para a importação de autopeças. No recurso, uma distribuidora questiona por que fabricantes de máquinas e veículos podem recolher menores valores ao PIS e a Cofins, enquanto distribuidores pagam mais. A cobrança na importação de autopeças é de 2,3% para o PIS e 10,8% para a Cofins, mas para fabricantes de máquinas ou equipamentos aplicam-se as alíquotas gerais, de 1,65% de PIS e 7,6% de Cofins. O Tribunal Regional Federal (TRF) da 2ª Região entende que a regra é constitucional, devido à finalidade extrafiscal das contribuições, voltadas ao fomento da indústria automobilística nacional. A diferenciação demonstraria o papel normativo e regulador da atividade econômica pelo Estado. Já a recorrente alega que a interpretação do TRF foi incorreta, uma vez que as contribuições foram criadas com o propósito específico de financiar a seguridade social, possuindo caráter tipicamente fiscal. Os tributos extrafiscais, alega, seriam apenas os impostos de responsabilidade da União elencados no artigo 153, parágrafo 1º, da Constituição Federal. O recurso encontra-se pendente de julgamento.

O lançamento do PIS/COFINS-importação é feito por homologação.

4. Sujeito passivo

No caso da importação de serviços, contribuinte é a pessoa física ou jurídica contratante de serviços de residente ou domiciliado no exterior, ou, na hipótese em que o contratante também seja residente ou domiciliado no exterior, o beneficiário do serviço (art. 5º, incisos II e III da Lei nº 10.865/04). Como visto anteriormente, para que o fato gerador ocorra, não basta que o beneficiário seja residente no Brasil. A conclusão do serviço também deve se dar em território nacional.

Quanto à importação de bens estrangeiros, é contribuinte o importador, assim considerada a pessoa física ou jurídica que promova a entrada de bens estrangeiros no território nacional (art. 5º, inc. I da Lei nº 10.865/04).

Referencias bibliográficas:

MACEDO, Alberto. ISS e PIS-Cofins-Importação – Critérios Espacial e Pessoal na Prestação Internacional de Serviços. **In:** *RDDT nº 187*. São Paulo: Dialética, 2011.

Contribuições de Intervenção no Domínio Econômico – Perfil Constitucional – Elementos para um Modelo de Controle

Marco Aurélio Greco

1. Introdução

A instituição e a cobrança de Contribuições de Intervenção no Domínio Econômico têm fundamento constitucional no artigo 149 da CF/88.[1]

Preceito singelo que tem suscitado amplo debate doutrinário e jurisprudencial a respeito da sua amplitude e das relações que se instauram com os demais preceitos do Capítulo da Constituição dedicado ao Sistema Tributário Nacional, bem como com os princípios e regras que estabelece em matéria de Finanças Públicas.

---

[1] "Art. 149. Compete exclusivamente à União instituir contribuições sociais, de intervenção no domínio econômico e de interesse das categorias profissionais ou econômicas, como instrumento de sua atuação nas respectivas áreas, observado o disposto nos arts. 146, III, e 150, I e III, e sem prejuízo do previsto no art. 195, § 6º, relativamente às contribuições a que alude o dispositivo. § 1º Os Estados, o Distrito Federal e os Municípios instituirão contribuição, cobrada de seus servidores, para o custeio, em benefício destes, do regime previdenciário de que trata o art. 40, cuja alíquota não será inferior à da contribuição dos servidores titulares de cargos efetivos da União. § 2º As contribuições sociais e de intervenção no domínio econômico de que trata o *caput* deste artigo: I – não incidirão sobre as receitas decorrentes de exportação; II – incidirão também sobre a importação de produtos estrangeiros ou serviços; III – poderão ter alíquotas: a) *ad valorem*, tendo por base o faturamento, a receita bruta ou o valor da operação e, no caso de importação, o valor aduaneiro; b) específica, tendo por base a unidade de medida adotada. § 3º A pessoa natural destinatária das operações de importação poderá ser equiparada a pessoa jurídica, na forma da lei. § 4º A lei definirá as hipóteses em que as contribuições incidirão uma única vez."

O presente estudo volta-se exclusivamente à figura da CIDE o que significa estarem fora do objeto de análise as questões ligadas às demais contribuições.

As CIDE's assumem especial relevância no âmbito da experiência jurídico-tributária brasileira, pois nosso País apresenta um perfil todo peculiar em termos de exigências pecuniárias compulsórias a título de contribuições. A minudência com que a Constituição disciplina a figura é peculiaridade exclusivamente brasileira. A experiência estrangeira, neste tema, é de pouca valia.

Tratei destes temas em várias oportunidades.[2] Muito mais existe para dizer e vários aspectos ainda merecem aprofundamento. No momento, limito-me a uma breve sistematização dos temas fundamentais que cercam o debate sobre a figura e, para tanto, renovo e consolido as considerações feitas nos textos mencionados em rodapé que aqui retornam.

Cinco temas podem ser apontados como os principais que cercam as CIDE's:

a) Sua natureza tributária, ou não;
b) O critério constitucional de validação das leis que instituem as CIDE's;
c) O regime constitucional destas contribuições;
d) As bases de cálculo admissíveis; e
e) As consequências da não aplicação dos recursos arrecadados nas finalidades que justificaram sua instituição.

---

[2] Enfrentei alguns dos problemas das CIDE's no meu *Contribuições – uma figura sui generis*, São Paulo: Dialética, 2000; no artigo *Contribuição de Intervenção no Domínio Econômico – Parâmetros para sua criação*, no volume que coordenei "Contribuições de intervenção no domínio econômico e figuras afins", São Paulo: Dialética, 2001, p.11-31 e em dois pareceres publicados na Revista Dialética de Direito Tributário São Paulo: Dialética, n. 99, p.133-151 e n. 104, p.122-140 intitulados, respectivamente, *Contribuição de intervenção no domínio econômico sobre "royalties"* e *A destinação dos recursos decorrentes da contribuição de intervenção no domínio econômico – Cide sobre combustíveis*. Tratei também de alguns dos temas aqui examinados no artigo "Contribuições de intervenção no domínio econômico. Elementos para um modelo de controle" veiculado pela Revista Direito em Foco-Direito Tributário, coord. da obra Marcus Lívio Gomes, Rio de Janeiro: Ed. Impetus, s/data, p. 30-37; e no texto "Em busca do controle sobre as CIDE's" publicado no volume "Direito das Telecomunicações e tributação", coord. André Mendes Moreira e outros, São Paulo: ABETEL/Quartier Latin, 2006, p. 312-336 e em "Comentário ao artigo 149 da CF/88" (no volume "Comentários à Constituição do Brasil", coord. Gomes Canotilho, Gilmar Mendes et allii, São Paulo/Coimbra/Brasília: Saraiva, Almedina, IDP; 2013).

Expostos estes cinco temas, cabe, então, desenhar um modelo de controle da instituição e cobrança das CIDE's.

2. Natureza jurídica das contribuições

2.1. Nos termos do artigo 149 da CF/88, aplicam-se às CIDE's as regras previstas nos seus artigos 146, III e 150, I e III. Com isto, o dispositivo afasta a discussão quanto às contribuições estarem ou não sujeitas aos preceitos do Código Tributário Nacional (recebido como lei complementar) e às exigências de legalidade, irretroatividade da lei e anterioridade plena conjugada com os noventa dias da letra "c" do inciso III do artigo 150 (pois a nonagesimal simples aplica-se apenas às contribuições sociais do artigo 195). Nestes pontos não há distinções relevantes da disciplina aplicável quando se trata de impostos, taxas e CIDE's.

Observe-se, apenas, que a remissão contida no artigo 149, *caput* dá fundamento para a lei complementar definir os fatos geradores das contribuições (as bases de cálculo estão no § 2º do artigo 149), competência ainda não exercida, mas que seria relevante instrumento de controle da sua criação, pois agregaria ao CTN um novo papel não cogitado ao ensejo da sua edição (1966).

A falta de lei complementar, porém, não impede o exercício da competência da União para criar CIDE's, posto que se trata de ausência de norma geral à qual se aplica o mesmo critério estabelecido no artigo 24, § 3º da CF/88.

Diante da relevância que legalidade, irretroatividade e anterioridade têm na definição do regime jurídico aplicável aos tributos em geral, a maioria da doutrina e a jurisprudência do Supremo Tribunal Federal e do Superior Tribunal de Justiça caminharam no sentido de afirmar a natureza tributária das contribuições.

Apesar de tais pronunciamentos, é importante mencionar que o artigo 149 veicula um comando inequívoco quanto à aplicação de alguns preceitos constitucionais às contribuições (não de todos que integram o regime tributário), mas não contem uma palavra sobre a natureza jurídica da figura. Aliás, nem seria pertinente a Constituição dedicar-se a classificar ou a definir a natureza de figuras ou institutos jurídicos. A Constituição consagra os princípios, objetivos, regras e diretrizes considerados fundamentais pela sociedade civil e disciplina o funcionamento do Estado como instrumento para seu atingimento.

Mandar aplicar parte do regime jurídico de certa categoria não significa afirmar a identidade de natureza entre esta e a outra. Ao revés, se as contribuições tivessem natureza tributária bastaria ao Constituinte tratá-las como tal e a aplicação do regime jurídico viria por si. Aliás, a grande utilidade da discussão sobre a natureza jurídica de certa categoria está em servir de instrumento para identificar o regime jurídico que lhe seja aplicável; mas não o inverso. O regime jurídico é algo que o ordenamento prevê para certas figuras; não é o regime que define a respectiva natureza. Partir do regime para definir a natureza da figura é como tomar a nuvem por Juno.

No passado, no auge da visão positivista (mais de 40 anos atrás) que identificava natureza com regime jurídico, afirmei a equivalência destes termos quando tratei da noção de serviço público;[3] mas esta posição mostrou-se parcial e inadequada para interpretar e aplicar o direito positivo, pois a fenomenologia jurídica não se esgota na norma posta.[4]

Aliás, afirmar a natureza tributária das contribuições do artigo 149 gera perplexidades, basta lembrar a figura da contribuição exigida de servidores públicos para custeio dos respectivos sistemas de previdência em que a entidade pública cobra de seus próprios servidores (e fixa sua remuneração).

2.2. Sublinhe-se, também, que as contribuições não se confundem com impostos com destinação específica (os denominados impostos de escopo).

Embora em ambas as figuras haja previsão expressa quanto à aplicação do respectivo produto da arrecadação, a distinção está no ponto de partida da edição da lei.

Impostos com destinação específica são impostos porque a respectiva norma atributiva de competência adota o critério de especificar determinada materialidade à vista da qual a exigência pode ser instituída e, depois dessa atribuição, uma segunda regra dispõe sobre a destinação do respectivo produto da arrecadação.

Nas contribuições, a norma de competência qualifica uma finalidade – em geral sem indicar materialidades – que será o parâmetro básico para determinar quais materialidades, sujeitos passivos, dimensão da exigência etc. a ela serão compatíveis.

---

[3] "Aspectos da concessão de serviço público", Revista de Direito Público, São Paulo: Editora Revista dos Tribunais, n. 21, julho/setembro, 1972, p.53-88.
[4] Veja-se o meu "Crise do formalismo no Direito Tributário Brasileiro", Revista da PGFN, vol. 1, p. 9-18, 2011.

A diferença fundamental entre as figuras está nas respectivas normas constitucionais atributivas de competência. Num caso, a Constituição imuniza à impugnação as leis editadas socorrendo-se de uma técnica de validação condicional, no outro uma validação finalista.

2.3. As contribuições previstas no artigo 149, *caput* são exigidas para obter algo (alcançar determinada finalidade) julgado relevante pela sociedade civil e não porque alguém detém determinada riqueza ou usufrui de alguma atividade do Estado. Agir em contemplação de algo reputado relevante para a sociedade e que extrapola as potencialidades financeiras ou econômicas individuais faz com que as contribuições correspondam a uma exigência pecuniária em que a idéia de solidariedade social se manifesta claramente (CF/88 artigo 3º, I).[5]

O fundamento imediato das contribuições é a circunstância de o contribuinte pertencer a determinado grupo relativamente ao qual é possível identificar certa circunstância que pede uma atuação da União. É o fato de integrar aquela área – vale dizer, certo grupo econômico ou social – que o relaciona aos destinos do conjunto e justifica que deles participe contribuindo em certa medida.[6]

Ou seja, a idéia de grupo de "pertencer a", de "fazer parte de", é que fundamenta, em última análise, a figura das contribuições.

Os recursos arrecadados através de contribuições se originam num grupo e em benefício dele devem ser aplicados. Além de esta conclusão corresponder a característica inerente à figura pelo seu caráter solidarista, é previsão expressa do § 1º ao mencionar que o custeio deve ser em benefício dos servidores.

Trata-se de característica explicitada no caso de contribuições de servidores, que corresponde a exigência de todas as contribuições. Os recursos vêm do grupo e devem voltar ao grupo (ainda que não às mesmas pessoas que pagaram a contribuição).[7]

---

[5] Veja-se o meu "Solidariedade social e tributação" no volume de mesmo nome que coordenei em conjunto com Marciano Seabra de Godói, São Paulo: Dialética, 2005, p. 168-189.
[6] A relevância do grupo foi reconhecida expressamente pelo Supremo Tribunal Federal na ADI-3105, DJ-18.02.2005.
[7] Neste aspecto, veja-se a decisão do Supremo Tribunal Federal no caso do Adicional de Tarifa Portuária, RE-218.061, comentado no item 7.2.6.

3. Validação finalística e insuficiência do exame da hipótese de incidência

O artigo 149 da CF/88 contempla uma norma atributiva de competência legislativa. Para tanto, utiliza o critério de indicar finalidades a serem buscadas com a instituição das exações nele previstas. Diferentemente do que ocorre com as normas atributivas de competência para instituir impostos, ele não indica materialidades existentes no mundo concreto.

A previsão de distintos critérios de atribuição de competência legislativa acarreta reflexos nos parâmetros de controle da constitucionalidade das leis que vierem a ser editadas com fundamento nos respectivos dispositivos.

Quando a CF/88 atribui competência mediante a indicação de certa materialidade (p.ex., legislar sobre "águas", no artigo 22, IV), o critério básico para o controle formal da constitucionalidade da lei editada com este fundamento consiste em verificar se a hipótese contemplada na lei alcança apenas aquilo que pertença àquele gênero de objetos. Por decorrência, na aplicação da respectiva lei é possível afastar sua incidência sempre que o objeto concreto não tiver a natureza encampada pela norma constitucional atributiva de competência legislativa.

Atribui-se competência para legislar sobre algo que se conhece; portanto, a ótica assumida por este tipo de norma constitucional foca o passado como referencial. Passado no sentido de dizer respeito a um objeto cuja natureza foi escolhida pela CF e cujo surgimento concreto condiciona a incidência da lei editada. Vale dizer, a atribuição de competência se deu à vista do passado e a incidência da lei dar-se-á à vista de algo também passado (em relação ao momento em que ela [incidência] ocorrer. Ademais, com isto define-se um conjunto fechado de objetos alcançáveis, ainda que os contornos periféricos desse universo possam ser nebulosos. Mas, certamente, o que não tiver a natureza do objeto contemplado na norma constitucional não poderá ser alcançado pela lei editada.

Neste modelo de atribuição de competência legislativa, os controles de constitucionalidade da lei e de legalidade da sua aplicação apóiam-se num critério de inclusão, no sentido de só caber a norma se a materialidade prevista na lei "estiver incluída" no universo de objetos contemplado no preceito constitucional; do mesmo modo, só caberá aplicar a lei se as qualidades que determinam a natureza do objeto compuserem o conjunto previsto na lei. A adoção de um critério de inclusão, naquilo que autores de Teoria Geral do Direito denominam de racionalidade de subsunção,[8] permite que intérprete e aplicador cheguem a uma resposta do tipo "sim ou não".

A situação é diversa quando o critério de atribuição de competência corresponde a uma finalidade (p.ex., proteger a infância ou a juventude). Nestes casos, a norma constitucional não se apóia no passado (conhecido) para determinar o conjunto de condutas ou objetos que poderá ser alcançado pela lei. Ao revés, ela autoriza sejam alcançados pela lei quaisquer objetos e condutas que tiverem relevância ou cujos efeitos práticos possam conduzir à proteção da infância e da juventude ou prejudicar sua obtenção. Não se sabe, por antecipação e à luz da sua natureza, qual o conjunto alcançado. Portanto, o critério de qualificação do universo captável pela lei deixa de ser ontológico, e passa a ser funcional; vale dizer, tudo aquilo que funcionalmente conduzir à proteção ou evitar o comprometimento de certo valor ou bem jurídico.

Portanto, a racionalidade que informa este modelo não é de mera subsunção, mas uma racionalidade que dá predominância aos fins buscados, ao invés dos meios para atingi-los. É uma racionalidade que conduz à busca da modificação da realidade e não apenas à sua repetição; é uma racionalidade que olha para o futuro para encontrar, no presente, os objetos e as condutas que estejam em sintonia (a merecer apoio) ou, ao revés, se afastem do fim buscado (e devem ser proibidos ou evitados).

O controle de constitucionalidade de leis editadas com fundamento em normas atributivas de competência finalisticamente qualificada supõe, portanto, um debate sobre a compatibilidade entre os meios (escolhidos pela lei) e os fins contemplados na Constituição. Isto abre duas linhas de cogitação igualmente relevantes: (i) no plano da determinação do perfil, do sentido e da amplitude dos fins torna-se necessário proceder a uma ponderação do seu peso axiológico no contexto constitucional o que faz com que o debate assuma um certo "aroma político", como é normal em todo debate que diga respeito a finalidades perseguidas; e (ii) no plano da verificação da compatibilidade entre meios escolhidos e fins contemplados, identifica-se o espaço próprio para aplicação do denominado "princípio da proporcionalidade".

---

[8] ERIKSSON, Lars, "Tendencias conflictivas en el derecho moderno", no volume *La normatividad del derecho*, Barcelona: Gedisa, 1997, coord. Aulis Aarnio e outros, p. 113-125.

Este segundo modelo está retratado no *caput* do artigo 149. Nele não se encontram indicações de materialidades "sobre" as quais poderão incidir as contribuições; nem mesmo a introdução do § 2º (examinado abaixo) afasta a escolha de fins como parâmetro de validade das leis editadas.

As contribuições não são instituídas e cobradas "por que" há manifestação de capacidade contributiva (caso dos impostos) ou atividade estatal específica (taxas); ao revés, elas são instituídas e cobradas "para que" algo seja obtido (a satisfação de uma necessidade social através de uma política pública; o desenvolvimento de um setor econômico estratégico etc.). Adotar como relevante "algo a ser obtido" significa que o parâmetro de referência não é o passado, mas o futuro; vale dizer, a CF/88 autoriza sejam instituídas contribuições para que se obtenha algo que ainda não existe e cuja persecução é tarefa da União.

Isto não significa que a lei específica que instituir uma contribuição não terá uma hipótese de incidência que preveja as situações concretas que, se e quando ocorridas, deflagrarão consequências voltadas à transferência de dinheiro aos cofres públicos. Toda lei precisa indicar os fatos deflagradores de seus preceitos; como tal, toda lei possui hipótese de incidência.

A exposição acima não afasta a importância do exame da hipótese de incidência, apenas acentua que, no controle de constitucionalidade das leis editadas com fundamento no artigo 149, o primeiro passo não é examinar a materialidade alcançada pela lei, mas aferir a sintonia do preceito com a finalidade constitucional. Inexistindo tal sintonia, não importa qual tenha sido a hipótese prevista: a lei não encontrará fundamento constitucional de validade.

Superado o controle pela finalidade constitucional, então caberá examinar os contornos que a lei adotou para definir a hipótese de incidência da exação e eventuais outras insuficiências poderão ser detectadas.

Em suma, o modelo das materialidades está focado predominantemente na hipótese da norma, enquanto o modelo das finalidades dá relevância aos efeitos práticos das condutas realizadas de acordo com a norma. Vale dizer, os efeitos práticos é que poderão tornar real a finalidade buscada a ocorrer em momento futuro; portanto, é algo que transcende a norma de incidência. São óticas absolutamente diversas e irredutíveis uma à outra.

4. Regime constitucional das CIDE's

O artigo 149 da CF/88 submete as CIDE's a algumas regras aplicáveis a impostos e taxas, mas não determina a observância de outros preceitos pertinentes aos tributos em geral. De fato, o artigo 149, *caput* manda aplicar o inciso III do artigo 146, mas nada diz quanto aos incisos I (conflitos de competência) e II (limitações constitucionais); manda aplicar os incisos I e III do artigo 150, mas não menciona os incisos II (isonomia), IV (vedação ao confisco), V (limitações ao tráfego) e VI (imunidades). Também não há referência ao artigo 145, § 1º (capacidade contributiva) e ao artigo 151, I (uniformidade do tributo federal no território nacional).

O fato de tais dispositivos não estarem expressamente mencionados no artigo 149 pode ser interpretado como hipótese de inaplicabilidade às contribuições ou então, como situação em que é preciso verificar se e quando eles podem ser aplicáveis, se for o caso. Vale dizer, como eventual aplicação e não como rejeição categórica a esta possibilidade.

A segunda interpretação é a mais consentânea com o texto constitucional, pois o desatendimento a alguns dos dispositivos não expressamente referidos poderá configurar uma violação oblíqua à CF/88, por exemplo, por infringir o artigo 5º, LIV por falta de racionalidade da exigência; ao artigo 170 por violação a algum dos princípios da ordem econômica etc. Por isso, cumpre verificar, caso a caso, se se trata de aplicar, ou não, outros dispositivos não enumerados no *caput* do artigo 149.

4.2. A falta de referência expressa não significa inexistirem limites à criação de CIDE's.

De fato, as exações pecuniárias (máxime o tributo) assumem na CF/88 um papel nitidamente instrumental da geração de recursos financeiros que assegurem o funcionamento do Estado visto como agente responsável pelos serviços públicos (em sentido lato) e pela implementação de políticas públicas.

Por isso, as hipóteses de cabimento das contribuições serão encontradas no contexto da CF/88; vale dizer, fora do Capítulo do Sistema Tributário. Este capítulo limita-se a desenhar o Sistema com a indicação de seus elementos, princípios, limites e regras de coexistência. Nos demais Títulos e Capítulos, encontram-se as previsões que poderão indicar as hipóteses de cabimento da figura.

Portanto, a compreensão da amplitude da competência para instituir contribuições e do sentido e alcance da exigência concreta supõe uma análise abrangente que olhe de fora a figura e não fique centrada apenas na literalidade da norma de competência.

Assim, por exemplo, um referencial constitucional para a instituição de contribuições de intervenção no domínio econômico extrai-se dos princípios contemplados no artigo 170 dos quais a contribuição pode ser instrumento de implementação.

4.3. Isto significa que a interpretação e a aplicação de uma contribuição não envolvem apenas a compreensão da norma de incidência. Por se tratar de instrumento de algo que transcende a mera incidência, o sentido e o alcance desta sofre refrações das finalidades a atingir.

O perfil do instrumento, bem como os efeitos práticos da sua implementação não podem contrariar a finalidade que justifica sua criação. Inerente à figura da contribuição subjaz um requisito de validade consistente na compatibilidade, ou melhor, na congruência entre aqueles e a respectiva finalidade. Assim, por exemplo, as diretrizes ligadas ao incentivo e apoio ao desenvolvimento de tecnologia nacional (artigo 218) podem ensejar a criação de uma contribuição que, no entanto, deverá ter sua incidência restrita ao que disser respeito à produção, negociação ou transferência de tecnologia. Incidência mais abrangente – embora em tese autorizada pelo artigo 149 – é vedada pelo dispositivo constitucional que contempla a respectiva finalidade autorizadora da exigência.

Com efeito, o artigo 149 da CF/88 é literal ao prever que as contribuições têm por característica serem instrumento de atuação da União nas respectivas áreas (social, econômica, categorias profissionais ou econômicas). Daí advém duas consequências. A primeira é o caráter instrumental da contribuição: só se justifica desde que voltada para uma finalidade; cobra-se o respectivo valor tendo em vista certo objetivo etc., do que resultam reflexos no âmbito do controle sobre sua instituição, cobrança e destinação do produto da arrecadação. Ademais, o artigo 149 circunscreve o cabimento da contribuição à prévia identificação de uma "área" dentro da qual exista uma situação que demande atuação por parte da União que encontre na contribuição um instrumento hábil para enfrentá-la.

Isto significa, por exemplo, em matéria de intervenção no domínio econômico, que não basta reconhecer existir o domínio econômico para autorizar uma hipótese de intervenção pela União. De fato, toda atividade realizada pela União repercute, em alguma dimensão, no domínio econômico, por isso é preciso buscar um critério que permita circunscrever quando se trata de caso de intervenção nesse domínio e quando estamos diante de outras atividades realizadas pela União que provoquem efeitos nesse campo.

Este critério consiste em identificar, de um lado, atividades da União que, embora atinjam o domínio econômico, digam respeito à coletividade como um todo e, de outro lado, atividades relativas apenas a um setor, área, segmento etc. dessa mesma coletividade. Assim, por exemplo, a edição de um novo Código Civil certamente acarreta efeitos no domínio econômico, mas isto não basta para concluir que corresponderia a uma hipótese de intervenção da União.

Para o conceito de intervenção ser operativo e permitir distinguir uma parcela da realidade à qual se refira, é necessário afastá-lo da idéia de "totalidade". Medidas adotadas pela União que digam respeito ao domínio econômico como um todo (por exemplo, criação de uma nova moeda) não são hipóteses de intervenção nesse domínio, mas casos de delineamento do próprio domínio econômico e das bases em que ele se desenvolve.

Intervenção supõe a idéia de provimento pontual, circunscrito a determinada área, setor, segmento da atividade econômica, que apresente características que a justifiquem. Este parâmetro (de a intervenção estar circunscrita a parcela do domínio econômico) acarreta importante reflexo no campo da contribuição.

De fato, na medida em que a contribuição tem por pressuposto um campo no qual caiba a intervenção e na medida em que esta só existe quando voltada a parcela do domínio econômico, isto significa que a contribuição não pode ter um âmbito de abrangência superior ao da própria intervenção. Realmente, se a intervenção só pode atingir setores determinados da atividade econômica, o universo dos respectivos sujeitos passivos estará limitado ao conjunto formado pelos que integram aquele setor. Se for necessário incluir no universo dos contribuintes outros que não pertençam ao setor específico, então é porque o setor efetivamente alcançado não é aquele, mas tem dimensão mais ampla, suficiente para abranger todos os alcançados.

Se esta amplitude fizer com que se atinja pela contribuição a totalidade da população, desaparecerá o critério que distinguia a intervenção e, por consequência, a exigência feita não terá a natureza de contribuição de intervenção, mas assumirá outra feição (algumas vezes um imposto, outras vezes uma exigência pecuniária de caráter social, uma garantia, ou um pagamento habilitador de fruição de certo serviço etc).

Relevante é deixar claro que um dos parâmetros da instituição da contribuição é a definição de parcela do domínio econômico, que atuará como critério de circunscrição da sua aplicação, inclusive no que se refere aos respectivos contribuintes. Contribuição de intervenção que atinja o universo formado por todos, independente do setor em que atuem, até poderá ser contribuição, mas certamente não será mais "de intervenção".

5. Bases de cálculo admissíveis

5.1. Em sua redação original, o artigo 149 não possuía os parágrafos 2º, 3º e 4º. Foram introduzidos pela EC-33/2001 talvez numa tentativa de explicitar alguns pontos objeto de questionamento pelos contribuintes em relação a contribuições até então instituídas. Sucede que, quanto mais minuciosa for a disciplina da competência, maiores serão os pontos que a lei não poderá alcançar, pois a indicação expressa de uma hipótese na Constituição implica exclusão de outras, em tese possíveis.

A formulação original, apresentava grande amplitude por indicar apenas as finalidades visadas e deixava ao legislador ordinário a escolha da finalidade específica e a estruturação da incidência com a previsão de fatos geradores, bases de cálculo, técnicas de oneração etc.

Ao introduzir os parágrafos 2º, 3º e 4º, a EC-33/2001, ainda que pretendesse ampliar a competência, só fez por reduzi-la, pois os novos preceitos atuam como critérios definidores da própria amplitude da competência legislativa atribuída à União. Confirmou o que já poderia ser feito anteriormente, mas limitou o que pode ser feito a partir daí restringindo-o ao expressamente previsto.

5.2. Em relação às bases de cálculo enumeradas na alínea "a" do inciso III do § 2º do artigo 149, duas consequências advêm.

A primeira é a de que a enumeração de quatro bases de cálculo sobre as quais poderá se aplicar a alíquota *ad valorem* exclui a possibilidade de existir uma quinta base de cálculo. É uma enumeração taxativa; não fosse assim não haveria necessidade nem razão para tal previsão, bastaria a previsão anterior para validar quaisquer bases de cálculo desde que atendidos os critérios gerais aplicáveis à figura (compatibilidade com o fato gerador etc.).

A adoção de uma enumeração taxativa de bases de cálculo produz efeitos para o passado e para o futuro.

Para o passado, implica em haver conflito entre a enumeração de bases de cálculo autorizadas e as previsões contidas em leis editadas antes de dezembro de 2.001 (data da EC-33/2001) que disponham sobre contribuições sociais e de intervenção. Conflito entre lei ordinária anterior e preceito constitucional superveniente é caso de revogação da regra anterior incompatível.[9]

Para o futuro, implica faltar fundamento de validade a leis instituidoras de contribuições (sociais e de intervenção) que vierem a ser editadas com a previsão de uma quinta base de cálculo (diferente das quatro enumeradas).[10]

5.3. A segunda consequência advém de uma interpretação sistemática da CF/88 à vista do seu artigo 195 ao dispor sobre as contribuições de seguridade social (espécie de contribuição social).

O artigo 149, § 2º, III é preceito de caráter geral aplicável à totalidade das contribuições sociais e de intervenção. Como tal, enumera as quatro bases de cálculo possíveis de serem escolhidas pela legislação ordinária para instituí-las, a saber: o faturamento, a receita bruta ou o valor da operação e, no caso de importação, o valor aduaneiro. Há, portanto, distribuição de um número limitado de bases de cálculo para um universo de exigências possíveis.

Se existisse apenas este dispositivo, a lei ordinária que viesse a instituir qualquer das contribuições poderia livremente escolher entre uma das quatro bases de cálculo, desde que compatível e congruente com a incidência desenhada e a finalidade buscada.

Ocorre que o artigo 195 atribui às contribuições de seguridade social duas dessas bases de cálculo (a receita e o faturamento). A questão é saber se esta atribuição implica em exclusividade de sua utilização pelas contribuições de seguridade social. Vale dizer, a regra do artigo 195, I, "b" impede que outras contribuições sociais e contribuições de intervenção utilizem a receita ou o faturamento como sua base de cálculo?

[9] Prefiro reconhecer no caso uma hipótese de revogação (e não de falta de recepção), pois não há instauração de um novo ordenamento constitucional, mas apenas modificação de um existente.
[10] O Supremo Tribunal Federal reconheceu no RE-559.937, DJe 206 – 16.10.2013, que a expressão "valor aduaneiro" utilizada na Constituição circunscreveu o âmbito em que cabe lei ordinária ao adotar a base de cálculo de contribuições do artigo 149.

A interpretação sistemática aponta que sim; trata-se de atribuição exclusiva. Se não fosse assim, não haveria necessidade da previsão do artigo 195, I, "b", pois a possibilidade de utilização destas duas bases já decorreria do artigo 149.

5.4. Caso se diga que o § 2º do artigo 149 foi introduzido posteriormente, quando já existia o artigo 195, I, "b" e que, portanto, a intenção da Emenda teria sido estender o que lá estava para todas as demais contribuições, então podem ser lembradas três razões para afastar esta alegação e corroborar a interpretação de que há exclusividade.

A primeira resulta do artigo 240 que ressalva da aplicação do artigo 195 as contribuições dos empregadores sobre a folha de salários, destinadas às entidades privadas de serviço social e de formação profissional vinculadas ao sistema sindical.

Ora, a folha de salários é uma das bases de cálculo previstas para as contribuições de seguridade social e o artigo 240 só se justifica na medida em que o sentido do artigo 195 seja o de reservar, com exclusividade, à seguridade a base consistente na folha de salários. Não fora o artigo 240, a CF/88 não receberia nenhuma das contribuições que utilizassem essa mesma base de cálculo. Daí a necessidade de ressalvar da aplicação do artigo 195 algumas contribuições.

A segunda é que a adoção de uma mesma base de cálculo para fins de viabilizar certa exigência pecuniária acaba por onerá-la a ponto de poder conduzir ao seu esgotamento, no sentido de inviabilizar novas exigências sobre a mesma base. Se várias contribuições pudessem adotar a mesma base de cálculo, o resultado poderia ser o seu esgotamento como instrumento de cálculo e captação de riqueza a prejudicar o conjunto e, especialmente, a seguridade social.

A terceira consiste no reconhecimento da preocupação do Constituinte em aparelhar a seguridade social de receitas suficientes, tanto assim que dedica o artigo 195 inteiro à disciplina das respectivas fontes de custeio. A isto se acrescente que o artigo 195 dispõe sobre uma espécie de contribuição social e, portanto, reveste-se de caráter especial que prefere diante da regra geral do artigo 149 (aplicável ao universo de contribuições sociais e de intervenção).

Em suma, o artigo 195 atribui bases de cálculo não apenas para autorizar sejam elas utilizadas para o financiamento da seguridade social (pois isto já decorreria do artigo 149 na redação original), mas para garantir a exclusividade de sua utilização.

A consequência da exclusividade é a vedação de utilização dessas duas bases de cálculo (receita e faturamento) pelas demais contribuições sociais (visto que a de seguridade social é espécie) e pelas de intervenção no domínio econômico. Portanto, as CIDE's só podem ter por base de cálculo o valor da operação e, no caso de importação, o valor aduaneiro.

6. Não aplicação do produto da arrecadação

6.1. Na medida em que a finalidade é elemento essencial para aferir a constitucionalidade da lei instituidora da contribuição, assume relevância a destinação do produto da respectiva arrecadação. De fato, enquanto nos impostos a vinculação a determinada finalidade corresponde a algo extrínseco à sua instituição e cobrança (por esta razão, a matéria é submetida a regime próprio como se verifica do artigo 167, IV da CF/88)[11] e não prejudica sua cobrança, no caso das contribuições há uma vinculação intrínseca entre a destinação e a cobrança. Esta só se legitima na medida em que a destinação na persecução da finalidade constitucional se materialize.

Uma vez que os recursos devem ser aplicados em contemplação da finalidade qualificada, deve haver uma proporção entre o volume arrecadado e a aplicação na busca da finalidade. Desproporções episódicas podem acontecer, mas a desproporção institucionalizada não é compatível com a figura. Assim, arrecadar determinado montante e gastar apenas parte dele em certo ano, arrecadar outro montante no ano subsequente e gastar outra parte, e assim sucessivamente (a institucionalização da desproporção) é um problema a ser equacionado, pois pode afetar a continuidade da exigência.

A institucionalização da desproporção prova a desnecessidade ou o desvio do recurso. Em última análise, prova o não atendimento à finalidade. Cobrar contribuição para determinada finalidade e não aplicar o recurso,

---

[11] "Art. 167. São vedados: ... IV – a vinculação de receita de impostos a órgão, fundo ou despesa, ressalvadas a repartição do produto da arrecadação dos impostos a que se referem os arts. 158 e 159, a destinação de recursos para as ações e serviços públicos de saúde, para manutenção e desenvolvimento do ensino e para realização de atividades da administração tributária, como determinado, respectivamente, pelos arts. 198, § 2º, 212 e 37, XXII, e a prestação de garantias às operações de crédito por antecipação de receita, previstas no art. 165, § 8º, bem como o disposto no § 4º deste artigo;..."

compromete a força do motivo que a justificou; o que era motivo passa a ser mero pretexto para cobrar.

Sublinhe-se que o artigo 4º, II do Código Tributário Nacional não é invocável para infirmar a conclusão exposta. Primeiro, porque desde a sua origem, o CTN não foi concebido para reconhecer a contribuição como categoria autônoma, tanto assim que, em sua redação original, não dedicava uma linha à figura (só mencionava a contribuição de melhoria). Segundo, porque este modelo que ignorava as contribuições era tão irreal que não resistiu 20 dias, pois, logo depois da publicação do CTN, ele foi alterado pelo DL-27/66 para o fim de ser introduzido o artigo 217 que excepcionava de suas disposições (especialmente as restrições que resultavam das definições de imposto e taxa) diversas contribuições "e outras de fins sociais criadas por lei" (artigo 217, V). Isto reforça a inaplicabilidade às contribuições do artigo 4º, II do CTN. Terceiro, porque, a partir da CF/88, o artigo 149 é explícito ao qualificar a finalidade como elemento essencial para definir a contribuição; e finalidade significa atingir certos efeitos o que supõe a destinação do respectivo produto da arrecadação.

Note-se, também, que o Tribunal de Contas da União tem detectado problemas ligados à não-destinação integral do produto da arrecadação das CIDE's nas finalidades que justificaram sua criação. Vejam-se, os casos da CIDE-combustíveis, objeto de análise no Acórdão 1857/2005 e do FUST no acórdão 2148/2005, ambos doPlenário do Tribunal.[12]

Ora, a CIDE encontra sua justificativa na busca de finalidade relevante à luz da intervenção no domínio econômico; se o produto da arrecadação não é aplicado na finalidade que justificou a cobrança coloca-se em xeque a própria continuidade da cobrança.

Examinar o tema da destinação do produto da arrecadação das CIDE's suscita três questões:

a) quando se considera ocorrida a não-aplicação para fins de configurar o descumprimento do ordenamento;
b) qual a consequência dessa constatação; e
c) como compelir juridicamente a União a aplicar o que arrecadou.

6.2. A não-aplicação do recurso no próprio exercício em que arrecadado pode encontrar justificativa, pois todo dispêndio depende da existência de

---

[12] Acórdãos disponíveis no sítio www.tcu.gov.br acessado em 21.07.2014.

um programa governamental, de projetos a implementar, de licitações a realizar e contratos a celebrar; são etapas que demandam tempo de implementação. Portanto, contingenciar os recursos (mantê-los reservados) no próprio exercício não é suficiente para configurar uma hipótese de não-aplicação lesiva ao ordenamento. A questão não está na mera não-aplicação, mas na institucionalização da não-aplicação, pois esta é que frustra o objetivo constitucional.

Para reconhecer a ocorrência da não-aplicação lesiva é necessário utilizar algum tipo de critério que pode ter feição objetiva ou subjetiva.

Critério objetivo leva em conta um referencial certo e determinado, por exemplo, uma data específica que, ultrapassada, configuraria a hipótese. Desta perspectiva, um primeiro critério objetivo encontra-se na Lei de Responsabilidade Fiscal (LC n. 101/2000). A questão da sobra de recursos não aplicados em determinado exercício é prevista no parágrafo único do seu artigo 8º ao estabelecer que o recurso com destinação específica tem de ir para a respectiva finalidade, ainda que em exercício diverso.

Sublinhe-se, exercício diverso (no singular) e não múltiplos exercícios subsequentes. Embora a redação possa, em tese, comportar uma segunda interpretação, mais ampla (vários exercícios), ela conflitaria com o sentido imperativo da instituição da contribuição para determinada finalidade.

Ou seja, entre duas interpretações possíveis (exercício seguinte ou vários exercícios), deve ser prestigiada aquela mais em sintonia com os motivos e as finalidades da exigência. No caso, a primeira.

Esta previsão aponta para o exercício subsequente como critério limite para aplicação do recurso arrecadado. Vale dizer, os recursos arrecadados em 2006 devem ser aplicados em 2006 ou, o mais tardar, em 2007. Se até o final do exercício subsequente não houver aplicação, configurou-se a desnecessidade da exigência.

A partir do terceiro exercício (no exemplo, 2008) institucionalizou-se a não-aplicação, deixou de ser episódica ou dependente de medidas administrativas. Assim, a contribuição arrecadada em 2006 e não aplicada nas finalidades que lhe são próprias até o início de 2008, aponta no sentido da inexistência do motivo ou do transbordamento da arrecadação em função da finalidade buscada.

Outro critério objetivo possível é identificar um limite temporal não atrelado ao exercício financeiro, mas às políticas públicas subjacentes. Este segundo critério se apóia no período coberto pelo Plano Plurianual (CF/88 artigo 165, § 1º),[13] pois se a contribuição deve atender a certas finalidades, estas devem estar em sintonia com os objetivos, prioridades e metas do governo; assim, ao encerrar-se o período do Plano sem que os recursos sejam aplicados, isto significa não estarem mais em sintonia com tais objetivos, metas e prioridades e, portanto, fica comprometido o motivo invocado.

Por outro lado, um critério subjetivo de aferição da não-aplicação lesiva depende de parâmetros de razoabilidade, excesso, manifesta não-aplicação etc. que variam conforme as circunstâncias concretas que cercam cada contribuição e, por consequência, podem apontar para momentos diferentes em que estaria configurada a hipótese.

6.3. Inegavelmente, a não-aplicação lesiva compromete o motivo que levou à criação da contribuição e, de alguma forma, atinge o preceito constitucional com base na qual foi instituída. A questão é saber em que dimensão se dá este comprometimento e se ele atinge apenas o futuro ou também o passado.

Por se tratar de evento superveniente à criação da exigência, o efeito que dele decorre não atinge a exigência em si; não é caso de efetiva inconstitucionalidade originária, nem de inconstitucionalidade superveniente da lei de incidência. Trata-se de vício de inconstitucionalidade na aplicação da lei e não na sua formulação ou incidência que não é suficiente para comprometer integralmente a cobrança feita; configura-se uma inconstitucionalidade, mas não da lei em si a ponto de contaminá-la.

A institucionalização da não-aplicação compromete a eficácia futura da exigência (a partir do momento em que configurada, objetiva ou subjetivamente a não-aplicação lesiva) o que pode autorizar um provimento judicial no sentido de determinar a suspensão da sua cobrança a partir desse reconhecimento, por descompasso entre a continuidade da exigência e a sua aplicação. Se o que já foi arrecadado ainda não foi gasto, carece de fundamento continuar exigindo.

Porém, com relação aos recursos arrecadados e não gastos, não vejo como sustentar o cabimento de uma devolução aos que a pagaram, posto

---

[13] "Art. 165. Leis de iniciativa do Poder Executivo estabelecerão: I – o plano plurianual; II – as diretrizes orçamentárias; III – os orçamentos anuais. § 1º – A lei que instituir o plano plurianual estabelecerá, de forma regionalizada, as diretrizes, objetivos e metas da administração pública federal para as despesas de capital e outras delas decorrentes e para as relativas aos programas de duração continuada. ..."

que, nesta peculiar situação, além de tudo, diluiu-se o vínculo entre o montante individual pago e a inaplicação parcial do conjunto de recursos.

6.4. Os recursos arrecadados devem ser aplicados na finalidade para a qual foram cobrados (destinação intrínseca). Como obter este resultado é um dos pontos mais difíceis de equacionar e que ainda está a demandar elaboração teórica a respeito. Na ADI-2.925, ficou claro não caber ao Supremo Tribunal Federal determinar que os recursos sejam gastos. Está claro, também, no Acórdão n. 1.857/2005 do Tribunal de Contas da União que é preciso, desde a elaboração orçamentária, tornar obrigatório o dispêndio incluindo as respectivas verbas nas dotações pertinentes.

No âmbito do Congresso Nacional discute-se a idéia do denominado "orçamento impositivo" que é figura complexa e polêmica.

Ainda há necessidade de um aprofundamento do debate sobre este tema, inclusive no âmbito do Poder Judiciário.

7. Modelo de controle das CIDE's

7.1. A exposição feita mostra a possibilidade de ser formulado um modelo de controle das CIDE's que parte da identificação de um quadro referencial prévio, passa por um conjunto de critérios de análise e desemboca em consequências práticas que podem ser extraídas para bem equacionar os casos concretos que envolvem as CIDE's.

A doutrina tem procurado aprofundar o debate.[14]

Em certa oportunidade pude enumerar as vinte e uma características que vejo nas CIDE's, cada qual podendo ensejar um tipo de controle jurí-

---

[14] Vejam-se, dentre outros, PAULO ROBERTO LYRIO PIMENTA, *Contribuições de intervenção no domínio econômico*, São Paulo: Dialética, 2.002; WERTHER BOTELHO SPAGNOL, *As contribuições sociais no Direito brasileiro*, Rio de Janeiro: Forense, 2.002; HUGO DE BRITO MACHADO SEGUNDO, *Contribuições e federalismo*, São Paulo: Dialética, 2.005; LEANDRO PAULSEN e ANDRÉ PITTEN VELLOSO, *CONTRIBUIÇÕES – Teoria geral*, Porto Alegre: Livraria do Advogado, 2ª edição, 2013; o volume coletivo "Contribuições no sistema tributário brasileiro" coordenado por Hugo de Brito Machado, São Paulo/Fortaleza: Dialética/ICET, 2.003 e os textos de ROBERTO FERRAZ *A Inconstitucionalidade dinâmica da Cide-combustíveis – a CIDE está inconstitucional?*", no volume "Grandes questões atuais do Direito Tributário", São Paulo: Dialética, 2.005 e de FERNANDO FACURY SCAFF, *Para além dos direitos fundamentais do contribuinte: o STF e a vinculação das contribuições*, no volume coletivo "Direito Tributário", coordenado por Luis Eduardo Schoueri, vol. II, Homenagem a Alcides Jorge Costa, São Paulo: Quartier Latin, 2.003 e vários outros textos publicados sobre o tema.

dico.[15] Em outra, desenhei minudentemente este modelo.[16] Agora cabe fazer uma síntese objetiva das premissas, critérios e consequências práticas.
O quadro referencial prévio supõe:
  i) **admitir** raciocinar fora do fato gerador, sem que isto signifique abandonar esta idéia; trata-se de utilizá-la apenas onde for pertinente. Para explicar as contribuições, temos de admitir pensar sobre outras figuras e utilizar outros conceitos que não se reconduzem à idéia de fato gerador.
  ii) **proceder** a uma leitura ampla da Constituição Federal. O Direito Tributário não começa no seu artigo 145 nem termina no artigo 156. Seu estudo principia no preâmbulo da Constituição e vai até o último dos seus dispositivos transitórios. Isto é importante, pois os motivos e os fins que justificam as contribuições estão fora do capítulo tributário.
  iii) **reconhecer** que o Direito Tributário é instrumento de políticas públicas e, portanto, para entender os problemas tributários temos de conhecer e compreender o contexto geral onde esse instrumento se posiciona.[17] Neste passo, permito-me fazer uma crítica a certas posições doutrinárias que lêem o diploma que obtivemos na Faculdade como se estivesse escrito "Bacharel em Direito Tributário". Não é assim, somos Bacharéis em Direito (ou em Ciências Jurídi-

---

[15] A saber: "1.- Só a União pode instituir contribuição de intervenção; 2.- Deve existir um campo em que caiba intervenção; 3.- Intervenção/contribuição devem estar circunscritas a um setor/área/atividade; 4.- Finalidade qualifica a contribuição; 5.- Avaliação envolve juízo político; 6.- Razoabilidade e proporcionalidade na disciplina das contribuições; 7.- Deve existir um "motivo" para a intervenção; 8.- Não cabe superposição de contribuições para a mesma finalidade; 9.- O "tempo" como parâmetro da contribuição; 10.- Contribuintes devem pertencer ao grupo; 11.- Pertinência efetiva e não ficta ao grupo; 12.- Nem todos que integram o grupo precisam ser contribuintes; 13.- Interesse do grupo e valores positivos; 14.- Contribuição de intervenção e extrafiscalidade; 15.- Volume arrecadado deve ser aplicado na finalidade; 16.- Volume arrecadado deve ser proporcional à intervenção; 17.- Aplicação do recurso deve ser no grupo de onde provém; 18.- Criação por lei ordinária; 19.- Capacidade contributiva não é, obrigatoriamente, critério de dimensionamento; 20.- Há bases de cálculo proibidas às contribuições de intervenção; 21.- Dimensionamento da contribuição deve ser proporcional." ("Contribuições de Intervenção no Domínio Econômico – Parâmetros para sua Criação", cit.).
[16] "Em busca do controle sobre as CIDE's", cit.
[17] Importante abordagem sobre o controle judicial sobre as políticas públicas encontra-se no despacho proferido pelo Min. Celso de Mello na ADPF-45, publicado em 04.05.2004 em que, apesar de ter reconhecer estar prejudicada a ADPF enfrentou o tema aqui referido.

cas e Sociais). Não há nenhuma restrição em transitar por qualquer campo da experiência jurídica, desde que relacionada com o tipo de problema que temos de enfrentar. Se, por acaso, impomos uma restrição à amplitude do nosso estudo, em função de uma prévia definição de certo objeto e limitamos nosso horizonte, esta é uma restrição criada por nós; não é restrição que decorra do objeto concreto, nem da nossa habilitação profissional. Portanto, não vamos ler o nosso diploma como se apenas pudéssemos examinar a CF/88 do art. 145 ao art. 156. Temos de lidar com o Direito inteiro, onde houver regras e conceitos pertinentes ao problema que temos de solucionar.

iv) **atentar** para os elementos que a jurisprudência tem apontado, pois, várias vezes, a jurisprudência está mais avançada do que alguns pronunciamentos da nossa doutrina.

7.2. Ao analisar uma questão concreta que envolva uma CIDE, cabe ter presentes os seguintes critérios:

7.2.1. A competência constitucional para instituir CIDE qualifica-se pela finalidade. Hoje esta é afirmação até certo ponto tranquila. No passado, não foi assim. Lembro muito bem, quando em 1977 escrevi o verbete "empréstimo compulsório" da Enciclopédia Saraiva de Direito no qual sustentei que contribuições e empréstimos compulsórios não se qualificavam pelo fato gerador, mas pela finalidade. Portanto, o modelo constitucional de controle da sua criação deveria ser o modelo finalístico exposto por Tércio Sampaio Ferraz Júnior.[18] Hoje, felizmente, quem lê a doutrina ou assiste a julgamentos do Supremo Tribunal Federal vê uma certa tranquilidade ao se afirmar que o elemento identificador das contribuições é a sua finalidade.

Ocorre que, ao falar em finalidade, temos de estar atentos, porque assim como num debate sobre princípios e valores (dignidade da pessoa humana, liberdade de expressão, intimidade etc) e sua relevância para o Direito, a discussão envolve um certo "aroma moral", assim também, falar sobre finalidades, quando se trata de identificar o que a sociedade quer (ao manifestar determinada vontade através da lei), isto envolve um certo "aroma político",

---

[18] *Teoria da norma jurídica*, Rio:Forense, 1.978 e *Introdução ao estudo do Direito*, São Paulo: Atlas, 1.988.

porque sempre a escolha de finalidades envolve optar entre prioridades identificadas à luz das expectativas da sociedade e, portanto, esbarra num certo debate político, quanto ao que é melhor ou não para determinado grupo social em certo contexto histórico.

7.2.2. Sublinhe-se a importância do orçamento; não apenas da peça orçamentária. Mais do que isso! Trata-se de reconhecer a possibilidade de o Poder Judiciário examinar a constitucionalidade da norma orçamentária e a legalidade dos seus atos de aplicação. Tivemos durante muitos anos jurisprudência firme do Supremo Tribunal Federal no sentido de o Poder Judiciário não poder se pronunciar sobre orçamento, por ser uma lei de meios que corresponde à alocação de dotações para determinadas despesas; como tal, seria uma lei de efeito concreto e um ato político do governo. Assim, a matéria orçamentária seria reservada ao âmbito do Legislativo e do Executivo, este quando tivesse de abrir um crédito suplementar.

Essa jurisprudência foi parcialmente alterada em dezembro de 2003 ao ensejo da ADI-2.925 que admitiu caber, por parte do Poder Judiciário, o exame em abstrato da constitucionalidade da peça orçamentária. Não cabe ao Poder Judiciário discutir as dotações em si, nem emitir positivamente uma ordem de gastar. Mas o Judiciário pode aferir em abstrato (em sede de ADI) a adequação constitucional dos dispositivos da lei orçamentária, pois ela contém previsões de caráter abstrato e autônomo; é lei em sentido clássico e veicula preceitos de caráter normativo (não apenas regras de efeito concreto).

Na ADI-2.925 julgou-se inconstitucional interpretação de dispositivos da lei orçamentária de 2.003 que pudesse impedir que os recursos arrecadados a título de CIDE-combustíveis, chegassem às finalidades constitucionalmente previstas (CF/88, art. 177, § 4º, II).[19]

---

[19] Este tema é de grande importância e foi retomado pelo Tribunal de Contas da União no Acórdão n. 1.857/2.005 em que concluiu ter havido desvio de finalidade na aplicação dos recursos dessa CIDE (sítio www.tcu.gov.br acessado em 02.01.2009). Muito significativo é este trecho de sua ementa: *"Aplicação dos recursos da Cide-Combustíveis. Constatação de desvio de finalidade. Custeio de despesas administrativas, incompatíveis com o propósito dessa contribuição. Manutenção de grande volume de recursos em caixa, para utilização no cumprimento das metas de superávit primário. Substituição de fontes ordinárias de dotações antigas do Orçamento dos Transportes por receitas proporcionadas pela Cide-Combustíveis. Falta de concretização dos mandamentos constitucionais que justificaram a instituição da contribuição."*

O exame da CIDE tem de passar por uma análise do orçamento,[20] o que leva a duas consequências: primeira: o orçamento inclui-se no âmbito do objeto tributário. O âmbito de análise coberto pelo Direito Tributário envolve a receita pública como um todo, vista como exigência feita à sociedade.

Como tal, o fenômeno tributário abrange todas as variáveis ou facetas que essa exigência apresenta, inclusive seu desdobramento orçamentário. Se, por facilidade, nos concentramos, ao falar de orçamento, naquilo que tradicionalmente se conhece como campo do Direito Financeiro, não vejo objeção nenhuma que isto ocorra e que a experiência obtida no âmbito do Financeiro seja trazida para o debate. Apenas não admito que se erija uma barreira intransponível dizendo: "o tributarista vai até o DARF e do DARF para frente não tem nada a analisar".

O tributarista pode e deve analisar o que ocorre na etapa subsequente, porque se o Supremo Tribunal afirma que a norma orçamentária pode ser inconstitucional por inviabilizar a finalidade constitucional, e a finalidade é elemento que define a competência constitucional com base na qual é criada a contribuição, é preciso saber o que acontece com o produto da sua arrecadação (como se operacionaliza e qual a destinação do recurso arrecadado), sob pena de não compreendermos integralmente a figura da contribuição.

Aliás, esta é também a preocupação retratada no Acórdão n. 1.857/2.005 do Tribunal de Contas da União que levanta dúvida quanto à legitimidade da cobrança da CIDE-combustíveis em razão da inadequada ou inexistente aplicação dos respectivos recursos.[21]

---

[20] Vejam-se a respeito os textos de ROBERTO FERRAZ, FERNANDO FACURY SCAFF e LEANDRO PAULSEN e ANDRÉ PITTEN VELLOSO, referidos na nota n. 14.

[21] É o que se lê no voto do Min. Marcos Vinicius Vilaça: "3. *Comprovadamente, nestes quase quatro anos de vida do tributo, tivemos as seguintes utilizações sem consistência lógica ou jurídica: a) pagamento de despesas sem dúvida alheias às destinações determinadas de maneira restritiva no inciso II do § 4º do art. 177 da Constituição Federal, como proventos de servidores inativos e encargos da dívida externa; b) pagamento de despesas bastante questionáveis em relação aos fins almejados pela Constituição, a exemplo da cobertura de apoio administrativo do Ministério dos Transportes, onde se inclui a concessão de benefícios assistenciais a servidores; c) falta de aplicação de montante expressivo dos recursos arrecadados; d) aproveitamento das disponibilidades financeiras, decorrentes da contenção das despesas próprias, para a formação de superávit primário; e) permutação de antigas dotações orçamentárias financiadas por impostos pelas provisões da Cide-Combustíveis. 4. **Todos esses problemas forçosamente despertam um receio acerca da validade da cobrança dessa contribuição. Enquanto não forem resolvidos, recairão incertezas sobre a legitimidade da exação adicional compelida aos contribuintes.**"* (grifo nosso)

7.2.3. A conclusão acima gera, por decorrência, a mencionada crise do artigo 4º, II do CTN quando afirma que a destinação do produto da arrecadação é irrelevante para definir a natureza específica do tributo. Como exposto, o artigo 4º, II do CTN não é aplicável às contribuições. Além do que foi exposto, o Código foi elaborado a partir de uma concepção do Direito Tributário formulada da perspectiva do "poder" e não da "função" que – especialmente a partir da CF/88 – deve ser a ótica de análise a adotar.[22]

Por isso, não cabe pretender que um dispositivo criado a partir de uma concepção que não levava em conta a figura das contribuições venha a vinculá-las especialmente tendo em conta a disciplina constitucional que lhes é reservada. De fato, num regime em que a norma constitucional atributiva da competência para instituí-las se utiliza de um critério finalístico, não cabe submeter as contribuições ao mesmo crivo elaborado para ser aplicado em relação a impostos e taxas que são figuras cuja respectiva norma constitucional atributiva de competência encampa o critério da materialidade.

7.2.4. Os recursos arrecadados devem ser integralmente aplicados na finalidade que justifica a cobrança da contribuição e as normas que impeçam o produto de sua arrecadação de chegar àquelas destinações são inconstitucionais.

7.2.5. Toda contribuição supõe a idéia de grupo. Este é tema chave levantado pela doutrina e colocado com todas as letras no julgamento da ADI-3.105 que trata da contribuição para os inativos, especialmente no voto do Ministro Peluso. Em seu voto, afirma que uma das razões que justificam a cobrança da contribuição dos inativos está no fato de eles formarem um grupo específico distinto dos demais. Ou seja, a idéia de grupo é chave para a análise e suscita dois pontos:

a) grupo é fruto da solidariedade social;[23] sempre que nos reunimos em algum grupo, é porque imanente a esta idéia está uma noção

---

[22] Sobre este tema e a profunda mudança trazida pela CF/88 no fundamento da tributação, veja-se o meu *Solidariedade social e tributação*, no volume coletivo de mesmo título que coordenei juntamente com Marciano Seabra de Godói, São Paulo: Dialética, 2.005 e o meu *Do poder à função tributária*, no volume "Princípios e limites da tributação. 2 – A tributação e a ordem econômica", São Paulo: Quartier Latin, 2008.

[23] Sobre os vários aspectos ligados à relação entre solidariedade social e tributação, vejam-se os artigos publicados no volume "Solidariedade social e tributação" referido na nota anterior.

de solidariedade; os integrantes estão juntos por alguma razão da vida social. Aliás, a idéia de solidariedade foi um dos pontos nodais do debate travado sobre a contribuição dos inativos.

b) integrar um grupo implica participar dos seus destinos; este é outro elemento chave da presente análise, pois participar implica não apenas existirem canais de participação, mas também ações concretas nessa direção.

7.2.6. Os recursos arrecadados devem vir do grupo e voltar para o grupo. Este conceito está claramente formulado no acórdão do Adicional de Tarifa Portuária,[24] particularmente nos votos dos Ministros Nelson Jobim e Ilmar Galvão, tanto assim que, em determinado trecho de seu voto, o Ministro Jobim afirma que o ATP é uma contribuição de intervenção no domínio econômico, pois o dinheiro "vem do porto e volta para o porto", ou seja, vem de um grupo e volta para o mesmo grupo.

7.2.7. Em matéria de contribuições, por se apoiar na idéia de grupo, temos de considerar duas interfaces: a interface do grupo externamente em relação aos demais indivíduos ou grupos, e a interface do grupo internamente com seus membros.

Na interface externa, o conceito de capacidade contributiva não é determinante, define-se o grupo por critérios que podem ou não envolver capacidade contributiva. O grupo é formado por aqueles que, de algum modo, se relacionam com determinada atividade, produto, área de ação, interesse econômico ou social etc.

Assim, por exemplo, um grupo pode ser formado a partir da noção de "produto cultural audiovisual" que abrange o conjunto de produtores de cinema, de distribuidores, de espectadores e assim por diante. Para definir produto cultural audiovisual, não é indispensável levar em conta a noção de capacidade contributiva e nem por isso a contribuição será (desse ângulo) objetável.

Porém, na interface interna, quando é preciso saber, dentro do grupo, quem vai suportar o rateio daquele encargo pecuniário, aí a lei deve fazê-lo levando em conta a capacidade contributiva. Isso está também no voto

---

[24] RE-218.061, Rel. Min. Carlos Velloso, DJ-08.09.2000; RE-209.365, Rel. Min. Carlos Velloso, DJ-07.12.2000.

do Ministro Peluso proferido na ADI-3.105, ou seja, não é porque alguém integra ou faz parte do grupo, que automaticamente será sujeito passivo da contribuição relativa àquele grupo. O "fazer parte" do grupo é relevante para identificar o perfil do conjunto de integrantes, mas os sujeitos passivos a serem onerados economicamente serão aqueles que tiverem condição para tanto.

A contribuição tem certo feitio de Robin Hood no sentido de que – dentro do grupo – a lei vai buscar os recursos naqueles que mais podem suportar a exigência para permitir sua alocação a quem deles necessite. Com isto, respondo a uma objeção por vezes colocada no sentido de que a finalidade não serviria para justificar a contribuição, pois, num exemplo figurativo, "se é para criar uma contribuição para enfrentar a pobreza, ela vai ser cobrada do pobre?" Claro que não, a contribuição que, por hipótese (não sei se caberia a figura), fosse criada com esta finalidade deveria atentar para, dentro do grupo formado por aqueles que se relacionam com o fenômeno, alcançar aqueles que tiverem melhores condições de economicamente suportar o encargo.

7.2.8. Especialmente a partir da Emenda Constitucional n. 42/2003 que incluiu o artigo 146-A[25] tornou-se essencial para compreender a tributação a sintonia que deve ter com o princípio da livre concorrência (art. 170, IV). Este tema é particularmente relevante em matéria de CIDE's, pois estas interferem com determinados setores da atividade econômica e, por consequência, não podem ter por efeito prático promover ou acentuar desequilíbrios da concorrência, pois se isto ocorrer, estarão em direto conflito com a regra do artigo 146-A.

7.3. Aplicados estes critérios, podem ser extraídas várias consequências práticas, úteis quando se pretende examinar uma exigência concreta feita a título de CIDE.

7.3.1. Na medida em que o elemento finalidade define as contribuições, se existir uma contribuição para determinada finalidade não cabe

---

[25] "Artigo 146-A – A lei complementar poderá estabelecer critérios especiais de tributação, com o objetivo de prevenir desequilíbrios da concorrência, sem prejuízo da competência de a União, por lei, estabelecer normas de igual objetivo."

uma segunda para a mesma finalidade. Se outra for criada será adicional (ou aumento) daquela existente, ou não caberá esta segunda contribuição, posto que o meio para atingir a finalidade já terá sido criado. Assim como, no âmbito dos impostos (que são qualificados pela CF/88 em função da respectiva materialidade) a cada materialidade constitucional corresponde um imposto, no âmbito das contribuições a cada finalidade corresponde uma contribuição.

Existe no ordenamento vigente a contribuição incidente sobre *royalties* por importação de tecnologia que é cobrada dos consumidores de tecnologia para a finalidade de gerar recursos para o desenvolvimento da pesquisa nacional e, portanto, como instrumento de apoio à criação de tecnologia nacional que atenda aos que dela necessitem.[26] A finalidade desta contribuição é a pesquisa destinada à geração de pesquisa nacional e a Lei n. 10.168/2000 criou uma contribuição que atinge genericamente todos os consumidores de tecnologia.

Por outro lado, há uma contribuição específica aplicável apenas ao setor de telecomunicações (a chamada contribuição ao FUNTTEL[27]), que tem por finalidade a expansão da pesquisa no setor de Telecom para desenvolvimento da respectiva tecnologia, melhoria do serviço, aumento da competitividade etc.

Ora, a finalidade "apoiar a pesquisa para geração de tecnologia" é a mesma em ambas, tanto na CIDE *royalties*, quanto na contribuição ao FUNTTEL. Em razão disso, entendo que as empresas de telecomunicações devem se sujeitar apenas à contribuição destinada à geração da tecnologia específica, não para uma contribuição de caráter geral para a criação de qualquer tecnologia.

7.3.2. Ao acentuar a importância do orçamento na análise das contribuições, torna-se necessário examinar o § 2º do artigo 165 da CF[28] que, por ser norma constitucional, deve receber uma interpretação que assegure

---

[26] Sobre esta figura, veja-se o meu estudo publicado na RDDT-99 referido na nota n. 2.
[27] Lei n. 10.052/2000.
[28] "§ 2º – A lei de diretrizes orçamentárias compreenderá as metas e prioridades da administração pública federal, incluindo as despesas de capital para o exercício financeiro subsequente, orientará a elaboração da lei orçamentária anual, disporá sobre as alterações na legislação tributária e estabelecerá a política de aplicação das agências financeiras oficiais de fomento."

sua máxima eficácia possível. Este parágrafo prevê que a lei de diretrizes orçamentárias deve indicar as metas e as prioridades do governo e, além de outras matérias, deve dispor sobre as "alterações da legislação tributária".

Dentro da concepção constitucional das finanças públicas, o orçamento não é mero documento, mas um processo que vem desde a concepção do plano plurianual[29] e desdobra-se anualmente na LDO (no primeiro semestre do ano), em contemplação do ano seguinte. Ou seja, em contemplação do que se pretende realizar, por exemplo, em 2.009 é feita a LDO no primeiro semestre de 2.008; no segundo semestre de 2.008 aprova-se o orçamento com os respectivos montantes para 2.009; e, em 2.009, executa-se o orçamento (desde que os prazos constitucionais sejam atendidos).

Em relação à LDO, o § 2º do artigo 165 da CF/88 é categórico ao prever que deve dispor sobre as "alterações" da legislação tributária. Por exemplo, na LDO para 2009 existe um capítulo sobre esta matéria, mas limita-se a mencionar os efeitos orçamentários dos incentivos fiscais, os critérios para lidar com eles e regula a possibilidade de incluir no orçamento os efeitos de propostas em tramitação no Congresso Nacional.[30]

A Constituição exige muito mais que isso. Ao prever categoricamente que a LDO "disporá sobre as alterações na legislação tributária" a CF determina que, à luz das metas e prioridades contidas na própria LDO, seja detectado o volume de recursos necessários para tanto e, por conseguinte, identificado se há ou não necessidade de alterar a legislação tributária. Ademais, como o Plano Plurianual também indica diretrizes gerais do projeto de governo pode ser que a legislação tributária existente apresente falta de sintonia com os objetivos consagrados ou gere distorções que precisam ser corrigidas. Daí, ao ensejo da elaboração da LDO, esta deve conter a enumeração das alterações necessárias para tanto.[31]

Assim, por exemplo, caso seja fixada uma nova meta ou prioridade que demande maiores recursos é preciso saber de onde eles virão. Também

---

[29] Note-se, porém, que o primeiro ano de mandato se dá com orçamento aprovado no ano anterior, à luz de LDO editada durante o último ano do governo anterior.

[30] Lei n. 11.768 de 14.08.2008, artigos 93 a 95. Tambem a título de exemplo, a LDO para 2014, Lei federal n. 12.919/2013, prevê em seus artigos 95 a 97 regras de caráter formal. Um único preceito (§ 2º do artigo 95) contem regra material ao se referir ao tratamento do norte de Minas Gerais como integrante da região do semiárido para fins de incentivos e benefícios.

[31] A título exemplificativo, a Lei n. 8.074/90 (LDO para 1.991) contem no seu artigo 49 um extenso rol de alterações consideradas necessárias na legislação tributária federal. A Lei n. 8.211/91 (LDO para 1.992) em seu artigo 46 contem um menor rol.

para o exercício em pauta, caso seja necessário corrigir eventuais distorções, então a LDO deverá prever, por exemplo, para 2.010 a ampliação da progressividade do imposto X, ou eliminar as distorções da tributação da exportação, ou compensar a carga tributária do setor X com a carga tributária do setor Y etc. A partir daí, então, no segundo semestre serão elaborados o orçamento e as pertinentes alterações da legislação tributária, para que em 1º de janeiro do ano seguinte, a nova legislação esteja em vigor em função das metas e prioridades definidas inicialmente.

Isto gera uma série de consequências. Uma delas é que, à luz do dispositivo, para uma alteração da legislação tributária ser eficaz em 2.010 (ano a que se refere a LDO), ela deverá constar da LDO; caso esta não preveja nenhuma alteração, então ou a alteração deverá se apoiar em evento superveniente (posterior à LDO) ou não haverá base constitucional para aplicá-la até que sobrevenha a adequada manifestação de vontade veiculada pela LDO; vale dizer, seja reconhecida sua necessidade à vista das metas e prioridades legalmente estabelecidas.

Trata-se de hipótese que não configura uma efetiva inconstitucionalidade da alteração em si, mas um caso de ineficácia da norma por faltar-lhe um condicionante indispensável.

Este tema foi examinado pelo Supremo tribunal Federal a respeito de outro dispositivo constitucional que também condiciona certo preceito legal à previa previsão na LDO (art. 169, § 1º, II). Trata-se da ADI-1.292 que, apesar de não ser conhecida por questões de fato, manifesta o entendimento do Tribunal no sentido de que "a ausência de autorização específica, na lei de diretrizes orçamentárias, de despesa alusiva a nova vantagem funcional, não acarreta a inconstitucionalidade da lei que a instituiu, face a norma do art. 169, parágrafo único, II, da CF, **impedindo tão-somente a sua aplicação.**"[32]

Trazendo este entendimento para o âmbito das "alterações da legislação tributária" que o artigo 165, § 2º também exige estejam previstas na LDO, conclui-se que as não previstas só poderão ter eficácia (atendida a pertinente anterioridade) em razão de um fato superveniente (posterior à LDO) que a justifique ou só para o ano posterior àquele a que se refira a LDO e, mesmo assim, se a LDO subsequente confirmar a necessidade das alterações.

---

[32] Rel. Min. Ilmar Galvão, DJ-15.09.1995, grifei e realcei.

7.3.3. A contribuição, posto qualificar-se pela finalidade, corresponde a um tributo "causal".[33] Esta expressão foi cunhada por Renato Alessi, num texto escrito há mais de 40 anos.[34] Tributos "não-causais" são os impostos, enquanto "causais" são aqueles em que a competência tributária só pode ser exercida "com fundamento numa **específica situação substancial** objeto de previsão pelo legislador, apta a **justificar socialmente** a exigência de riqueza privada por parte do Ente público".[35] Nestes, "a legitimidade da imposição da exigência em si está ligada à existência da **situação justificadora**".[36] Nesta categoria, Renato Alessi inclui, por exemplo, as contribuições previdenciárias e as contribuições relativas à disciplina de preços.[37]

Trazendo para os dias de hoje (mais de quarenta anos depois) esta noção que se encontra em texto de um dos mais importantes administrativistas italianos, podemos afirmar que um tributo "causal" só se justifica **se houver motivo** para sua existência; na medida em que a CIDE é um tributo que só se justifica em função de um motivo, então podemos dizer que não haverá fundamento para CIDE se não houver um motivo real para tanto.

Sendo assim, há amplo espaço para aplicar a teoria dos motivos determinantes à CIDE e todo o conjunto de controles que a teoria geral do direito e a teoria do direito administrativo construíram.

Assim, por exemplo, se o motivo da CIDE *royalties* é gerar recursos para o desenvolvimento da tecnologia nacional, ela só pode incidir sobre contratos que tenham por objeto tecnologia; portanto, não pode incidir sobre contratos que tenham outros objetos, como a licença de uso de *software*.[38] Na licença de uso de *software*, regula-se o uso, sem haver transferência de tecnologia. Na exigência fiscal de cobrar CIDE-*royalties* sobre este tipo de licença de uso há uma incompatibilidade entre a incidência da contribuição e o motivo que justificou sua criação.

---

[33] Este é o termo utilizado por Renato Alessi e, por esta razão é mantido no texto.
[34] *Istituzioni di Diritto Tributario*, R. Alessi – G. Stammati, UTET, Torino, 1971, pág. 36.
[35] Op. cit., pág. 36, traduzi, sublinhei e realcei.
[36] Op. loc. cit. traduzi, sublinhei e realcei.
[37] O texto de Alessi-Stammati deve ser lido enxergando os critérios que incorpora, sem pretender fazer um reducionismo formal a esta ou aquela categoria. O importante no texto é que ela faz o tributo depender de uma razão específica que o justifique; razão passível de aferição, como o são o motivo e a causa do ato administrativo.
[38] Veja-se o meu estudo referido na nota n. 2.

7.3.4. O motivo da contribuição – que permite um controle funcional sobre a sua criação e aplicação dos recursos arrecadados – está fora do capítulo tributário. Devemos procurar o motivo no restante da Constituição. Poderá estar no rol dos direitos sociais do artigo 7º; nas competências administrativas da União (como a exploração dos portos e a disciplina das telecomunicações, previstas no artigo 21), no regime constitucional do petróleo previsto no artigo 177; na ciência e tecnologia regulada no artigo 218 e assim por diante.

7.3.5. Na medida em que a figura da contribuição supõe a existência de um motivo e de uma finalidade e se, em função deles, é editado um preceito (instituição da contribuição) este deve ser compatível com ambos. Ou seja, cabe examinar a congruência entre motivo, exigência e fim. O motivo e a finalidade balizam a CIDE. A congruência como requisitos para fins de exame judicial da constitucionalidade da lei encontra-se abrangido pela cláusula do devido processo legal material, consagrada no artigo 5º, LIV da CF/88 que engloba a racionalidade, a proporcionalidade e a razoabilidade da lei. Se, em razão de um motivo e para certa finalidade, há necessidade de um preceito, a racionalidade entre motivo e finalidade tem de pré-determinar o conteúdo do preceito, o qual, se não for compatível com ambos, será irracional; e a lei que assim dispuser ou o ato que assim prever será inconstitucional ou ilegal por agressão à garantia do devido processo legal material a ser seguido na criação e aplicação da lei.

7.3.6. A competência constitucional para instituir contribuições supõe finalidade, motivo e congruência; por isso, o legislador ordinário não tem liberdade absoluta de conformação dos preceitos que emana.

Neste passo, é preciso enfrentar outro tema relevante, que é o do abuso do poder de legislar que, por ser categoria de teoria geral do Direito, aplica-se também ao legislador. Há, inclusive, o precedente jurisprudencial da ADI-2.348 proposta em função da reedição de medidas provisórias sobre incentivos fiscais ao setor de informática que repercutiam na Zona Franca de Manaus. Neste caso, o Supremo Tribunal Federal, em acórdão relatado pelo Ministro Marco Aurélio, afirma com todas as letras ser aquele um "caso paradigmático de abuso do poder de legislar."[39]

[39] DJ-07.11.2003.

Ou seja, é possível discutir até onde vai o espaço para o legislador agir e se ao fazê-lo extrapolou o perfil objetivo da categoria jurídica que quer disciplinar. Aqui está o ponto: abuso envolve um exame substancial e funcional do preceito.

Também a categoria da fraude à lei pode ser invocada ao se examinar determinado preceito legal, a configurar o que se pode denominar de "fraude à Constituição". Esta é expressão literalmente utilizada na ADI-2.984 relatada pela Min. Ellen Gracie.[40]

Recorde-se que a inconstitucionalidade de uma lei pode ocorrer por quatro grandes conjuntos de vícios:

a) **formais** (p.ex., tipo ou inexistência de lei, ordinária ou complementar; conflito entre elas);

b) **materiais** (p.ex., objeto contemplado na norma de competência; âmbito semântico dos termos constitucionais);

c) **substanciais** (p.ex., excesso na disciplina, como é o caso do confisco; excesso no exercício do poder como ocorre com o abuso; violação indireta, como ocorre com a fraude à lei); e

d) **funcionais** ou ligados a distorções (p.ex., incongruência entre motivo, finalidade e preceito).

O debate sobre abuso do poder de legislar e fraude à lei aplicada à Constituição envolve outros juízos que não os meramente formais. Ou admitimos realizar este debate, ou não se faz um pleno controle sobre as CIDE's.

7.3.7. Sublinhe-se, também, que orçamento é mais do que mera alocação de dotações, é instrumento de implantação de políticas públicas. Sendo assim, o Poder Judiciário pode, em certa medida (é claro que não vai se substituir ao Legislativo nem ao Executivo), examinar, em casos-limites, a constitucionalidade ou legalidade das políticas públicas.

Ora, as CIDE's existem para viabilizar a atuação da União em determinado setor (CF/88, art. 149, *caput*) o que pressupõe existir uma diretriz e um sentido nessa "atuação"; ou seja, uma política pública subjacente da qual a contribuição é instrumento.

---

[40] Onde se lê que "O sistema instituído pela EC nº 32 leva à impossibilidade – **sob pena de fraude à Constituição** – de reedição da MP revogada, cuja matéria somente poderá voltar a ser tratada por meio de projeto de lei." DJ-14.05.2004. (grifei e realcei).

7.3.8. O Supremo Tribunal Federal pode controlar a inconstitucionalidade das normas que impedem que o produto da arrecadação das contribuições chegue às finalidades constitucionais (ADI-2.925); por decorrência, o Superior Tribunal de Justiça pode controlar a legalidade dos atos de aplicação da respectiva lei à luz da finalidade que justificou a exigência. Ou seja, contribuições de intervenção no domínio econômico que tenham finalidades legalmente consagradas podem ser controladas dentro deste modelo pelo Superior Tribunal de Justiça.

7.3.9. Na medida em que o elemento grupo é essencial para as contribuições (ADI-3.105), da definição de grupo podem ser extraídos critérios de controle da lei instituidora da CIDE.

Assim, por exemplo, "grupo" é diferente de "todos". CIDE instituída para alcançar toda coletividade será inconstitucional porque não atende ao requisito de ficar restrita a um grupo.

Ademais, a definição do grupo deve ter razoabilidade e racionalidade, ou seja, não pode ser qualquer um, nem uma escolha aleatória, irracional ou arbitrária. O grupo deve ser definido pelo interesse correlato à finalidade; ou seja, se a finalidade é garantir as manifestações culturais brasileiras através de produtos culturais nacionais, esta finalidade gera interesses a ela correlatos, desde os que produzem produtos culturais, até os que os consomem ou distribuem.

Esta será a linha divisória do grupo para dizer quem estará dentro e quem estará fora do alcance da contribuição.

7.3.10. Na medida em que os recursos devem ser aplicados na busca da finalidade qualificada e como eles devem vir e voltar para o grupo, então deve haver uma proporção entre o volume arrecadado e a aplicação na busca da finalidade. Desproporções episódicas podem acontecer, mas a desproporção institucionalizada não é compatível com a figura.

A questão não está na mera não-aplicação, mas na institucionalização da não-aplicação, pois esta é que frustra o objetivo constitucional e legal.[41]

---

[41] Cabem aqui as advertências do Min. Marcos Vinicios Vilaça ao relatar o Acórdão n. 1.857/2005 do TCU: "21. Em comum, tanto o problema do **sofreamento dos investimentos**, quanto o da substituição das dotações, mostram que, em certa medida, a contribuição está servindo para proporcionar quase nada além do que já era feito com as receitas de que a União dispunha outrora. 22. Isto nos remete a refletir sobre a procedência da cobrança da

Daí a necessidade de definir critérios objetivos ou subjetivos para identificar quando se está perante uma não-aplicação lesiva ao ordenamento, como expus acima.

7.3.11. Diante desta série de características e possíveis consequências a serem extraídas cabe perguntar se há algo mais a ser feito.

Sem excluir outras alternativas que podem surgir do estudo do tema,[42] penso que uma hipótese é o reconhecimento pelo Supremo Tribunal Federal da inconstitucionalidade por omissão de medidas administrativas pertinentes à implementação dos gastos.

Durante vários anos, a jurisprudência foi no sentido de a inconstitucionalidade por omissão ter por objeto apenas a falta de normas, mas ela sofreu alteração com a decisão proferida na Reclamação n. 1.017, relatada pelo Min. Sepúlveda Pertence onde se admitiu caber ação direta de inconstitucionalidade "por omissão de medidas administrativas".[43]

Este é importante precedente, pois reconhece poder existir inconstitucionalidade por não serem praticados determinados atos administrativos que a Constituição prevê devam ocorrer.

O precedente citado refere-se a situação peculiar, mas a questão a levantar é se estaria consagrado um parâmetro de julgamento para hipóteses em que a CF/88 exige ações administrativas concretas. Se assim for, e trazido este critério para o âmbito da discussão sobre as CIDE's, caberia indagar se, na própria formulação da CIDE, estaria embutida a necessidade de aplicar os recursos; a se reconhecer esta imanência, então, por consequência, a falta de atuação do Poder Público implicaria negar efetividade ao preceito constitucional por faltarem os pertinentes atos administrativos, ou seja, cometer uma omissão inconstitucional.

Esta é uma questão que emana desta decisão e parece-me ser uma direção pertinente pela qual pode trilhar o aprofundamento da análise, na busca de assegurar plena eficácia aos preceitos constitucionais que se refe-

---

contribuição. Afinal, **as sobras de recursos dão a impressão de que o encargo tributário lançado aos cidadãos está exagerado e desproporcional aos fins perseguidos. Talvez seja vista até como uma imposição abusiva, pois não há a contraprestação do Estado na materialização dos benefícios esperados e que embasaram a tributação**." (grifei e realcei)

[42] Inclusive a suscitação da questão constitucional gerada pela institucionalização da não-aplicação.

[43] DJ-03.06.2005.

rem às CIDE's, bem como controlar sua criação e a destinação dos respectivos recursos arrecadados.

8. Conclusão

É difícil construir um modelo de controle jurídico das CIDE's. Há um alto grau de subjetividade nesse exame. A hierarquia de valores professada pelo intérprete (sua ideologia) integra a análise; aliás, sempre que discutimos finalidades das normas, estamos na dimensão política do Direito.

Apesar das dificuldades, é possível identificar critérios de controle que se somem aos formulados no âmbito da denominada teoria do fato gerador. Estou confiante disto em função do que tenho visto nas manifestações jurisprudenciais a respeito, nas quais se discute, serenamente, temas como finalidade, motivo, proporcionalidade, racionalidade, controle de abusos do legislador e assim por diante.

Textos recomendados para aprofundamento do tema

Marco Aurélio Greco – "Contribuições – uma figura *sui generis*", São Paulo: Dialética, 2000.

Paulo Roberto Lyrio Pimenta – "Contribuições de intervenção no domínio econômico", São Paulo: Dialética, 2002.

Leandro Paulsen e Andrei Pitten Velloso – "Contribuições – Teoria Geral", Porto Alegre: Livraria dos Advogados, 2ª edição, 2013.

Contribuições de Intervenção no Domínio Econômico

WASHINGTON JUAREZ DE BRITO FILHO
RENATA SCHMIDT CARDOSO

1. Contribuições de Intervenção no Domínio Econômico – CIDE
Recentemente, muito se tem discutido acerca do instituto das contribuições de intervenção no domínio econômico. Tal fato se origina em um fenômeno de explosão legislativa na criação de espécies dessa modalidade tributária.

Mas não é só por isso. Na verdade, pode-se perceber que tal multiplicação de espécies, a par de se justificar pela desnecessidade de repartição de receitas com outros entes federativos regionais, também implica concluir-se por uma alteração na filosofia de tributação brasileira, alicerçada em uma radical mudança de paradigma na atuação do Estado no domínio econômico.

Tal inversão de rota possui dois eixos fundamentais de análise. Por um lado, significa uma diferente forma de o Estado remunerar-se em um panorama econômico em que lhe faltam as funções executivas, como lhe sobravam na época da ditadura militar, especialmente por meio das sociedades de economia mistas ditas "estatais", restando-lhe apenas os papéis regulatório e fomentador. De outro, a mais acurada análise do instituto, como se verá, pressupõe uma evolução em relação à superada fórmula de segregação entre incidência e destinação tributária, no perfeito entendimento da natureza jurídica de determinado tributo, como se ao Direito Tributário não importassem de forma alguma considerações acerca da destinação de suas receitas, o que seria afeto unicamente ao Direito Financeiro.

Assim, o entendimento e inserção dessa incidência tributária dentro de um contexto de uma nova realidade constitucional e econômica são pontos que ainda não foram devidamente explorados na doutrina brasileira, e que o presente trabalho pretende tangenciar ou, ao menos, incitar à sua discussão.

A partir daí, com base nos fundamentos inicialmente apresentados e consolidados, proceder-se-á ao exame mais minudenciado da casuística do tributo, no que tange às incidências ora vigentes.

2. Conceito

Da intervenção. A primeira consideração a ser feita refere-se ao alcance da expressão "intervenção" e seu significado no Direito Econômico. Pesquisando o sentido do vocábulo no dicionário, observa-se que seu sentido original é de "ato de intervir, interferência", sendo que o verbo denota "meter-se de permeio; vir ou colocar-se entre, por iniciativa própria; ingerir-se; (...); tomar parte voluntariamente em discussão, conflito, etc."[1] Ou seja, o conteúdo semântico intrínseco do termo já leva à idéia de que pressupõe atuação voluntária de um agente para a solução de problemas de terceiros.

Segundo EROS ROBERTO GRAU, autoridade na matéria, o conceito juridicamente considerado conota precisamente "atuação em área de outrem"[2]. Nesse ponto, é importante diferenciarem-se os sentidos de intervenção e de atuação estatal. Embora a intervenção possa vir a se consubstanciar em uma ação estatal, entende a autorizada doutrina que, se a atuação do Estado pode estabelecer-se tanto na esfera do público quanto na do privado, não há como, no rigor científico devido, admitir-se haver intervenção estatal senão quando alcançar exclusivamente o âmbito privado.

Daí se entende que não há falar-se em intervenção estatal quando o Estado presta diretamente serviço público ou regula a prestação de serviço público por agentes delegados, situações nas quais estará atuando no terreno de sua própria titularidade.

Mas a melhor acepção jurídica do conceito de intervenção não se restringe a isso. Para além, a estrutura com a qual o diploma constitucional

---

[1] "Novo Dicionário Aurélio da Língua Portuguesa". Rio de Janeiro: Nova Fronteira, 2ª ed., 2000, pp. 960 e 961.
[2] Grau, Eros Roberto. A Ordem Econômica na Constituição de 1988, São Paulo: Malheiros, 4ª ed., 1998, p. 122.

estabelece a disciplina da Ordem Econômica implica que se deve fazer uma distinção importante entre a realidade do mundo econômico à nossa volta – no qual a lógica a estabelecer as relações causais é a do lucro e as forças cogentes são as do mercado capitalista – e o arcabouço jurídico que a cerca, visando a que, em uma perspectiva pós-liberal que foi a tônica dos trabalhos constituintes dos anos anteriores a 1988, sejam corrigidas as imperfeições geradas pela sistemática econômica capitalista por meio da atuação estatal pela via do Direito Econômico, impondo ao sistema uma certa ordenação, a Ordem Econômica, e finalidade, tendo em vista os princípios sociais que norteiam o Estado Democrático de Direito brasileiro.

EROS ROBERTO GRAU vislumbra nessa disposição de normas constitucionais a contraposição entre a ordem econômica no mundo do ser – o modo de ser empírico de determinada economia concretamente considerada – e a ordem econômica no mundo do dever ser – o conjunto ou sistema de normas (de objetivo ou de modo de atuação) visando a normatizar e regular tal situação de fato[3]. Apenas dentro desse segundo sentido é cabível entender-se a fundamentação constitucional da intervenção estatal. Ou, como entende FERNANDO A. ALBINO DE OLIVEIRA, o conceito de intervenção traz implícita a noção de excepcionalidade, de atuação anormal, especial e temporária, de forma que ela só pode ocorrer onde a liberdade econômica do particular seja a regra[4].

No entanto, é imperativo que se mencione que o Texto Magno de 1988 é o primeiro na História Constitucional do Brasil a distinguir a Ordem Econômica da Ordem Social. No entanto, tal distinção não significa que os dois sistemas não se entrelacem. Ao contrário, o estabelecimento de normatividade autônoma, com expressas remissões recíprocas, visou a deixar claro que o legislador constituinte elegeu para o país a condição ideal de Estado Democrático de Direito com perfil de justiça substancial, a partir de uma preocupação social que perpassa toda a disciplina constitucional, à qual se quis dar destaque, a demonstrar sua preponderância. Não é a toa que a livre iniciativa, além de ser prevista como fundamento da atividade econômica, no caput do art. 170, nesse ponto já subordinada aos ditames da justiça social, é também eleita valorativamente, novamente banhada

---

[3] Ob. citada, pp. 50 e 51.
[4] Oliveira, Fernando A. Albino de. "Limites e modalidades da intervenção do Estado no domínio econômico", RDP 37-38, pp. 52 a 63.

pelo seu cunho social, como princípio fundamental do Estado Democrático de Direito em que se organiza a República Federativa do Brasil, no art. 1º da Constituição de 1988.

Do domínio econômico. Do exame do alcance do sentido científico da intervenção estatal se chega a outra questão relevante, qual seja, a distinção entre serviço público e atividade econômica. Trata-se de tema que possibilita vasta discussão, inclusive mediante a apreciação de questões históricas envolvendo a evolução da noção de serviço público, em regra variante de acordo com as teorias políticas e econômicas dominantes em cada um dos momentos da História. Tais considerações, não obstante, são de todo inúteis para o exame que aqui se quer empreender.

Daí que a grande maioria da doutrina administrativista, como MARIA SYLVIA ZANELLA DI PIETRO, prefere estabelecer que cabe ao ordenamento jurídico – preferencialmente o diploma constitucional, mas, em certos casos, excepcionalmente, também à lei ordinária – definir quais os âmbitos de atuação precípua do Estado. Vale dizer, determinada área de atuação é, em tese, sempre de natureza privada, a menos que o Estado não a assuma como própria[5].

Assim é que a Constituição da República Federativa do Brasil, de 1988, divisa exaustivamente as atividades a serem consideradas serviços públicos. A título de ilustração, podem ser mencionados o artigo 21, em seus incisos X (serviço postal e o correio aéreo nacional), XI (regulação e exploração de serviços de telecomunicações, essa diretamente ou por meio de outorga administrativa), XII (exploração, diretamente ou por meio de outorga administrativa, dos serviços de radiodifusão sonora e de sons e imagens; dos serviços e instalações de energia elétrica e o aproveitamento energético dos cursos de água; a navegação aérea, aeroespacial e a infra-estrutura aeroportuária; os serviços de transporte ferroviário e aquaviário no território nacional; os serviços de transporte rodoviário interestadual e internacional de passageiros e os portos marítimos, fluviais e lacustres), XV (serviços oficiais de estatística, geografia, geologia e cartografia nacionais), XXIII (serviços e instalações nucleares de qualquer natureza e o monopólio estatal sobre a pesquisa, a lavra, o enriquecimento e o reprocessamento, a industrialização e o comércio de minérios nucleares) e 25,

---

[5] Di Pietro, Maria Sylvia Zanella. "Direito Administrativo", São Paulo: Atlas, 11ª ed., 1999, p. 98.

§ 2º (exploração, diretamente ou por meio de outorga administrativa, dos serviços locais de gás canalizado).

Embora a moderna doutrina, como FÁTIMA FERNANDES RODRIGUES DE SOUZA e PATRÍCIA FERNANDES DE SOUZA GARCIA[6], já tenha evoluído em relação à absoluta excludência entre os conceitos de serviço público e domínio econômico, até em função do voto do Min. ILMAR GALVÃO, no julgamento do RE nº 209.365-3[7] – pelo qual entendeu-se que, em se tratando de serviço público que possuísse substrato econômico, cabível a sua subsunção ao conceito de domínio econômico – é, pois, importante a definição do alcance conceitual de serviço público, no sentido estrito, para que, em um juízo negativo, por contraposição, atinja-se a correta apreciação do que seja a atividade econômica.

Nesse ponto, importante é salientar que, novamente da lição de EROS ROBERTO GRAU[8], a expressão "domínio econômico" possui o mesmo conteúdo semântico de "atividade econômica", como sendo o campo de atuação da esfera privada. Aquela em que, ao contrário do âmbito do serviço público – em que o regime é de direito público e prepondera o princípio da legalidade, para o qual a norma de encerramento é proibitiva, a menos de expressa disposição de lei autorizativa – prevalecem os cânones privatísticos: a autonomia da vontade e o modal deôntico permissivo.

Das considerações anteriores pode-se, em conclusão, tentar sistematizar a característica definidora da modalidade de intervenção de que se está tratando, qual seja, o fato de possuir um caráter híbrido, um regime de Direito Público – tanto no caráter subjetivo, pois promanada de órgão estatal, quanto no objetivo, pois consubstanciada em atos administrativos estritamente considerados – dirigido a uma realidade de Direito Privado e nela produzindo seus efeitos, ainda que essa esteja, excepcionalmente, sendo exercida também por ente da Administração Indireta.

Das modalidades de intervenção no domínio econômico. São diversas as classificações, encontráveis na doutrina, das intervenções no domínio econômico. Por exemplo, EROS ROBERTO GRAU[9] estabelece interessante

---

[6] *Nova Amplitude do conceito de "domínio econômico", in* "Contribuições de Intervenção no Domínio Econômico e figuras afins". São Paulo: Dialética, 2001, p. 90.
[7] STF, RE 209.365, Rel. Min. Carlos Velloso, DJ 07/12/2000.
[8] Grau, Eros Roberto. A Ordem Econômica na Constituição de 1988, São Paulo: Malheiros, 4ª ed., 1998, p. 156.
[9] Ob. citada, p. 156.

diferenciação, fundamental ao correto entendimento do que seja, à luz do Direito Econômico, a intervenção no domínio econômico. Para ele, haveria as modalidades de intervenção por absorção ou por participação, por direção ou por indução.

Na primeira modalidade, EROS ROBERTO GRAU ensina que há intervenção NO domínio econômico, ou seja, trata-se das atuações estatais, no campo da atividade econômica no sentido estrito, desenvolvendo ação como agente econômico, ou assumindo integralmente o controle dos meios de produção, atuando em regime de monopólio – por absorção – ou operando em regime de competição com empresas privadas no mesmo ramo de atividade – por participação.

Nas duas outras modalidades, haveria intervenção SOBRE O domínio econômico, na qual a atividade estatal se dará como regulador, ou estabelecendo mecanismos e normas de comportamento compulsório para os agentes privados – por direção – ou manipulando instrumentos para proporcionar comportamentos desejados para os entes particulares – por indução.

MARIA SYLVIA ZANELLA DI PIETRO, diversamente, identifica, fora a prestação de serviços públicos, a atividade administrativa de natureza pública também sob as modalidades de polícia, fomento e intervenção[10].

Por seu lado, IVES GANDRA DA SILVA MARTINS[11] ensina que por três formas pode o Estado intervir na atividade econômica: intervenção monopolística, intervenção concorrencial e intervenção regulatória.

Para FERNANDO NETTO BOITEUX[12], melhor classificação deveria discernir entre a exploração de atividade econômica pelo Estado, o regime dos monopólios públicos e privados, as regras aplicáveis ao planejamento econômico e a intervenção no domínio econômico propriamente dita.

Mais importante do que relacionar diferentes classificações doutrinárias é identificarem-se os fundamentos constitucionais de cada uma dessas modalidades.

Assim é que o artigo 173 da Constituição de 1988 estabelece o quadro geral da disciplina da ordem econômica, pelo qual a norma de fundo é a exploração da atividade econômica pelos agentes privados, sendo, em

---

[10] Ob. citada, p. 98.
[11] Martins, Ives Gandra da Silva. "Aspectos Tributários da Nova Constituição". São Paulo: Resenha Tributária, 1990, pp. 288 a 291.
[12] *Intervenção do Estado no Domínio Econômico na Constituição Federal de 1988*, in "Contribuições de Intervenção no Domínio Econômico e figuras afins". São Paulo: Dialética, 2001, p. 71.

caráter supletivo e excepcional, admitida a exploração direta pelo Estado quanto determinada pelos imperativos da segurança nacional ou por relevante interesse coletivo, nos termos definidos em lei.

O regime dos monopólios públicos e privados é também contemplado constitucionalmente. A doutrina não tem sido unânime, mas entende-se que é o artigo 177 que institui realmente o monopólio público. O privado só seria admitido, e ainda assim temporariamente, quando assegurado, nos termos da lei, aos autores de inventos industriais e aos criadores de marcas, nomes e signos distintivos de empresas, consoante o inciso XXIX do seu artigo 5º.

Ao seu lado, o diploma constitucional atribui precipuamente ao Poder Público, diretamente ou por meio de concessão, permissão ou autorização, a prestação de serviços públicos, em função da norma aposta no artigo 175.

No entanto, o legislador constitucional não olvidou de estabelecer expressamente a disciplina da intervenção no domínio econômico propriamente dita, no artigo 174, lá arrolando as atividades que EROS ROBERTO GRAU mencionou como de intervenção sobre o domínio econômico, as de fiscalização, incentivo e planejamento, ao lado de ressaltar a importante função normativa e de regulação da atividade econômica.

A par de todas essas formulações construídas a partir de concepções do Direito Econômico, uma parcela da doutrina tributarista, como LUÍS FERNANDO SCHUARTZ[13], mais consentânea com uma abordagem de Finanças Públicas e com a visão alemã de que o tributo pode ter uma intenção de "direcionamento", admite que uma das formas de intervenção no domínio econômico pode ser a própria incidência tributária, no que se denomina caráter extra-fiscal do tributo.

Em verdade, de todas essas diferentes formas de tentar classificar as intervenções no domínio econômico, a algumas conclusões se pode chegar. A primeira é a de que é equivocado misturar dois vetores de classificação diferentes, a saber, a natureza da atividade e a conformação do mercado em que se atua. Assim, para entender-se a atuação estatal na economia, ao menos a partir das modalidades de seu desempenho econômico, não há que se perquirir se isso se dá em situações de monopólio, oligopólio

---

[13] *Contribuições de Intervenção no Domínio Econômico e Atuação do Estado no Domínio Econômico*, in "Contribuições de Intervenção no Domínio Econômico e figuras afins". São Paulo: Dialética, 2001, p. 50.

ou de concorrência perfeita. Se é claro que essa observação só se aplica às atuações no domínio privado, a consideração quanto a esse fator apenas tumultua o entendimento da matéria.

Melhor seria então didaticamente dividir a atuação do Estado no domínio econômico nas modalidades de participação – na exata definição elaborada por GRAU quanto à intervenção no domínio econômico – e de intervenção – a qual compreenderia o que o doutrinador paulista estabelece como intervenção sobre o domínio econômico.

A primeira, como atuação como agente econômico propriamente dito, poderia se dar pela forma do exercício de atividade econômica ou da prestação de serviço público, irrelevante saber-se a modalidade concorrencial do respectivo mercado, senão para identificar-se em qual das situações se está inserido.

Ensina Luís ROBERTO BARROSO, em aula proferida na UERJ, que tais modalidades não se podem confundir, especialmente pela existência de regimes jurídicos diferenciados. Esse constitucionalista carioca percebe um caráter de subsidiariedade no exercício estatal da atividade econômica – pois, sendo o princípio maior o da livre iniciativa, somente em hipóteses restritas e constitucionalmente previstas poderia o Estado atuar diretamente, como empresário, no domínio econômico. As exceções então se resumiriam aos casos de imperativos da segurança nacional (CF, art. 173, caput); relevante interesse coletivo (CF, art. 173, caput); e monopólio outorgado à União (CF, art. 21, XXIII e 177). De se notar a crescente flexibilização do monopólio definido no art. 177 da Constituição, assim como que, no seu entender, o serviço postal (art. 21, X) não é caso de monopólio constitucionalmente definido, senão hipótese de atividade para a qual o constituinte de 1988 estabeleceu um dever à União de manutenção, independentemente do regime econômico ao qual se submeta, embora não se trate de serviço público.

Outro aspecto em que se vê relevância no aspecto concorrencial é entender-se que, quando não se trate de monopólio, o Estado deverá atuar diretamente no domínio econômico sob o mesmo regime jurídico das empresas privadas, o que decorre do § 1º, II, do art. 173 da Constituição Federal, na redação conferida pela Emenda Constitucional nº 19/98, a determinar que a empresa pública, a sociedade de economia mista e suas subsidiárias que explorem atividade econômica sujeitam-se ao regime jurídico próprio das empresas privadas, inclusive quanto às obrigações trabalhistas e tributárias.

A intervenção estatal, nessa classificação mais didática, abrangeria as modalidades descritas no art. 174 da Constituição, na disciplina da Ordem Econômica. Confira-se:

> *"Art. 174. Como agente normativo e regulador da atividade econômica, o Estado exercerá, na forma da lei, as funções de fiscalização, incentivo e planejamento, sendo este determinante para o setor público e indicativo para o setor privado."*

Melhor ainda seria, utilizando-se de termos mais modernos, englobar as duas últimas formas de intervenção dentro de um conceito mais técnico de regulação, muito estudado por aqueles que se dedicam a estudar as funções das agências regulatórias. Por exemplo, pode-se mencionar SÉRGIO NELSON MANNHEIMER[14], que lista algumas dessas funções, entre as quais, o controle de tarifas, de modo a assegurar o equilíbrio econômico e financeiro dos contratos de concessão; a implementação da universalização do serviço, estendendo-os a parcelas da população que deles não se beneficiavam por força da escassez de recursos; o fomento da competitividade, nas áreas nas quais não haja monopólio natural; a fiscalização do cumprimento do contrato de concessão; e o arbitramento dos conflitos entre as diversas partes envolvidas: consumidores do serviço, poder concedente, concessionários, a comunidade como um todo, os investidores potenciais etc.

A intervenção estatal no domínio econômico poderia ser dar, então, sob as formas de regulação ou de incentivo.

Importante ressaltar que a atividade de regulação envolve a função meramente normativa do Estado, seja sob o veículo legislativo próprio, seja mediante a edição de atos infralegais, regulamentares ou mesmo autônomos, desde que tendentes a alcançar os objetivos e valores eleitos pela lei delegante – para a qual se rompe o cânone da legalidade estrita. Assim, a norma regulatória é mais do que meramente regulamentadora, podendo inovar no mundo jurídico, desde que estabelecendo meios e modos condizentes com os objetivos e valores consagrados na lei formal.

Mas também abrange o exercício de atos materiais aptos a fazerem valer tais normas administrativas – a atividade propriamente dita de fiscalização, à qual se refere o art. 174 da Constituição. O conjunto das duas

---

[14] Mannheimer, Sérgio Nelson. "Agências estaduais reguladoras de serviços públicos". Revista Forense 343/221.

atividades, normativa e material, consiste na definição de poder de polícia presente no art. 78 do Código Tributário Nacional.

A segunda modalidade de intervenção do Estado no domínio econômico é o incentivo ou fomento. Nela, o Estado age apenas indiretamente sobre os agentes econômicos. Induz os entes privados à realização de condutas que entende devidas ou ao não exercício de comportamentos não recomendáveis. Para tanto, pode se utilizar, entre outros mecanismos, de instrumentos de parafiscalidade, como a concessão de incentivos fiscais, isenções ou reduções de tributos, ou financeiros, como subsídios ou subvenções sociais. Mas também pode prover programas de financiamento aos agentes privados ou públicos, diretamente ou por meio de fundos, aos quais podem ser destinadas receitas específicas. Exatamente nesses contextos insere-se o instituto das contribuições de intervenção no domínio econômico.

3. Natureza jurídica
Da natureza jurídica das contribuições de intervenção no domínio econômico. A questão acerca do fato gerador das contribuições de intervenção no domínio econômico ter que subsumir-se àqueles relativos a impostos ou taxas já foi apreciada pelo Supremo Tribunal Federal, no julgamento do RE nº 75.972 – SP, no qual se entendeu, unanimemente, que o Adicional de Frete para a Renovação da Marinha Mercante não constituía modalidade de imposto não prevista constitucionalmente, senão espécie tributária autônoma. No voto do relator, Min. Thompson Flores, nos trechos abaixo transcritos, foram expressos, pela primeira vez, os traços distintivos da contribuição de intervenção no domínio econômico:

> "*ADICIONAL AO FRETE PARA RENOVAÇÃO DA MARINHA MERCANTE.*
>
> *II – Não constitui taxa, nem imposto, com destinação especial. Ela **é uma contribuição parafiscal, tendo em vista a intervenção no domínio econômico**, nos termos do art. 21, § 2º, I, c.c. o art. 163 e seu parágrafo único, da Constituição (Emenda nº1/69) e decorre da Lei nº 3.381/58 e Decretos-Leis nº 362/68, 432 e 799/69.*
>
> *III. Legal, pois, a exigência desta contribuição, a qual, porque não constitui imposto, pode ser cobrada mesmo daqueles que gozam da imunidade a que se refere o art. 19, III, d, da Carta citada, onde se inclui a recorrida.*

IV. Recurso extraordinário conhecido e provido, para cassar a segurança.
(...);
No julgamento dos EMS nº18224, em 18/11/70 quando, pela última vez a controvérsia voltou à apreciação do Plenário do Supremo Tribunal Federal, não explicitou seu voto o eminente Ministro Aliomar Baleeiro.

Todavia, sustentou a validade da taxa o eminente Ministro Eloy da Rocha, reconhecendo-a refletir ela não imposto ou taxa, no sentido jurídico-constitucional, mas a contribuição prevista no parágrafo único do art. 163 da Constituição. Com S. Exa. ficaram vencidos os eminentes Ministros Bilac Pinto, e Adaucto Cardoso. Leio a parte substancial do seu voto.

Acompanhei, então, o voto do eminente relator, Ministro Djaci Falcão.

Considerei que, a teor do art. 18 da Constituição de 1967, o sistema tributário brasileiro não comportava tributos outros, além das taxas, contribuição de melhoria e impostos.

(...);

E, como também fiz notar, ampliado ficou o sistema de arrecadação da União.

Assim, além de taxas, impostos e contribuição de melhoria, admitiu ela a instituição prevista nos incisos I e II, do parágrafo 2º do art. 21, (...).

(...)

*Preceitos outros, do mesmo Estatuto, evidenciam que não se cuida de taxa, como reconheceu o julgamento referido, nem, ao meu ver, de imposto especial, como o admitiu. É que **não é ela recolhida ao tesouro, não tem destinação genérica dos tributos, visando atender indistintamente às necessidades públicas.***

Antes, já na forma de incidir; já na forma de arrecadar; já na de recolher, por fim, na de destinar, voltando a beneficiar a todos os que dos transportes se servem, e em especial, aos armadores e embarcadores ou aos donos da carga, afasta a possibilidade de ser ela admitida como tal[15]*".*

Assim, pela primeira vez na jurisprudência do órgão maior do Poder Judiciário Brasileiro, admitiu-se a autonomia conceitual dessa nova modalidade tributária. No mesmo julgamento, interessante observar as seguintes palavras do Min. Rodrigues Alckmin:

"Sr. Presidente, em caso anterior, de que fui Relator, ainda na vigência da Constituição de 1946, sustentei a legitimidade dessa exigência, classificando-a como uma

---

[15] STF, Tribunal Pleno, RE 75972 / SP, Rel. Min. THOMPSON FLORES, DJ DATA-17-05-74.

contribuição e entendendo que a contribuição é uma tertio genus do direito tributário, inconfundível com o imposto e a taxa.

No presente caso, já na vigência da Constituição de 1969, Emenda nº1, meu voto, com mais razão, será no mesmo sentido[16]".

Dos fundamentos constitucionais. A previsão constitucional primeira das contribuições de intervenção no domínio econômico é aquela da Constituição de 1967, na redação da Emenda Constitucional nº 1, de 1969, verbis:

> *"Art. 21. (...):*
> *§ 2º A União pode instituir:*
> *I – **contribuições**, observada a faculdade prevista no item I deste artigo, **tendo em vista intervenção no domínio econômico** ou o interesse de categorias profissionais e para atender diretamente a parte da União no custeio dos encargos da previdência social;"* (g.n.)

Embora diversa a redação, a expressa disciplina de então, em se tratando do posicionamento das contribuições de intervenção no domínio econômico dentro do sistema constitucional tributário, em nada diverge da atual.

No entanto, há cabal diferença de tratamento constitucional quanto às modalidades de intervenção possíveis. O diploma constitucional outorgado previu de forma mais minudente, quando do estabelecimento dos parâmetros constitucionais econômicos, das circunstâncias autorizadoras da intervenção estatal:

> *"Art. 163. São facultados a intervenção no domínio econômico e o monopólio de determinada indústria ou atividade, mediante lei federal, quando indispensável por motivo de segurança nacional ou para organizar setor que não possa ser desenvolvido com eficácia no regime de competição e de liberdade de iniciativa, assegurados os direitos e garantias individuais.*
> *Parágrafo único. Para atender a intervenção de que trata este artigo, a União poderá instituir **contribuições destinadas ao custeio dos respectivos serviços e encargos**, na forma que a lei estabelecer".* (g.n.)

Do exame especialmente do parágrafo acima descrito, pode-se concluir que as contribuições de intervenção no domínio econômico admissíveis no

---

[16] STF, Tribunal Pleno, RE 75972 / SP, Voto do Min. Rodrigues Alckmin.

sistema vigente até 1988 eram apenas aquelas destinadas ao custeio de serviços ou encargos resultantes de uma atuação interventiva que objetivasse os fins econômicos de organização ou de segurança nacional. Tratava-se meramente de contribuição com destinação especificamente voltada ao provimento de meios financeiros a uma modalidade de intervenção material ou financeira, mas diversa da incidência tributária propriamente dita. A função indutiva, própria do instituto das contribuições de intervenção no domínio econômico, autorizar-se-ia apenas por meios indiretos à própria incidência tributária. Seria o que se denominará CIDE-destinação – a que só intervém por meio de sua destinação financeira e o uso que a lei a ele prevê.

Hoje, a redação constitucional vigente se refere à modalidade tributária no *caput* do artigo 149, bem como através do §2º e seus incisos, *verbis*:

> "Art. 149. *Compete exclusivamente à União instituir contribuições sociais, de intervenção no domínio econômico e de interesse de categorias profissionais ou econômicas,* **como instrumento de sua atuação nas respectivas áreas**, *observado o disposto no arts. 146, III, e 150, I e III, e sem prejuízo do previsto no art. 195, § 6º, relativamente às contribuições a que alude o dispositivo.*
>
> ....
>
> §2º *As contribuições sociais e de intervenção no domínio econômico de que trata o caput deste artigo*[17]:
> I – *não incidirão sobre as receitas decorrentes de exportação;*
> II- *incidirão também sobre a importação de produtos estrangeiros ou serviço*[18]*s;*
> III- *poderão ter alíquotas:*
> a) *ad valorem, tendo por base o faturamento, a receita bruta ou o valor da operação e, no caso de importação, o valor aduaneiro;*
> b) *específica, tendo por base a unidade de medida adotada..*"

Não há dúvida de que o legislador constitucional foi bem menos prolixo quando se dedicou às contribuições do artigo 149 do que em relação aos impostos.

Ainda que considerando as inovações introduzidas pela EC nº 33/01 e nº 42/03, o quê se verifica na verdade, é que, excetuada a sua incidência

---

[17] Incluído pela Emenda Constitucional nº 33, de 11/12/01.
[18] Inciso II com redação dada pela Emenda Constitucional nº 42, de 19/12/03.

no campo das exportações, foi concedida ao legislador, uma extensa margem de possibilidades para fins de instituição das aludidas contribuições.

Por sua vez, há que se destacar que o constituinte de 1988, ao não fazer a exigência do parágrafo do antigo artigo 163, sinalizou para um norte de ampliação das hipóteses de instituição de contribuições de intervenção no domínio econômico. Mais do que isso, a própria redação do art. 149, ao facultar à União instituir contribuições de intervenção no domínio econômico **"como instrumento de sua atuação nas respectivas áreas"** – em se tratando das contribuições de que se está tratando, da atuação interventiva indutiva – permitiu uma segunda modalidade de contribuição de intervenção no domínio econômico – aquela em que a própria instituição do tributo, por meio de seu aspecto material, presta-se a realizar a tarefa interventiva. A ela aqui haverá referência como CIDE-incidência.

A par de deter a atenção no exame da disciplina oculta referida pela doutrina, o que será feito em seguida, é interessante asseverar que, segundo PAULO ROBERTO LYRIO PIMENTA[19], a regulamentação constitucional da Ordem Econômica é um programa de ação, na medida em que visa a estabelecer "um conjunto de reações que deverão ocorrer diante da existência de determinado evento". A prescrição que origina tal programa utiliza-se de condições, na medida em que requisita expressamente a obediência a meios procedimentais, e de fins, os objetivos gizados, de busca de bem-estar social, em última análise a finalidade precípua da existência estatal. Não se pode olvidar, portanto, que sempre a intervenção estatal deverá estar calcada nesses balizamentos.

O importante é entender que, do exame sistemático do capítulo constitucional da Ordem Econômica conjuntamente com o do Sistema Tributário Nacional, pode-se concluir que o Estado, quando presta diretamente serviços públicos (art. 175), a contra-prestação ao Estado virá sob a forma de taxa, se o serviço é específico ou divisível, ou imposto, caso contrário, sempre em regime de Direito Público. Será, não obstante, o Estado remunerado por preço público, no caso de, havendo substrato econômico na atividade, sua disciplina for privatística. Quando intervém no domínio econômico, na classificação aqui já apresentada, por regulação, sua remuneração virá sob a forma de taxa pelo exercício de poder de polícia. Em se tratando da intervenção por indução, seria então o caso de o Estado remu-

---

[19] *Perfil Constitucional das Contribuições de Intervenção no Domínio Econômico*, in "Contribuições de Intervenção no Domínio Econômico e figuras afins". São Paulo: Dialética, 2001, p. 160.

nerar-se ou operar mediante a instituição de contribuições de intervenção no domínio econômico.

Esquematicamente:

ATUAÇÃO DO ESTADO NO DOMÍNIO ECONÔMICO:

1) por participação:
   a. Prestação de serviço público – taxa (serviço) ou imposto;
   b. Exercício de atividade econômica – preço público;
2) por intervenção:
   a. Regulação – taxa (poder de polícia);
   b. Indução – CIDE.

Das intervenções no domínio econômico próprias à instituição de Contribuições de Intervenção no Domínio Econômico. Não há dúvida que, mais uma vez utilizando a classificação já referenciada, e a partir do resumo esquemático apresentado, as intervenções estatais por indução são aquelas que são precipuamente instrumentalizáveis por intermédio de contribuições de intervenção no domínio econômico. Alguma dissensão doutrinária, não obstante, resta quanto à possibilidade de exigência, pela União, de contribuições de intervenção no domínio econômico no caso de atividades privadas – em se tratando do domínio econômico propriamente dito ou do serviço público com substrato econômico – com o fim de remunerar entes empresariais estatais (empresas públicas ou sociedades de economia mista) que, consoante os ditames do § 2º do artigo 173 da CRFB/88, não podem gozar de privilégios em relação aos agentes privados (MIZABEL ABREU MACHADO DERZI[20]). Se a destinação do tributo visa a prover fundos públicos, voltados a proporcionar meios materiais à concretização da intervenção que o suscitou, entende-se que aplicáveis as contribuições de intervenção no domínio econômico, às empresas privadas e às estatais em igualdade de condições, na hipótese de domínio econômico propriamente dito ou do serviço público com substrato econômico.

Embora alguns, como GASTÃO ALVES DE TOLEDO[21], advoguem que há restrições ao campo de intervenção estatal por meio de contribuições

---

[20] "Contribuições de Intervenção no Domínio Econômico". RDT 48/228-229.
[21] *A Contribuição incidente sobre Royalties – Lei Federal 10.168, de 29.12.2000, e Medida Provisória 2.062-63/2001*, in "Contribuições de Intervenção no Domínio Econômico e figuras afins". São Paulo: Dialética, 2001, pp. 257 a 274.

apenas à disciplina constitucional da ordem econômica, não se pode deixar de considerar que, como já asseverado, a própria sistemática econômica constitucional é subordinada a valores sociais. Na verdade, cabível é a instituição de contribuições de intervenção no domínio econômico em qualquer atividade contemplada constitucionalmente como de promoção e incentivo obrigatórios por parte do Estado, especialmente se inserido dentro da Ordem Constitucional Social. É o caso do fomento ao desenvolvimento científico e tecnológico nacionais, como se verá.

Dos aspectos materiais do fato gerador. Alguns jusperitos entendem que a disciplina constitucional implícita da matéria impõe restrições às manifestações de capacidade contributiva aptas a serem alçadas à condição de hipóteses de incidência de contribuições de intervenção no domínio econômico. Por exemplo, ROQUE ANTÔNIO CARRAZZA[22] adota o antigo entendimento de que os fatos geradores das contribuições ditas especiais, entre elas as contribuições de intervenção no domínio econômico, ou se subsumem às hipóteses de incidência típicas de imposto, ou as de taxas, sendo que a única particularidade que as diferencia dessas modalidades tradicionais de tributo seria a sua destinação específica. Daí porque, na sua formulação, as contribuições de intervenção no domínio econômico não podem ter fatos geradores típicos de imposto da competência de outro ente federativo que não a União, já que apenas o ente federal possui a sujeição ativa tributária delegada pelo artigo 149 mencionado.

Porém, do exame detalhado do conjunto de obras versando a matéria, pode-se concluir que a única restrição que a sistemática constitucional deve impor ao fato gerador das contribuições de intervenção no domínio econômico é a de que devem guardar relação de pertinência com a intervenção concretamente considerada que se quer remunerar.

Mais do que isso, minudente exame das circunstâncias aptas a serem fatos geradores de contribuições de intervenção no domínio econômico, conclui-se que tal requisito é apenas suficiente em se tratando da CIDE--destinação.

Em se considerando a CIDE-incidência, mais há que se perquirir. A incidência deve ser seletiva. Vale dizer, o nascimento da obrigação tributária principal só ocorrerá quando da ocorrência das condutas que se

---

[22] Carrazza, Roque A. "Curso de Direito Constitucional Tributário". São Paulo: Malheiros, 16ª ed., 2001, pp. 501 e 502.

quer desincentivar. Assim, para que o tributo sirva ele próprio como intervenção, e só o poderá ser de forma negativa, o tipo tributário deverá ser tal a que selecione as condutas desejadas das não-desejadas. Trata-se de situação em que a cânones tributários, como o da isonomia e da uniformidade geográfica, podem ser desconsiderados, dados os pressupostos constitucionais intrínsecos a essa modalidade tributária e à nova autorização constitucional, como examinado.

Nada há a obstar a afirmação acima prolatada, ao argumento de ofensa à capacidade contributiva. Em verdade, a engenharia da contribuição de intervenção no domínio econômico determina que a capacidade contributiva que se quer atingir seja exatamente a dos agentes econômicos cujo papel no domínio econômico em que se quer intervir seja objeto de juízo negativo de valoração, e não daqueles que se quer beneficiar.

Dos aspectos espaciais do fato gerador. No que tange à matéria espacial, pouco há a comentar. A única consideração encontrável na doutrina, da lavra de MARCO AURÉLIO GRECO, é que não cabe estabelecer diferenciações regionais na incidência tributária, ainda que a realidade econômica que se quer corrigir implique tais disparidades e que a redução das desigualdades regionais seja um dos objetivos primordiais do Estado Democrático de Direito brasileiro. Para ele, a incidência deve se restringir a uma atividade econômica, e quanto a essa, o campo potencial de exigência deve ser total[23]. Trata-se de abordagem que se presta unicamente à tradicional incidência das contribuições de intervenção no domínio econômico. Em se tratando da CIDE-incidência, poderá haver alguma forma de seletividade no tipo tributário, como forma de eleger os fatos geradores indesejados, inclusive no seu aspecto espacial.

Dos aspectos temporais do fato gerador. Outro aspecto escassamente comentado na literatura específica. Novamente é MARCO AURÉLIO GRECO quem melhor aborda a matéria, estabelecendo que a incidência deve guardar simultaneidade com a respectiva intervenção e que, cessados os motivos que geraram a necessidade interventiva, o tributo não pode ser mais exigido[24].

---

[23] *Contribuições de Intervenção no Domínio Econômico – Parâmetros para sua Criação, in* "Contribuições de Intervenção no Domínio Econômico e figuras afins". São Paulo: Dialética, 2001, p. 17.

[24] *Contribuições de Intervenção no Domínio Econômico – Parâmetros para sua Criação, in* "Contribuições de Intervenção no Domínio Econômico e figuras afins". São Paulo: Dialética, 2001, p. 22.

Dos aspectos quantitativos do fato gerador. Aspecto mais abordado na doutrina, embora sejam aproximadamente consentâneas as abordagens verificadas. O mais importante é que o montante de crédito tributário exigido deve ser proporcional à intervenção perpetrada. Vale dizer, não pode a tributação ser confundida com aquela de caráter fiscal geral, dedicada ao custeio genérico dos cofres públicos, por seu elevado montante. Mas também não pode ser exígua a ponto de não proporcionar o comportamento desejado do agente privado. Por outro lado, a base de cálculo deve guardar relação direta com a imperfeição econômica a qual se deseja corrigir. Tais considerações são aplicáveis a ambas as modalidades de CIDE, embora na CIDE-incidência o caráter remuneratório seja subsidiário à sua função extra-fiscal. Ou seja, o montante incidente deve ser tal a realmente desincentivar o comportamento que se deseja evitar.

Dos aspectos subjetivos do fato gerador. Trata-se de matéria extremamente complexa e discordante na doutrina. Entende-se que se exige que a intervenção da União Federal no domínio econômico instrumentalizada mediante CIDE tenha referibilidade com seu sujeito passivo. No entanto, não há consenso quanto à medida de tal relação e à sua qualidade. Fundamentalmente, a questão é entender a natureza dessa referibilidade, como sinônimo da existência de vínculo específico em razão de interesse do sujeito passivo na intervenção ou em função da necessidade de intervenção da União Federal na atividade intervinda. Assim, concretamente, é saber-se se o universo subjetivo passivo das contribuições de intervenção no domínio econômico abrange unicamente os contribuintes que tenham dado causa à intervenção, com ou sem interesse nela e/ou os interessados na intervenção, ou seja, aqueles a quem a intervenção potencialmente aproveitar. Não há definição doutrinária a respeito.

Interessante lição doutrinária é dada por GERALDO ATALIBA[25], para quem a hipótese de incidência das contribuições é uma atuação estatal indireta e mediatamente referida ao obrigado, podendo ser "(1) (...) uma conseqüência ou efeito da ação estatal que toca o obrigado, estabelecendo o nexo que o vincula a ela (ação estatal), ou (2) uma decorrência da situação, status ou atividade do obrigado (sujeito passivo da contribuição) que exige ou provoca a ação estatal que estabelece o nexo entre esta (ação) e

---

[25] Ataliba, Geraldo. "Hipótese de Incidência Tributária". São Paulo: Malheiros, 1997, 6ª ed., p. 183.

aquele (obrigado). (...) É que, no plano da ciência das finanças se designa como benefício especial ou detrimento especial caracterizando as contribuições: o sujeito é chamado a pagar em razão de (1) benefício especial que recebe em conseqüência de ação estatal, ou em função de um (2) detrimento que causa ao interesse público, exigente da ação estatal que o anule, neutralize, corrija ou conserte".

Melhor abordagem da matéria deveria também diferenciar as duas modalidades de CIDE. Em se tratando daquela que intervém por sua destinação, a lição de ATALIBA é plenamente válida. O que haverá será apenas uma referibilidade indireta e mediata do contribuinte em relação à intervenção estatal, na medida em que essa apenas se exercerá a partir dos meios materiais e financeiros proporcionados pela incidência tributária.

No entanto, em se tratando da CIDE que intervém pela própria incidência, a situação será diversa. Sendo a intervenção instrumentalizada como efeito da própria carga tributária seletiva, a referibilidade será direta e imediata. Não obstante, deve-se ressaltar que a intervenção, por se direcionar a contribuinte que deverá ser o prejudicado pela ela própria, em um fenômeno de indução negativa, faz nascer uma referibilidade invertida. Ou seja, a atuação estatal interventiva indutiva, em verdade a própria ausência de incidência tributária, destina-se justamente àqueles a quem a incidência não se direciona, os cujo comportamento se quer privilegiar ao não se lhes impor o ônus tributário. Exatamente a não percepção dessa referibilidade invertida faz nascer diversas contestações quanto à incidência de contribuições de intervenção no domínio econômico dessa modalidade.

Da destinação dos créditos tributários. É indubitável que deve haver previsão legal de destinação do produto da arrecadação da contribuição de intervenção no domínio econômico à finalidade de custear a atividade interventiva da União Federal. Há dúvida doutrinária, todavia, quanto à necessidade de parafiscalidade, ou seja, de que a destinação seja especificamente alocada a algum fundo público ou instituição federal, ou se basta a vinculação legal, embora sem rubrica orçamentária específica.

Outro aspecto a ser considerado refere-se à constitucionalidade do fundo ao qual se destina a receita proveniente das contribuições de intervenção no domínio econômico e a sua influência na própria incidência tributária.

Ambas tais questões só alcançam importância, de forma a realmente macular de inconstitucionalidade o próprio tributo, em relação àquelas contribuições de intervenção no domínio econômico que intervenham pela sua destinação, embora mesmo para a CIDE-incidência deva haver alguma pertinência do destino dos créditos tributários com o seu fundamento constitucional.

Do aspecto legislativo formal. Embora a maioria da doutrina não tenha dúvida da desnecessidade de lei complementar à instituição de contribuições de intervenção no domínio econômico, como FERNANDO OSÓRIO DE ALMEIDA JUNIOR[26], há alguma dissidência, naqueles que entendem, ao exemplo de GABRIEL LACERDA TROIANELLI[27], em contrário, especialmente tendo em vista contradições nas apreciações do Supremo Tribunal Federal quanto à matéria. Outro ponto que se tem levantado nesse aspecto diz respeito à necessidade de lei complementar para a instituição do fundo ao qual os créditos tributários se destinam, nos termos do ditame constitucional do art. 165, § 9º, II, in fine.

4. Espécies

Como exemplos podem ser mencionadas, na esteira das já tradicionais incidências do Adicional ao Frete para Renovação da Marinha Mercante – AFRMM (Decreto-lei nº 1.142, de 30.12.1970) e do Adicional de Tarifa Portuária – ATP (Lei nº 7.700, de 21.12.1988), a contribuição de intervenção devida ao Instituto do Açúcar e do Álcool – IAA (Decreto-Lei nº 1.712, de 14/11/79), a contribuição de intervenção devida ao Instituto Brasileiro de Café- IBC (Decreto-Lei nº 2295, de 21/11/86), a instituição da Contribuição para Pesquisa, Desenvolvimento e Eficiência Energética (Lei nº 9.991, de 24.07.2000), da Contribuição SEBRAE (Lei nº 8.154, de 28.12.1990), da Contribuição para o Fundo de Universalização dos Serviços de Telecomunicações – FUST (Lei nº 9.998, de 17.08.2000), da Contribuição para o Fundo para o Desenvolvimento Tecnológico das Telecomunicações – FUNTTEL (Lei nº 10.052, de 28.11.2000), da Contribuição para o Programa de Estímulo à Interação Universidade-Empresa (Lei nº 10.168, de 29.12.2000), da Contribuição de Intervenção no Domínio Econômico incidente sobre a importação e a comercialização de petróleo e seus deri-

---

[26] *Contribuição de Intervenção no Domínio Econômico*, in "Contribuições de Intervenção no Domínio Econômico e figuras afins". São Paulo: Dialética, 2001, pp. 150 a 154.

[27] *O Perfil Constitucional da Contribuição de Intervenção no Domínio Econômico*, in "Contribuições de Intervenção no Domínio Econômico e figuras afins". São Paulo: Dialética, 2001, pp. 226 a 230.

vados, gás natural e seus derivados, e álcool etílico combustível (Emenda Constitucional nº 33, de 11 de dezembro de 2001 e Lei nº 10.336, de 19 de dezembro de 2001) e da Contribuição para o Desenvolvimento da Indústria Cinematográfica Nacional – CONDECINE (Medida Provisória nº 2.228-1, de 6 de setembro de 2001 e Lei nº 10.454, de 13.5.2002).

5. Contribuintes

O debate acerca de quem deve contribuir para o recolhimento desta modalidade de contribuição já foi exaurido por força da manifestação sedimentada pelo Pleno do E. SUPREMO TRIBUNAL FEDERAL, quando do julgamento acerca da constitucionalidade da contribuição devida ao Serviço Brasileiro de Apoio às Micro e Pequenas Empresas – SEBRAE.

Quando da análise deste tema no bojo do RE 396.266 (DJ 27/02/04), a Corte Suprema firmou posicionamento no sentido de "ser inexigível a vinculação direta do contribuinte ou a possibilidade de que ele se beneficie com a aplicação dos recursos por ela arrecadados, mas sim a observância dos princípios gerais da atividade econômica."

A título de ilustração, abre-se parênteses para transcrever o voto do eminente Ministro Carlos Velloso acerca da *quaestio*:

"Não sendo contribuição de interesse das categorias profissionais ou econômicas, mas contribuição de intervenção no domínio econômico, a sua instituição está jungida aos princípios gerais da atividade econômica, C.F., arts. 170 a 181. E se o SEBRAE tem por finalidade "planejar, coordenar e orientar programas técnicos, projetos e atividades de apoio às micro e pequenas empresas, em conformidade com as políticas nacionais de desenvolvimento, particularmente as relativas às áreas industrial, comercial e tecnológica" (Lei 8.029/90, art. 9º, incluído pela Lei 8.154/90), a contribuição instituída para a realização desse desiderato está conforme aos princípios gerais da atividade econômica consagrados na Constituição. Observe-se, de outro lado, que a contribuição tem como sujeito passivo empresa comercial ou industrial, partícipes, pois das atividades econômicas que a Constituição disciplina (C.F., art. 170 e seguintes).

Com propriedade, anotou o acórdão:

"(...)

As contribuições de interesse das categorias profissionais ou econômicas destinam-se ao custeio de entidades que por escopo fiscalizar ou regular o exercício de determinadas atividades profissionais ou econômicas, bem como representar, coletiva ou individualmente, categorias profissionais, defendendo seus interesses. Evidente, no caso, a neces-

sidade de vinculação entre a atividade profissional ou econômica do sujeito passivo da relação tributária e a entidade destinatária da exação.

Já as contribuições de intervenção do domínio econômico, como a sua própria denominação já alerta, são instrumentos de intervenção no domínio econômico, que devem ser instituídos levando em consideração os princípios gerais da atividade econômica arrolados e disciplinados nos arts. 170 a 181 da Constituição Federal.

(...)

Conclui-se, portanto, que a contribuição para o SEBRAE é daquelas de intervenção na atividade econômica.

Ora, se o texto constitucional impõe que os entes federados dispensem tratamento jurídico diferenciado às microempresas e empresas de pequeno porte para incentivá-las, não é crível que a contribuição instituída em seu benefício seja arcada somente por pessoas jurídicas que se encaixem nessas categorias, impondo às mesmas tratamento diferenciado sim, porém mais oneroso que às demais empresas concorrentes, em detrimento das que se pretende ver impulsionadas.

Caracterizadas fundamentalmente pela finalidade a que se prestam, as contribuições de intervenção na atividade econômica, conforme já consagrado pela jurisprudência, não exigem vinculação direta do contribuinte ou a possibilidade de auferir benefícios com a aplicação dos recursos arrecadados."[28] (g.n.)

6. Questões controvertidas. Jurisprudência

Da destinação dos recursos advindos das contribuições de intervenção no domínio econômico. A possibilidade de que a previsão legal de destinação do produto da arrecadação da contribuição de intervenção no domínio econômico à finalidade de custear a atividade interventiva da União Federal seja realizada por meio de rubrica orçamentária, não necessariamente mediante a constituição de fundo com personalidade jurídica própria também já foi apreciada pelo Supremo Tribunal Federal, no julgamento do RE nº 218.061-5 SP, por maioria, em que, no voto do Min. Nélson Jobim, utilizou-se de uma retrospectiva histórica e política para justificar o fim da destinação a ente paraestatal com atribuições específicas da arrecadação com outra contribuição de intervenção no domínio econômico, o Adicional de Tarifa Portuária:

---

[28] STF, Pleno, RE 396.266-3, Rel. Min. Carlos Velloso, DJ 27.02.2004, Ementário nº 2141-7.

"CONSTITUCIONAL. TRIBUTÁRIO. ADICIONAL DE TARIFA PORTU-ÁRIA – ATP. Lei 7.700, de 1988, art. 1º, § 1º.

I – Natureza Jurídica do ATP: contribuição de intervenção no domínio econômico, segundo o entendimento da maioria a partir dos votos dos Ministros Ilmar Galvão e Nelson Jobim.

II – Voto do Relator, vencido no fundamento: natureza jurídica do ATP: taxa: criado por lei, Lei 7.700/88, art. 1º, § 1º, remunera o serviço público (CF, art. 21, XII, d e f; art. 17 do Decreto 25.408/34).

III – Constitucionalidade do ATP: Lei nº 7.700/88, art. 1º, § 1º.

IV – R. E. conhecido e provido.

(...);

A destinação do ATP.

As alterações introduzidas pelas Leis 8.029 e 8.032/90 somente ajustaram os termos da Lei 7.700/88 à estrutura administrativa introduzida pelo novo governo.

Não houve alteração alguma quanto a destinação do ATP.

O ATP prosseguiu destinado às melhorias das instalações portuárias.

Observo que, em fevereiro de 1993, 13 meses após a extinção da Portobrás, a lei 8.630 assegurou a aplicação de percentuais do ATP " ...no porto organizado que lhe deu origem..." (art. 52, § 1º) ou seja, cada porto organizado passaria a ter um retorno, em investimentos, na proporção de sua contribuição para o recurso.

Essa lei de 1993 já demonstra a destinação vinculada às instalações portuárias, na medida em que assegura a aplicação, nos portos organizados, em percentuais vinculados ao recurso por eles produzidos.

Prossigo.

O ATP, é verdade, antes mesmo da extinção da Portobrás, deixou de se constituir em recurso dessa empresa (a autorização para extinção é de 04.90, L 8.029; a extinção foi em 11.91)

Passou ele a ser "receita vinculada da União". Grifo a expressão vinculada, que é a da lei (L. 8.029/90, art. 28).

Em março de 1990, o Departamento Nacional de Transporte Aquaviário, órgão do Ministério da Infra-Estrutura, passou a gerir esses recursos de acordo com o Plano Portuário Nacional (D. 99.180, 15/03/90, art.219, IV).

As Administrações Portuárias passaram a recolher o ATP, mediante DARF, ao Tesouro Nacional, até o 3º dia da semana subseqüente (Instrução Normativa nº 90, de 12/06/90, do Departamento da Receita Federal).

Em 1995, o Departamento de Portos da Secretaria de Transporte Aquaviário, órgão do Ministério dos Transportes, geria os recursos de acordo com o Plano Portuário Nacional (D. 99.180, 15/03/90, art.219, IV), que era aplicado pelo BNDES.

> *Os instrumentos legais mencionados demonstram, claramente, que o ATP, até a sua extinção, destinou-se à aplicação "... em investimentos para melhoramento, reaparelhamento, reforma e expansão de instalações portuárias" (L. 7.770).*
> *(...);*
> *Não pode o ATP, desde o advento da L. 8.029/90, ser classificado como taxa.*
> *Imposto também não passou a ser.*
> *"Não objetiva ... reforço do caixa único do Tesouro..."(GALVÃO).*
> *Pelo contrário.*
> *A partir dessa lei passou a se constituir em "receita vinculada da União", mas manteve a sua destinação original: investimento nas instalações portuárias.*
> *O voto do Ministro PERTENCE parte da premissa de que o ATP foi convertido "... em receita da União, já não vinculada ao financiamento de obras de infra –estrutura portuária, de que se incumbia (diz PERTENCE) a finada empresa pública..."*
> *Espero ter demonstrado, com a legislação, que a premissa não é esta.*
> *O ATP, até a sua extinção, manteve a destinação original.*
> *Por outro lado, o ATP, desde a sua criação, é devido por uma categoria específica de usuários e objetiva financiar obras de infra-estrutura portuária.*
> *(...)*
> *O porto interessa, de forma direta, àqueles que neles operam e deles tiram a sua remuneração.*
> *Daí a origem da obrigação.*
> *(...)*
> *É, assim, o ATP, como diz GALVÃO, uma contribuição de intervenção no domínio econômico, devida por uma categoria especial de usuários de serviços que a eles dizem respeito de forma direta[29]."*

Em resumo, o que se conclui é que não importa de que maneira se dará a operacionalização da destinação do produto da arrecadação da contribuição de intervenção no domínio econômico. O que importa é que se o aplique à finalidade de custear a atuação estatal federal e que tal atividade reflita-se, de alguma forma, sobre os sujeitos que militam naquele meio. E, ainda assim, apenas em se tratando de CIDE-destinação tal questão seria realmente decisiva.

---

[29] STF, Tribunal Pleno, RE 218061 / SP, Rel. Min. CARLOS VELLOSO, DJ DATA-08-09-2000 PP-00022.

Da necessidade de lei complementar a instituição de contribuições de intervenção no domínio econômico. Como já comentado, ainda detecta-se na doutrina alguém que defenda a necessidade de lei complementar à instituição de contribuições de intervenção no domínio econômico. Não obstante, o Supremo Tribunal Federal, por reiteradas vezes já se manifestou contrário a essa possibilidade, no que tem sido acompanhado pelos órgãos de menor grau do Poder Judiciário, quando do exame da constitucionalidade de contribuições sociais ou para a Seguridade Social.

É o caso do julgamento do ADC nº 1-DF, no bojo da qual se declarou, por unanimidade, a constitucionalidade da Contribuição para o Financiamento da Seguridade Social instituída pela Lei Complementar nº 70/91. Vejamos um trecho do voto do Min. Moreira Alves:

"13. Não se vê na opção da lei complementar, porém, o reconhecimento de uma eventual filiação da nova contribuição à regra autorizativa do parágrafo 4º do artigo 195, muito menos à do artigo 154, I, da Constituição Federal.

14. Não se exigiria mais do que lei ordinária para a instituição da contribuição sobre o faturamento das empresas, a teor do artigo 195, I, que dispõe:

(...);

*15. O **caput** do dispositivo refere-se à lei para a instituição das contribuições sociais enumeradas nos incisos, aí incluída a contribuição sobre o faturamento das pessoas jurídicas, de modo que a lei institutiva é a lei ordinária, sabido que a lei complementar só é exigida nas hipóteses clara e taxativamente enumeradas no texto fundamental.*

16. Para financiamento da Seguridade Social, só cabe cogitar-se de lei complementar para a instituição de outras fontes destinadas a garantir a sua manutenção e expansão, e não para as contempladas nos incisos I a III do art. 195. No caso de criação de novas fontes, sim, o § 4º do art. 195, ao fazer remissão ao art. 154, I, impõe o requisito formal de lei complementar e a condição de que as contribuições não sejam cumulativas, nem tenham fatos geradores ou bases de cálculo próprias dos impostos discriminados na Constituição.

*17. É bem verdade que a norma matriz das contribuições sociais, assim como das contribuições de intervenção e corporativas – o art. 149 da Constituição destaca que a instituição dos tributos dessa espécie deve observância no art. 146, n. III, que se refere à lei complementar de normas gerais em matéria tributária, **in verbis**:*

(...);

18. Essa remissão, contudo, tem o inequívoco sentido de submeter as contribuições às normas gerais de direito tributário, o que não significa que a própria instituição do tributo dependa de lei complementar. Note-se, além disso, que a exigência de prévia *definição dos fatos geradores, bases de cálculos e contribuintes, constante do art. 146, III, letra **a**, é dirigida unicamente aos impostos discriminados na Constituição, e não às contribuições".*

No mesmo sentido, tem-se o julgamento do RE nº 138.284-8 CE, apreciando a constitucionalidade da Contribuição Social sobre o Lucro Líquido instituída pela Lei nº 7.689/88, em trecho do voto do Min. Carlos Velloso:

> "A norma-matriz das contribuições sociais, bem assim das contribuições de intervenção e das contribuições corporativas, é o art. 149 da Constituição Federal. O artigo 149 sujeita tais contribuições, todas elas, à lei complementar de normas gerais (art. 146, III). Isto, entretanto, não quer dizer, também já falamos, que somente a lei complementar pode instituir tais contribuições. Elas se sujeitam, é certo, à lei complementar de normas gerais (art. 146, III). **Todavia, porque não são impostos, não há necessidade de que a lei complementar defina os seus fatos geradores, bases de cálculo e contribuintes (art. 146, III, a). Somente para aqueles que entendem que a contribuição é imposto é que a exigência teria cabimento.** Essa é, aliás, a lição sempre precisa do eminente Sacha Calmon Navarro Coelho, hoje professor titular da UFMG (Sacha Calmon Navarro Coelho, 'Comentários à Constituição de 1988 – Sistema Tributário`, Forense, 1990, págs. 145/146)". (g.n.)

No que se refere explicitamente às contribuições de intervenção no domínio econômico, encontram-se também julgados do E. Supremo Tribunal Federal enfrentando a questão, dentre os quais, destaca-se a ementa do julgado proferido pelo pleno – RE 396266[30] – relatado pelo Ministro Carlos Velloso, abaixo transcrito, *verbis*:

> "EMENTA: CONSTITUCIONAL. TRIBUTÁRIO. CONTRIBUIÇÃO: SEBRAE: CONTRIBUIÇÃO DE INTERVENÇÃO NO DOMÍNIO ECONÔMICO. Lei 8.029, de 12.4.1990, art. 8º, § 3º. Lei 8.154, de 28.12.1990. Lei 10.668, de 14.5.2003. C.F., art. 146, III; art. 149; art. 154, I; art. 195, § 4º. I. – **As contribuições do art. 149, C.F. – contribuições sociais, de intervenção no domínio econômico e de interesse de categorias profissionais ou econômicas – posto estarem sujeitas à lei complementar do art. 146, III, C.F., isto não quer dizer que deverão ser instituídas por lei complementar.** A contribuição social do art. 195,

---

[30] RE 396266 / SC, Relator Min. Carlos Velloso, Órgão Julgador: Tribunal Pleno, DJ 27-02-2004 PP-00022, EMENT VOL-02141-07 PP-01422.

§ 4º, C.F., decorrente de "outras fontes", é que, para a sua instituição, será observada a técnica da competência residual da União: C.F., art. 154, I, ex vi do disposto no art. 195, § 4º. A contribuição não é imposto. Por isso, não se exige que a lei complementar defina a sua hipótese de incidência, a base imponível e contribuintes: C.F., art. 146, III, a. Precedentes: RE 138.284/CE, Ministro Carlos Velloso, RTJ 143/313; RE 146.733/SP, Ministro Moreira Alves, RTJ 143/684. II. – A contribuição do SEBRAE – Lei 8.029/90, art. 8º, § 3º, redação das Leis 8.154/90 e 10.668/2003 – é contribuição de intervenção no domínio econômico, não obstante a lei a ela se referir como adicional às alíquotas das contribuições sociais gerais relativas às entidades de que trata o art. 1º do D.L. 2.318/86, SESI, SENAI, SESC, SENAC. Não se inclui, portanto, a contribuição do SEBRAE, no rol do art. 240, C.F. III. – Constitucionalidade da contribuição do SEBRAE. Constitucionalidade, portanto, do § 3º, do art. 8º, da Lei 8.029/90, com a redação das Leis 8.154/90 e 10.668/2003. IV. – R.E. conhecido, mas improvido".

No que toca às questões controvertidas pertinentes ao tema objeto do presente estudo, interessante se faz destacar a manifestação do E. SUPREMO TRIBUNAL FEDERAL acerca da contribuição de intervenção devida ao Instituto do Açúcar e do Álcool – IAA[31], bem como da contribuição de intervenção devida ao Instituto Brasileiro de Café- IBC[32], posto que o âmago de ambas as discussões versava sobre a delegação da competência para fixação da alíquota.

Quanto a contribuição do Instituto do Açúcar e do Álcool – IAA, entendeu a Corte Suprema, pela constitucionalidade de sua cobrança, posto que legítima a delegação de atribuições em face da Emenda Constitucional nº 01/69 e do Código Tributário Nacional.

A discussão neste caso – IAA – versava sobre a inconstitucionalidade do art. 3º, do Decreto-Lei nº 1.712, de 14/11/79, e *in totum* do Decreto-Lei nº 1.952, de 15/07/82.

Isto porque o art. 3º, do Decreto-Lei nº 1.712/79, delegou ao Conselho Monetário a competência para fixar as alíquotas da referida contribuição[33],

---

[31] Contribuição de intervenção no domínio econômico instituída para regular a economia canavieira nacional.
[32] Contribuição de intervenção devida sobre as exportações de café.
[33] Art. 3º – "mediante proposta do Ministério da Indústria e do Comércio, o Conselho Monetário poderá reajustar o valor das contribuições de que trata este Decreto-lei, observado o limite de 20% (vinte por cento) do valor dos preços oficiais do açúcar e do álcool".

bem como o Decreto-Lei nº 1.952/82, além de atribuir nova redação ao art. 3º[34] supracitado, estabeleceu através de seu art. 4º, que a receita proveniente da arrecadação da contribuição seria recolhida ao Tesouro Nacional e o adicional, ao Banco Central do Brasil, em conta específica.

Daí decorre o pleito acerca da inconstitucionalidade do Decreto-Lei 1.952/82 na sua totalidade.

Entretanto, os pleitos restaram rechaçados pelos seguintes fundamentos expostos no voto-vista do Min. Maurício Corrêa, relator para o acórdão , verbis:

> *"Data vênia, não me parece conter-se a solução da controvérsia, resumindo-a tão--só na assertiva de que, no caso, as atribuições do Chefe do Poder Executivo não poderiam ser delegadas pela leitura rápida do que dispõe o artigo 81, parágrafo único da EC 01/69, dependendo para a formalização dessa delegação de decreto específico do Presidente da República.*
>
> *Ora,* ***o Conselho Monetário Nacional é órgão colegiado da administração direta federal, vinculado ao Ministério da Fazenda, e a teor do disposto no artigo 81, parágrafo único, da EC 01/69, o Presidente da República poderia outorgar ou delegar as atribuições dos incisos V, VIII, a primeira parte, XVIII e XXII, aos Ministros do Estado ou a outras autoridades, que observarão os limites traçados nas outorgas e delegações.*** *O inciso V desse artigo, estabelece que compete privativamente ao Presidente da República "dispor sobre a estruturação, atribuições e funcionamento dos órgãos da administração federal".*
>
> *O Decreto-Lei 308, de 28 de fevereiro de 1967, previa em seu artigo 3º, §1º, que as contribuições nele fixadas seriam proporcionalmente corrigidas pela Comissão Executiva do Instituto do Açúcar e do Álcool em função da variação dos preços desses produtos, fixados para o mercado nacional. A atribuição, pois, estava conferida àquela autarquia federal.*
>
> *Com o advento do Decreto-Lei nº 1.712, de 14 de novembro de 1979, fixou-se que "mediante proposta do Ministério da Indústria e do Comércio, o Conselho Monetário poderá reajustar o valor das contribuições de que trata este Decreto-Lei, observado o limite máximo de 20% (vinte por cento) do valor dos preços oficiais do açúcar e do álcool" (artigo 3º).*

---

[34] "mediante proposta do Ministro da Indústria e do Comércio, o Conselho Monetário Nacional estabelecerá os percentuais das contribuições de que trata este Decreto-Lei, observado o limite máximo de 20% (vinte por cento) do valor dos preços oficiais do açúcar e do álcool, considerando os tipos destes produtos ou a sua destinação final" (g.n.).

Por fim, pelo Decreto-Lei nº 1.952, de 15 de julho de 1982, esse artigo 3º do DL nº 1.712/79, que alterara o art. 3º, §1º, do DL 308/67, teve nova redação, disciplinando que "mediante proposta do Ministro da Indústria e do Comércio, o Conselho Monetário Nacional estabelecerá os percentuais das contribuições de que trata este Decreto-Lei, observado o limite máximo de 20% (vinte por cento) do valor dos preços oficiais do açúcar e do álcool, considerando os tipos destes produtos ou a sua destinação final (artigo 3º).

Como se depreende, o Presidente da República, fazendo uso da faculdade que lhe era outorgada pela EC-01/69, artigo 81, parágrafo único, e em face do disposto no inciso V desse artigo, delegara as atribuições que lhe eram privativas ao Ministro da Indústria e do Comércio e ao Conselho Monetário Nacional, e, ao determinar a observância à percentagem máxima de 20% (vinte por cento) para as contribuições, limitara a delegação, como previsto pela norma constitucional.

Não vislumbro nisso nenhuma inconstitucionalidade, porque a delegação de atribuição estava consentânea com a Constituição então vigente; nem mesmo ilegalidade, posto que não houve delegação de competência e sim transferência de atribuição, como permitido pelo artigo 7º do Código Tributário Nacional.

....

Não se trata de receita pertencente à União Federal, apenas porque depositada no Tesouro Nacional. *Tanto é assim que ficou assegurado ao Instituto do Açúcar e do Álcool o exercício de todas as atribuições relacionadas com a intervenção da União no domínio econômico, na área da agroindústria canavieira do País, assim como o apoio ao setor, em todos os seus segmentos, na forma da legislação, ... embora a receita proveniente da arrecadação das contribuições seja recolhida ao Tesouro Nacional, essa está vinculada aos fins da autarquia (artigos 6º e 7º, e parágrafo único, do DL 1952/82).* ***Em reforço a este argumento, vale lembrar o preceito do artigo 8º desse diploma legal, pelo qual se conferiu ao IAA a competência para efetivar o registro extra-orçamentário de todas as operações realizadas com base nesse Decreto-Lei, ou seja, a contribuição e o adicional desta.***"[35] (g.n.)

No que tange a contribuição devida ao Instituto Brasileiro de Café – IBC sobre as exportações do referido produto, o E. SUPREMO TRIBUNAL FEDERAL manifestou-se, também em Sessão Plenária, todavia, pela inconstitucionalidade da cobrança. Contudo, há que se ressaltar que o enfoque desta análise pela E. Corte é diverso daquele esposado relati-

---

[35] Seção Plenária, STF, RE 158.208-1, Rel. Min. Marco Aurélio, Relator para o acórdão Min. Maurício Corrêa, por maioria de votos, DJ 24.98.01, Ementário nº 2040-6.

vamente a contribuição do IAA, posto que submete-se aos preceitos da Carta Magna de 1988.

A cobrança da cota de contribuição nas exportações de café foi reinstituída pelo Decreto-Lei nº 2295, de 21/11/86, sendo delegado ao Presidente do Instituto Brasileiro do Café, através de seu art. 4º, a competência para fixar o valor da contribuição, *ad litteram*:

> *"Art. 4º. O valor da quota de contribuição será fixado pelo Presidente do Instituto Brasileiro do Café – IBC, ouvido o Conselho Nacional de Política Cafeeira – CNPC, criado pelo Decreto n. 93.536, de 5.11.1986.*
>
> *Parágrafo único. Em caso de urgência decorrente das oscilações internacionais do preço do café, o valor da quota poderá ser alterado, para maior ou para menor, pelo Presidente do IBC ad referendum do Conselho Nacional de Política Cafeeira."*

Restou sedimentado pelo E. SUPREMO TRIBUNAL FEDERAL, o entendimento de que a r. delegação está em consonância com a constituição vigente a época de sua instituição (EC 69), mas que diante da incompatibilidade com a atual Constituição, não foi recepcionada.

Neste sentido, eis o voto do Min. Carlos Velloso, relator do r. julgado, *litteris*:

> **"A contribuição reinstituída pelo D.L. 2295, de 1986, é sem dúvida, uma contribuição de intervenção no domínio econômico** *(C.F., art. 149)*. **A Constituição anterior cuidava dessas contribuições no art. 21, §2º, inciso I, facultando ao Poder Executivo, nas condições e nos limites estabelecidos em lei, alterar-lhe as alíquotas ou as bases de cálculo:** *C.F., art. 21, I, ex vi do disposto no §2º, I, do mesmo artigo 21.*
>
> *O D.L. 2295, de 1986, pois, forte na Constituição então vigente, art. 21, §2º, estabeleceu as condições e os limites e deixou por conta do Poder Executivo fixar-lhe o valor (D.L. 2295/86, artigos 3º e 4º).*
>
> **A Constituição de 1988, entretanto, não procedeu da mesma forma. As contribuições de intervenção** *e de interesse das categorias profissionais- C.F., 1988, art. 149 –* **estão sujeitas** *à lei complementar do art. 146, III, da C.F., e bem assim ao* **princípio da legalidade para a sua instituição ou para a sua majoração** *(C.F., art. 150, I, ex vi do disposto no art. 149) e aos princípios da irretroatividade (C.F., art. 150, III, a) e da anterioridade (C.F., art. 150, III, b), tudo por força do disposto na regra matriz, C.F., art. 149).*

....

Ora, conforme vimos de ver, o D.L. 2295/86, art. 4º, é absolutamente incompatível com o sistema tributário nacional inaugurado com a CF/88.

Dir-se-á que a contribuição propriamente dita teria sido recebida pela Constituição vigente. Mas o seu valor, fixado pelo Presidente do IBC, não o foi, dado que a C.F. vigente exige lei. Ter-se-ia, então, uma contribuição inexistente, porque sem valor. E o que se discute, no caso, é a sua cobrança."[36] (g.n.)

7. Doutrina de leitura obrigatória

DERZI, Mizabel A. M. – "Contribuições de Intervenção no Domínio Econômico". RDT 48/228.

OLIVEIRA, Fernando A. A. – "Limites e modalidades da intervenção do Estado no domínio econômico". RDP 37-38.

ROCHA, Valdir de O. (coord.) – "Contribuições de Intervenção no Domínio Econômico e figuras afins". São Paulo: Dialética, 2001.

---

[36] Sessão Plenária, STF, RE 191.044-5, Rel. Min. Carlos Velloso, unanimidade, DJ 31.10.97, Ementário nº 1889-05.

Contribuição Iluminação Pública

LEONARDO PIETRO ANTONELLI

1. Contribuição para o custeio do serviço de iluminação pública

A origem da contribuição para o custeio do serviço de iluminação pública tem sua gênese no intuito de o legislador pátrio contornar normativamente a reiterada jurisprudência firmada no âmbito do Supremo Tribunal Federal, que declarou a inconstitucionalidade das leis que instituíram a taxa de iluminação pública em diversos Municípios, sob o fundamento principal de que tal exação não preenchia os requisitos necessários a legitimar a cobrança de uma taxa de serviço.

O STF partira da premissa de que o serviço de iluminação pública não se insere nem na categoria de serviço divisível, tampouco se encaixa no conceito de um serviço específico, logo, uma taxa que pretenda custear o serviço de iluminação pública não terá efetivamente um fato gerador típico de tal espécie tributária, portanto, será ilegítima e inconstitucional a sua cobrança. Assim foi-se consolidando a jurisprudência do Pretório Excelso:

> EMENTA: TRIBUTÁRIO. ESTADO DO RIO DE JANEIRO. IPTU. AUMENTO DA RESPECTIVA BASE DE CÁLCULO, MEDIANTE APLICAÇÃO DE ÍNDICES GENÉRICOS DE VALORIZAÇÃO, POR LOGRADOUROS, DITADOS POR ATO NORMATIVO EDITADO NO MESMO ANO DO LANÇAMENTO. TAXA DE ILUMINAÇÃO PÚBLICA. SERVIÇO PÚBLICO QUE NÃO SE REVESTE DAS CARACTERÍSTICAS DE ESPECIFICIDADE E DIVISIBILIDADE. Somente por via de lei, no sentido formal, publicada no exercício financeiro anterior, é permitido aumentar tributo, como tal havendo de ser considerada a iniciativa de modificar a base de cál-

culo do IPTU, por meio de aplicação de tabelas genéricas de valorização de imóveis, relativamente a cada logradouro, que torna o tributo mais oneroso. Caso em que as novas regras determinantes da majoração da base de cálculo não poderiam ser aplicadas no mesmo exercício em que foram publicadas, sem ofensa ao princípio da anterioridade. No que concerne à taxa de iluminação pública, é de considerar-se que se trata de serviço público insuscetível de ser custeado senão por via do produto dos impostos gerais. Recurso não conhecido. (RE n. 234.605/RJ. Rel. Min. Ilmar Galvão. j. 08.08.2000. *DJ* 01.12.2000).

EMENTA: CONSTITUCIONAL. TRIBUTÁRIO. TAXA DE ILUMINAÇÃO PÚBLICA. MUNICÍPIO DE IVOTI, RS. I – Ilegitimidade da taxa, dado que o serviço de iluminação pública é um serviço destinado à coletividade toda, prestado *uti universi* e não *uti singuli*. II – Precedentes do STF. III – R.E. inadmitido. Agravo não provido (AI-AgR 231.132RS. Rel. Min. Carlos Velloso. j. 25.05.1999. *DJ*. 06.08.1999).

EMENTA: CONSTITUCIONAL. TRIBUTÁRIO. TAXA DE ILUMINAÇÃO PÚBLICA. MUNICÍPIO DE ANDRADAS, MG. I – Ilegitimidade da taxa, dado que o serviço de iluminação pública é um serviço destinado à coletividade toda, prestado *uti universi* e não *uti singuli*. II – Precedentes do STF. III – Agravo não provido. (RE 385955 AgR, Relator(a): Min. CARLOS VELLOSO, Segunda Turma, julgado em 19.08.2003, *DJ* 26.09.2003, p. 23, Ement v. 02125-04, p. 741).

Tantos os precedentes em que a Suprema Corte esposou tal entendimento que o mesmo foi sumulado por meio do verbete 670, asseverando que *"o serviço de iluminação pública não pode ser remunerado mediante taxa"*.

A maioria das Comunas brasileiras decerto não se conformou com o entendimento pretoriano sobre a inconstitucionalidade da antiga taxa de iluminação pública, considerando que o cenário administrativo-financeiro municipal, no que se refere ao tema, não se mostrava equilibrado. Os municípios dependem, em regra, das concessionárias de fornecimento de energia elétrica para prestarem o serviço de iluminação pública, essas, por sua vez, devem ser remuneradas pela energia elétrica que fornecem e quem lhes deve remunerar são os entes municipais. Ora, sem uma fonte de recursos específica para compensar tais gastos com as concessionárias, o orçamento público municipal fica deveras comprometido, mormente quando se trata de municípios com extensa faixa territorial, o que é típico de um país como o nosso que tem dimensões continentais.

Diante de tal situação, os entes municipais se articularam politicamente para provocar a alteração da legislação pátria, a fim de permitir que se pudesse, constitucionalmente, promover a cobrança de valores destinados ao custeio do referido serviço estatal, equalizando, assim, o orçamento público. Essa articulação gerou o encaminhamento de Propostas de Emenda à Constituição objetivando incluir o art. 149-A na CF/88, a fim de possibilitar a instituição de nova espécie tributária, com a única finalidade de suprir a incapacidade de a maioria dos municípios brasileiros custearem a iluminação pública, cuja arrecadação, via taxa, havia sido declarada inconstitucional pelo STF.

Oportuno transcrever parte da justificativa contida na PEC n. 504/99[1] enviada ao Congresso, já que corrobora as assertivas acima lançadas, *verbis*:

> [...] É de todos sabido que muitos Municípios brasileiros vinham instituindo e cobrando a taxa de iluminação pública para fazer face aos custos da implantação desse serviço indispensável para as comunidades urbanas.
>
> O Supremo Tribunal Federal, porém, já firmou jurisprudência no sentido de considerá-la inconstitucional, por não se tratar de serviço público específico e divisível e, em certos casos, por ter ela base de cálculo coincidente com a de impostos, como o imposto predial e territorial urbano (IPTU).
>
> Como os Municípios não têm condições efetivas de custear a iluminação pública através de seus impostos e também não podem permanecer inadimplentes com as empresas concessionárias ou distribuidoras de energia elétrica, a solução que se alvitra é a de emendar-se a Constituição, para que eles possam vir a instituir e cobrar uma contribuição de iluminação pública, dentro da legalidade e sem os percalços das demandas judiciais. [...]

De toda forma, foi o texto da PEC 559/02,[2] apensado ao da PEC 504/02, que restou convertido na então EC 32/2002. Com o surgimento da espécie tributária Contribuição para o Custeio do Serviço de Iluminação Pública inaugurou-se o palco de discussão doutrinária acirrada sobre a sua even-

---

[1] Consulta ao inteiro teor da Proposição n. 504/02 e sua tramitação disponível no sítio da Câmara dos Deputados no endereço: < http://www.camara.gov.br/sileg/Prop_Detalhe. asp?id=46696>. Acesso em: 16 set. 2010.

[2] Consulta ao inteiro teor da Proposição n. 559/02 e sua tramitação disponível no sítio da Câmara dos Deputados no endereço: <http://www.camara.gov.br/sileg/Prop_Detalhe. asp?id=59119>. Acesso em: 16 set. 2010.

tual – ainda – inconstitucionalidade.[3] Esse último assunto será melhor abordado adiante.

2. A Emenda Constitucional 39/2002

Quando o legislador constituinte derivado promulgou a EC 39/2002 teve, claramente, o objetivo de corrigir a jurisprudência do Supremo Tribunal Federal, passando a Constituição Federal de 1988 a contar com mais um artigo, *in verbis*:

> Art. 149-A. Os Municípios e o Distrito Federal poderão instituir contribuição, na forma das respectivas leis, para o custeio do serviço de iluminação pública, observado o disposto no art. 150, I e III.
>
> Parágrafo único. É facultada a cobrança da contribuição a que se refere o *caput*, na fatura de consumo de energia elétrica.

Depois que o Supremo Tribunal Federal havia dado ganho de causa aos contribuintes em face das legislações municipais, reconhecendo a inexistência da relação jurídico-obrigacional que lhes exigisse recolher a taxa de iluminação pública estabelecida nas respectivas leis, veio o legislador constituinte derivado e promulgou emenda superveniente para corrigir a jurisprudência então firmada.

Iterativa era a jurisprudência do Supremo Tribunal Federal em afastar a aplicação de leis municipais que instituíam a Taxa de Iluminação Pública. No que diz respeito ao tema, malgrado a lamentável flexibilização pelo STF quanto à impossibilidade das taxas terem bases de cálculo própria[4]

---

[3] Sobre o assunto Hugo de Brito Machado Segundo sustenta que com relação ao teor do art. 149-A da CF/88 que "[...] é bastante discutível a validade de REFERIDA DISPOSIÇÃO. Não existe finalidade 'social' a ser atendida, nem existe um grupo específico interessado no atendimento dessa finalidade (a ela indiretamente referido), que a rigor beneficia toda sociedade" (SEGUNDO, Hugo de Brito Machado. *Contribuições e federalismo*. São Paulo: Dialética, 2005. p. 101).

[4] O Tribunal, por maioria, julgou improcedente o pedido formulado na inicial de ação direta de inconstitucionalidade ajuizada pela Confederação Nacional do Transporte – CNT contra a Taxa de Fiscalização e Controle dos Serviços Públicos Delegados, instituída pela Lei 11.073/97, do Estado do Rio Grande do Sul, cujo valor, a ser pago pelos Delegatários dos Serviços Públicos prestados no referido Estado, é definido de acordo com o faturamento do contribuinte, conforme tabela de incidência progressiva. Afastou-se na espécie a alegação de ofensa ao art. 145, II, § 2º, da CF ("As taxas não poderão ter base de cálculo própria de impostos."), uma vez que o referido tributo não incide sobre o faturamento das empresas contribuintes,

ou idêntica[5] de impostos (CF/88, art. 145, § 2º), vedação estendida aos fatos geradores (CTN, art. 77, parágrafo único), o mesmo tribunal sempre foi muito rígido em reconhecer a necessidade das mesmas serem decorrentes de serviço público específico e divisível prestado[6] ou posto à disposição dos contribuintes.

Em outras palavras, ressalvado meu entendimento pessoal já manifestado em sede doutrinária[7] no sentido da não aceitação da flexibilização da identidade/impropriedade da base de cálculo das taxas *versus* a de impostos, o que, repita-se, cada vez mais está sendo abrandado pelo STF, o tribunal permanece firme no entendimento quanto à inespecificidade e indivisibilidade dos seguintes serviços públicos:

Informativo n. 141 – STF
O serviço de iluminação pública não pode ser remunerado mediante taxa, uma vez que não configura serviço público específico e divisível prestado

mas apenas utiliza-o como critério para a incidência de taxas. *Vencidos os Min. Ilmar Galvão e Marco Aurélio, que julgavam procedente o pedido formulado, por considerarem que a variação do valor da taxa em função do faturamento do contribuinte equivaleria à adoção desse faturamento como base de cálculo do tributo.* Precedente citado: RE 177.835-PE (*DJU* 25.05.2001). ADI 1.948-RS, rel. Min. Gilmar Mendes, 04.09.2002 (ADIN 1.948).

[5] Concluindo o julgamento de recurso extraordinário (v. Informativo 136), o Tribunal, por maioria, decidiu que é constitucional a taxa de coleta de lixo domiciliar instituída pelo Município de São Carlos – SP (Lei municipal 10.253/89). *O Tribunal entendeu que o fato de a alíquota da referida taxa variar em função da metragem da área construída do imóvel – que constitui apenas um dos elementos que integram a base de cálculo do IPTU – não implica identidade com a base de cálculo do IPTU*, afastando-se a alegada ofensa ao art. 145, § 2º, da CF ("As taxas não poderão ter base de cálculo própria de impostos."). Vencido o Min. Marco Aurélio, que declarava a inconstitucionalidade da referida taxa por ofensa ao art. 145, § 2º, da CF. RE 232.393-SP, rel. Min. Carlos Velloso, 12.08.1999.

[6] Com base na jurisprudência firmada pelo Plenário no julgamento do *RE 121.617-SP* (DJU de 6.10.2000) no sentido de que o serviço de "construção, conservação e melhoramento de estrada de rodagem" não pode ser remunerado mediante taxa uma vez que não configura serviço público específico e divisível posto à disposição do contribuinte (CF, art. 145, II), o Tribunal declarou incidentalmente a inconstitucionalidade da Lei Complementar 37/98, do Município de Aracaju-SE, e dos artigos 3º a 6º da Lei 3.133/89, do Município de Araçatuba-SP, que instituíam a cobrança de taxas sobre a conservação e manutenção das vias públicas, cujas bases de cálculo eram próprias de imposto. RE 293.536-SE, rel. Min. Néri da Silveira, e RE 259.889-SP, rel. Min. Ilmar Galvão, 07.03.2002.(RE-293536)(RE-259889).

[7] ANTONELLI, Leonardo Pietro. Taxas: origem, características, competência para instituição, preço público, capacidade contributiva e extrafiscalidade. *Revista do Instituto Ibero-Americano de Direito Público*, Rio de Janeiro: Ed. América Jurídica, ano 1, n. 1, p. 141-158, jan.-jun. 2000.

ao contribuinte ou posto a sua disposição (CF, art. 145, II). Com base nesse entendimento, o Tribunal, concluindo o julgamento de recursos extraordinários (v. Informativo 138), por votação unânime, declarou, *incidenter tantum*, a inconstitucionalidade da taxa de iluminação pública instituída pelo Município de Niterói – RJ (arts. 176 e 179 da Lei n. 480/83, na redação dada pela Lei 1.244/93, ambas do Município de Niterói-RJ). RREE 231.764-RJ e 233.332-RJ, rel. Min. Ilmar Galvão, 10.03.1999.[8]

Informativo n. 259 – STF

Com base na jurisprudência firmada pelo Plenário no julgamento do RE 121.617-SP (DJU de 6.10.2000) no sentido de que o **serviço de "construção, conservação e melhoramento de estrada de rodagem"** não pode ser remunerado mediante taxa uma vez que não configura serviço público divisível posto à disposição do contribuinte (CF, art. 145, II), o Tribunal declarou incidentalmente a inconstitucionalidade da Lei Complementar 37/98, do Município de Aracaju-SE, e dos artigos 3º a 6º da Lei 3.133/89, do Município de Araçatuba-SP, que instituíam a cobrança de taxas sobre a conservação e manutenção das vias públicas, cujas bases de cálculo eram próprias de imposto. RE 293.536-SE, rel. Min. Néri da Silveira, e RE 259.889-SP, rel. Min. Ilmar Galvão, 7.3.2002.(RE-293536)(RE-259889)

Com efeito, a Corte entende como específicos e divisíveis os serviços públicos de coleta, remoção e tratamento ou destinação de lixo ou resíduos provenientes de imóveis, desde que essas atividades sejam completamente dissociadas de outras serviços públicos de limpeza realizados em benefício da população em geral (*uti universi*) e de forma indivisível, tais como os de conservação e limpeza de logradouros e bens públicos (praças, calçadas, vias, ruas, bueiros). Decorre daí que as taxas cobradas em razão exclusivamente dos serviços públicos de coleta, remoção e tratamento ou destinação de lixo ou resíduos provenientes de imóveis são constitucionais, ao passo que é inconstitucional a cobrança de valores tidos como **taxa em razão de serviços de conservação e limpeza de logradouros e bens públicos**. (**RE 576.321-QO-RG**, voto do Rel. Min. **Ricardo Lewandowski**, julgamento em 4-12-2008, Plenário, *DJE* de 12-2-2008, com repercussão geral.) **No mesmo sentido:** AI 552.002-AgR, Rel. Min. **Dias Toffoli**, julgamento em 13-12-2011, Primeira Turma, *DJE* de 15-2-2012; AI 559.973-AgR, Rel. Min. **Celso de Mello**, julgamento em 21-9-2010,

---

[8] Esse entendimento deu origem à Súmula 670: "O serviço de iluminação pública não pode ser remunerado mediante taxa".

Segunda Turma, *DJE* de 22-10-2010; RE 571.241-AgR, Rel. Min. **Joaquim Barbosa**, julgamento em 20-4-2010, Segunda Turma, *DJE* de 4-6-2010; **AI 521.533-AgR**, Rel. Min. **Ayres Britto**, julgamento em 15-12-2009, Plenário, *DJE* de 5-3-2010;**RE 524.045-AgR**, Rel. Min. **Cezar Peluso**, julgamento em 8-9-2009, Segunda Turma, *DJE* de 9-10-2009; **AI 632.562-AgR**, Rel. Min. **Cármen Lúcia**, julgamento em 26-5-2009, Primeira Turma, *DJE* de 26-6-2009; **AI 660.829-AgR**, Rel. Min. **Marco Aurélio**, julgamento em 16-12-2008, Primeira Turma, *DJE* de 20-3-2009; **RE 510.336-AgR**, Rel. Min. **Eros Grau**, julgamento em 17-4-2007, Segunda Turma *DJ* de 11-5-2007; **RE 256.588-ED-EDV**, Rel. Min. **Ellen Gracie**, julgamento em 19-2-2003, Plenário, *DJ* de 3-10-2003; **AI 245.539-AgR**, Rel. Min. **Ilmar Galvão**, julgamento em 14-12-1999, Primeira Turma, *DJ* de 3-3-2000. Vide: RE 501.876-AgR, Rel. Min. **Ricardo Lewandowski**, julgamento em 1º-2-2011, Primeira Turma, *DJE* de 23-2-2011.[9]

---

[9] No que tange à Taxa de Coleta de Lixo Residencial foi firmada a seguinte Súmula Vinculante "A taxa cobrada exclusivamente em razão dos serviços públicos de coleta, remoção e tratamento ou destinação de lixo ou resíduos provenientes de imóveis, não viola o art. 145, II, da CF." (Súmula Vinculante 19). Essa súmula reforma entendimento anterior, conforme demonstrado nos seguintes informativos do STF: **Informativo n. 292 – STF –** "É inviável a cobrança de taxa quando vinculada não somente a serviço público de natureza específica e divisível, como a coleta de lixo domiciliar, mas também a prestações de caráter universal e indivisível como a limpeza de logradouros públicos, varrição de vias públicas, limpeza de bueiros, de bocas-de-lobo e das galerias de águas pluviais, capina periódica e outros. Com base nesse entendimento, a Turma deu provimento a recurso extraordinário para reformar acórdão do Tribunal de Justiça do Estado de Minas Gerais que entendera que a Taxa de Limpeza Pública cobrada pelo Município de Belo Horizonte custeava serviço de caráter divisível e específico. Precedente citado: RE 245.539-RJ (*DJU* de 03.03.2000). RE 361.437-MG, rel. Ministra Ellen Gracie, 19.11.2002. (RE-361437)" e **Informativo n. 301 – STF –** "Concluindo o julgamento de embargos de divergência (v. Informativo 288), o Tribunal, por maioria, decidiu que os serviços públicos custeados pela taxa de coleta de lixo domiciliar instituída pela Lei 691/84, do Município do Rio de Janeiro, não são específicos e divisíveis para efeito do art. 145, II, da CF ('Art. 145. A União, os Estados, o Distrito Federal e os Municípios poderão instituir os seguintes tributos: ... II – taxas, em razão do exercício do poder de polícia ou pela utilização, efetiva ou potencial, de serviços público e divisíveis, prestados ao contribuinte ou postos a sua disposição'). Entendeu-se que o referido tributo vincula-se à prestação de serviços de caráter geral (varrição, lavagem e capinação de vias e logradouros públicos, limpeza de praias e outros), insusceptíveis de serem custeados senão por via do produto de impostos. Vencido o Min. Gilmar Mendes. RE (EDv-ED) 256.588-RJ, rel. Ministra Ellen Gracie, 19.03.2003. (RE-256588)".

Em face do art. 144, *caput*, V e parágrafo 5º, da Constituição, sendo a **segurança pública**, dever do Estado e direito de todos, exercida para a preservação da ordem pública e da incolumidade das pessoas e do patrimônio, através, entre outras, da polícia militar, essa atividade do Estado só pode ser sustentada pelos impostos, e não por taxa, se for solicitada por particular para a sua segurança ou para a de terceiros, a título preventivo, ainda quando essa necessidade decorra de evento aberto ao público. Ademais, o fato gerador da taxa em questão não caracteriza sequer taxa em razão do exercício do poder de polícia, mas taxa pela utilização, efetiva ou potencial, de serviços públicos específicos e divisíveis, o que, em exame compatível com pedido de liminar, não é admissível em se tratando de segurança pública. (**ADI 1.942-MC**, Rel. Min. **Moreira Alves**, julgamento em 5-5-1999, Plenário, *DJ* de 22-10-1999.) **No mesmo sentido:** RE 536.639-AgR, rel. min. **Cezar Peluso**, julgamento em 7-8-2012, Segunda Turma, *DJE* de 29-8-2012; RE 269.374-AgR, Rel. Min. **Ellen Gracie**, julgamento em 2-8-2011, Segunda Turma, *DJE* de 22-8-2011; **ADI 2.424**, Rel. Min. **Gilmar Mendes**, julgamento em 1º-4-2004, Plenário, *DJ* de 18-6-2004.

Isso significa dizer que a jurisprudência pátria não contrasta com os princípios gerais do direito. A doutrina nacional e a estrangeira caminham juntas ao afastar a incidência de taxas quando não se é possível fixar o contribuinte/beneficiário. Nesse contexto, veio à baila a EC 39/2002, a qual teve que introduzir um novo artigo, antes inexistente, nessa grande colcha de retalhos que é a nossa Carta Magna. Esse novel dispositivo (CF/88, art. 149-A), criou um quarto gênero de contribuições,[10] até então não previsto no ordenamento sistêmico tupiniquim.

Seria essa emenda inconstitucional? Para o STF, seguindo a orientação jurisprudencial brasileira, somente se declara inconstitucional uma norma se ela ofender uma cláusula pétrea (ADIn 939).[11] No *leading case* julgado pelo STF sobre a constitucionalidade do IPMF, ficou assentado que todos os demais princípios constitucionais dispostos fora do art. 5º da CF/88, que trata dos direitos e garantias individuais, não podem ser abolidos nem por emenda constitucional superveniente, o que implica afirmar que toda e

---

[10] Marco Aurélio Greco refere-se às contribuições interventivas como um terceiro gênero. Cf. Contribuição de intervenção no domínio econômico sobre *royalties*, cit., p. 133-151.
[11] STF, ADIn 939-7/ DF, rel. Min. Sydney Sanches, *DJ* 18.03.1994.

qualquer modificação à Carta Magna que pretendesse afastá-los, deveria ser considerada inconstitucional.

Vejamos, pois, o entendimento fixado pelo STF no *leading case* sobre o tema, ao qual foi atribuída repercussão geral.

3. O paradigma do STF sobre a constitucionalidade da contribuição para o custeio do serviço de iluminação pública

Em março de 2009, foi concluído pelo STF o julgamento do RE 573.675, Santa Catarina, no qual por maioria, vencido o Ministro Marco Aurélio, o Pleno do Tribunal desproveu recurso extraordinário interposto (diga-se, de duvidosa legitimação ativa) pelo Ministério Público Estadual em face do Município de São José. Trata-se do *leading case* na matéria posterior à EC 39/2002, em que o Pretório Excelso teve a oportunidade de manifestar-se sobre a constitucionalidade da cobrança de contribuição para o custeio de iluminação pública.

A rigor, em 25.03.2009, foi julgado pelo STF o paradigma, ao qual foi atribuído o efeito de repercussão geral, restando assente a constitucionalidade da lei do Município de São José que instituiu a COSIP:

> EMENTA: CONSTITUCIONAL. TRIBUTÁRIO. RE INTERPOSTO CONTRA DECISÃO PROFERIDA EM AÇÃO DIRETA DE INCONSTITUCIONALIDADE ESTADUAL. CONTRIBUIÇÃO PARA O CUSTEIO DO SERVIÇO DE ILUMINAÇÃO PÚBLICA – COSIP. ART. 149-A DA CONSTITUIÇÃO FEDERAL. LEI COMPLEMENTAR 7/2002, DO MUNICÍPIO DE SÃO JOSÉ, SANTA CATARINA. COBRANÇA REALIZADA NA FATURA DE ENERGIA ELÉTRICA. UNIVERSO DE CONTRIBUINTES QUE NÃO COINCIDE COM O DE BENEFICIÁRIOS DO SERVIÇO. BASE DE CÁLCULO QUE LEVA EM CONSIDERAÇÃO O CUSTO DA ILUMINAÇÃO PÚBLICA E O CONSUMO DE ENERGIA. PROGRESSIVIDADE DA ALÍQUOTA QUE EXPRESSA O RATEIO DAS DESPESAS INCORRIDAS PELO MUNICÍPIO. OFENSA AOS PRINCÍPIOS DA ISONOMIA E DA CAPACIDADE CONTRIBUTIVA. INOCORRÊNCIA. EXAÇÃO QUE RESPEITA OS PRINCÍPIOS DA RAZOABILIDADE E PROPORCIONALIDADE. RECURSO EXTRAORDINÁRIO IMPROVIDO. I – Lei que restringe os contribuintes da COSIP aos consumidores de energia elétrica do município não ofende o princípio da isonomia, ante a impossibilidade de se identificar e tributar todos os beneficiários do serviço de iluminação pública. II – A progressividade da alíquota, que resulta do rateio do custo da iluminação pública

entre os consumidores de energia elétrica, não afronta o princípio da capacidade contributiva. III – Tributo de caráter *sui generis*, que não se confunde com um imposto, porque sua receita se destina a finalidade específica, nem com uma taxa, por não exigir a contraprestação individualizada de um serviço ao contribuinte. IV – Exação que, ademais, se amolda aos princípios da razoabilidade e da proporcionalidade. V – Recurso extraordinário conhecido e improvido. (RE 573675, Relator(a): Min. RICARDO LEWANDOWSKI, Tribunal Pleno, julgado em 25/03/2009, REPERCUSSÃO GERAL – MÉRITO *DJe*-094 DIVULG 21.05.2009 PUBLIC 22.05.2009 EMENT VOL-02361-07 PP-01404 RTJ VOL-00211- PP-00536 RDDT n. 167, 2009, p. 144-157 RF v. 105, n. 401, 2009, p. 409-429).

Para fins de reconhecimento da inconstitucionalidade de uma emenda constitucional superveniente é fundamental verificar o malferimento a algum princípio, seja ele implícito ou expresso (há – lamentável – tradição positivista no País de só reconhecer a existência dos princípios quando eles aparecem formalmente no texto básico).[12]

No caso *sub judice*, entendeu o STF que os princípios da isonomia, capacidade contributiva, razoabilidade e proporcionalidade foram observados. Vejamos.

O princípio da isonomia em matéria tributária encontra guarida no art.150, II, da CF/88 e veda que seja promovida qualquer distinção entre contribuintes que estejam na mesma situação jurídica, impedindo da mesma forma a eleição de critérios que os diferenciem em razão da ocupação profissional ou função exercida, bem como na denominação dos rendimentos, títulos ou direitos.

No entanto, é possível, em casos excepcionais, conceder tratamento tributário diferenciado a determinada categoria ou segmento social, desde que tutelado pelo ordenamento jurídico e sob critérios de discriminação também juridicamente válidos. No caso específico da COSIP instituída no Município de São José, o Ministério Público Estadual de Santa Catarina alegou suposta violação à isonomia em razão de não terem sido incluídos no rol de contribuintes todos aqueles que efetivamente se beneficiam do serviço de iluminação pública (de caráter geral e indivisível).

---

[12] TORRES, Ricardo Lobo. *Normas de interpretação e integração do direito tributário*, cit., p. 44.

Pois bem. Em seu voto no RE 573.675-SC, o Min. Ricardo Lewandowski refuta tal alegação com argumento de autoridade, no sentido de que uma vez admitida a constitucionalidade do art. 149-A da CF/88 que previu a possibilidade de cobrar a referida contribuição na fatura de energia elétrica, há de admitir que tal dispositivo constitucional mitigou a aplicação do princípio da isonomia[13] em virtude das especificidades da própria espécie tributária.

Quanto ao princípio da capacidade contributiva – previsto no art. 145, § 1º, da CF/88 e que decorre do axioma da isonomia – este orienta que, sempre que possível, os impostos devem ser graduados de acordo com a capacidade econômica do contribuinte. A rigor, como leciona Francisco José Carrera Raya,[14] trata-se de aferir a capacidade de pagamento de cada contribuinte de acordo com a específica capacidade econômica eleita pelo legislador como fato gerador do tributo.

Daí questionar se na COSIP está respeitado de forma absoluta tal princípio constitucional tributário e, mais uma vez, o STF contorna tal discussão com a justificativa de que há espécies de tributos, como a taxa, por exemplo, que não permitem a aplicação do princípio da capacidade contributiva em sua inteireza, sem que isso represente afronta ao ordenamento constitucional, sendo, pois, o caso da contribuição para o custeio do serviço de iluminação pública.

Da mesma forma, ainda no bojo do acórdão do *leading case*, entendeu o Pretório Excelso estarem respeitados os critérios da razoabilidade e o da proporcionalidade no fato de serem identificados os sujeitos passivos da COSIP em função da faixa de seu consumo mensal de energia elétrica.

Fato é que aquela Corte Constitucional entendeu que por não ser materialmente possível incluir todos os beneficiários da iluminação pública no polo passivo da obrigação tributária e por serem os usuários do serviço prestado pelas concessionárias de energia elétrica – identificados nas respectivas faturas – os principais beneficiários daquele serviço de iluminação, mostra-se plenamente razoável e proporcional que sejam eles os sujeitos passivos de tal tributo.

---

[13] Nas palavras de Ricardo Lewandowski, "[...] o princípio da isonomia, em razão das particularidades da exação em tela, há de ser aplicado com o devido temperamento". Ver: STF, RE 573675, rel. Min. Ricardo Lewandowski, Tribunal Pleno, j. 25.03.2009.

[14] CARRERA RAYA, Francisco José. *Manual de derecho financiero*. Madrid: Tecnos, 1993. v. 1, p. 92.

Nesse passo, por não vislumbrar qualquer violação aos princípios ora mencionados e firme na constitucionalidade da alteração promovida pela EC 39/2002 ao texto da CF/88, por meio da inserção do art. 149-A, o STF confirmou no presente paradigma jurisprudencial (RE 573.675-SC) a legitimidade de os municípios e Distrito Federal, mediante a competente lei instituidora da exação, promoverem a cobrança de contribuição para o custeio do serviço de iluminação pública.

Para Marcus Abraham, a Contribuição para Iluminação Pública se trata de uma "modalidade de tributo do gênero das contribuições, que se caracterizam pelo benefício individual auferido pelo contribuinte, relativo à atividade estatal em favor de determinado grupo de natureza difuso".[15] Com isso, o autor afasta as críticas que identificam inconstitucionalidade da Emenda que a criou, mas propõe uma reflexão:

> Seria razoável que todas as vezes em que o Estado se encontrar em situação financeira limitada, seja pelas manifestações do Poder Judiciário ao declarar a inconstitucionalidade de uma norma fiscal, seja pelas circunstâncias fáticas que surgirem, este pudesse sentir-se livre e franqueado a criar novos tributos, espécies ou subespécies de exações para o custeio das suas atribuições. Estaria esta prática em linha com os valores do Estado Democrático Fiscal de Direito? [...] o que se que chamar à atenção por estas indagações é que, em dado momento, o que hoje temos como legal e constitucional poderá deixar de ser legítimo, razoável e justo.[16]

Concluo crendo que restou comprovado pela análise da Proposta de Emenda Constitucional criadora da mesma, que sua única finalidade da COSIP era suprir a incapacidade da maioria dos municípios brasileiros no custeio desse serviço, tendo em vista que a arrecadação estava prejudicada pela reiterada declaração da inconstitucionalidade das taxas que as antecederam.

Enquanto impostos serviriam para custear a iluminação pública, serviço inespecífico e indivisível, o Congresso promulga uma emenda, desmantela o caráter sistêmico do direito tributário, introduz mais um retalho na colcha tributária que se tornou a Carta Magna e o Supremo convalida a cobrança, tendo em vista que o único óbice aceito para declarar a incons-

---

[15] ABRAHAM, Marcus. *As emendas constitucionais tributárias*, cit., p. 170.
[16] Idem, ibidem, p. 171.

titucionalidade de uma norma constitucional superveniente seria a ofensa à cláusula pétrea, o que não ocorreu no caso concreto investigado[17].

4. Doutrina de leitura obrigatória

Martins, Ives Gandra da Silva. *"Contribuição de Iluminação" – ainda a E.C. nº 39/2002* in Revista Dialética de Direito Tributário, nº 92, p. 25.

Pimenta, Paulo Roberto Lyrio. *Contribuição para o Custeio do Serviço de Iluminação Pública* in Revista Dialética de Direito Tributário, nº 95, p. 108.

ANTONELLI, Leonardo Pietro. Correção Legislativa da Jurisprudência – Uma análise das emendas constitucionais em matéria tributária, Rio de Janeiro, Universidade Candido Mendes, Mestrado em Direito, 2013.

---

[17] ANTONELLI, Leonardo Pietro. Correção Legislativa da Jurisprudência – Uma análise das emendas constitucionais em matéria tributária, Rio de Janeiro, Universidade Candido Mendes, Mestrado em Direito, 2013.

Tributação Ambiental no Brasil: Aspectos Teóricos e Práticos

Daniel Mariz Gudiño
Janssen Murayama

1. Introdução

Desde a revolução industrial em meados do século XIX, os recursos naturais vinham sendo utilizados sem maiores controles. Mais recentemente, a revolução tecnológica associada ao crescimento populacional acelerou ainda mais a demanda por recursos naturais, agravando em proporção nunca vista os problemas do meio ambiente.

Pode-se afirmar que o desenvolvimento econômico desenfreado acabou por resultar mudanças severas de clima que já afetam vários ecossistemas. Com isso, muitas espécies animais e vegetais já estão extintas e outras correm sério risco de desaparecerem nos próximos anos. A própria raça humana passou a enfrentar com muito mais freqüência a resposta da natureza: furacões, maremotos, terremotos e outros fenômenos raros passaram a assolar cidades inteiras, gerando inúmeras vítimas.

Tais fatos passaram a aguçar o instinto de sobrevivência humana, fazendo o Homem se conscientizar da necessidade de dar continuidade ao desenvolvimento econômico, porém, sem desrespeitar o meio ambiente, sobretudo em função das gerações futuras. Surge, então, o conceito de desenvolvimento sustentável.

Na esteira desse novo conceito, uma série de medidas passou a ser adotada por vários países com o fim de preservar o meio ambiente, prevenindo-o contra a ação humana. Dentre essas medidas, interessa ao presente estudo a utilização dos tributos como instrumento de intervenção econômica do Estado.

A idéia do presente trabalho é, pois, dar aos leitores uma breve explanação teórica sobre essa interseção entre o Direito Tributário e o Direito Ambiental, bem como lhes apresentar uma visão prática sobre o assunto mediante a análise das principais controvérsias travadas em nossos tribunais superiores.

2. Aspectos Teóricos da Tributação Ambiental

Para ser bem compreendida, a tributação ambiental deve ser analisada à luz do Direito Tributário e do Direito Ambiental. Por se tratar de tributação, há que se analisar o conceito de tributo e todas as implicações decorrentes disso. Todavia, sendo uma tributação ambientalmente orientada, o Direito Ambiental contribui com os fundamentos da tributação. É isso o que veremos a seguir.

2.1. O Conceito de Tributo e suas Implicações

A primeira e mais importante preocupação que se tem quando se está diante de uma exação do Estado é a sua natureza. Sabemos que o tributo tem as suas peculiaridades em face de outras cobranças promovidas pelo Estado, como é o caso, por exemplo, do preço público. Entre outras distinções, destaca-se a característica de o tributo ser compulsório. De acordo com o Código Tributário Nacional, tributo é toda a prestação pecuniária compulsória, em moeda ou cujo valor nela se possa exprimir, que não constitua sanção de ato ilícito, instituída em lei e cobrada mediante atividade administrativa plenamente vinculada (art. 3º).

Justamente por ser compulsória é que tal cobrança possui uma série de limitações, as quais estão concentradas basicamente no Título VI, Capítulo I, Seção II, da Constituição Federal de 1988. Entre as limitações ao poder de tributar, vale mencionar os princípios da legalidade (art. 150, I), da isonomia (art. 150, II), da irretroatividade (art. 150, III, "a"), da anterioridade (art. 150, III, "b" e "c") e do não-confisco (art. 150, IV). Em outras palavras, o tributo há de ser instituído por lei em sentido estrito; deve ser cobrado de forma igual entre aqueles que estejam em situação equivalente; não pode ser cobrado em relação a fatos ocorridos antes do início da vigência da lei que o instituir; não pode ser cobrado imediatamente após o início da vigência da lei que o instituir; e não pode ser excessivo a ponto de suprimir a própria riqueza que motivou a sua incidência.

Dessa forma, uma vez enquadrada no conceito de tributo, a exação deve respeitar a todos os limites fixados pelo Poder Constituinte, sob pena de ser declarada inconstitucional pelo Poder Judiciário.

As exações de cunho ambiental geralmente são qualificadas pelo Estado como não-tributárias, de modo que não se lhes imponham as limitações acima mencionadas. Por isso, não é raro verificar contribuintes que ingressam em juízo para contestar esse enquadramento e, assim, obter do Poder Judiciário a declaração de inconstitucionalidade da exação por violação das limitações ao poder de tributar. Veremos isso com mais detalhes no Capítulo III.

2.2. Fundamentos da Tributação Ambiental

Embora já tenha sido objeto de propostas de Emenda à Constituição[1], a tributação ambiental no Brasil não encontra fundamento constitucional no título que trata do Sistema Tributário Nacional, e sim nos títulos que dispõem sobre a Ordem Econômica (Título VII) e Social (Título VIII). De acordo com o art. 170, VI, da CF/88, a defesa do meio ambiente é elevada ao status de princípio informador da ordem econômica, ao passo que o art. 225 reconhece o meio ambiente como bem de uso comum do povo, o qual deve ser defendido e preservado pelo Poder Público e por toda a coletividade para as presentes e futuras gerações.

Disso decorre que o Poder Público deve defender o meio ambiente, inclusive intervindo na economia para dar concretude ao desenvolvimento sustentável, o qual é definido pela ONU como *"aquele que atende às necessidades do presente sem comprometer a possibilidade de as gerações futuras atenderem às suas próprias necessidades"*.[2]

---

[1] A Proposta de Emenda à Constituição nº 41/03 previa a seletividade do IPI e do ICMS conforme o impacto ambiental do produto ou serviço. Entretanto, ao ser convertida na Emenda Constitucional nº 42/03, o texto foi suprimido. Já a Proposta de Emenda à Constituição nº 293/04 previa que o ITR não incidirá sobre as florestas e demais formas de vegetação natural permanente, as áreas cobertas por florestas nativas, primitivas ou regeneradas, as comprovadamente imprestáveis para quaisquer explorações agrícolas, pecuárias, granjeiras, aquícolas ou florestais, bem como aquelas sob restrição de caráter ambiental.

[2] Comissão Mundial sobre Meio Ambiente e Desenvolvimento. Nosso futuro comum. São Paulo: Ed. Fundação Getúlio Vargas, 1988.

Entre os vários princípios que informam o Direito Ambiental, o princípio do poluidor-pagador é aquele que mais contribui para a concretização do desenvolvimento sustentável, eis que determina que *"os custos sociais externos que acompanham a produção industrial devem ser internalizados, quer dizer, tomados em conta pelos agentes econômicos, nos seus custos de produção"*.[3]

Embora grande parte da doutrina brasileira não faça maiores digressões sobre o princípio do poluidor-pagador, há entre nós quem defenda que a terminologia empregada não é a mais adequada, pois poderia gerar a falsa idéia de que a internalização dos custos das externalidades negativas causadas por um determinado agente econômico legitimaria a própria ação destruidora por ele empreendida.[4] Desse modo, muito mais apropriado seria falar-se em princípio do usuário-pagador, pois não é apenas o dano ao meio ambiente que enseja a reparação, senão também o simples aproveitamento econômico do meio ambiente – bem que é de uso comum do povo.[5]

Esse racional está expresso na própria Lei nº 6.938/81, que dispõe sobre a Política Nacional de Meio Ambiente. De acordo com o art. 4º, VII, dessa lei, o Poder Público deve impor, ao poluidor e ao predador, a obrigação de recuperar e/ou indenizar os danos causados e, ao usuário, a contribuição pela utilização de recursos ambientais com fins econômicos.

2.3. A Tributação Ambiental Propriamente Dita

O tributo é um instrumento econômico de intervenção estatal na defesa do meio ambiente. A eleição desse instrumento justifica-se pelo fato de ser uma das principais, senão a principal fonte de recursos financeiros do Estado.

Como a utilização do meio ambiente não apresenta em si um signo de riqueza capaz de motivar a tributação da renda, do consumo ou da propriedade, entendemos que a intervenção do Estado por meio do tributo pode ocorrer das seguintes formas: (i) positiva indireta, quando majora tributos com o fim de inibir condutas lesivas ao meio ambiente; (ii) negativa indireta, quando deixa de exercer sua prerrogativa, total ou parcialmente, de

---

[3] PRIEUR, Michel *apud* OLIVEIRA, José Marcos Domingues de. **Direito tributário e meio ambiente: proporcionalidade, tipicidade aberta, afetação da receita.** 2ª ed. rev. e ampl. Rio de Janeiro: Renovar, 1999, p. 21-22.

[4] MACHADO, Paulo Affonso Leme. **Direito ambiental brasileiro.** 10ª ed., rev. ampl. e atual. São Paulo: Malheiros, 2002, p. 50-52.

[5] RODRIGUES, M. A. **Elementos de direito ambiental: parte geral.** 2ª ed. rev., atual. e ampl. RT: São Paulo, 2005, pp. 234-238.

modo a estimular condutas ambientalmente corretas; e (iii) positiva direta, quando afeta, total ou parcialmente, o produto da arrecadação de tributos para o próprio Estado promover a defesa do meio ambiente mediante a realização de investimentos em projetos ambientais, fiscalização, etc.

Em todos os casos, percebe-se a presença do princípio do usuário-pagador como fundamento da tributação ambiental. Mesmo diante da intervenção negativa indireta, o Estado também leva em consideração as externalidades causadas pelo beneficiário do incentivo fiscal, porém, em vez de considerá-las sob o prisma dos danos ambientais, leva em conta as suas condutas ambientalmente corretas.

Diferenciam-se, contudo, as hipóteses de intervenção indireta da única hipótese de intervenção direta. Nos primeiros casos, o tributo assume uma função extrafiscal, o que significa que a sua função precípua não é a arrecadação para o custeio da atividade estatal, e sim a regulação do comportamento social. Já no caso de intervenção direta, o tributo é cobrado para gerar caixa para o Estado, prevalecendo o seu caráter eminentemente arrecadatório.

Como exemplo de tributação ambiental positiva indireta, podemos citar o Imposto sobre Propriedade Territorial Rural – ITR. De acordo com a CF/88, esse imposto será progressivo e terá suas alíquotas fixadas de forma a desestimular a manutenção de propriedades improdutivas (art. 153, § 4º, I), garantindo, assim, a sua função social (art. 5º, XXIII). Entretanto, a função social da propriedade rural somente é atendida quando observados alguns requisitos cumulativos, dentre os quais se insere a utilização adequada dos recursos naturais disponíveis e preservação do meio ambiente (art. 186, II). Assim, se um determinado imóvel rural é utilizado para práticas nocivas ao meio ambiente, a alíquota do ITR deverá ser mais gravosa do que seria se tais práticas não fossem observadas.

No caso da tributação ambiental negativa indireta, destacamos a alíquota reduzida do Imposto sobre Propriedade de Veículos Automotores – IPVA que o Estado do Rio de Janeiro exige no caso de veículos que utilizam gás natural ou energia elétrica, nos termos do art. 10, VII, da Lei nº 2.877/97 e alterações posteriores. Como se sabe, os combustíveis derivados do petróleo são mais poluentes do que as fontes alternativas de energia, de modo que essa é uma clara demonstração de como o Estado pode intervir na conduta social mediante a redução da carga tributária em prol do meio ambiente.

Finalmente, no que toca à tributação ambiental positiva direta, merece destaque a Contribuição de Intervenção no Domínio Econômico – CIDE instituída pela Lei nº 10.336/2001. Trata-se da CIDE devida pelo setor de combustíveis. De acordo com o art. 177, § 4º, II, "b", da CF/88, o produto da arrecadação desse tributo deve ser destinado, ainda que parcialmente, ao financiamento de projetos ambientais relacionados com a indústria do petróleo e do gás.

Outro exemplo clássico de tributação ambiental positiva direta é a Taxa de Controle e Fiscalização Ambiental – TCFA, a qual é cobrada em razão do poder de polícia exercido pelo Instituto Brasileiro do Meio Ambiente e dos Recursos Naturais Renováveis – IBAMA e é destinada ao custeio de suas atividades.

Voltando às hipóteses de intervenção estatal indireta, e antes de passarmos a analisar as questões práticas enfrentadas por nossos Tribunais Superiores, cumpre-nos mencionar que muito se discute acerca da incompatibilidade entre a extrafiscalidade da tributação ambiental e o princípio da capacidade contributiva. É dizer: o princípio da capacidade contributiva se aplica à tributação ambiental?

Tal princípio, como se sabe, é um corolário do princípio da isonomia tributária e consiste no dever de o Estado cobrar de cada contribuinte somente a importância que corresponda à sua capacidade econômica.

Entretanto, no contexto da intervenção indireta do Estado na defesa do meio ambiente, parece tornar-se irrelevante a capacidade contributiva do contribuinte se o mesmo assume a condição de agente econômico poluidor, pois, nesse caso, o Estado lhe exigirá uma participação maior na arrecadação tributária como forma de internalização dos custos sociais causados.

Embora saibamos que a questão é bastante controversa na doutrina, entendemos que o princípio da capacidade contributiva figura, a um só tempo, como critério de graduação de impostos (art. 145, § 1º, da CF/88) – acepção mais comum – e como pressuposto para a cobrança de todos os tributos de um modo geral. Dessa forma, concordamos que há o enfraquecimento dessa primeira acepção no contexto da tributação ambiental de cunho extrafiscal, porém, mesmo nesses casos, o Estado não pode ser desconsiderar a sua segunda acepção a pretexto de defender o meio ambiente, sob pena de violar o próprio Estado Democrático de Direito sobre o qual foi erigido o Sistema Tributário Nacional.

3. Visão Prática da Tributação Ambiental

Na seqüência, serão examinados alguns precedentes que foram estabelecidos pelo STJ e pelo STF e os problemas teóricos que tais decisões suscitaram para estes tribunais na verificação da legalidade e da constitucionalidade dos tributos verdes.

Não serão objeto de análise no presente estudo as decisões proferidas pelos Tribunais Regionais Federais e Tribunais de Justiça Estaduais, ainda que transitadas em julgado sem interposição de recurso para o STJ ou STF, ou com recurso interposto, mas não apreciado pelos tribunais superiores por falta de preenchimento dos requisitos de admissibilidade.

A presente parte deve ser compreendida desde uma perspectiva prática, ou seja, trata-se de uma análise orientada para a descrição e avaliação das decisões judiciais.

3.1. Análise dos precedentes do Superior Tribunal de Justiça

Poucas foram as questões referentes aos tributos verdes submetidas à análise do STJ. Para fins do presente estudo, analisaremos apenas duas: (i) a isenção do Imposto sobre a Propriedade Territorial Rural – ITR em relação às áreas de preservação permanente e de utilização limitada; e (ii) as taxas instituídas pelo IBAMA, a saber: a taxa cobrada pelos serviços e produtos oferecidos pelo IBAMA, especificamente a destinada à aquisição de formulário de Autorização para Transporte de Produtos Florestais – ATPF, a Taxa de Fiscalização Ambiental – TFA, substituída no mesmo ano pela já mencionada TCFA.

3.1.1. Imposto sobre a Propriedade Territorial Rural – ITR

O Imposto sobre a Propriedade Territorial Rural – ITR está previsto no inciso VI do artigo 153 da Constituição Federal de 1988.[6] O Código Tributário Nacional tratou deste tributo em seu artigo 29 e seguintes. Atualmente, o ITR é regulado pela Lei nº 9.393, de 19 de dezembro de 1996, a qual foi posteriormente regulamentada pelo Decreto nº 4.382, de 19 de setembro de 2002.

Conforme determina o artigo 10 da Lei nº 9.393/96,[7] o ITR é um imposto sujeito a lançamento por homologação. Isto significa que o contribuinte se responsabiliza pela sua apuração e pelo seu pagamento, sujeitando-se

---

[6] "Art. 153. Compete à União instituir impostos sobre: (...) VI – propriedade territorial rural; (...)"
[7] "Art. 10. A apuração e o pagamento do ITR serão efetuados pelo contribuinte, independentemente de prévio procedimento da administração tributária, nos prazos e condições estabelecidos pela Secretaria da Receita Federal, sujeitando-se a homologação posterior."

a posterior fiscalização e homologação ou não do valor apurado, pago e devidamente declarado.

O inciso II do parágrafo primeiro do artigo 10 da Lei nº 9.393/96 esclarece que, para os efeitos de apuração do ITR, será considerada como área tributável o território da propriedade rural, excluindo-se as áreas: (i) de preservação permanente e de reserva legal; (ii) de interesse ecológico para a proteção dos ecossistemas, assim declaradas mediante ato do órgão competente, federal ou estadual e que apliquem as restrições de uso previstas para as zonas de preservação permanente e de reserva legal; (iii) comprovadamente imprestáveis para qualquer exploração agrícola, pecuária, granjeira, aqüícola ou florestal, declaradas de interesse ecológico mediante ato do órgão competente, federal ou estadual; (iv) sob regime de servidão florestal; (v) cobertas por florestas nativas, primárias ou secundárias em estágio médio ou avançado de regeneração; e (vi) alagadas para fins de constituição de reservatório de usinas hidrelétricas autorizada pelo Poder Público.

Ocorre que em 1º de setembro de 1997 a Secretaria da Receita Federal editou a Instrução Normativa SRF nº 67 (IN SRF 67/97), que, ao alterar a Instrução Normativa SRF nº 43, de 07 de maio de 1997 (IN SRF 43/97), estabeleceu a obrigatoriedade da obtenção de ato declaratório pelo IBAMA para fins de reconhecimento da isenção do ITR em relação às áreas de preservação permanente e de utilização limitada[8].

Assim, inúmeros contribuintes que não apresentaram o ato declaratório tempestivamente[9] receberam lançamentos suplementares do ITR, mesmo estando o imóvel rural localizado em uma área de preservação permanente.

---

[8] Art. 10. (...) § 4º As áreas de preservação permanente e as de utilização limitada serão reconhecidas mediante ato declaratório do IBAMA, ou órgão delegado através de convênio, para fins de apuração do ITR, observado o seguinte: (Redação dada pela IN SRF nº 67/97, de 01/09/1997)
I – as áreas de reserva legal, para fins de obtenção do ato declaratório do IBAMA, deverão estar averbadas à margem da inscrição da matrícula do imóvel no registro de imóveis competente, conforme preceitua a Lei nº 4.771, de 1965; (Incluído pela IN SRF nº 67/97, de 01/09/1997)
II – o contribuinte terá o prazo de seis meses, contado da data da entrega da declaração do ITR, para protocolar requerimento do ato declaratório junto ao IBAMA; (Incluído pela IN SRF nº 67/97, de 01/09/1997)
III – se o contribuinte não requerer, ou se o requerimento não for reconhecido pelo IBAMA, a Secretaria da Receita Federal fará lançamento suplementar recalculando o ITR devido. (Incluído pela IN SRF nº 67/97, de 01/09/1997)
[9] O prazo para a apresentação do ato declaratório é de 6 (seis) meses após a apresentação da Declaração do ITR, conforme o disposto no art. 10, § 4º, inciso II, acrescido à IN SRF 43/97 pela IN SRF 67/97.

Posteriormente, com a entrada em vigor da Medida Provisória n° 1.956-50/2000 até a sua última reedição (MP n° 2.166-67/2001, ainda vigente), foi acrescido o parágrafo 7º ao artigo 10 da Lei nº 9.393/96 com a seguinte redação:

"§ 7º A declaração para fim de isenção do ITR relativa às áreas de que tratam as alíneas "a" e "d" do inciso II, § 1º, deste artigo, não está sujeita à prévia comprovação por parte do declarante, ficando o mesmo responsável pelo pagamento do imposto correspondente, com juros e multa previstos nesta Lei, caso fique comprovado que a sua declaração não é verdadeira, sem prejuízo de outras sanções aplicáveis."

Assim, o contribuinte ficou dispensado da apresentação prévia de ato declaratório do IBAMA para fins de reconhecimento da isenção do ITR em relação às áreas de preservação permanente e de reserva legal e às áreas sob o regime de servidão florestal.

A controvérsia surgida após a edição da referida medida provisória foi em relação à possibilidade da retroatividade dos seus efeitos a fatos geradores ocorridos anteriormente à sua vigência.

Esta questão chegou ao STJ pela primeira vez nos autos do recurso especial nº 587.429-AL interposto pela Fazenda Nacional contra CIMAPRA – Companhia Mercantil Agropecuária Pratagy[10] contra a qual foi lavrado auto de infração relativo ao ITR do exercício de 1997.

A Primeira Turma entendeu pela possibilidade da aplicação retroativa da MP n° 2.166-67/2001 a fatos ocorridos anteriormente à sua edição com base no artigo 106, inciso I, do CTN, o qual afirma que a lei se aplica a ato ou fato pretérito quando seja expressamente interpretativa[11].

A partir deste julgamento, as duas turmas de direito público seguiram esta orientação, fixando entendimento no sentido da possibilidade da retroatividade dos efeitos do parágrafo 7º do artigo 10 da Lei nº 9.393/96, com a redação dada pela MP n° 2.166-67/2001, a qual dispensou os contribuintes da apresentação prévia de ato declaratório do IBAMA para fins de reconhecimento da isenção do ITR em relação às áreas de preservação permanente e de reserva legal e às áreas sob o regime de servidão florestal[12].

---

[10] Recurso Especial nº 587.429-AL, Min. Rel. Luiz Fux da 1ª Turma, j. 01/06/04, DJ: 02/08/04.
[11] "Art. 106. A lei aplica-se a ato ou fato pretérito:
I – em qualquer caso, quando seja expressamente interpretativa, excluída a aplicação de penalidade à infração dos dispositivos interpretados; (...)"
[12] Precedentes da 1ª Turma: Recurso Especial nº 640.546-RS, Min. Rel. José Delgado, j. 19/08/04, DJ: 20/09/04; Recurso Especial nº 668.001-RN, Min. Rel. Luiz Fux, j. 06/12/05,

3.1.2. Taxas instituídas pelo IBAMA

A Lei nº 9.960, de 28 de janeiro de 2000, incluiu diversos dispositivos na Lei nº 6.938, de 31 de agosto de 1981 – que dispõe sobre a Política Nacional do Meio Ambiente – para, dentre outras medidas, criar (i) a taxa referente aos serviços e produtos do IBAMA e (ii) a Taxa de Fiscalização Ambiental – TFA.

O artigo 17-A incluído pela Lei nº 9.960/00 na Lei nº 6.938/81[13] estabeleceu uma tabela de "preços" para remunerar os serviços e os produtos ofertados pelo IBAMA, que foram elencados no Anexo desta lei.

Somente a título exemplificativo, dentre os serviços e produtos do IBAMA em referência, podemos mencionar:

i) licença ou renovação para transporte nacional de fauna silvestre, partes, produtos e derivados;
ii) licença ou renovação para exposição ou concurso de animais silvestres;
iii) licença para importação, exportação ou reexportação de animais vivos, partes, produtos e derivados da fauna;
iv) formulários para o requerimento de licenças;
v) licenciamento ambiental para (a) o criadouro de espécimes da fauna exótica para fins comerciais, (b) o mantenedor de fauna exótica e (c) o importador de animais vivos, abatidos, partes, produtos e subprodutos da fauna silvestre brasileira e exótica;
vi) registro (a) dos criadouros de espécies da fauna brasileira para fins científicos ou comerciais, (b) da indústria de beneficiamento de peles, partes, produtos e derivados da fauna brasileira, (c) dos zoológicos público e privado, e (d) do exportador e do importador de animais vivos, abatidos, partes, produtos e derivados da fauna;
vii) liberação de armas e demais petrechos de caça amadorista;
viii) autorização anual de caça amadorista e licença de transporte das peças abatidas;

DJ: 13/02/06; Recurso Especial nº 812.104-AL, Min. Rel. Denise Arruda, j. 13/11/07, DJ: 10/12/07. Precedente da 2ª Turma: Recurso Especial nº 665.123-PR, Min. Rel. Eliana Calmon, j. 12/12/06, DJ: 05/02/06.

[13] Art. 17-A. São estabelecidos os preços dos serviços e produtos do Instituto Brasileiro do Meio Ambiente e dos Recursos Naturais Renováveis – IBAMA, a serem aplicados em âmbito nacional, conforme Anexo a esta Lei.

ix) selo de lacre de segurança para peles, partes, produtos e derivados da fauna;
x) autorização para uso do fogo em queimada controlada;
xi) vistorias para diversas finalidades;
xii) inspeção de produtos da flora para exportação ou importação; e
xiii) autorização para supressão de vegetação em Área de Preservação Permanente.

No mesmo Anexo da Lei nº 6.938/81, foi estabelecido valor fixo para cada um dos serviços e produtos do IBAMA.

O caso levado ao STJ discute a legalidade tributária na instituição do preço cobrado para a aquisição de um dos produtos do IBAMA, qual seja, o formulário de Autorização para Transporte de Produtos Florestais – ATPF.

Nesta hipótese, a Quarta Turma do Tribunal Regional Federal da 5ª Região deu provimento à apelação interposta pela empresa Marcolino Madeiras Ltda. para (i) declarar a natureza jurídica da remuneração para obtenção da autorização como sendo de taxa e (ii) reconhecer a inidoneidade do veículo normativo que definiu o aspecto quantitativo da exação, qual seja, portaria do Ministro de Estado do Meio Ambiente; para, ao final, afastar a cobrança desta remuneração.

Contra esta decisão, o IBAMA interpôs o recurso especial nº 641.754-SP[14] sustentando a violação aos artigos 17-A a 17-M da Lei nº 6.938/81, uma vez que os valores necessários à aquisição do formulário da ATPF encontram respaldo e previsão nos referidos dispositivos legais.

A Segunda Turma do STJ deu provimento ao recurso especial para declarar a legalidade da exação em tela.

Apesar de não ser objeto da controvérsia do recurso especial, o Ministro Relator Castro Meira ressaltou que, (i) sendo obrigatória a apresentação da ATPF para o transporte de produtos florestais, sob pena de restar tipificado crime contra o meio-ambiente, previsto no art. 46 da Lei nº 9.605/98[15], e (ii) sendo o único instrumento competente para a sua veicu-

---

[14] Recurso Especial nº 641.754-PB, Min. Rel. Castro Meira da 2ª Turma, j. 10/08/04, DJ: 04/10/04.
[15] Art. 46. Receber ou adquirir, para fins comerciais ou industriais, madeira, lenha, carvão e outros produtos de origem vegetal, sem exigir a exibição de licença do vendedor, outorgada pela autoridade competente, e sem munir-se da via que deverá acompanhar o produto até final beneficiamento:

lação o respectivo formulário-padrão, impresso pela Casa da Moeda; a sua utilização é compulsória, já que não existem opções àqueles que se vinculam à atividade de circulação desses produtos.

Assim, concluiu que o valor cobrado na aquisição do formulário tem a natureza jurídica de taxa, tendo em vista que, por imposição legal, é o único meio hábil para se obter a necessária autorização para o transporte de produto florestal, inexistindo qualquer alternativa ao sujeito vinculado à atividade objeto de controle e fiscalização pelo IBAMA.

Passando a enfrentar exclusivamente a questão infraconstitucional levada no âmbito do recurso especial, o Ministro Relator entendeu pela inexistência da ilegalidade que possa macular a cobrança da taxa sob referência.

Isto porque o elemento quantitativo da taxa não se encontra previsto apenas em portaria ou ato administrativo de inferior hierarquia, mas sim na Lei nº 6.938/81, em seu artigo 17-A e no anexo, o qual estabelece de maneira clara e precisa os valores alusivos ao formulário que instrumentaliza a ATPF.

Desta forma, a Segunda Turma afirmou que a Lei nº 6.938/81 definiu, com precisão, o aspecto quantitativo da hipótese de incidência tributária, estabelecendo alíquota específica (valor fixo) para a quantificação da taxa, razão pela qual não haveria qualquer ilegalidade que maculasse a cobrança da taxa para a aquisição de formulário de ATPF pelo IBAMA.

Ademais, como já mencionado acima, a mesma Lei nº 9.960/00 que criou a taxa ATPF instituiu também a Taxa de Fiscalização Ambiental. De acordo com esta lei, o fato gerador da TFA era o exercício das atividades potencialmente poluidoras e/ou a extração, produção, transporte e comercialização de produtos potencialmente perigosos ao meio ambiente, assim como de produtos e subprodutos da fauna e flora.

Os sujeitos passivos da TFA eram as pessoas físicas ou jurídicas obrigadas ao registro no Cadastro Técnico Federal de Atividades Potencialmente Poluidoras ou Utilizadoras de Recursos Ambientais.

Pena – detenção, de seis meses a um ano, e multa.
Parágrafo único. Incorre nas mesmas penas quem vende, expõe à venda, tem em depósito, transporta ou guarda madeira, lenha, carvão e outros produtos de origem vegetal, sem licença válida para todo o tempo da viagem ou do armazenamento, outorgada pela autoridade competente.

Ademais, o seu valor era fixo e correspondia à importância de R$ 3.000,00 (três mil reais), sendo concedido desconto de 50% (cinqüenta por cento) para empresas de pequeno porte, de 90% (noventa por cento) para microempresas e de 95% (noventa e cinco por cento) para pessoas físicas.

No dia 29 de março de 2000 – apenas três meses após a edição da Lei nº 9960/00 –, ao analisar a ação declaratória de inconstitucionalidade nº 2.178-8-DF, o Tribunal Pleno do STF, por unanimidade, deferiu o pedido de medida cautelar, para suspender, até a decisão final da referida ação direta, a cobrança da TFA. Os argumentos utilizados para declaração da inconstitucionalidade da TFA serão analisados no próximo item.

Assim, no dia 27 de dezembro do mesmo ano, o Congresso Nacional aprovou a Lei nº 10.165, que instituiu a Taxa de Controle e Fiscalização Ambiental – TCFA com o objetivo de substituir TFA e corrigir os vícios de inconstitucionalidade apontados pelo STF.

Sobre a Taxa de Fiscalização Ambiental – TFA, a Primeira Turma do STJ analisou o recurso especial nº 1.042.055-ES[16] interposto pela sociedade Realcafé Solúvel do Brasil S/A nos autos de mandado de segurança por ela impetrado visando ao afastamento da exigibilidade da TFA.

A sentença considerou a Lei nº 10.165/00 – que regulou a mesma matéria e instituiu a TCFA – como evento superveniente determinante para o deslinde da controvérsia estabelecida e, com base no artigo 462 do Código de Processo Civil – CPC[17], concedeu a segurança pleiteada, afastando a cobrança da TFA e da TCFA.

O Tribunal Regional Federal da 2ª Região reformou em parte a sentença afastando a cobrança da TFA até 28 de dezembro de 2000, data da entrada em vigor da Lei nº 10.165/00, mas manteve a aplicação desta Lei e a exigência da TCFA, concluindo pela inaplicabilidade do artigo 462 do CPC, sob o fundamento de que tal dispositivo não autoriza o juiz a alterar os contornos da lide nos limites em que foi proposta.

Ao recurso especial interposto pela empresa foi negado provimento pelos membros da Primeira Turma do STJ em julgamento realizado no

---

[16] Recurso Especial nº 1.042.055-ES, Min. Rel. José Delgado da 1ª Turma, j. 06/05/08, DJe: 04/06/2008.

[17] Art. 462. Se, depois da propositura da ação, algum fato constitutivo, modificativo ou extintivo do direito influir no julgamento da lide, caberá ao juiz tomá-lo em consideração, de ofício ou a requerimento da parte, no momento de proferir a sentença.

dia 06 de maio de 2008, mantendo integralmente o acórdão proferido pelo TRF-2ª Região.

Em relação à Taxa de Controle e Fiscalização Ambiental – TCFA, a Primeira Turma do STJ, ao julgar o recurso especial nº 695.368-RJ[18], se manifestou pela legalidade da referida taxa.

Neste caso, o contribuinte-recorrente sustentava, dentre outros argumentos, a violação aos artigos 77 e 78 do Código Tributário Nacional – CTN[19], já que o IBAMA não estaria legitimado a recolher o tributo em tela, por lhe faltar o exercício do poder de polícia e a conseqüente inexistência do fato gerador.

A segurança pleiteada pelos impetrantes foi denegada pelo juízo monocrático e esta decisão foi confirmada pelo Tribunal Regional Federal da 2ª Região, que considerou que o IBAMA pode realizar a cobrança da taxa em comento no exercício do poder de polícia.

O Ministro Relator José Delgado votou pela manutenção do acórdão e foi acompanhado pelos demais integrantes da Primeira Turma do STJ, afirmando que a atividade fiscalizatória desempenhada pelo IBAMA decorre de expressa autorização prevista no artigo 17-B com a redação dada pelo artigo 1º da Lei nº 10.165/00[20].

---

[18] Recurso Especial nº 695.368-RJ, Min. Rel. José Delgado da 1ª Turma, j. 03/03/05, DJe: 11/04/2005.
[19] Art. 77. As taxas cobradas pela União, pelos Estados, pelo Distrito Federal ou pelos Municípios, no âmbito de suas respectivas atribuições, têm como fato gerador o exercício regular do poder de polícia, ou a utilização, efetiva ou potencial, de serviço público específico e divisível, prestado ao contribuinte ou posto à sua disposição.
Parágrafo único. A taxa não pode ter base de cálculo ou fato gerador idênticos aos que correspondam a impôsto nem ser calculada em função do capital das empresas. (Vide Ato Complementar nº 34, de 30.1.1967)
Art. 78. Considera-se poder de polícia atividade da administração pública que, limitando ou disciplinando direito, interêsse ou liberdade, regula a prática de ato ou abstenção de fato, em razão de intêresse público concernente à segurança, à higiene, à ordem, aos costumes, à disciplina da produção e do mercado, ao exercício de atividades econômicas dependentes de concessão ou autorização do Poder Público, à tranqüilidade pública ou ao respeito à propriedade e aos direitos individuais ou coletivos. (Redação dada pelo Ato Complementar nº 31, de 28.12.1966)
[20] Art. 17-B. Fica instituída a Taxa de Controle e Fiscalização Ambiental – TCFA, cujo fato gerador é o exercício regular do poder de polícia conferido ao Instituto Brasileiro do Meio Ambiente e dos Recursos Naturais Renováveis – Ibama para controle e fiscalização das atividades potencialmente poluidoras e utilizadoras de recursos naturais.

Todavia, este não foi o entendimento que prevaleceu nas turmas de direito público do STJ.

A orientação que tem prevalecido no STJ[21] é o de que os artigos 77 e 78 do CTN repetem o preceito constitucional estabelecido no artigo 145 da Constituição Federal de 1988[22] e, portanto, o exame da presente controvérsia é da competência exclusiva do STF.

Passemos então à análise dos precedentes proferidos pelo STF.

3.2. Análise dos Precedentes do Supremo Tribunal Federal

Analisaremos as seguintes questões levadas à apreciação pelo STF: (i) as taxas instituídas pelo Instituto Brasileiro do Meio Ambiente e dos Recursos Naturais Renováveis – IBAMA; (ii) a compensação do Sistema Nacional de Unidades de Conservação da Natureza – SNUC; e (iii) a compensação financeira pela exploração de recursos minerais – CFEM.

A fim de delimitar ainda mais o escopo deste trabalho, duas advertências merecerem ser feitas.

A primeira é que, além destas questões, o STF já examinou a constitucionalidade da taxa florestal instituída pelo Estado de Minas Gerais[23] e

---

[21] Neste sentido, veja: Agravo Regimental no Agravo de Instrumento nº 999.771/SP, Min. Rel. Luiz Fux da 1ª Turma, j. 16/09/08, DJe 02/10/08; Agravo Regimental no Agravo de Instrumento nº 893.107/SP, Min. Rel. Francisco Falcão da 1ª Turma, j. 06/09/07, DJ 11/10/07; Agravo Regimental no Recurso Especial nº 1.017.133/DF, Min. Rel. Castro Meira da 2ª Turma, j. 06/05/08, DJe 19/05/08; Agravo Regimental no Agravo de Instrumento nº 875.832/SP, Min. Rel. Herman Benjamin da 2ª Turma, j. 02/08/07, DJ 24/09/07; Recurso Especial nº 495.985/RS, Min. Rel. João Otávio de Noronha da 2ª Turma, j. 18/05/06, DJ 14/08/06; Agravo Regimental no Agravo de Instrumento nº 601.336/MG, Min. Rel. Francisco Peçanha Martins da 2ª Turma, j. 28/06/05, DJ 29/08/05.

[22] Art. 145. A União, os Estados, o Distrito Federal e os Municípios poderão instituir os seguintes tributos:
I – impostos;
II – taxas, em razão do exercício do poder de polícia ou pela utilização, efetiva ou potencial, de serviços públicos específicos e divisíveis, prestados ao contribuinte ou postos a sua disposição;
III – contribuição de melhoria, decorrente de obras públicas.
§ 1º – Sempre que possível, os impostos terão caráter pessoal e serão graduados segundo a capacidade econômica do contribuinte, facultado à administração tributária, especialmente para conferir efetividade a esses objetivos, identificar, respeitados os direitos individuais e nos termos da lei, o patrimônio, os rendimentos e as atividades econômicas do contribuinte.
§ 2º – As taxas não poderão ter base de cálculo própria de impostos.

[23] A taxa florestal foi estabelecida pelo artigo 60 da Lei Estadual (MG) nº 4.747, de 09 de maio de 1968, e foi declarada inconstitucional pelo Supremo em 11 de maio de 1978 sob o

da taxa de produção de madeiras criada pelo Município de Garepuava, do Paraná[24]. Ambos julgamentos ocorrem sob a égide de constituições anteriores à Constituição Federal de 1988, razão pela qual não serão objeto de análise no presente estudo.

A segunda observação é que também não analisaremos aqui a decisão proferida nos autos da ação direta de inconstitucionalidade[25] ajuizada pelo Prefeito do Município de Espigão Alto do Iguaçu – Paraná para contestar a Lei Estadual (PR) nº 12.690, de 18 de outubro de 1999, que determinou a aplicação de 50% (cinqüenta por cento) do Imposto sobre Operações Relativas à Circulação de Mercadorias e Serviços – ICMS recebido pelos Municípios – pelo fato de possuírem reservas indígenas em seu território consideradas unidas de conservação ambiental – diretamente das respectivas áreas de terras indígenas.

Apesar de relevante, este precedente não será analisado neste estudo, pois não se trata da verificação da constitucionalidade de um tributo verde, mas sim da possibilidade de lei estadual determinar a aplicação do produto da arrecadação do ICMS repassado aos Municípios em determinado setor.

3.2.1. Taxas instituídas pelo IBAMA

A primeira tentativa de instituição de taxa pelo IBAMA foi mediante a edição, por seu presidente, da Portaria nº 113, de 25 de setembro de 1997. Esta portaria estabeleceu a obrigatoriedade do registro no Cadastro Técnico Federal de Atividades Potencialmente Poluidoras ou Utilizadoras de Recursos Ambientais, das pessoas físicas ou jurídicas que se dedicam a atividades potencialmente poluidoras e/ou a extração, produção, transporte e

---

fundamento de que a sua base de cálculo – valor dos produtos ou subprodutos florestais e valor do desmatamento calculado segundo pauta publicada semestralmente pelo Instituto Estadual de Florestas – é idêntica à de imposto. Para maiores detalhes, vide o inteiro teor do recurso extraordinário nº 78.600-7-MG.

[24] A Lei Municipal (Guarapuava – PR) nº 11 instituiu a taxa de produção de madeiras cuja constitucionalidade foi analisada pelo STF nos autos do recurso extraordinário nº 21.223. A argüição de inconstitucionalidade foi acolhida pelo Tribunal Pleno em 09 de janeiro de 1956 sob o argumento de que referida taxa se tratava, na verdade, de imposto, não podendo ter sido criado por Município em razão da falta de previsão expressa na Constituição em vigor na época.

[25] ADIN nº 2.355-1-PR, Min. Relator Celso de Mello.

comercialização de produtos potencialmente perigosos ao meio ambiente, assim como de minerais, produtos e subprodutos da fauna, flora e pesca.

O valor a ser cobrado para o registro seria fixado de acordo com os valores estabelecidos na tabela de preço do IBAMA e, para determinadas categorias, seria calculado sobre o total da matéria-prima e/ou fonte de energia de origem florestal utilizada anualmente, acrescido de valor fixo, conforme tabela constante no anexo II desta Portaria.

Ademais, para continuarem a deter os direitos decorrentes do seu registro, as pessoas físicas ou jurídicas acima referidas deveriam renová-lo até 28 de fevereiro de cada ano, mediante o recolhimento da importância correspondente ao valor do registro de acordo com a(s) categoria(s) registrada(s), independente de notificação prévia do IBAMA.

A Confederação Nacional da Indústria – CNI, entidade sindical de grau superior representativa da indústria brasileira, propôs a ação direta de inconstitucionalidade autuada sob o nº 1.823-1 contestando a constitucionalidade dos artigos 5º, 8º ao 10, 13 e 14 da referida portaria[26].

A CNI sustentou que, como o fato gerador da cobrança é o exercício do poder de policia pelo IBAMA, sua natureza é de taxa, espécie de tributo, sujeitando-se, portanto, às limitações ao poder de tributar previstas

---

[26] "Art. 5º. Não será concedido registro à pessoa jurídica cujos dirigentes participem ou tenham participado da administração de empresas ou sociedades que praticaram irregularidades ainda não sanadas junto ao IBAMA".
"Art. 8º. As Pessoas Físicas ou Jurídicas a que se refere o art. 3º, para continuarem a deter os direitos decorrentes do seu registro, deverão renová-lo até 28 de fevereiro de cada ano, mediante o recolhimento da importância correspondente ao valor do registro de acordo com a(s) categoria(s) registrada(s), independente de notificação previa do IBAMA."
"Art. 9º. O valor a ser cobrado para registro, em quota única, ou renovação será fixado em moeda corrente do País, de acordo com os valores estabelecidos na tabela de preço do IBAMA."
"Art. 10. O valor a ser cobrado para registro, das categorias correspondentes aos códigos 02.01, 02.02, 03.04, 03.05, 04.01, 04.02, 06.01, 07.01, 07.02, 07.03, 07.09, 07.10, 07.11, 07.12 e 07.13 será calculado sobre o total da matéria-prima e/ou fonte de energia de origem florestal utilizada anualmente, acrescido de valor fixo, conforme tabela constante no Anexo II desta Portaria."
"Art. 13. (...) §1º. O cancelamento do registro somente será efetivado após a constatação da inexistência de débitos de qualquer natureza junto ao IBAMA até a data da homologação do pedido de cancelamento."
"Art. 14. O registro será suspenso ou cancelado sempre que ocorrer ação ou omissão que importe na inobservância da Lei nº 4.771, de 15.09.65. e/ou da Lei 5.197, 03.01.67, e/ou do Decreto-Lei nº 221, de 28.04.67, e/ou da Lei nº 6.938, de 31.08.81, e/ou da Lei nº 7.679, de 23.11.88, e suas alterações."

no artigo 150 da CF/88, devendo respeitar o principio da legalidade tributária (artigo 150, inciso I, da CF/88[27]); o principio da anterioridade da lei tributária (artigo 150, inciso III, alínea "b", da CF/88[28]); além de faltar razoabilidade ao valor exigido do contribuinte, violando os princípios da proporcionalidade e do custo/benefício que devem orientar o poder público na fixação da taxa.

Alegou ainda que a portaria do IBAMA viola frontal e diretamente o principio da legalidade consagrado no artigo 5°, inciso II, da CF/88[29], pois somente a lei, em sentido formal e material, pode estabelece restrições, criar obrigações e impor sanções, não podendo um ato administrativo inovar na ordem jurídica.

Em sessão realizada no dia 30 de abril de 1998, o Tribunal Pleno do STF deferiu a cautelar requerida nos autos da ADIN nº 1.823-1 sob o fundamento de que a Portaria IBAMA nº 113/97 feriu o princípio da legalidade estrita tanto em relação à instituição da taxa para registro quanto em relação à fixação de sanções para a hipótese de inobservância dos requisitos impostos aos contribuintes.

Até o término do presente estudo, não houve julgamento definitivo da ADIN nº 1.823-1, tendo a sua relatoria sido transferida para o Ministro Carlos Britto em razão da aposentadoria do Ministro Ilmar Galvão.

A segunda tentativa de instituição de taxa pelo IBAMA foi a Taxa de Fiscalização Ambiental – TFA criada pela Lei nº 9.960/00. Conforme já mencionado anteriormente, o Tribunal Pleno do STF, ao analisar a ação declaratória de inconstitucionalidade nº 2.178-8-DF deferiu o pedido de medida cautelar, para suspender, até a decisão final da referida ação direta, a cobrança da TFA.

Referida ADIN também foi proposta pela Confederação Nacional da Indústria que sustentou que a Lei nº 9.960/00 desrespeitou a Constituição Federal sob os seguintes argumentos:

---

[27] "Art. 150. Sem prejuízo de outras garantias asseguradas ao contribuinte, é vedado à União, aos Estados, ao Distrito Federal e aos Municípios: (...) I – exigir ou aumentar tributo sem lei que o estabeleça; (...)"

[28] "Art. 150. Sem prejuízo de outras garantias asseguradas ao contribuinte, é vedado à União, aos Estados, ao Distrito Federal e aos Municípios: (...) III – cobrar tributos: (...) b) no mesmo exercício financeiro em que haja sido publicada a lei que os instituiu ou aumentou; (...)"

[29] "Art. 5º Todos são iguais perante a lei, sem distinção de qualquer natureza, garantindo-se aos brasileiros e aos estrangeiros residentes no País a inviolabilidade do direito à vida, à liberdade, à igualdade, à segurança e à propriedade, nos termos seguintes: (...) II – ninguém será obrigado a fazer ou deixar de fazer alguma coisa senão em virtude de lei; (...)"

a) Afronta ao artigo 145, inciso II, da CF/88[30], pois elegeu como fato gerador do tributo o exercício das atividades das pessoas jurídicas e físicas que se dedicam a atividades potencialmente poluidoras e/ou à extração, produção, transporte e comercialização de produtos potencialmente perigosos ao meio ambiente, assim como de produtos e subprodutos da fauna e flora;

b) Violação ao artigo 167, inciso IV, da CF/88[31], que veda a vinculação de imposto a órgão, fundo ou despesa, tendo em vista que, se o tributo que a Lei nº 9.960/00 pretende instituir tem como fato gerador atividade do contribuinte, configura, assim, um verdadeiro imposto. Ademais, o imposto instituído não está previsto no artigo 153 da CF/88[32] e somente poderia ser implementado mediante lei complementar, desrespeitando o artigo 154, inciso I, da CF/88[33];

---

[30] "Art. 145. A União, os Estados, o Distrito Federal e os Municípios poderão instituir os seguintes tributos: (...) II – taxas, em razão do exercício do poder de polícia ou pela utilização, efetiva ou potencial, de serviços públicos específicos e divisíveis, prestados ao contribuinte ou postos a sua disposição; (...)"

[31] "Art. 167. São vedados: (...)- a vinculação de receita de impostos a órgão, fundo ou despesa, ressalvadas a repartição do produto da arrecadação dos impostos a que se referem os arts. 158 e 159, a destinação de recursos para manutenção e desenvolvimento do ensino, como determinado pelo art. 212, e a prestação de garantias às operações de crédito por antecipação de receita, previstas no art. 165, § 8º; (...)"
O inciso IV foi alterado pelas Emendas Constitucionais nºs 3/93, 29/2000 e 42/2003 e atualmente a sua redação é a seguinte: "IV – a vinculação de receita de impostos a órgão, fundo ou despesa, ressalvadas a repartição do produto da arrecadação dos impostos a que se referem os arts. 158 e 159, a destinação de recursos para as ações e serviços públicos de saúde, para manutenção e desenvolvimento do ensino e para realização de atividades da administração tributária, como determinado, respectivamente, pelos arts. 198, § 2º, 212 e 37, XXII, e a prestação de garantias às operações de crédito por antecipação de receita, previstas no art. 165, § 8º, bem como o disposto no § 4º deste artigo;"

[32] "Art. 153. Compete à União instituir impostos sobre:
I – importação de produtos estrangeiros;
II – exportação, para o exterior, de produtos nacionais ou nacionalizados;
III – renda e proventos de qualquer natureza;
IV – produtos industrializados;
V – operações de crédito, câmbio e seguro, ou relativas a títulos ou valores mobiliários;
VI – propriedade territorial rural;
VII – grandes fortunas, nos termos de lei complementar."

[33] "Art. 154. A União poderá instituir: (...) I – mediante lei complementar, impostos não previstos no artigo anterior, desde que sejam não-cumulativos e não tenham fato gerador ou base de cálculo próprios dos discriminados nesta Constituição; (...)"

c) Ofensa ao mesmo artigo 145, inciso II, da CF/88, pois a exigência da renovação anual não corresponde ao efetivo poder de polícia ou serviço prestado ao contribuinte, tendo em vista que a atividade estatal se exaure com o simples registro no Cadastro e a fiscalização das atividades poluidoras é feita, e devidamente remunerada, pelo órgão licenciado competente que é, em geral, o órgão estadual ambiental, como disposto no artigo 10 da mencionada Lei n° 6.938/81[34];

d) Violação do princípio da legalidade tributária consagrado no artigo 150, inciso I, da CF/88, porque não descreveu, no texto da lei, as atividades potencialmente poluidoras que estariam sujeitas ao pagamento do tributo, ou seja, não previu os sujeitos passivos do tributo; e, por fim,

e) Afronta ao princípio da anterioridade tributária previsto na alínea "b" do inciso III do artigo 150 da CF/88 ao exigir o pagamento do tributo no mesmo exercício financeiro em que foi publicada a Lei nº 9.960/00, já que, ao trazer inovações substanciais em seu texto normativo, em relação à Medida Provisória n° 2.015/99 que lhe deu origem, a Lei 9.960/00 resultou por consubstanciar uma outra espécie normativa, instituindo um outro tributo com característica diferentes daquele que a MP 2.015 pretendeu instituir.

O pedido de medida cautelar foi deferido por unanimidade pelo Pleno do STF sob os seguintes fundamentos (i) a TFA tem como fato gerador não o serviço prestado ou posto à disposição do contribuinte, pelo ente público, no exercício do poder de polícia, como previsto no art. 145, inciso II, da CF/88, mas a atividade por esse exercida; (ii) a TFA tem como contribuintes pessoas físicas ou jurídicas que exercem atividades potencialmente poluidoras ou utilizadoras de recursos ambientais, sem especificá-las em lei; e, por fim, (iii) a Lei nº 9.960/00 não indicou o critério a ser utilizado

---

[34] Art. 10 – A construção, instalação, ampliação e funcionamento de estabelecimentos e atividades utilizadoras de recursos ambientais, considerados efetiva e potencialmente poluidores, bem como os capazes, sob qualquer forma, de causar degradação ambiental, dependerão de prévio licenciamento de órgão estadual competente, integrante do Sistema Nacional do Meio Ambiente – SISNAMA, e do Instituto Brasileiro do Meio Ambiente e Recursos Naturais Renováveis – IBAMA, em caráter supletivo, sem prejuízo de outras licenças exigíveis. (Redação dada pela Lei nº 7.804/89)

para o cálculo do valor devido, limitando-se a estipular valores uniformes por classe de contribuintes, o que violaria o princípio da isonomia na medida em que dispensa o mesmo tratamento tributário a contribuintes de expressão econômica extremamente variada.

Como no mesmo ano em que foi proferida esta decisão o legislador editou a Lei nº 10.165, instituindo a Taxa de Controle e Fiscalização Ambiental – TCFA e alterando os dispositivos legais introduzidos pela Lei nº 9.960/00 e impugnados na ADIN 2.178, o Ministro Relator Ilmar Galvão a julgou prejudicada pela perda superveniente do seu objeto em despacho proferido em 14 de fevereiro de 2001.

O exame da constitucionalidade da TCFA chegou ao STF nos autos do recurso extraordinário nº 416.601-1-DF[35] interposto pela Associação Gaúcha de Empresas Florestais – AGEFLOR em mandado de segurança impetrado contra o ato coator do IBAMA.

Os argumentos utilizados pela AGEFLOR para contestar a TCFA foram os seguintes:

a) Ofensa ao artigo 23, parágrafo único, da CF/88[36], pois (i) nos termos da Lei 6.938/81, a responsabilidade pelo controle e fiscalização das atividades potencialmente poluidoras e utilizadoras de recursos naturais é dos órgãos ou entidades estaduais membros do Sistema Nacional do Meio Ambiente – SISNAMA, cabendo ao IBAMA apenas a atuação supletiva; e (ii) a Lei 6.938/81, que criou o mencionado SISNAMA, foi recepcionada pela Constituição com caráter de lei complementar, sendo certo que a Lei 10.165/2000 não poderia alterar o SISNAMA por ser lei ordinária;

b) Contrariedade ao artigo 145, inciso II, da CF/88[37], já que só o exercício efetivo poder de polícia legitima a cobrança de taxas, valendo salientar que o controle e a fiscalização das atividades potencial-

---

[35] Recurso Extraordinário nº 416.601-1/DF, Min. Rel. Carlos Velloso, j. 10/08/05, DJ 30/05/05.
[36] Parágrafo único. Lei complementar fixará normas para a cooperação entre a União e os Estados, o Distrito Federal e os Municípios, tendo em vista o equilíbrio do desenvolvimento e do bem-estar em âmbito nacional.
[37] "Art. 145. A União, os Estados, o Distrito Federal e os Municípios poderão instituir os seguintes tributos: (...) II – taxas, em razão do exercício do poder de polícia ou pela utilização, efetiva ou potencial, de serviços públicos específicos e divisíveis, prestados ao contribuinte ou postos a sua disposição; (...)"

mente poluidoras e utilizadoras de recursos naturais são de competência dos órgãos estaduais e entidades integrantes do SISNAMA;
c) A Lei 10.165/2000 atribuiu ao IBAMA poder de fiscalização geral, em benefício de toda comunidade e tendo como objeto o meio ambiente como um todo, o que impossibilita a vinculação do poder de polícia exercido com o contribuinte da TCFA, restando, assim, evidenciada a intenção de mascarar a criação de imposto, a despeito do nome atribuído ao tributo;
d) Violação aos artigos 167, inciso IV, e 154, inciso I, da CF/88, uma vez que a TCFA, caracterizando-se como imposto, não poderia ter sua receita vinculada ao IBAMA, bem como somente poderia ter sido instituída mediante lei complementar; e, finalmente,
e) Ocorrência de dupla tributação entre as taxas de licenciamento cobradas pelo IBAMA e pelos órgãos estaduais pertencentes ao SISNAMA, de acordo com a competência de cada um, e a TCFA, paga pelo simples fato da empresa realizar uma atividade potencialmente poluidora e utilizadora de recursos naturais, sendo certo que os mencionados tributos têm a mesma origem, a saber, o poder de polícia consubstanciado no poder do estado de fiscalizar e controlar as atividades relacionadas ao meio ambiente.

O Tribunal Pleno do STF, por unanimidade, conheceu, em parte, do recurso extraordinário e, na parte conhecida, negou-lhe provimento afirmando a constitucionalidade da TCFA instituída pela Lei nº 6.938/81, com a redação dada pela Lei 10.165/2000.

Com apoio nos pareceres de Sacha Calmon Navarro Coelho e Ives Gandra Martins, o STF entendeu que a TCFA tem como fato gerador o exercício regular do poder de polícia conferido ao IBAMA para controle e fiscalização das atividades potencialmente poluidoras e utilizadoras de recursos naturais.

Assim, a taxa remunera o exercício do poder de polícia do Estado, não havendo o que se falar que a taxa decorrente do poder de policia fica restrita aos contribuintes cujo estabelecimento tivesse sido efetivamente visitado pela fiscalização.

Em diversos julgados o próprio STF se manifestou pela suficiência da manutenção, pelo sujeito ativo, de órgão de controle em funcionamento, não se limitando ao método antiquado da vistoria porta a porta, abrindo as portas do Direito às inovações tecnológicas que caracterizam a nossa era.

Quanto ao sujeito passivo da nova taxa ambiental, a Lei nº 10.165/2000 manteve o critério adotado pela Lei nº 9.960/2000, porém, enumerou expressamente quais são as atividades que ensejam a cobrança do tributo.

O art. 17-C estabelece o sujeito passivo do tributo como sendo *"todo aquele que exerça as atividades constantes do Anexo VIII desta Lei"*. O citado Anexo VIII lista as atividades potencialmente poluidoras e utilizadoras de recursos ambientais, em número de 20 (vinte), já que as atividades nºs 21 e 22 foram vetadas.

Da mesma forma, a norma em questão passou a definir critérios objetivos para graduar o valor do tributo na tentativa de contornar o problema relacionado com a afronta ao princípio da isonomia.

O art. 17-D cuida da base de cálculo da taxa: ela será devida por estabelecimento e os seus valores são os fixados no Anexo IX, variando em razão do potencial de poluição e grau de utilização de recursos naturais, que será de pequeno, médio e alto, variando para microempresas, empresas de pequeno, médio e grande porte.

Sendo assim, o tratamento tributário dispensado aos contribuintes observa a expressão econômica deste. Neste sentido, as pessoas jurídicas pagarão maior ou menor taxa em função da potencialidade poluidora da atividade exercida, levando-se em conta, ademais, o porte da empresa medido por meio do seu faturamento.

Após o julgamento do recurso extraordinário acima referido, a constitucionalidade da TCFA foi acolhida nas decisões posteriores proferidas pelo STF[38].

---

[38] Neste sentido, veja: Recurso Extraordinário nº 437.678/PR, Min. Rel. Carlos Velloso, j. 16/08/05, DJ 29/08/05; Recurso Extraordinário nº 464.006/PR, Min. Rel. Celso de Mello, j. 30/11/05, DJ 12/12/05; Agravo Regimental no Recurso Extraordinário nº 453.649/PR, Min. Rel. Ellen Gracie da 2ª Turma, j. 21/03/06, DJ 20/04/06; Agravo Regimental no Recurso Extraordinário nº 460.066/RS, Min. Rel. Sepúlveda Pertence da 1ª Turma, j. 28/03/06, DJ 28/04/06; Recurso Extraordinário nº 404.202/RS, Min. Rel. Gilmar Mendes, j. 12/05/06, DJ 05/06/06; Agravo Regimental no Recurso Extraordinário nº 401.071/SC, Min. Rel. Carlos Britto da 1ª Turma, j. 18/04/06, DJ 23/06/06; Agravo Regimental no Recurso Extraordinário nº 397.342/SC, Min. Rel. Cezar Peluso da 2ª Turma, j. 08/08/06, DJ 01/09/06; Agravo Regimental no Agravo de Instrumento nº 651.178/SP, Min. Rel. Eros Grau da 2ª Turma, j. 09/10/07, DJ 23/11/07; Agravo de Instrumento nº 648.201/SP, Min. Rel. Cármen Lúcia, j. 10/06/08, DJ 07/08/08.

Ressalte-se, por fim, que duas ações diretas de inconstitucionalidade (nºs 2.422 e 2.423) foram propostas questionando os dispositivos da Lei nº 10.165/00, mas não foram conhecidas pelo Ministro Relator Celso de Mello. Contra estas decisões monocráticas, foram interpostos agravos regimentais que não foram analisados até o momento.

3.2.2. Compensação SNUC

A Constituição Federal de 1988 cuidou de forma detalhada do meio ambiente em diversos dispositivos[39], prevendo expressamente que a preservação do meio ambiente é direito e, ao mesmo tempo, dever de todos. O artigo 170, que trata da ordem econômica, estabelece como um dos seus princípios a *"defesa do meio ambiente, inclusive mediante tratamento diferenciado conforme o impacto ambiental dos produtos e serviços e de seus processos de elaboração e prestação"*.

Atendendo aos princípios fixados pelo constituinte originário, o legislador editou Lei nº 9.985, de 18 de julho de 2000, que instituiu o Sistema Nacional de Unidades de Conservação da Natureza – SNUC, estabelecendo critérios e normas para a criação, implantação e gestão das unidades de conservação.

Em seu artigo 36[40] a Lei nº 9.985/2000 criou uma forma de compensação – conhecida como "Compensação SNUC" – nas hipóteses de licenciamento de empreendimentos de significativo impacto ambiental para

---

[39] Vide inciso LXXIII do artigo 5º; inciso VI do artigo 23; inciso III do artigo 129; todo o Capítulo VI do Título VIII, dentre outros.

[40] "Art. 36 – Nos casos de licenciamento ambiental de empreendimentos de significativo impacto ambiental, assim considerado pelo órgão ambiental competente, com fundamento em estudo de impacto ambiental e respectivo relatório – EIA/RIMA, o empreendedor é obrigado a apoiar a implantação integral, de unidade de conservação do Grupo de Proteção Integral, de acordo com o disposto neste artigo e no regulamento desta Lei.

§1° – O montante de recursos a ser destinado pelo empreendedor para esta finalidade não pode ser inferior a meio por cento dos custos totais previstos para a implantação do empreendimento, sendo o percentual fixado pelo órgão ambiental licenciado, de acordo com o grau de impacto ambiental causado pelo empreendimento.

§2° – Ao órgão ambiental licenciado compete definir as unidades de conservação a serem beneficiadas, considerando as propostas apresentadas no EIA/RIMA e ouvido o empreendedor, podendo inclusive ser contemplada a criação de novas unidades de conservação.

§3° – Quando o empreendimento afetar unidade de conservação específica ou sua zona de amortecimento, o licenciamento a que se refere o caput deste artigo só poderá ser concedido mediante autorização do órgão responsável por sua administração, e a unidade afetada, mesmo

apoiar a implantação integral de unidade de conservação do Grupo de Proteção Integral.

O valor da referida compensação não pode ser inferior a meio por cento dos custos totais previsto para a implantação do empreendimento, sendo o percentual fixado pelo órgão ambiental licenciado, de acordo com o grau de impacto ambiental causado pelo empreendimento.

A Confederação Nacional da Indústria – CNI ajuizou a ação direta de inconstitucionalidade nº 3.378-6 contestando a constitucionalidade do artigo 36 e parágrafos da Lei nº 9.985/2000, eis que tais dispositivos:

a) Violam o princípio da legalidade, ao delegar ao órgão ambiental licenciado o poder de fixar o montante de recursos a ser aportado pelo empreendedor, tendo apenas estabelecido o valor mínimo equivalente a meio por cento dos custos totais previstos para a implantação do empreendimento. Ademais, a própria administração pública também está sujeita ao princípio da legalidade (artigo 37, *caput*, da CF/88[41]), pois só pode fazer ou deixar de fazer o que a lei determina, e não uma resolução de um órgão administrativo;

b) Violam o princípio da harmonia e independência dos poderes, pois a delegação neles prevista do Poder Legislativo ao Poder Executivo é ilegítima, de caráter abdicatório e dimensório do poder de legislar, já que se transferiu ao Executivo o encargo de disciplinar o exercício da liberdade e da propriedade das pessoas, sem estabelecer qualquer *standard*, critério ou parâmetro básico para direcionar a sua ação;

c) Violam o princípio da razoabilidade e da proporcionalidade, tendo em vista que não há relação de adequação entre o fim visado e o meio empregado pelo legislador, que se excedeu na sua discricionariedade legislativa, consistente no abuso ou no excesso do poder de legislar, ao formular exigência desmesurada. Isto porque, ao estabelecer como base para o cálculo do valor a ser pago a título de com-

---

que não pertencente ao Grupo de Proteção Integral, deverá ser uma das beneficiárias da compensação definida neste artigo."

[41] "Art. 37. A administração pública direta e indireta de qualquer dos Poderes da União, dos Estados, do Distrito Federal e dos Municípios obedecerá aos princípios de legalidade, impessoalidade, moralidade, publicidade e eficiência e, também, ao seguinte: (...) (Redação dada pela Emenda Constitucional nº 19, de 1998)."

pensação ambiental os custos totais previstos para a implantação de empreendimento, estes dispositivos penalizaram justamente aqueles que mais investiram em equipamentos para proteção ambiental; e

d) Por fim, a indenização prévia, sem prévia mensuração e comprovação da ocorrência de dano, pode configurar enriquecimento sem causa pelo Estado, o que é vedado pelo nosso ordenamento jurídico.

O julgamento do mérito da ADIN nº 3.378 começou no dia 14 de junho de 2006 com o voto do Ministro Relator Carlos Britto que considerou improcedente o pedido nela formulado sob o fundamento de que a inexistência de efetivo dano ambiental não significa isenção do empreendedor em partilhar os custos de medidas preventivas, tendo em vista que uma das vertentes do principio usuário-pagador[42] é a que impõe ao empreendedor o dever de também responder pelas medidas de prevenção de impactos ambientais que possam decorrer, significativamente, da implementação de sua empreitada econômica concreta.

Ademais, entendeu inexistir ofensa ao princípio da razoabilidade, pois (i) a compensação ambiental se revela como instrumento adequado ao fim visado pela Carta Magna: a defesa e a preservação do meio ambiente para as presentes e futuras gerações, respectivamente; (ii) não há outro meio eficaz para atingir essa finalidade constitucional senão impondo ao empreendedor o dever de arcar, ao menos em parte, com os custos de prevenção, controle e reparação dos impactos negativos ao meio ambiente; e (iii) o encargo financeiro imposto é amplamente compensado pelos benefícios que sempre resultam de um meio ambiente ecologicamente garantido em sua higidez.

Em seguida, o Ministro Marco Aurélio pediu vista dos autos e o julgamento foi retomado no dia 09 de abril de 2008. O seu voto foi pela declaração de inconstitucionalidade da compensação SNUC pela inexistência do nexo da causalidade entre esta e os prejuízos produzidos ao meio ambiente.

---

[42] O Ministro Carlos Britto cita a lição de Paulo Afonso Lemes Machado que afirma que o *"principio do usuário pagador não é uma punição, pois mesmo não existindo qualquer ilicitude no comportamento do pagador ele pode ser implementado. Assim para tornar obrigatório o pagamento pelo uso do recurso ou pela sua poluição, não há necessidade de ser provado que o usuário poluidor está cometendo faltas ou infrações."*

Isto porque o desembolso não corresponde aos danos efetivamente causados, mas ao vulto do empreendimento, razão pela qual pode-se afirmar que, quanto maior for o investimento, quanto mais gastos – até mesmo com equipamentos voltados à preservação ambiental –, maior será o desembolso.

Ademais, há imposição de desembolso para obtenção da licença, sem mesmo saber-se a extensão de danos causados, estabelecendo, como base de incidência do percentual a ser fixado pelo órgão ambiental licenciador, os "custos totais previstos para a implantação do empreendimento" e não o possível dano verificado.

O Ministro Joaquim Barbosa acompanhou o relator e também entendeu pela constitucionalidade da compensação SNUC, mas fez uma ressalva em relação à falta de percentual máximo a ser pago pelo empreendedor. Nesse sentido, deu interpretação conforme para manter a norma em vigor, entendendo-se que a administração ambiental não poderá fixar percentual superior a meio por cento, pois, se o legislador não fixou patamar superior, o administrador não poderia fazê-lo.

Já o Ministro Ricardo Lewandowski entendeu que a fixação de percentual mínimo em relação ao orçamento do investimento não tem qualquer relação de causalidade com o impacto ambiental causado e votou pelo provimento parcial ao pedido formulado na ação direta para declarar a inconstitucionalidade da expressão *"não pode ser inferior a meio por cento dos custos totais previstos para a implantação do empreendimento"* prevista no § 1° do artigo 36 da Lei n° 9.985/2000.

Depois de prolongados debates, este foi o entendimento que prevaleceu entre os Ministros do Tribunal Pleno do STF, devendo o valor da compensação SNUC ser fixado proporcionalmente ao impacto ambiental, após estudo em que se assegurem o contraditório e a ampla defesa.

Diante desta decisão, foram opostos embargos de declaração pela CNI e pelo Presidente da República, que não foram analisados até o momento.

3.2.3. Compensação Financeira pela Exploração de Recursos Minerais – CFEM

O parágrafo 1º do artigo 20 da Constituição Federal de 1998 assegura aos Estados, ao Distrito Federal e aos Municípios, bem como a órgãos da administração direta da União, participação no resultado da exploração de petróleo ou gás natural, de recursos hídricos para fins de geração de energia elétrica e de outros recursos minerais no respectivo território, plataforma continental, mar territorial ou zona econômica exclusiva, ou compensação financeira por essa exploração.

Vê-se, portanto, que o constituinte originário distinguiu participação e compensação. A primeira constitui uma associação na qual a União, os Estados e os Municípios recebem importância calculada sobre o resultado da exploração de petróleo ou gás natural etc. A segunda pressupõe um prejuízo decorrente da exploração e tem a natureza de indenização pela perda de recursos naturais situados em seus territórios ou de contraprestação pelas despesas que as empresas exploradoras de recursos naturais causam aos poderes públicos, que são obrigados a garantir a infra-estrutura de bens e serviços e a assistência às populações atingidas.

Este dispositivo constitucional foi regulamentado pelas Leis nºs 7.990, de 28 de dezembro de 1989 e 8.001, de 13 de março de 1990. O artigo 6º da primeira lei estabeleceu que a compensação financeira pela exploração de recursos minerais – CFEM, para fins de aproveitamento econômico, será de até 3% (três por cento) sobre o valor do faturamento líquido resultante da venda do produto mineral, obtido após a última etapa do processo de beneficiamento adotado e antes de sua transformação industrial.

A questão sobre a constitucionalidade da CFEM foi levada à análise do STF por meio do recurso extraordinário nº 228.800-5 interposto pela sociedade Mineração Taboca Ltda., tendo como recorridos a União Federal, o Estado do Amazonas e o Município de Presidente Figueiredo.

A autora, Mineração Taboca Ltda., ajuizou ação em face dos três entes estatais objetivando o não pagamento e a restituição dos valores pagos a título da CFEM sob o fundamento de que a CFEM não se amolda à figura da "compensação financeira", possuindo natureza de imposto, que foi criado com afronta aos artigos 154, inciso I e 155, § 3º, da CF/88.

Sustentou ainda a autora que a lei ordinária – ao eleger o faturamento como base de cálculo da obrigação e o local onde se dá o beneficiamento do minério como elemento espacial da hipótese de incidência – desvinculou a compensação financeira do desfalque patrimonial que constitui a sua razão de ser.

Isto porque, tratando-se de compensação, a sua obrigação deveria corresponder à diminuição patrimonial experimentada pelo benefício da CFEM, e não a um percentual do faturamento. Por outro lado, o local do beneficiamento não coincide necessariamente com aquele de onde o minério foi extraído, de maneira que a compensação poderá vir a ser paga a

Municípios ou mesmo a Estado que não sofrem perda patrimonial alguma, com o que se frustrariam as razões que inspiraram a criação do instituto.

A CFEM contrariaria também o princípio da igualdade na medida em que o critério eleito permite que concessionárias que possuem maior faturamento paguem mais por menores que sejam os prejuízos causados à propriedade de terceiros; e concessionárias com menor faturamento possam pagar menos por maiores prejuízos.

O Tribunal Regional Federal da 1ª Região julgou improcedente o pedido formulado na ação proposta pela autora, razão qual pela foi interposto recurso extraordinário ao STF.

O Ministro Relator Sepúlveda Pertence, em sessão realizada no dia 25 de setembro de 2001, entendeu que, na verdade, a Lei nº 7.990/89 instituiu não uma compensação financeira, mas sim uma participação no resultado da exploração, razão pela qual nada mais coerente do que consistir o seu montante numa fração do faturamento das empresas exploradoras.

Sendo assim, a Primeira Turma do Supremo Tribunal Federal, por unanimidade de votos, não conheceu do recurso extraordinário interposto pela empresa Mineração Taboca Ltda. julgando válida a CFEM instituída pela Lei nº 7.990/89.

Após o julgamento deste recurso extraordinário, a constitucionalidade da CFEM foi acolhida nas decisões posteriores proferidas pelo STF[43].

4. Conclusão

De tudo o quanto foi exposto, extrai-se da experiência brasileira que a tributação ambiental pode ser um instrumento econômico eficaz na promoção das políticas públicas de defesa do meio ambiente.

Dentre todas as formas possíveis de intervenção estatal para a proteção ambiental por meio da tributação, parece-nos que a melhor delas é a intervenção negativa indireta, que consiste na premiação da conduta

---

[43] Neste sentido, veja: Agravo Regimental no Agravo de Instrumento nº 453.025-1/DF, Min. Rel. Gilmar Mendes, j. 09/05/06, DJ 09/06/06; Recurso Extraordinário nº 346.444/RN, Min. Rel. Cezar Peluso, j. 18/08/06, DJ 30/08/06; Agravo de Instrumento nº 370.736/DF, Min. Rel. Cezar Peluso, j. 03/04/06, DJ 03/05/06; Recurso Extraordinário nº 318.782/PR, Min. Rel. Cezar Peluso, j. 31/03/06, DJ 02/05/06; Agravo de Instrumento nº 195.106/DF, Min. Rel. Cezar Peluso, j. 15/03/06, DJ 31/03/06; Recurso Extraordinário nº 212.452/DF, Min. Rel. Carlos Velloso, j. 03/02/03, DJ 13/03/03; Recurso Extraordinário nº 212.308/DF, Min. Rel. Gilmar Mendes, j. 12/09/05, DJ 27/09/05.

ambientalmente correta mediante a redução da carga tributária. Nesse particular, o Brasil ainda tem muito que explorar, eis que, em regra, a tributação ambiental brasileira é mais recorrente como intervenção positiva direta. Tal formato de intervenção, embora tenha o seu valor, não nos parece ser o mais adequado em um país cuja carga tributária representa cerca de 40% do Produto Interno Bruto.

Por outro lado, entendemos que o Poder Público deve, sim, lançar mão de todos os instrumentos existentes para a defesa do meio ambiente, observando sempre, no caso da intervenção por meio da tributação ambiental, as limitações constitucionais ao poder de tributar. Contudo, enquanto o Poder Público insistir em cobrar contribuições por ele qualificadas como não tributárias para se eximir dessas limitações, os contribuintes continuarão contestando os excessos estatais e isso, certamente, em nada contribui para o cumprimento do dever estatuído no art. 225 da CF/88.

Se o Estado pretende obter da coletividade a sua parcela de responsabilidade no exercício da defesa do meio ambiente mediante a tributação, deve agir de forma ética e respeitar os atributos dessa espécie de receita e as suas implicações naturais. Do contrário, por mais nobre que seja o motivo que enseja a exação, o aumento de demandas judiciais será tudo o que dela se conseguirá, conforme tentamos demonstrar ao longo do trabalho com precedentes de nossos Tribunais Superiores.

5. Bibliografia Recomendada

OLIVEIRA, José Marcos Domingues de. *Direito tributário e meio ambiente*. 3. ed. rev. e ampliada. Rio de Janeiro: Forense, 2007.

ORLANDO, Breno Ladeira Kingma et al. (coord.). *Direito tributário ambiental*. Rio de Janeiro: Lumen Juris, 2006.

Suspensão da Exigibilidade do Crédito Tributário I

Claudio Carneiro

1. Introdução

É cediço que a obrigação tributária se subdivide em *principal* e *acessória*. A primeira consiste em uma obrigação de dar (pagar tributo) prevista em lei, e a segunda se refere a uma obrigação de fazer ou não fazer, que decorre da legislação tributária.

Dessa breve distinção, feita pelo próprio art. 113 do CTN, se percebe a importância da distinção entre o alcance da legislação e da lei formal para o Direito Tributário. Assim, diz-se que a **obrigação tributária** nasce com a ocorrência do fato gerador, ou seja, nasce o *an debeatur (o que se deve)*. Por outro lado, para que surja o crédito, tem que ser efetuado pelo Fisco o lançamento, que consiste em um ato administrativo que individualiza e quantifica a obrigação, ou seja, o *quantum debeatur* (o valor devido) da obrigação tributária, daí surgir o **crédito tributário**.

Nesse sentido, analisando os dois elementos (obrigação e crédito), o CTN adotou a teoria dualista da obrigação, visto que as normas relativas à obrigação tributária foram capituladas separadamente em relação ao crédito tributário. O art. 139 do CTN preceitua que "o crédito tributário decorre da obrigação principal e tem a mesma natureza jurídica deste". A constituição do crédito tributário tem como principal efeito tornar a obrigação líquida e certa. Assim, entre a obrigação e o crédito tributário, existe o lançamento (art. 142 do CTN).

Diante do exposto, no Direito Tributário, adota-se a **teoria dualista**, que separa a obrigação do crédito tributário pelo lançamento; daí o previsto no art. 139 do CTN. Por isso, o legislador, ao elaborar a redação do art. 140 do CTN, quis dizer que aquilo que puder afetar o ato formal de lançamento tributário, as suas garantias ou os privilégios atribuídos ao crédito não contamina a obrigação tributária respectiva, salvo se o motivo for a própria inexistência de fato gerador.

Essa breve abordagem visa a introduzir o tema que trataremos aqui da suspensão da exigibilidade do crédito tributário, na forma prevista no art. 151 do CTN. Note-se que diante da autotutela que possui o Estado em relação *à exigibilidade* do crédito (cobrança do crédito por parte da Fazenda), ocorrendo qualquer medida de suspensão da exigibilidade, a Fazenda estará impedida de prosseguir com os mecanismos de cobrança, sobretudo de ajuizar a execução fiscal. Destaque-se que, por outro lado, na hipótese de o sujeito passivo (contribuinte ou responsável) não efetuar o pagamento e se não houver ocorrido nenhuma das hipóteses legais que suspendem a exigibilidade do crédito tributário, este será exigível, culminando em uma cobrança judicial (execução fiscal), após a regular inscrição em dívida ativa e emissão da CDA.

2. Efeitos da Suspensão da Exigibilidade

Os mecanismos da suspensão da exigibilidade previstos no art. 151 do CTN possuem alguns efeitos que produzem consequências relevantes para o Direito Tributário. O *primeiro* é impedir os procedimentos de cobrança, em especial o ajuizamento da execução fiscal, ou ainda, caso já tenha sido ajuizada, suspender o seu prosseguimento. O *segundo*, por consequência lógica, pois, em caso de suspensão da cobrança por parte da Fazenda, estará também suspenso o prazo prescricional para que ela ajuíze a execução fiscal. E já que a exigibilidade está suspensa, nada mais razoável e justo que a prescrição também esteja. O *terceiro* efeito consiste no fato de que, presente qualquer causa de suspensão da exigibilidade do crédito tributário, o sujeito ativo fica impedido de proceder à cobrança, mas não se dispensa o cumprimento das obrigações acessórias, conforme prevê o CTN no parágrafo único do art. 151. O *quarto* é a possibilidade de se obter certidão positiva com efeito de negativa, na forma do art. 206 do CTN. O *quinto* é mais um requisito do que um efeito, ou seja, é a reserva legal na forma do art. 97, VI, do CTN e a interpretação literal de seus dispositivos, conforme dispõe o art. 111 do CTN.

3. Alcance da Expressão "Suspensão da Exigibilidade do Crédito"

Inicialmente, cabe esclarecer que a suspensão diz respeito à exigibilidade do crédito, que significa a cobrança coercitiva do crédito tributário. Nesse sentido, as hipóteses de suspensão podem ser obtidas em dois momentos da relação jurídica tributária, ou seja, depois do lançamento e antes do lançamento. Quanto à primeira, não há que se questionar a suspensão, pois em virtude do lançamento o crédito já existe. Contudo, dúvida pode surgir quando a suspensão é concedida antes do lançamento. O fato é que se não há lançamento não há crédito; logo não se poderia suspender o que não existe. Por isso, sustenta-se que o que se suspende não é a constituição do crédito, mas sim a sua cobrança.

4. Possibilidade de Suspensão antes do Lançamento

No Direito Tributário, as suspensões da exigibilidade do crédito normalmente ocorrem após o lançamento, para impedir o ajuizamento da execução fiscal, como é o caso da moratória, do parcelamento e do deferimento de antecipação de tutela em sede de ação anulatória. Contudo, questão que consideramos interessante é a possibilidade de se pleitear a suspensão da exigibilidade **antes do lançamento**.

Suponhamos, então, que a suspensão ocorra com o deferimento de antecipação de tutela em ação declaratória de inexistência de relação jurídica antes do lançamento tributário. Nesse caso, considerando que a hipótese se enquadra no inciso V do art. 151 do CTN, indaga-se se a Fazenda estaria impedida de efetuar o lançamento. A jurisprudência vem entendendo que a Fazenda não está impedida de efetuar o lançamento, de modo a evitar que ocorra a decadência, já que é um instituto jurídico que não se suspende nem se interrompe. Ademais, o que se suspende é a exigibilidade do crédito, e não a possibilidade de constituí-lo.

Temos ainda, um fundamento próprio sobre o tema, que vem a corroborar a possibilidade de o Fisco efetuar o lançamento que é o art. 63 da Lei 9.430/96. Nesse sentido, temos que, quando o juiz defere uma liminar ou uma antecipação de tutela, ele a concede com base em uma *cognição sumária*, pois analisa apenas a presença dos requisitos para a sua concessão, sem adentrar na análise de mérito. Posteriormente, com o objetivo de julgar o mérito da causa, através de uma *cognição exauriente* pode o juiz entender que não assiste razão ao contribuinte e julga improcedente o pedido, revogando a medida liminar concedida.

Nesse caso, entender que a Fazenda estaria impedida de efetuar o lançamento permitiria que a decisão proferida em sede de cognição sumária prevalecesse sobre a decisão exauriente, já que a ocorrência da decadência fulminaria o próprio crédito, não restando mais nenhuma alternativa de cobrança para a Fazenda, pois a decadência extingue o crédito tributário, na forma do art. 156 do CTN. Assim, por tais fundamentos, entendemos que a suspensão da exigibilidade do crédito não afeta o lançamento, mas apenas a exigibilidade, ou seja, o crédito deve ser constituído, mas não deve ser exigido, ou seja, cobrado[1].

Diante dessa discussão, há divergência na doutrina em relação ao momento a partir do qual as causas elencadas no art. 151 do CTN poderiam ocorrer. Uma *primeira corrente*[2] afirma que, pelo fato de o *caput* do referido artigo utilizar a nomenclatura "suspensão da exigibilidade do crédito", as causas do art. 151 produzem efeitos a partir do lançamento, pois o crédito só adquire exigibilidade a partir do lançamento.

Uma segunda corrente[3] entende que bastaria a ocorrência do fato gerador para que as causas elencadas no art. 151 do CTN produzam o efeito da suspensão. Nesse sentido, as causas de suspensão do crédito tributá-

---

[1] O art. 63 da Lei 9.430/96 prevê que: Na constituição de crédito tributário destinada a prevenir a decadência, relativo a tributo de competência da União, cuja exigibilidade houver sido suspensa na forma dos incisos IV e V do art. 151 da Lei n. 5.172, de 25 de outubro de 1966, não caberá lançamento de multa de ofício. (Redação dada pela Medida Provisória n. 2.158-35, de 2001). § 1º O disposto neste artigo aplica-se, exclusivamente, aos casos em que a suspensão da exigibilidade do débito tenha ocorrido antes do início de qualquer procedimento de ofício a ele relativo. § 2º A interposição da ação judicial favorecida com a medida liminar interrompe a incidência da multa de mora, desde a concessão da medida judicial, até 30 dias após a data da publicação da decisão judicial que considerar devido o tributo ou a contribuição. Ver também **art. 86 do Decreto 7.574, de 2011:** *Art. 86. O lançamento para prevenir a decadência deverá ser efetuado nos casos em que existir a concessão de medida liminar em mandado de segurança ou de concessão de medida liminar ou de tutela antecipada, em outras espécies de ação judicial (Lei n. 5.172, de 1966 – Código Tributário Nacional, arts. 142, parágrafo único, e 151, incisos IV e V; Lei n. 9.430, de 1996, art. 63, com a redação dada pela Medida Provisória n. 2.158-35, de 2001, art. 70). § 1º O lançamento de que trata o caput deve ser regularmente notificado ao sujeito passivo com o esclarecimento de que a exigibilidade do crédito tributário permanece suspensa, em face da medida liminar concedida (Lei n. 5.172, de 1966 – Código Tributário Nacional, arts. 145 e 151; Decreto n. 70.235, de 1972, art. 7º). § 2º O lançamento para prevenir a decadência deve seguir seu curso normal, com a prática dos atos administrativos que lhe são próprios, exceto quanto aos atos executórios, que aguardarão a sentença judicial, ou, se for o caso, a perda da eficácia da medida liminar concedida.*

[2] Sustentada por Ricardo Lobo Torres e Hugo de Brito Machado.

[3] Liderada por Luciano Amaro.

rio poderiam ser apontadas mesmo antes do lançamento e, portanto, não pressupõem a existência de "crédito tributário". Corroboramos esse entendimento, pois na verdade o que deve ser suspenso é o dever de cumprir a obrigação tributária, ou seja, os mecanismos de cobrança por parte da Fazenda. É o caso em que sustentamos o cabimento do mandado de segurança preventivo contra a lei que prevê uma futura cobrança de tributo. Podemos exemplificar através da seguinte situação: suponhamos que um determinado Município edite uma lei tributária que estabeleça uma nova hipótese de incidência de ISSQN, adicionando um novo serviço à lista anexa à LC 116/2003. Destaque-se que, partindo do pressuposto que o Município se utiliza de uma interpretação equivocada sob o ponto de vista jurídico, a previsão da nova hipótese de incidência seria inconstitucional. Assim não seria razoável que determinada pessoa jurídica, habitual prestadora desse serviço que até então não era tributado, espere a autuação fiscal. A partir da data em que a lei entrar em vigor e produzir sua eficácia, em face da anterioridade a Fazenda poderá cobrar o tributo.

Assim, é plenamente admissível, antes que o Fisco aplique efetivamente a norma e lavre auto de infração, a impetração de MS preventivo, impugnando a ilegalidade e a inconstitucionalidade daquela nova modalidade. Nesse caso, o mandado de segurança atacará a lei em si mesma, bastando que o contribuinte faça prova, através de documentos legais, de que pratica habitualmente aquele serviço para impetrar o *mandamus*, pois, em face do que dispõem os arts. 3º e 142, ambos do CTN, em tese, o lançamento será inevitável.

5. Taxatividade do Art. 151 do CTN

Até as outras edições sustentávamos que o rol contido no art. 151 do CTN era taxativo. Isto porque o art. 141, também do CTN, prevê que o crédito tributário regularmente constituído somente terá sua exigibilidade suspensa nos casos previstos no referido Código. Ademais, o art. 111, I, do CTN determina que se interprete literalmente a legislação que disponha sobre as hipóteses de suspensão. Contudo, com a nova posição do STJ admitindo que na pendência de pedido de compensação de créditos tributários efetuado pelo contribuinte na esfera administrativa não se permite que a Fazenda Pública ajuíze a respectiva execução fiscal sem analisar o pedido de compensação. Nesse sentido, vejamos o julgado sobre o tema:

COMPENSAÇÃO. SUSPENSÃO. CRÉDITO TRIBUTÁRIO. Conforme precedentes deste Superior Tribunal, qualquer impugnação do contribuinte à cobrança do tributo suspende a exigibilidade do crédito tributário, tal qual no caso de formulação do pedido de compensação na via administrativa. REsp 1.149.115-PR, Rel. Min. Luiz Fux, julgado em 23/3/2010.

Merece ainda observação o fato de que o CTN, apesar de impedir os mecanismos de cobrança através das modalidades de suspensão da exigibilidade do crédito, não dispensa o cumprimento das obrigações acessórias, na forma do parágrafo único do art. 151 do CTN.

6. Espécies

Como vimos anteriormente sobre lei e legislação, o CTN em seu art. 151 traz as hipóteses de suspensão da exigibilidade do crédito tributário. Para efeitos didáticos, usamos a expressão "MO. DE. RE. CO. CO. PA" para a fixação das hipóteses de suspensão contidas no art. 151 do CTN. Vale lembrar que tal expressão não é uma divisão silábica, mas sim uma forma mnemônica de memorização.

- »» **MO** ratória[4];
- »» **DE** pósito do montante integral;
- »» **RE** clamações e recursos, nos termos das leis reguladoras do processo tributário administrativo;
- »» **CO** ncessão de liminar em mandado de segurança;
- »» **CO** ncessão de medida liminar ou tutela antecipada, em outras espécies de ação judicial;
- »» **PA** rcelamento.

6.1. Moratória

A **moratória** está prevista no inciso I do art. 151 do CTN e é regulada nos arts. 152 a 155 do referido diploma legal, que concede através de lei formal (art. 97, VI, do CTN) um novo prazo de pagamento. Subdivide-se em moratória geral e individual. Apesar de ser exigida lei formal, não se exige

---

[4] Tanto a moratória quanto o parcelamento representam hipóteses de suspensão da exigibilidade do crédito tributário, que se observa quando o contribuinte demonstra que não tem dinheiro para adimplir a sua obrigação e o Fisco dá a permissão para que o pagamento se realize em data posterior. Nada mais é do que um mecanismo que a Fazenda Pública criou para poder receber algum valor do contribuinte, quando percebe que este apresenta dificuldades quanto à realização do pagamento.

lei específica, pois o parágrafo 6º do art. 150 da Constituição não elenca a moratória em seu rol.

6.1.1. Espécies de Moratória

Segundo o **art. 152** e incisos do CTN, a moratória pode ter **caráter geral** ou **individual**, e sempre será **concedida por lei**. Vejamos a redação do artigo em tela:

> Art. 152. A moratória somente pode ser concedida:
> I – em **caráter geral**:
> a) pela pessoa jurídica de Direito público competente para instituir o tributo a que se refira;
> b) pela União, quanto a tributos de competência dos Estados, do Distrito Federal ou dos Municípios, quando simultaneamente concedida quanto aos tributos de competência federal e às obrigações de Direito privado;
> II – em **caráter individual**, por despacho da autoridade administrativa, desde que autorizada por lei nas condições do inciso anterior.
> Parágrafo único. A **lei** concessiva de moratória pode circunscrever expressamente a sua aplicabilidade a determinada região do território da pessoa jurídica de Direito público que a expedir, ou a determinada classe ou categoria de sujeitos passivos.

O inciso I traz a moratória concedida **em caráter geral**, que será concedida a determinada região ou a determinada categoria de contribuintes. É a hipótese que decorre direta e exclusivamente da lei, vindo a beneficiar um grupo de indivíduos ou a todos os contribuintes de determinado tributo (vide CTN, art. 96, VI). Na moratória concedida em caráter geral, não há necessidade de reconhecimento por parte da autoridade administrativa, pois decorre da lei. A alínea "a" traz a regra geral, chamada de **moratória autonômica**. Nessa hipótese, o ente competente para instituir o tributo será competente também para conceder moratória.

Na alínea "b" verificamos a chamada **moratória heterônoma**, já que é um caso em que a União concede moratória de tributos estaduais e municipais, e, por isso, é de constitucionalidade duvidosa, pois, em tese, feriria o princípio federativo. Nesse sentido, prevalece na doutrina entendimento pela constitucionalidade[5] desse dispositivo, em face da excepcionalidade da situação nele contida.

---

[5] Em sentido contrário, Misabel Derzi ao atualizar a obra de Aliomar Baleeiro (ob. cit., pp. 847-848, pois utiliza o mesmo raciocínio da isenção heterônoma. Da mesma forma, Hugo de Brito Machado.

Em sentido contrário, José Eduardo Soares de Melo critica a possibilidade de invasão de competência atribuída pelo CTN, colocando em risco a autonomia dos entes federativos. Entendemos que, na análise da expressão "quando simultaneamente concedida", somente será concedida a prorrogação do prazo de vencimento de todos os tributos (federais, estaduais e municipais). Ressalte-se que diversamente da isenção heterônoma, a moratória não é uma modalidade de exclusão do crédito tributário, e por isso não há prejuízo aos cofres públicos que justifique a sua vedação. Ademais, a tributação deve atender precipuamente ao interesse nacional, em detrimento do interesse regional ou local; dessa forma seria plausível e constitucional sua concessão.

Por fim, destaque-se que a moratória[6] **não** representa **renúncia de receita** (art. 14 da LC 101/2000) porque incide somente sobre os juros de mora e não sobre o valor principal. Geralmente é concedida na tentativa de recuperar ou estimular o desenvolvimento de determinado setor. Ressalte-se que a moratória somente pode ser concedida mediante lei ordinária, contudo, não carece de lei específica, não estando arrolada no rol do art. 150, § 6º, da CF/88.

O inciso II do art. 152 nos traz a moratória concedida em **caráter individual**. Diversamente da moratória geral, que é concedida diretamente pela lei, ou, melhor dizendo, exclusivamente pela lei, a moratória individual será concedida em função de características pessoais e peculiares do contribuinte, daí depender de requerimento do interessado e do despacho da autoridade administrativa, não gerando direito adquirido.

Há que se destacar que a moratória individual também decorre da lei, mas precisa ser efetivada em cada caso através de despacho proferido pela autoridade administrativa competente. Contudo, a função da autoridade administrativa, nesse caso, é tão somente verificar o cumprimento dos requisitos e das condições estabelecidas pela lei. Questiona-se se a moratória individual também poderia ser concedida por ato do juiz. Tal questionamento somente pode ser respondido passando pela análise da natureza jurídica do despacho que a lei determina ser dado pela autoridade administrativa. A natureza desse ato é de ato administrativo vinculado, e, por

---

[6] A concessão de moratória e de anistia não é conveniente, pois pode estimular o inadimplemento, já que os que realizam o pagamento na data determinada podem ser desestimulados a proceder de tal forma, uma vez que há a possibilidade de pagar depois e sem juros de mora; valeria a pena, por exemplo, aplicar o capital correspondente ao *quantum debeatur*.

isso, não há conveniência nem oportunidade. O ato não é discricionário, e, portanto, não há mérito administrativo.

Nesse sentido, a função da autoridade administrativa é meramente a de cumprir a lei, e por isso, caso haja indeferimento injustificado, ela poderá recorrer ao Judiciário. Nesse caso, o juiz poderá conceder-lhe a moratória, mas não pode atuar como legislador positivo e conceder moratória que não esteja prevista em lei.

6.1.2. Moratória e Direito Adquirido

A discussão que será abordada atinge a redação do art. 155 do CTN. Por isso, iniciaremos pela leitura do dispositivo objeto de análise:

> Art. 155. A concessão da moratória **em caráter individual não gera direito adquirido**, e será **revogada de ofício**, sempre que se apure que o beneficiado não satisfazia ou deixou de satisfazer as condições ou não cumprira ou deixou de cumprir os requisitos para a concessão do favor, cobrando-se o crédito acrescido de juros de mora:
>
> I – com imposição da penalidade cabível, nos casos de dolo ou simulação do beneficiado, ou de terceiro em benefício daquele;
>
> II – sem imposição de penalidade, nos demais casos.
>
> Parágrafo único. No caso do inciso I deste artigo, o tempo decorrido entre a concessão da moratória e sua revogação não se computa para efeito da prescrição do Direito à cobrança do crédito; no caso do inciso II deste artigo, a revogação só pode ocorrer antes de prescrito o referido Direito.

A moratória individual[7] é concedida em cada caso por ato da autoridade administrativa, daí surgir um questionamento, pois se o ato é vinculado, ele não pode ser objeto de revogação. O CTN foi infeliz ao usar a expressão revogação, pois se o ato administrativo é vinculado, não há mérito administrativo que justifique a sua revogação, e ele é, portanto, irrevogável. Entendemos que o ato vinculado só poderia ser anulado, e, mesmo assim, em função de alguma ilegalidade. Daí a crítica que a doutrina faz em relação ao art. 155 do CTN[8], posto que a moratória concedida em caráter

---

[7] Assim como a isenção individual, a remissão individual e a anistia individual, a moratória individual deve ter os seus requisitos fixados em lei, cabendo à autoridade administrativa apenas reconhecê-los e deferir a moratória.

[8] Por isso, onde se lê no art. 155 "revogada de ofício", nós devemos entender anulada. Então, a moratória individual será anulada quando se constatar que o beneficiado nunca cumpriu

individual não pode ser revogada. Assim, podemos concluir que o despacho que concede moratória em caráter individual gera direito adquirido se o beneficiado cumpriu os requisitos legais e se mantém nessa situação, não podendo ser anulado. Deste modo, temos que se o sujeito passivo não cumpre as condições e os requisitos para a concessão do benefício, a moratória deve ser anulada.

De outro lado, se o sujeito passivo cumpria as condições e os requisitos para a sua concessão e posteriormente deixou de cumpri-los, a moratória deve ser cassada. Contudo, ressalte-se que como a "revogação" (para utilizarmos a redação do CTN) invadirá o patrimônio do particular, é necessário que seja precedida de procedimento administrativo prévio no qual sejam assegurados ao sujeito passivo o contraditório e a ampla defesa.

6.1.3. Requisitos e Condições

No art. 153 do CTN estão elencados os elementos (requisitos) para a concessão de moratória geral ou individual, que é um favor, um benefício fiscal, e o *caput* do art. 155 do mesmo diploma menciona "condições" e "requisitos". Como já abordamos o art. 155 no tópico anterior, vejamos apenas a redação do art. 153 do CTN:

> Art. 153. *A lei que conceda moratória em caráter geral ou autorize sua concessão em caráter individual especificará, sem prejuízo de outros* **requisitos**:
>
> *I – o prazo de duração do favor;*
>
> *II – as condições da concessão do favor em caráter individual;*
>
> *III – sendo caso:*
>
> *a) os tributos a que se aplica;*
>
> *b) o número de prestações e seus vencimentos, dentro do prazo a que se refere o inciso I, podendo atribuir a fixação de uns e de outros à autoridade administrativa, para cada caso de concessão em caráter individual;*
>
> *c) as garantias que devem ser fornecidas pelo beneficiado no caso de concessão em caráter individual.*

Assim, analisando os dois artigos em conjunto, podemos dizer que o CTN elenca requisitos e condições para a concessão da moratória. Mister

os requisitos legais ou deixou de cumpri-los, cabendo, nesses casos, a cobrança do crédito acrescido de juros de mora mais correção monetária, além de multa nas hipóteses de má-fé. Porém, nos outros casos, a multa não deve ser aplicada.

se faz então a distinção entre condições e requisitos. **Requisitos** são os elementos objetivos exigidos pela lei para a concessão da moratória, como o prazo de duração, os tributos a que se aplica, as garantias que devem ser fornecidas pelo beneficiado no caso de concessão em caráter individual etc. Já as *condições* seriam os elementos subjetivos ou externos que justifiquem a sua concessão, como, por exemplo, pessoas alcançadas por uma epidemia local, aposentado etc. Feita essa breve distinção, é importante destacar que esses requisitos e condições podem ser instantâneas ou continuadas. Importa dizer que a análise da sua duração ou da perda do preenchimento dos requisitos e condições ensejará a anulação ou cassação da moratória, daí a redação contida no parágrafo único do art. 154 do CTN.

Por isso, deve ser concedida a Certidão Negativa de Débito, pois não pode inovar no curso da moratória já concedida. Contudo, em que pese a alínea "c" do inciso III do art. 153 da CRFB, sustentamos que a exigência dessas garantias pelo Poder Público carece de: a) que seja feita por lei; b) que seja feita com condição para concessão da moratória, antes que o contribuinte seja beneficiado por ela e não exigir garantias após a concessão[9].

Vejamos o teor da **Súmula 392 do STJ**: *a Fazenda Pública pode substituir a certidão de dívida ativa (CDA) até a prolação da sentença de embargos, quando se tratar de correção de erro material ou formal, vedada a modificação do sujeito passivo da execução.*

6.1.4. Alcance da Moratória

O art. 154 do CTN determina que os efeitos da moratória só atinjam os créditos já constituídos ou em fase de constituição, excluindo da sua concessão os casos de dolo, fraude e simulação do sujeito passivo. Contudo, o *caput* do referido artigo inicia sua redação com a expressão "salvo disposição de lei em contrário", o que nos leva a concluir que, em situações excepcionais previstas em lei, poderá ser concedida moratória para "créditos" ainda não lançados, desde que, obviamente, tenha ocorrido o fato gerador. Podemos exemplificar tal posicionamento com uma geada que atacou a lavoura e, sabedor disso, o governo concede moratória por um prazo razoável, até que o agricultor se recupere do prejuízo, inclusive quanto ao pagamento dos "créditos" ainda não lançados. Vejamos a redação do dispositivo em tela:

---

[9] Ver REsp 572.703/SC.

*Art. 154. Salvo disposição de lei em contrário, a moratória **somente abrange** os créditos definitivamente constituídos à data da lei ou do despacho que a conceder, ou cujo lançamento já tenha sido iniciado àquela data por ato regularmente notificado ao sujeito passivo.*
Parágrafo único. A moratória não aproveita aos casos de dolo, fraude ou simulação do sujeito passivo ou do terceiro em benefício daquele.

Destaque-se que a lei que concede a moratória deve ser interpretada literalmente por força do que dispõe o art. 111, I, do CTN. A moratória em regra, é utilizada para débitos vencidos ou em fase de lançamento.

6.1.5. Moratória x Parcelamento

O art. 153 do CTN elenca dentre os requisitos para a concessão da moratória o prazo, a duração e o número de prestações e seus respectivos vencimentos. Nesse sentido, quando a moratória autoriza o pagamento em prestações, se assemelha ao parcelamento, tanto que já foi sustentado pela doutrina que o parcelamento seria, na verdade, uma moratória parcelada. Parece-nos que tal entendimento não merece mais prosperar com o advento da LC 104/2001, pois o legislador não utiliza palavras inúteis ou desnecessárias. Assim, não faria sentido acrescentar o parcelamento[10] ao art. 151 do CTN, se fosse uma espécie de moratória; o mesmo raciocínio se aplica ao art. 155-A (também incluído pela LC 104/01), *in verbis*:

Art. 155-A. O parcelamento será concedido na forma e condição estabelecidas em lei específica.
*§ 1º Salvo disposição de lei em contrário, o **parcelamento** do crédito tributário **não exclui a incidência de juros e multas.***
*§ 2º **Aplicam-se, subsidiariamente, ao parcelamento as disposições desta Lei, relativas à moratória.***
§ 3º Lei específica disporá sobre as condições de parcelamento dos créditos tributários do devedor em recuperação judicial.
§ 4º A inexistência da lei específica a que se refere o § 3º deste artigo importa na aplicação das leis gerais de parcelamento do ente da Federação ao devedor em recuperação judicial, não podendo, neste caso, ser o prazo de parcelamento inferior ao concedido pela lei federal específica.

---

[10] Tanto assim é que a MP 449/2008 convertida na Lei 11.941/2009 trouxe regras de parcelamento ou pagamento de dívidas de pequeno valor.

O que ocorre na prática é que os institutos muito se assemelham e, em regra, por ser uma medida excepcional, a moratória somente é utilizada como exceção, pois afasta a incidência dos juros e multa. Já o parcelamento é uma medida usual, que, embora também concedida por lei, tem a função de recuperar créditos e diminuir a inadimplência, facilitando o pagamento, embora, em regra, incidam juros e penalidades.

6.2. Depósito do Montante Integral

Destaque-se, inicialmente, que o depósito do montante integral é usado se o sujeito passivo não concorda com o lançamento realizado (incluindo aí o auto de infração), tratando-se de um direito subjetivo seu, conforme já se posicionou o STJ no REsp 196.235/RJ. Assim, se o contribuinte se sentir insatisfeito com o lançamento, pode optar pela via administrativa e impugnar o lançamento ou buscar diretamente a via judicial. Nesse caso, poderá se valer do depósito do montante integral, que não deve ser confundido com o depósito recursal que era exigido como pressuposto de admissibilidade recursal na esfera administrativa[11].

Assim temos que a referida modalidade de suspensão da exigibilidade do crédito tributário está prevista no inciso II, do art. 151, e será realizada na esfera judicial[12]. Na via administrativa a própria impugnação já é causa de suspensão, mas a concomitância do depósito do montante integral da dívida serviria como estratégia para afastar a fluência das multas e demais penalidades moratórias enquanto se discute o crédito, o que muitas vezes se arrasta por longo período[13].

---

[11] Antes mesmo da discussão sobre a constitucionalidade do depósito prévio de 30% (que abordaremos mais adiante) pelo STF, como pressuposto de admissibilidade recursal, o STJ, no julgamento do REsp 644.244, decidiu que seria constitucional o art. 33 do Decreto 70.235/72, o qual sofreu alteração pela Lei 10.522/2002, substituindo o depósito recursal pelo arrolamento de bens, limitado ao total de bens do ativo permanente somente quanto aos créditos tributários da União. Ver posicionamento do STF na ADIn 1976-7.

[12] A Lei 11.429, editada em 26 de dezembro de 2006, dispõe sobre o depósito judicial de tributos, no âmbito dos Estados e do Distrito Federal, determinando que os créditos, inclusive os inscritos em dívida ativa, serão efetuados em instituição financeira oficial da União ou do Estado. Ver também nota quanto à declaração de inconstitucionalidade do depósito recursal.

[13] AgRg no RECURSO ESPECIAL 1.231.972/RS. IMPOSTO DE RENDA E CONTRIBUIÇÃO SOCIAL SOBRE LUCRO LÍQUIDO. CORREÇÃO MONETÁRIA E JUROS SOBRE VALORES DEPOSITADOS EM JUÍZO. EXIGIBILIDADE. AGRAVO NÃO PROVIDO. "A jurisprudência do Superior Tribunal de Justiça firmou-se no sentido de que 'os valores depositados judicialmente com a finalidade de suspender a exigibilidade do crédito tributário,

Ressalte-se que, como o crédito é objeto de discussão, o depósito do montante integral não é considerado como pagamento, daí o seu levantamento ou a conversão do depósito em renda somente se dar após o julgamento, pois segundo o inciso VI do art. 156 do CTN, a conversão é uma modalidade de extinção do crédito tributário. Logo, se há necessidade de posterior conversão do depósito em renda, é porque o montante depositado durante a discussão do crédito não é nem do contribuinte nem da Fazenda Pública[14], estando assim à disposição do juízo. Vale lembrar que o CTN, por força de princípios constitucionais, assegura ao contribuinte o contraditório, a ampla defesa e o devido processo legal; por esse motivo, não se admite mais a cláusula *solve et repete* (princípio do pague primeiro e discuta depois).

Vale dizer que o simples ajuizamento[15] da ação judicial não impede que a Fazenda promova a execução da dívida, pois o ajuizamento de ação judi-

em conformidade com o art. 151, inciso II, do CTN, não refogem ao âmbito patrimonial do contribuinte; inclusive, no que diz respeito ao acréscimo obtido com correção monetária e juros, constituindo-se assim em fato gerador do imposto de renda e da contribuição social sobre o lucro líquido'"(AgRg no Ag 1.359.761/SP, Rel. Min. BENEDITO GONÇALVES, 1ª T., DJe 6/9/2011).

[14] Importante deixar consignado que o STF entendeu que a Lei 9.703/98, que determina o repasse do depósito na Caixa Econômica para a conta da Fazenda, não é inconstitucional. Ver informativo 230. Com todo respeito ao posicionamento do STF, entendemos que esse repasse compulsório é uma expropriação do patrimônio do particular, tendo em vista que o contribuinte não está pagando, e sim depositando para discutir a dívida.

[15] REsp 789920/MA RECURSO ESPECIAL. PROCESSUAL CIVIL E TRIBUTÁRIO. ANTECIPAÇÃO DE TUTELA EM AÇÃO ANULATÓRIA DE DÉBITO FISCAL. SUSPENSÃO DA EXIGIBILIDADE DO CRÉDITO. ART. 151, INCISO V, DO CTN. EXTINÇÃO DA EXECUÇÃO FISCAL. FALTA DE PREQUESTIONAMENTO. SÚMULAS N. 282 E 356/STF. I – A matéria suscitada nas razões do apelo especial, presente no art. 202 do CTN, não foi objeto de debate no Tribunal de origem, faltando-lhe o necessário prequestionamento, a fim de que pudesse ser analisada por este Sodalício, sendo que a recorrente deixou de opor embargos de declaração do julgado vergastado, o que abriria a oportunidade de verificação de possível omissão no aresto. Incidência das Súmulas n. 282 e 356 do STF. II – Esta Corte já se manifestou no sentido de que, suspensa a exigibilidade do débito fiscal, notadamente pelo depósito de seu montante integral (art. 151, inciso II, do CTN), em ação anulatória de débito fiscal, deve ser extinta a execução fiscal ajuizada posteriormente; se a ação executória fiscal foi proposta antes da anulatória, aquela resta suspensa até o final desta última *actio*. Precedentes: REsp n. 677.212/PE, Rel. Min. TEORI ALBINO ZAVASCKI, DJ de 17/10/05; REsp n. 725.396/RS, Rel. Min. JOSÉ DELGADO, DJ de 12/09/05 e REsp n. 255.701/SP, Rel. Min. FRANCIULLI NETTO, DJ de 09/08/04. III – *In casu*, trata-se de antecipação de tutela em ação anulatória, previsão do art. 151, inciso V, do CTN, concedida anteriormente à ação executiva fiscal, o

cial (incluindo a ação anulatória de débito fiscal) não é, segundo o CTN, causa de suspensão de exigibilidade do crédito tributário, salvo se o contribuinte, nesta ação, obtiver uma liminar ou uma antecipação de tutela, com o objetivo de suspender a exigibilidade do crédito.

Frise-se que, não se admite caução apresentada em bem diverso de moeda. É o que se extrai do teor da **Súmula n. 112 do STJ**, que assim dispõe: "O depósito somente suspende a exigibilidade do crédito se for **integral e em dinheiro**". Nesse sentido, o STJ (REsp 304.843/PR) não admitiu a substituição do depósito pela fiança bancária. Contudo, para efeito de obtenção de certidão positiva com efeito de negativa na forma do art. 206 do CTN, a jurisprudência vem admitindo a ação cautelar de caução para antecipar os efeitos da penhora em sede de execução fiscal, *in verbis*:

EXECUÇÃO FISCAL. AÇÃO CAUTELAR. EXPEDIÇÃO. CERTIDÃO POSITIVA. EFEITOS NEGATIVOS. A Turma reiterou o entendimento de que, antes da ação de execução fiscal, pode o contribuinte interpor ação cautelar para garantir o juízo de forma antecipada (oferecimento de caução), para o fim de obter certidão positiva com efeito negativo. Contudo, na espécie, o executivo fiscal já havia sido proposto pelo INSS. Logo, necessária a comprovação dos requisitos do art. 206 do CTN, quais sejam: a efetivação da penhora nos autos da ação executiva fiscal ou a suspensão da exigibilidade do crédito tributário, nos termos do art. 151 do CTN, hipótese em que não se enquadra a cautelar da caução. Precedentes citados: EREsp 815.629-RS, DJ 6/11/2006; REsp 889.770-RS, DJ 17/5/2007, e REsp 883.459-SC, DJ 7/5/2007. REsp 912.710-RN, Rel. Min. Luiz Fux, julgado em 19/6/2008.

Entendemos, por fim, que o depósito pode ser feito mesmo antes do lançamento, nos casos em que o sujeito possa apurar o valor devido, como no caso do lançamento por homologação. Não impedirá, contudo, o lançamento, pois somente a sua exigibilidade estará suspensa. Por outro lado, se o depósito for parcial, a Fazenda não está impedida de executar, porém não todo o montante da dívida, mas somente o valor remanescente. Nesse

que obsta também, na esteira da jurisprudência deste Sodalício, a propositura da execução fiscal, mormente se tratar, da mesma forma, de suspensão da exigibilidade do débito fiscal. IV – Recurso especial conhecido em parte e, nesse ponto, improvido.

caso, as ações serão objeto de uma conexão instrumental[16], de modo a evitar decisões conflitantes.

Sobre o tema o STF editou as seguintes Súmulas Vinculantes:

Súmula Vinculante 21 – É inconstitucional a exigência de depósito ou arrolamento prévios de dinheiro ou bens para admissibilidade de recurso administrativo.

Súmula Vinculante 28 – É inconstitucional a exigência de depósito prévio como requisito de admissibilidade de ação judicial na qual se pretenda discutir a exigibilidade de crédito tributário

6.2.1. Depósito e Conversão em Renda

Por outro lado, surgiu uma discussão quando da edição da Lei 9.703/98[17] no âmbito federal e da Lei 10.482/02 em relação aos Estados e DF, pois o depósito é transferido para a Conta Única do Tesouro, e se a Fazenda for vencida, transfere o valor atualizado pela taxa SELIC. O STF, analisando a questão, entendeu ser constitucional tal norma quando do julgamento da ADin 1933-1[18]. Nesse sentido, antes de proferida a decisão final o contribuinte não pode levantar o depósito.

---

[16] Apesar de o caso não se enquadrar na hipótese de conexão clássica, o STJ, para evitar decisões conflitantes, entende haver conexão instrumental.

[17] DEPÓSITO JUDICIAL. ATUALIZAÇÃO. ERRO. GUIA. Como consabido, a Lei n. 9.703/1998 regula os depósitos judiciais referentes a tributos e contribuições federais. Determina que sejam feitos na Caixa Econômica Federal (CEF) mediante o preenchimento de documento de arrecadação de receitas federais (DARF). Isso posto, aquela instituição financeira é responsável pela atualização do depósito pela taxa Selic, mesmo no caso de ele ser ultimado por guia de depósito inadequada à operação (no caso, guia de depósito judicial à ordem da Justiça Federal). Com esse entendimento, a Turma, por maioria, negou provimento ao agravo da CEF. AgRg no RMS 19.800-AM, Rel. Min. Humberto Martins, julgado em 15/4/2008.

[18] ADI-MC 1933/DF. MEDIDA CAUTELAR NA AÇÃO DIRETA DE INCONSTITUCIONALIDADE. Relator(a): Min. NELSON JOBIM. Julgamento: 30/05/2001. Órgão Julgador: Pleno. EMENTA: CONSTITUCIONAL. LEI FEDERAL QUE DISPÕE SOBRE OS DEPÓSITOS JUDICIAIS E EXTRAJUDICIAIS DE TRIBUTOS E CONTRIBUIÇÕES FEDERAIS. DETERMINA QUE OS VALORES SEJAM REPASSADOS À CONTA ÚNICA DO TESOURO NACIONAL. ALEGADA VIOLAÇÃO AO PRINCÍPIO DE SEPARAÇÃO DOS PODERES, DA ISONOMIA E DEVIDO PROCESSO LEGAL. REMUNERAÇÃO DOS DEPÓSITOS PELA TAXA REFERENCIAL DO SISTEMA ESPECIAL DE LIQUIDAÇÃO E CUSTÓDIA. RENTABILIDADE SUPERIOR AO SISTEMA ANTERIOR À LEI 9703/98. AUSÊNCIA DE PLAUSIBILIDADE JURÍDICA. LIMINAR INDEFERIDA.
De outro lado, o STF, conforme publicação no Informativo 495, entendeu: *ADI e Sistema de Conta Única de Depósitos Judiciais e Extrajudiciais. O Tribunal julgou procedente pedido formulado*

Este tem sido o posicionamento da jurisprudência, no sentido de evitar prejuízo para as partes, pois com o depósito integral estará suspensa a exigibilidade e, portanto, a Fazenda estará impedida de cobrar o crédito objeto da discussão; assim, não seria plausível o levantamento antes da decisão final.

Por fim, devemos observar que no julgado do EREsp 227.961, o STJ entendeu que se ocorrer a extinção do processo sem análise do mérito em função da presunção de legitimidade e da veracidade do lançamento, o depósito seria convertido em renda para o Fisco. Divergimos fortemente[19] desta posição, pois a intenção do contribuinte foi discutir a dívida e não pagá-la. Entender assim é modificar de ofício a vontade do sujeito passivo que exerceu o seu direito subjetivo de efetuar o depósito. Contudo, a primeira Seção do STJ ratificou sua posição quanto à impossibilidade do levantamento no julgado baixo publicado no Informativo n. 331:

DEPÓSITO JUDICIAL. EXTINÇÃO. PROCESSO SEM JULGAMENTO. MÉRITO. Almeja-se definir se seria possível o levantamento do depósito efetuado para os fins do art. 151, II, do CTN, no caso em que o processo é extinto sem o julgamento de mérito. O Min. Relator destacou que essa questão já foi enfrentada em diversas ocasiões neste Superior Tribunal, para o qual o depósito judicial efetuado para suspender a exigibilidade do crédito tributário é feito também em garantia da Fazenda e só pode ser levantado pelo depositante após sentença final transitada em julgado em seu favor, nos

---

em ação direta ajuizada pelo Conselho Federal da Ordem dos Advogados do Brasil – OAB para declarar a inconstitucionalidade da Lei 15.010/2004, do Estado de Goiás, que dispõe sobre o Sistema de Conta Única e Depósitos Judiciais e Extrajudiciais no âmbito estadual, estabelecendo que serão efetuados em conta única administrada pelo Tesouro Estadual os depósitos judiciais e extrajudiciais, feitos em dinheiro, decorrentes de processos judiciais ou administrativos, bem como os rendimentos de aplicações dos saldos de depósito no mercado financeiro. Entendeu-se haver vício de iniciativa, já que o projeto de lei teria sido deflagrado pelo Governador, não estando a matéria tratada na lei entre as previstas no art. 61, § 1º, da CF. Além disso, vislumbrou-se vício material, porquanto, assim como a iniciativa legislativa, no que tange à criação de conta única de depósitos judiciais e extrajudiciais, caberia ao Poder Judiciário, a ele caberia também a administração e os rendimentos referentes a essa conta. Os Ministros Carlos Britto, Cezar Peluso, Gilmar Mendes e Marco Aurélio julgaram procedente o pedido por fundamentação diversa. Tendo em conta a vigência da lei desde 2002, aplicou-se, por maioria, modulação para dar efetividade à decisão apenas 60 dias após a publicação do acórdão, tempo hábil à organização do Estado de Goiás no que se refere ao recolhimento das custas judiciais e extrajudiciais.Vencido, no ponto, o Min. Marco Aurélio, que não modulava os efeitos. ADI 3458/ GO, rel. Min. Eros Grau, 21.2.2008.

[19] Ressalte-se que o STJ já entendeu dessa forma no julgamento do Agravo Regimental nos embargos de Divergência no Recurso Especial 249.647/SP, rel. Mina. Denise Arruda (em 25.10.2004).

termos do consignado no art. 32 da Lei n. 6.830/1980. O cumprimento da obrigação tributária só pode ser excluído por força de lei ou suspenso de acordo com o que determina o art. 151 do CTN. Fora desse contexto, o contribuinte está obrigado a recolher o tributo. No caso de o devedor pretender discutir a obrigação tributária em juízo, permite a lei que se faça o depósito integral da quantia devida para que seja suspensa a exigibilidade. Se a ação intentada, por qualquer motivo, resultar sem êxito, deve o depósito ser convertido em renda da Fazenda Pública. Essa é a interpretação que deve prevalecer. O depósito é simples garantia impeditiva do fisco para agilizar a cobrança judicial da dívida em face da instauração de litígio sobre a legalidade de sua exigência. Extinto o processo sem exame do mérito contra o contribuinte, tem-se uma decisão desfavorável. O passo seguinte, após o trânsito em julgado, é o recolhimento do tributo. Com esse entendimento, a Seção, ao prosseguir o julgamento, por maioria, conheceu dos embargos e deu-lhes provimento. EREsp 215.589-RJ, Rel. Min. José Delgado, julgado em 12/9/2007.

Da mesma forma julgou o STJ no Mandado de Segurança em que a empresa interpôs na esfera administrativa recurso hierárquico, depositando o valor relativo à NFLD. Na análise do MS, o juiz julgou extinto o processo sem apreciação de mérito, sendo o depósito convertido em renda. A empresa interessada pode utilizar-se dos institutos da repetição de indébito ou da compensação, pois o mandado de segurança é via imprópria para a cobrança.

Vejamos trecho do julgado abaixo:

Na espécie, a empresa antes de ajuizar o *mandamus* – contra ato do gerente Regional de Arrecadação e Fiscalização do INSS que lavrou a NFLD impondo-lhe o pagamento de débito tributário na qualidade de sucessora comercial –, defendeu-se administrativamente. Como não logrou êxito, interpôs recurso hierárquico depositando o valor relativo à NFLD. Esgotadas as instâncias administrativas e antes de concedida a liminar no mandado de segurança, a autarquia converteu o depósito em renda, passando o depósito a integrar o patrimônio do INSS. Diante desses fatos, o juiz julgou extinto o processo sem apreciação de mérito. Com efeito, sendo o depósito convertido em renda, a empresa interessada pode utilizar-se dos institutos da repetição de indébito ou da compensação, pois o mandado de segurança é via imprópria para a cobrança (Súm. n. 269-STF). Com esses fundamentos, a Turma negou provimento ao agravo regimental. AgRg no REsp 757.175-PR, Rel. Min. Humberto Martins, julgado em 5/8/2008.

6.2.2. Diferença entre Depósito do Montante Integral e Consignação em Pagamento

A diferença entre o depósito do montante integral e a consignatória é que naquele se deposita o valor total que está sendo cobrado pelo Fisco e discutido na ação judicial. Já na ação de consignação em pagamento, o contribuinte quer pagar, mas ocorre alguma das hipóteses do art. 164 do CTN, ou seja, o credor não quer receber ou há um concurso de exigências, conforme dispõem os incisos do referido artigo.

Percebe-se, então, que o depósito não se confunde com a *consignação em pagamento*, pois quem consigna quer pagar e quem deposita quer discutir o crédito. Entendemos que, na pendência da ação de consignação em pagamento, a exigibilidade do crédito também deve ficar *suspensa*, pois, na ação de consignação, o tributo somente se tornará exigível se a ação for julgada improcedente (art. 164, § 2º), e não antes.

Segundo o art. 164 do CTN, o contribuinte pode depositar o valor que ele entende ser devido. Já para depositar tudo, o fundamento da ação recai no art. 158, do mesmo diploma legal, podendo ser tanto na esfera judicial como na esfera administrativa. Em relação ao momento do depósito, o pedido pode ser feito na petição inicial ou no curso do processo, não sendo necessário ingressar com uma cautelar inominada.

Quanto ao levantamento do depósito, só pode ocorrer[20] após o trânsito em julgado da ação. A "devolução" desse depósito não abrange os juros moratórios, pois estes somente são devidos quando o "empréstimo" é de caráter negocial, o que não é o caso, mas alcança a atualização do valor depositado.

6.2.3. Depósito do Montante Integral e Ação Anulatória de Débito Fiscal

Como dissemos anteriormente, o depósito é um direito do sujeito passivo, daí a norma do art. 38 da Lei 6830/80 não ser recepcionada por força do art. 5º, inciso XXXV, da CF. Não há como entender que a ação anulatória do ato declarativo da dívida seja necessariamente precedida do depósito preparatório do valor do débito, monetariamente corrigido e acrescido dos juros e multa de mora e demais encargos. Nesse sentido, o extinto

---

[20] O TRF também já se posicionou de forma contrária, entendendo, em alguns casos, que na sentença de primeira instância já seria possível o levantamento do depósito se ela for favorável ao contribuinte.

Tribunal Federal de Recursos editou a Súmula 247, *in verbis*: *"Não constitui pressuposto da ação anulatória do débito fiscal o depósito de que cuida o art. 38, da Lei 6.830, de 1980"*.

Podemos salvar o artigo em comento se entendermos que o depósito integral referido pelo dispositivo como pressuposto de admissibilidade somente será exigido para suspender a exigibilidade do crédito. Contudo, também não achamos ser esse o melhor entendimento, pois a antecipação de tutela, se deferida pelo juiz, terá o mesmo efeito do depósito e, ressalte-se, para o deferimento da antecipação de tutela o juiz não exige o depósito, apenas verifica se estão presentes os requisitos autorizativos para sua concessão contidos no art. 273 do CPC. Podemos dizer que esse dispositivo tentou resgatar a cláusula já citada anteriormente. De acordo com essa cláusula, o contribuinte só poderia contestar a legitimidade de um tributo após o seu recolhimento. Destaque-se que já em 1961 a Corte Italiana considerou a referida cláusula (ou regra) inconstitucional, por violar dois princípios constitucionais basilares: o da igualdade e o da universalidade da jurisdição. Nesse sentido, entendemos que a mesma fundamentação deve ser atribuída para reconhecer a inconstitucionalidade do art. 38 da LEF, quanto à exigência do depósito para cabimento da ação anulatória de débito fiscal.

Por fim, destaque-se a posição do STJ (Informativo 365) quanto ao fato de o depósito judicial realizado para suspender a exigibilidade do crédito tributário já o constituir, não cabendo falar em decadência do direito de lançar:

> DECADÊNCIA. CRÉDITO TRIBUTÁRIO. DEPÓSITO. *A Turma, por maioria, entendeu que o depósito judicial para suspender a exigibilidade do crédito tributário já o constitui; razão pela qual o lançamento fiscal em relação ao valor depositado é desnecessário. Assim, não há que se falar em decadência do crédito tributário por não ter sido lançado em relação ao crédito discutido pelo Fisco. REsp 953.684-PR, Rel. Min. Castro Meira, julgado em 26/8/2008.*

O STF dirimiu a controvérsia ao editar a **Súmula Vinculante 28**: "É inconstitucional a exigência de depósito prévio como requisito de admissibilidade de ação judicial na qual se pretenda discutir a exigibilidade de crédito tributário".

6.3. Reclamações e Recursos Administrativos[21]

O art. 151, III, do CTN possui um sentido mais amplo do que o CPC, pois o seu efeito suspensivo é automático, conforme veremos adiante. Assim, temos que essa modalidade de suspensão não alcança apenas os recursos administrativos, mas também qualquer reclamação, assim considerada como todo instrumento utilizado para questionar o crédito tributário, normalmente chamado de impugnação em primeira instância (mas também pode vir por mera petição[22]) ou recurso voluntário[23].

---

[21] Sobre o tema escrevemos nossa obra *Processo Tributário* (Administrativo e Judicial). Rio de Janeiro: Lumen Juris.

[22] O processo judicial tributário é constituído de todas as ações judiciais cabíveis, incluindo a execução fiscal e o mandado de segurança, que podem ser utilizados tanto pelo sujeito passivo quanto pelo sujeito ativo; processo administrativo tributário é aquele que compreende todos os atos administrativos praticados no lapso que se inicia no lançamento do crédito tributário e termina no momento imediatamente anterior à instauração da execução fiscal.

[23] PROCESSO FISCAL: UTILIZAÇÃO SIMULTÂNEA DAS VIAS ADMINISTRATIVA E JUDICIAL. Em conclusão de julgamento, o Tribunal, por maioria, negou provimento a recurso extraordinário em que se discutia a constitucionalidade do parágrafo único do art. 38 da Lei 6.830/80 ("Art. 38. A discussão judicial da Dívida Ativa da Fazenda Pública só é admissível em execução, na forma desta Lei, salvo as hipóteses de mandado de segurança, ação de repetição do indébito ou ação anulatória do ato declaratório da dívida, esta precedida do depósito preparatório do valor do débito, monetariamente corrigido e acrescido dos juros e multa de mora e demais encargos. Parágrafo único. A propositura, pelo contribuinte, da ação prevista neste artigo importa em renúncia ao poder de recorrer na esfera administrativa e desistência do recurso acaso interposto."). Tratava- -se, na espécie, de recurso interposto contra acórdão do Tribunal de Justiça do Estado do Rio de Janeiro, que negara provimento à apelação da recorrente e confirmara sentença que indeferira mandado de segurança preventivo por ela impetrado, sob o fundamento de impossibilidade da utilização simultânea das vias administrativa e judicial para discussão da mesma matéria – v. Informativos 349 e 387. Entendeu-se que o art. 38, da Lei 6.830/80 apenas veio a conferir mera alternativa de escolha de uma das vias processuais. Nesta assentada, o Min. Sepúlveda Pertence, em voto-vista, acompanhou a divergência, no sentido de negar provimento ao recurso. Asseverou que a presunção de renúncia ao poder de recorrer ou de desistência do recurso na esfera administrativa não implica afronta à garantia constitucional da jurisdição, uma vez que o efeito coercivo que o dispositivo questionado possa conter apenas se efetiva se e quando o contribuinte previa o acolhimento de sua pretensão na esfera administrativa. Assim, somente haverá receio de provocar o Judiciário e ter extinto o processo administrativo, se este se mostrar mais eficiente que aquele. Neste caso, se houver uma solução administrativa imprevista ou contrária a seus interesses, ainda aí estará resguardado o direito de provocar o Judiciário. Por outro lado, na situação inversa, se o contribuinte não esperar resultado positivo do processo administrativo, não hesitará em provocar o Judiciário tão logo possa, e já não se interessará mais pelo que se vier a decidir na esfera administrativa, salvo no caso de eventual

Após essas breves considerações, passemos a analisar o Processo Administrativo Fiscal (PAF), que é uma subespécie do processo administrativo, não obstante, para alguns, ser chamado de Processo Administrativo Tributário (PAT). O art. 145 do CTN determina as hipóteses em que o lançamento pode ser revisto, entre elas a impugnação do sujeito passivo, também chamada de defesa administrativa, conforme se vê:

> Art. 145. O lançamento regularmente notificado ao sujeito passivo só pode ser alterado em virtude de:
> I – *impugnação do sujeito passivo*;
> II – recurso de ofício;
> III – iniciativa de ofício da autoridade administrativa, nos casos previstos no art. 149.

Assim, temos que a impugnação por parte do sujeito passivo é o legítimo exercício do contraditório e da ampla defesa, que é um direito constitucional, e, por isso, mesmo que exista algum ente federativo que não possua regulamentação quanto ao processo administrativo fiscal, caberá qualquer defesa administrativa por parte do sujeito passivo.

E, por fim, é importante esclarecer que o recurso administrativo não é obrigatório, muito menos o recurso para a 2ª instância administrativa, podendo o contribuinte a qualquer tempo buscar o Judiciário, com base no princípio da inafastabilidade da jurisdição, insculpido no art. 5º, XXXV, da CRFB. Vale destacar que, embora o recurso administrativo seja uma suspensão da exigibilidade do crédito que provoca a suspensão da prescrição, acaba possuindo o mesmo efeito da interrupção, pois, como ainda não começou a correr o prazo para a exigibilidade do crédito, a suspensão se

---

sucumbência jurisdicional. Afastou, também, a alegada ofensa ao direito de petição, uma vez que este já teria sido exercido pelo contribuinte, tanto que haveria um processo administrativo em curso. Concluiu que o dispositivo atacado encerra preceito de economia processual que rege tanto o processo judicial quanto o administrativo. Por fim, registrou que já se admitia, no campo do processo civil, que a prática de atos incompatíveis com a vontade de recorrer implica renúncia a esse direito de recorrer ou prejuízo do recurso interposto, a teor do que dispõe o art. 503, *caput*, e parágrafo único, do CPC, nunca tendo se levantado qualquer dúvida acerca da constitucionalidade dessas normas. Vencidos os Ministros Marco Aurélio, relator, e Carlos Britto que davam provimento ao recurso para declarar a inconstitucionalidade do dispositivo em análise, por vislumbrarem ofensa ao direito de livre acesso ao Judiciário e ao direito de petição.
RE 233582/RJ, rel. orig. Min. Marco Aurélio, rel. p/ o acórdão Min. Joaquim Barbosa, 16.8.2007.

dará do "zero"; portanto, após a decisão administrativa irreformável desfavorável ao contribuinte, a Fazenda ainda dispõe do prazo de cinco anos para ajuizar a execução fiscal.

6.3.1. Defesas Administrativas e Prescrição Intercorrente

Vale destacar que a opção pela via judicial ou administrativa é uma faculdade do sujeito passivo. Nesse sentido, eleita a via administrativa, não podemos negar que muitas vezes tais demandas se arrastam por anos. Contudo, entendemos que não se admite a prescrição intercorrente administrativa, tendo em vista que, suspensa a exigibilidade, estará suspensa também a prescrição.

Na prática, diante do grande número de processos que se aglomeram nas instâncias administrativas, é comum que essa via se esgote em prazos superiores a cinco anos. Nesse caso, questiona-se a possibilidade de o contribuinte alegar a prescrição intercorrente na esfera administrativa. Antes de abordar o tema, a prescrição intercorrente encontra amparo no art. 40 da Lei 6.830/80 (LEF) que já permitia, antes mesmo da reforma do CPC, o conhecimento de ofício pelo juiz da ocorrência dessa prescrição. Assim, inclusive, se posicionou o STJ:

PRESCRIÇÃO INTERCORRENTE. OBRIGATORIEDADE. INTIMAÇÃO. FAZENDA. É cediço que a Lei n. 11.051/2004 deu nova redação ao art. 219, § 5º, do CPC – "o juiz pronunciará, de ofício, a prescrição" – e acrescentou o § 4º ao art. 40 da Lei n. 6.830/1980 (Lei de Execução Fiscal), admitindo a decretação de ofício da prescrição intercorrente, após a prévia oitiva da Fazenda para se manifestar sobre a ocorrência ou não de tal prescrição. Note-se que a jurisprudência firmou-se no sentido de que o § 4º do art. 40 da citada lei, por ser norma de natureza processual, tem aplicação imediata alcançando, inclusive, os processos em curso (REsp 853.767-RS). Ademais, por determinação expressa do art. 40, § 4º, da Lei n. 6.830, nos termos do EREsp 699.016-PE, a Primeira Seção, que analisou as duas normas em comento, decidiu que, antes de decidir pela prescrição, o magistrado deve intimar a Fazenda, oportunizando-lhe alegar qualquer fato impeditivo ou suspensivo à prescrição. Assim, é inviável decretar desde logo a prescrição sem prejuízo da aplicação da Lei n. 6.830/1980. Entretanto, explica a Min. Relatora, que, no REsp 1.016.560-RJ, julgado em 4/3/2008, da relatoria do Min. Castro Meira, a Segunda Turma concluiu que haveria preclusão da nulidade quando, em apelação, a Fazenda não alegasse qualquer causa suspensiva ou interruptiva da prescrição. Tal entendimento, contudo, destoa da posição da Primeira Seção e, nesse julgamento, após meditar melhor, a Min. Relatora acolhe a jurisprudência já fir-

mada na Primeira Seção. A Turma aderiu por unanimidade, apenas com a ressalva do ponto de vista do Min. Castro Meira. REsp 963.317-RS, Rel. Min. Eliana Calmon, julgado em 5/8/2008.

Contudo, com a edição da Lei 11.960/2009, foi inserido o parágrafo 5º ao art. 40 da Lei 6.930/80 determinando que a manifestação prévia da Fazenda Pública será dispensada no caso de cobranças judiciais cujo valor seja inferior ao mínimo fixado por ato do Ministro de Estado da Fazenda.

Diante dessa breve exposição, passemos a analisar a ocorrência da prescrição intercorrente na esfera administrativa. Entendemos, como já dito, não ser cabível na esfera administrativa, pois a impugnação pelo sujeito passivo, bem como os recursos porventura interpostos, mantém a exigibilidade do crédito suspensa[24]. Logo, não seria razoável, pelo decurso de tempo na tramitação do processo, que fosse reconhecida a prescrição de um crédito cuja exigibilidade está suspensa. Nesse sentido, já sinalizou o STJ, no julgamento do AgRg 504.357/RS, *in verbis*:

AGRAVO REGIMENTAL NO AGRAVO DE INSTRUMENTO PROCESSUAL CIVIL E TRIBUTÁRIO. AGRAVO REGIMENTAL. PRESCRIÇÃO. INTERCORRENTE. PROCESSO ADMINISTRATIVO. VIOLAÇÃO DOS ARTS. 151, INCISO III E 174, DO CTN. 1. O STJ fixou orientação de que o prazo prescricional previsto no art. 174 do CTN só se inicia com a apreciação, em definitivo, do recurso administrativo (art. 151, inciso III, do CTN). 2. Agravo regimental provido para conhecer do agravo de instrumento e prover o recurso especial, de modo a afastar a incidência da prescrição intercorrente.

Vejamos a redação da Súmula 153 do extinto TFR:

Constituído, no quinquênio, através de auto de infração, ou notificação de lançamento, o crédito tributário, não há falar em decadência, fluindo, a partir daí, em princípio, o prazo prescricional, que todavia, fica suspenso, até que sejam decididos os recursos administrativos.

[24] CERTIDÃO NEGATIVA. COMPENSAÇÃO. SUSPENSÃO. EXIGIBILIDADE. Uma vez pendente de julgamento o recurso administrativo interposto contra decisão que nega a homologação da compensação, configurada está uma das hipóteses legais de suspensão da exigibilidade do crédito tributário, que autoriza a expedição de certidão positiva com efeito de negativa, de que trata o art. 206 do CTN. No caso, não se levaram em consideração as reformulações da Lei n. 10.637/2002, por ainda não estar vigente quando do pedido de compensação. EREsp 850.332-SP, Rel. Min. Eliana Calmon, julgados em 28/5/2008.

No âmbito do Processo Administrativo Federal, a Súmula 11 do CARF (Conselho Administrativo de Recursos Fiscais) expressamente dispõe que não se aplica a prescrição intercorrente no processo administrativo fiscal.

6.3.2. Competência para Regulamentação de Normas sobre o PAF[25]

O art. 24, XI, da CRFB prevê que a matéria relacionada a procedimentos em matéria processual é de **competência concorrente**, daí surgirem algumas discussões sobre o tema. Entendemos inicialmente que as leis que regulamentam o PAF somente podem tratar de questões procedimentais que não restrinjam o direito aos princípios constitucionais do contraditório e da ampla defesa. Nesse sentido, podemos exemplificar com os prazos de maneira geral, cuja competência é do órgão administrativo. Daí o julgamento da inconstitucionalidade do depósito recursal de 30%[26] (RE 388.359; RE 389.383; RE 390.513) e do arrolamento de bens e direitos no valor de 30% (ADIn 1976), conforme veremos adiante.

Por outro lado, o art. 151, III, prevê que as reclamações e recursos suspendem a exigibilidade do crédito tributário, nos termos da lei reguladora dos processos tributários administrativos. Assim, todos os regulamentos vigentes têm força de lei e somente por elas podem ser alterados. Como recurso por parte do contribuinte, temos, no âmbito federal, regido pelo Dec. 70.235/72 (alterado pela Lei 11.941/2009 e regulamentado pelo Decreto 7.574/2011), o chamado recurso voluntário ao Conselho de Contribuintes e o Recurso Especial à Câmara Superior de Recursos Fiscais. Destaque-se que, em que pese o STJ não ser o tribunal responsável pela declaração de constitucionalidade, esta Corte já entendeu ser constitucional a avocatória pelos Secretários de Fazenda no âmbito estadual e municipal[27].

6.3.3. Constitucionalidade do Depósito Recursal e do Arrolamento Administrativo

Analisando especificamente o Dec. 70.235/72, que regula o PAF no âmbito Federal, o art. 33, parágrafo 2º, exigia como pressuposto de admissibili-

---

[25] Para melhor aprofundar o tema, recomendamos a leitura de nossa obra *Processo Tributário*: Administrativo e Judicial. Lumen Juris. 2012.
[26] Destacamos que o STF aprovou **Súmula Vinculante 21**: *"É inconstitucional a exigência de depósito ou arrolamento prévios de dinheiro ou bens para admissibilidade de recurso administrativo"*.
[27] RMS 26.228-RJ, Rel. Min. Castro Meira, julgado em 15/4/2008.

dade do recurso ao Conselho de Contribuintes[28] o depósito no valor de 30% da exigência fiscal.

Em 2002, a Lei 10.522 substituiu o depósito recursal pelo arrolamento de bens e direitos no valor de 30% da dívida. Contudo, tanto o depósito como o arrolamento sempre despertaram discussão na doutrina, até que a matéria foi julgada pelo STF, que entendeu que ambos os pressupostos são inconstitucionais.

Ressalte-se que antes dessa decisão, o próprio STF, no julgamento da ADIn 1922, reconheceu a *constitucionalidade* da exigência de depósito prévio, pelos seguintes fundamentos: a) não haveria uma inconstitucionalidade material, pois não há violação aos princípios da ampla defesa, do contraditório, já que o contribuinte exerceu tais direitos na 1ª instância de julgamento administrativo. Por isso, caso ainda esteja insatisfeito, poderá recorrer ao Poder Judiciário, independentemente de qualquer tipo de garantia, pois somente junto ao Poder Judiciário é assegurado o duplo grau de jurisdição; b) também não haveria uma inconstitucionalidade formal porque o inciso III do art. 151 atribui ao legislador ordinário competência para disciplinar o PAF[29].

Todavia, em uma decisão muito aguardada, o STF mudou seu posicionamento e, na mesma Seção Plenária, julgou os RREE 388.359, 389.383, 390.513, declarando a inconstitucionalidade da exigência do depósito como pressuposto de admissibilidade de recurso administrativo. Vejamos a ementa de um dos julgados:

> RE 388359/PE – PERNAMBUCO. RECURSO EXTRAORDINÁRIO. Relator(a): Min. MARCO AURÉLIO. Julgamento: 28/03/2007. Órgão Julgador: Tribunal Pleno. Ementa: RECURSO ADMINISTRATIVO – DEPÓSITO – § 2º DO ART. 33 DO DECRETO N. 70.235/72 – INCONSTITUCIONALIDADE.

---

[28] Com o advento da MP 449/08 convertida na Lei 11.941/2009, o Conselho de Contribuinte foi "substituído" pelo Conselho de Administração de Recursos Fiscais, conforme se vê através da nova redação do art. 25 do Decreto 70.235/72: Art. 25. *O julgamento de processos sobre a aplicação da legislação referente a tributos administrados pela Secretaria da Receita Federal do Brasil compete: (...) II – em segunda instância, ao* **Conselho Administrativo de Recursos Fiscais***, órgão colegiado, paritário, integrante da estrutura do Ministério da Fazenda, com atribuição de julgar recursos de ofício e voluntários de decisão de primeira instância, bem como recursos de natureza especial. § 1º O Conselho Administrativo de Recursos Fiscais será constituído por seções e pela Câmara Superior de Recursos Fiscais (...).*

[29] Da mesma forma decidiu o STF no RE 210.373.

A garantia constitucional da ampla defesa afasta a exigência do depósito como pressuposto de admissibilidade de recurso administrativo.

Nesse sentido, **quanto ao arrolamento**, assim decidiu o STF, ainda na mesma Seção Plenária dos Recursos Extraordinários abordados anteriormente:

> ADI 1976/DF. AÇÃO DIRETA DE INCONSTITUCIONALIDADE. Relator(a): Min. JOAQUIM BARBOSA. Julgamento: 28/03/2007. Órgão Julgador: Tribunal Pleno. Ementa: EMENTA: AÇÃO DIRETA DE INCONSTITUCIONALIDADE. ART. 32, QUE DEU NOVA REDAÇÃO AO ART. 33, § 2º, DO DECRETO 70.235/72 E ART. 33, AMBOS DA MP 1.699-41/1998. DISPOSITIVO NÃO REEDITADO NAS EDIÇÕES SUBSEQUENTES DA MEDIDA PROVISÓRIA TAMPOUCO NA LEI DE CONVERSÃO. ADITAMENTO E CONVERSÃO DA MEDIDA PROVISÓRIA NA LEI 10.522/2002. ALTERAÇÃO SUBSTANCIAL DO CONTEÚDO DA NORMA IMPUGNADA. INOCORRÊNCIA. PRESSUPOSTOS DE RELEVÂNCIA E URGÊNCIA. DEPÓSITO DE TRINTA POR CENTO DO DÉBITO EM DISCUSSÃO OU ARROLAMENTO PRÉVIO DE BENS E DIREITOS COMO CONDIÇÃO PARA A INTERPOSIÇÃO DE RECURSO ADMINISTRATIVO. PEDIDO DEFERIDO. Perda de objeto da ação direta em relação ao art. 33, *caput* e parágrafos, da MP 1.699-41/1998, em razão de o dispositivo ter sido suprimido das versões ulteriores da medida provisória e da lei de conversão. A requerente promoveu o devido aditamento após a conversão da medida provisória impugnada em lei. Rejeitada a preliminar que sustentava a prejudicialidade da ação direta em razão de, na lei de conversão, haver o depósito prévio sido substituído pelo arrolamento de bens e direitos como condição de admissibilidade do recurso administrativo. Decidiu-se que não houve, no caso, alteração substancial do conteúdo da norma, pois a nova exigência contida na lei de conversão, a exemplo do depósito, resulta em imobilização de bens. Superada a análise dos pressupostos de relevância e urgência da medida provisória com o advento da conversão desta em lei. A exigência de depósito ou arrolamento prévio de bens e direitos como condição de admissibilidade de recurso administrativo constitui obstáculo sério (e intransponível, para consideráveis parcelas da população) ao exercício do direito de petição (CF, art. 5º, XXXIV), além de caracterizar ofensa ao princípio do contraditório (CF, art. 5º, LV). A exigência de depósito ou arrolamento prévio de bens e direitos pode converter-se, na prática, em determinadas situações, em supressão do

direito de recorrer, constituindo-se, assim, em nítida violação ao princípio da proporcionalidade. Ação direta julgada procedente para declarar a inconstitucionalidade do art. 32 da MP 1699-41 – posteriormente convertida na Lei 10.522/2002 –, que deu nova redação ao art. 33, § 2º, do Decreto 70.235/72.

Sobre o tema, o STF editou as seguintes Súmulas Vinculantes:

> **Súmula Vinculante n. 21** – *É inconstitucional a exigência de depósito ou arrolamento prévios de dinheiro ou bens para admissibilidade de recurso administrativo.*
>
> **Súmula Vinculante n. 28** – *É inconstitucional a exigência de depósito prévio como requisito de admissibilidade de ação judicial na qual se pretenda discutir a exigibilidade de crédito tributário.*

6.4. Parcelamento

Essa modalidade de suspensão, prevista no inciso VI do art. 151 do CTN, também foi introduzida pela LC 104/2001 e, nesse sentido, também o artigo 155-A do CTN, alterado pela Lei Complementar n. 118/2005.

Ressalte-se que o parcelamento[30] somente será concedido, conforme dispõe o art. 155-A do CTN, na forma e condições estabelecidas em **lei específica**[31] e, salvo havendo disposição de lei em contrário, ele não exclui a incidência de juros e multa. Vejamos a redação do dispositivo em tela:

> *Art. 155-A. O parcelamento será concedido na forma e condição estabelecidas em lei específica.*
>
> *§ 1º Salvo disposição de lei em contrário, o parcelamento do crédito tributário não exclui a incidência de juros e multas.*

---

[30] Ressaltamos que a MP 449/2008 convertida na Lei 11.941/2009 trouxe novas regras de parcelamento ou pagamento de dívidas de pequeno valor. *Art. 1º As dívidas de pequeno valor com a Fazenda Nacional, inscritas ou não em Dívida Ativa da União, poderão ser pagas ou parceladas, atendidas as condições e os limites previstos neste artigo. § 1º Considera-se de pequeno valor a dívida vencida até 31 de dezembro de 2005, consolidada por sujeito passivo, com exigibilidade suspensa ou não, cujo valor não seja superior ao limite estabelecido no caput* do art. 20 da Lei n. 10.522, de 19 de julho de 2002, *considerados isoladamente:*
I – os débitos inscritos em Dívida Ativa da União, no âmbito da Procuradoria-Geral da Fazenda Nacional;
II – os débitos decorrentes das contribuições sociais previstas nas alíneas "a", "b" e "c" do parágrafo único do art. 11 da Lei n. 8.212, de 24 de julho de 1991, das contribuições instituídas a título de substituição e das contribuições devidas a terceiros, assim entendidas outras entidades e fundos, administrados pela Secretaria da Receita Federal do Brasil; e III – os demais débitos administrados pela Secretaria da Receita Federal do Brasil.
[31] Em relação à expressão "lei específica", vale lembrar que é aquela que trata de um único assunto especificamente.

§ 2º *Aplicam-se, subsidiariamente, ao parcelamento as disposições desta Lei, relativas à moratória.*

§ 3º *Lei específica disporá sobre as condições de parcelamento dos créditos tributários do devedor em recuperação judicial.*

§ 4º *A inexistência da lei específica a que se refere o § 3º deste artigo importa na aplicação das leis gerais de parcelamento do ente da Federação ao devedor em recuperação judicial, não podendo, neste caso, ser o prazo de parcelamento inferior ao concedido pela lei federal específica.*

O parcelamento, na verdade, constitui uma modalidade de moratória, ainda mais com a edição do art. 155-A do CTN, que foi introduzido pela LC 104/2001. Na moratória, o contribuinte pode obter não só o parcelamento, mas a prorrogação do prazo. Entendemos que após a LC 104/2001, que acresceu ao CTN o art. 155-A, o parcelamento passou a diferir da moratória, pois no parcelamento são exigíveis juros e multa, e na moratória não, em que pese o objeto do parcelamento ser o mesmo da moratória, qual seja conceder maiores facilidades para a satisfação do crédito tributário. Quanto às demais distinções entre parcelamento e moratória, remetemos à leitura do item no qual abordamos a moratória. Questiona-se a possibilidade de se obter o parcelamento por decisão judicial fora das hipóteses em que a lei autoriza; entendemos que a resposta deve ser negativa, pois o juiz não pode funcionar como legislador positivo, já que o parcelamento só pode ser concedido nas formas e condições estabelecidas em lei específica.

Frise-se: o parágrafo único do art. 151 do CTN dispõe que, da mesma forma que nas demais modalidades de suspensão, o parcelamento não dispensa o cumprimento das obrigações acessórias dependentes da obrigação principal cujo crédito seja suspenso, ou dela consequentes, tampouco permite a concessão do benefício da denúncia espontânea prevista no art. 138 do CTN.

Por fim, a já referida LC 118/2005, ao inserir dois parágrafos ao art. 155-A, disciplinou o parcelamento relativo aos créditos tributários do devedor em recuperação judicial, que deve ser combinado com o art. 191-A do CTN. Nesse sentido, o ente federativo titular da competência tributária terá de editar duas leis específicas, uma genérica sobre parcelamento e outra somente sobre o parcelamento de débitos de empresas em recuperação judicial; daí entendermos que, caso a lei específica sobre parcelamento em recuperação judicial não seja editada, o devedor poderá utilizar a lei geral de parcelamento do ente federativo, que não poderá possuir prazo menor do que o prazo da lei federal específica sobre parcelamento, conforme dispõe o § 4º do art. 155-A, já transcrito anteriormente.

Nesse caso, a não apresentação das certidões implica a não concessão da recuperação de plano já aprovado pelos credores. Por outro lado, em posição divergente, sustenta-se que o art. 57 da Lei de Falências (11.101/2005) possui eficácia limitada e, portanto, somente com o advento da respectiva lei do ente federativo será possível obter o parcelamento. Nesse sentido, prevalece o entendimento de que enquanto não editada a referida lei, o devedor não estará obrigado a apresentar as certidões exigidas pelo art. 57 da Lei de Falências, como ocorreu, por exemplo, no pedido de recuperação da VARIG.

Por fim uma terceira corrente entende que o art. 57 da Lei de Falências é inconstitucional, pois feriria o princípio da razoabilidade, tendo em vista a inexistência de prejuízo para a Fazenda Pública e ainda porque entender ser exigível a certidão para a concessão nesse caso inviabilizaria o próprio benefício da recuperação judicial[32].

Sobre o tema, vejamos trecho do REsp 1.143.216/RS. Trata-se de caso em que o impetrante apresentou, em janeiro de 2001, impugnação em relação ao lançamento fiscal referente a um processo administrativo, tendo posteriormente efetuado pedido de inclusão de tal débito no PAES, em agosto de 2003, com o recolhimento da primeira parcela em 28-08-2003, mantendo-se em dia com os pagamentos subsequentes até a impetração do referido *mandamus*, em outubro de 2007. Ocorre que, em julho de 2007, a Secretaria da Receita Federal notificou o requerente de que haveria a compensação de ofício dos valores a serem restituídos a título de Imposto de Renda com o aludido débito, informando que o contribuinte não teria desistido da impugnação administrativa antes referida. Buscando solucionar o impasse, formulou pedido de desistência e requereu a manutenção do parcelamento, ao que obteve resposta negativa, sob a justificativa da ausência de manifestação abdicativa no prazo previsto no art. 1º da Portaria Conjunta PGFN/SRF n. 05, de 23-10-2003. O entendimento do STJ foi no seguinte sentido:

---

[32] **Súmula 480 do STJ:** O juízo da recuperação judicial não é competente para decidir sobre a constrição de bens não abrangidos pelo plano de recuperação da empresa.

(...) 10. A ratio essendi do parcelamento fiscal consiste em: (i) proporcionar aos contribuintes inadimplentes forma menos onerosa de quitação dos débitos tributários, para que passem a gozar de regularidade fiscal e dos benefícios daí advindos; e (ii) viabilizar ao Fisco a arrecadação de créditos tributários de difícil ou incerto resgate, mediante renúncia parcial ao total do débito e a fixação de prestações mensais contínuas.

11. Destarte, a existência de interesse do próprio Estado no parcelamento fiscal (conteúdo teleológico da aludida causa suspensiva de exigibilidade do crédito tributário) acrescida da boa-fé do contribuinte que, malgrado a intempestividade da desistência da impugnação administrativa, efetuou, oportunamente, o pagamento de todas as prestações mensais estabelecidas, por mais de quatro anos (de 28.08.2003 a 31.10.2007), sem qualquer oposição do Fisco, caracteriza comportamento contraditório perpetrado pela Fazenda Pública, o que conspira contra o princípio da razoabilidade, máxime em virtude da ausência de prejuízo aos cofres públicos.

Em relação ao parcelamento de créditos originários do **Simples Nacional**, foi editada a Lei Complementar 139/2011. No entanto, compete ao Conselho Gestor do Simples Nacional – CGSN fixar os critérios, as condições para rescisão, os prazos, os valores mínimos de amortização e os demais procedimentos para parcelamento dos recolhimentos em atraso. Nesse sentido, o CGSN editou a Resolução n. 92 de 2011.

6.4.1. Parcelamento e Denúncia Espontânea

A denúncia espontânea está prevista no art. 138 do CTN, e no tocante à multa moratória, o STJ (REsp 246.900) entendeu que:

TRIBUTÁRIO – DENÚNCIA ESPONTÂNEA – RECOLHIMENTO DO TRIBUTO – PARCELAMENTO – EXCLUSÃO DE MULTA – CTN, ART. 138. I – Considera-se "denúncia espontânea", para os efeitos do Art. 138 do CTN, a confissão de dívida, efetivada antes de "qualquer procedimento administrativo ou medida de fiscalização". II – Em havendo parcelamento, exclui-se a responsabilidade, se o contribuinte efetuou uma oportuna denúncia espontânea da infração tributária. Em tal hipótese, não se cogita em pagamento integral do tributo devido, ou depósito de seu valor. Alcance do art. 138 do CTN.

Nesse sentido, havendo débitos não lançados, o contribuinte poderia se valer da denúncia espontânea, desde que a fizesse antes de qualquer medida ou procedimento fiscalizatório por parte da Fazenda, não sendo devida a multa moratória. Com o advento da LC 104/2001, que introduziu o art. 155- A do CTN, que estabelece que, salvo disposição em contrário, o parcelamento do crédito não exclui a incidência de juros e multa. Assim, antes do advento desta lei, discutia-se sobre o fato de o parcelamento suspender ou não a exigibilidade, daí firmarem-se dois posicionamentos. O *primeiro*, no sentido de que o parcelamento era uma modalidade de moratória e, portanto, suspenderia a exigibilidade do crédito tributário. O *segundo* entendia que parcelamento e moratória eram coisas distintas para efeito de suspensão. Com o advento da lei, a matéria restou superada, pois o parcelamento passou a ser expressamente uma modalidade de suspensão. Contudo, surgiu outra discussão quanto à possibilidade de se socorrer ao parcelamento para obter a concessão do benefício da denúncia espontânea.

Vale destacar que, em se tratando de tributo sujeito a lançamento por homologação declarado pelo contribuinte e recolhido com atraso, descabe o benefício da **denúncia espontânea,** incidindo a multa moratória. Vejamos também mais alguns julgados do STJ sobre o tema:

a) *Lançamento. Homologação. Atraso.*
Pacificou-se o entendimento, na Primeira Seção deste Superior Tribunal, de que, em se tratando de tributo sujeito a lançamento por homologação declarado pelo contribuinte e recolhido com atraso, descabe o benefício da denúncia espontânea, incidindo a multa moratória. Assim, sem o pagamento da multa, é legítima a recusa do INSS em fornecer a certidão negativa de débito. REsp 871.905-SP, rel. Min. Eliana Calmon, julgado em 19/6/2008, Informativo 342 do STJ.

b) *Denúncia espontânea. Parcelamento. Débito.*
A Seção reafirmou que, nos casos de parcelamento do débito tributário ou sua quitação total com atraso, não pode ser aplicado o benefício da denúncia espontânea da infração, pois esse instituto exige que nenhum lançamento tenha sido feito e também não foi previsto para favorecer o atraso do pagamento do tributo. Somente houve a ressalva do entendimento pessoal da Min. Eliana Calmon. AgRg nos EAg 656.397-RS, Rel. Min. José Delgado, julgado em 12/12/2007.

Nesse sentido, o STJ editou a Súmula 360, prevendo que o benefício da **denúncia espontânea** não se aplica aos tributos sujeitos a lançamento por homologação regularmente declarados, mas pagos a destempo.

Por fim, destacamos que o STF tem deixado de aplicar a Súmula 355 do STJ e manteve decisão que reincluiu empresa no REFIS. O Ministro Eros Grau, ao apreciar o Agravo Regimental, reconheceu a inconstitucionalidade da exclusão do REFIS por intermédio de notificação pela Internet, por violação ao art. 5º, LV, da Constituição Federal de 1988. A discussão se deu em razão de ação[33] ajuizada pelo contribuinte buscando a reinclusão no REFIS em face da inobservância dos princípios do contraditório e da ampla defesa no processo de exclusão. Vejamos o Julgado:

> TRIBUTÁRIO. EXCLUSÃO DO REFIS. INTIMAÇÃO VIA INTERNET. IMPOSSIBILIDADE. OFENSA AOS ARTS. 5º, INCISO LV, DA CONSTITUIÇÃO, E 26 DA LEI N. 9.784/99. ILEGITIMIDADE PASSIVA DO INSS. I – Acolhida a preliminar de ilegitimidade passiva do INSS, uma vez que a legitimidade passiva é do Comitê Gestor do Programa REFIS, órgão da União, legitimidade, portanto, a figurar no polo passivo da demanda. II – A intimação pessoal dos interessados, no procedimento administrativo, é assegurada no art. 26 da Lei 9.784/99 e realiza-se por ciência no processo, por via postal com aviso de recebimento, por telegrama ou outro meio idôneo que assegure a certeza da ciência. III – A jurisprudência vem-se firmando no sentido de ser nula a intimação da pessoa jurídica feita tão só por ato publicado no DOU a indicar apenas o número do processo administrativo, e divulgação na internet do nome do interessado e dos motivos de exclusão. Ofensa aos princípios constitucionais do contraditório e da ampla defesa. IV – Apelação provida. ACÓRDÃO – Decide a Turma dar provimento à apelação, por unanimidade. 8ª Turma do TRF da 1ª Região – 12/12/2005 (data do julgamento) Des. Fed. CARLOS FERNANDO MATHIAS Relator. A Procuradoria da Fazenda Nacional, por consequência, interpôs Recurso Especial e Recurso Extraordinário, que devidamente admitidos na origem foram remetidos aos Tribunais Superiores. No Superior Tribunal de Justiça, tombado sob número RESP 939.910/DF, apesar dos esforços do contribuinte através das contrarrazões e apresentação dos Memoriais foi dado provimento à pretensão do órgão fazendário. Sem desistir dos seus direitos, foram opostos os competentes Embargos de Declaração e Embargos de Divergência, porém rejeitados. No Supremo Tribunal Federal, o RE 588.229-2/DF, até então sobrestado, foi

---

[33] Ação julgada improcedente em primeira instância (Proc. 2003.34.000305410). Interposto o competente Recurso de Apelação, a Colenda 8ª Turma do Tribunal Regional Federal da 1ª Região deu provimento à irresignação da empresa.

considerado prejudicado pelo Exmo. Ministro Eros Grau, obrigando o contribuinte, através do competente Agravo Regimental interposto pelo Dr. Edison Freitas de Siqueira, demonstrar que a matéria discutida possui índole exclusivamente constitucional, motivo pelo qual a decisão exarada pelo Superior Tribunal de Justiça não merecia prosperar. DECISÃO: Trata-se de agravo regimental contra decisão que julgou prejudicado o recurso por perda do objeto.

7. Obras sugeridas para leitura

Curso de Direito Tributário e Financeiro, Claudio Carneiro – 5ª edição, Editora Saraiva.

Processo Tributário (Administrativo e Judicial), Claudio Carneiro – 4ª edição, Editora Saraiva.

Suspensão da Exigibilidade do Crédito Tributário II

CLAUDIO CARNEIRO

1. Concessão de Medida Liminar em Mandado de Segurança
Etimologicamente, o Mandado de Segurança advém da combinação do termo *"mandado"*, originado do latim *mandatus*, que significa ordem ou determinação, e da expressão *"segurança"*, que conota um sentido subjetivo de estado em que se encontra o direito, sem perigo, dano ou incerteza. Diz-se que o mandado de segurança foi introduzido no ordenamento jurídico brasileiro pela Constituição de 1934, com a forma processual do *habeas corpus*, garantindo ao cidadão a possibilidade de uma proteção contra o Estado.

Atualmente, é previsto na Constituição Federal de 1988, em seu art. 5º, LXIX: "conceder-se-á mandado de segurança para proteger direito líquido e certo, não amparado por *habeas corpus* ou *habeas data*, quando o responsável pela ilegalidade ou abuso de poder for autoridade pública ou agente de pessoa jurídica no exercício de atribuições do Poder Público", bem como em seu inciso LXX, que trata do MS coletivo; era previsto também na Lei n. 1.533/51, em seu art. 1º, que dizia o seguinte: "Conceder-se-á mandado de segurança para proteger direito líquido e certo, não amparado por *habeas corpus*, sempre que, ilegalmente ou com abuso do poder, alguém sofrer violação ou houver justo receio de sofrê-la por parte de autoridade, seja de que categoria for e sejam quais forem as funções que exerçam".

Por fim, era regulamentado pela Lei 4.348/68, que estabelecia normas processuais sobre essa ação mandamental. Atualmente esses diplomas encontram-se revogados pela Lei 12.016 que entrou em vigor em 7 de agosto de 2009. Nesse sentido, o art. 1º do novo diploma passa a dispor que:

> Art. 1º Conceder-se-á mandado de segurança para proteger direito líquido e certo, não amparado por **habeas corpus** ou **habeas data**, sempre que, ilegalmente ou com abuso de poder, qualquer pessoa física ou jurídica sofrer violação ou houver justo receio de sofrê-la por parte de autoridade, seja de que categoria for e sejam quais forem as funções que exerça.
>
> § 1º Equiparam-se às autoridades, para os efeitos desta Lei, os representantes ou órgãos de partidos políticos e os administradores de entidades autárquicas, bem como os dirigentes de pessoas jurídicas ou as pessoas naturais no exercício de atribuições do poder público, somente no que disser respeito a essas atribuições.

Assim, temos que o mandado de segurança é uma ação com previsão Constitucional e é um fiel instrumento de defesa do cidadão contra a efetiva ou potencial ameaça a violação a direito líquido e certo. Com isso, a nova lei do MS considera autoridade coatora aquela que tenha praticado o ato impugnado ou da qual emane a ordem para a sua prática. Contudo, ressalte-se que em se tratando de suspensão de exigibilidade do crédito, não basta o simples ajuizamento do *mandamus*, mas sim o deferimento pelo juiz do pedido de *medida liminar* requerida pelo contribuinte, na forma do inciso IV, do art. 151, do CTN.

Importante inovação introduzida pelo art. 1º, § 2º, da Lei 12.016/2009 é a vedação quanto ao uso do mandado de segurança contra os atos de gestão comercial praticados pelos administradores de empresas públicas, de sociedade de economia mista e de concessionárias de serviço público.

A importância dessa ação mandamental está prevista no art. 5º, inciso LXIX, da Constituição da República e, portanto, vale lembrar que o seu cabimento requer a prova cabal da ameaça ou da violação de direito líquido e certo. Assim, temos que o *periculum in mora* e o *fumus boni iuris* são os requisitos da liminar, daí entendermos que o juiz não ficaria adstrito a qualquer depósito por parte do contribuinte para a concessão da liminar. Por isso se diz que quando o juiz defere a liminar, condicionando-a ao depósito, ele, na verdade, está é indeferindo a liminar, já que os únicos requisitos que devem ser analisados para a sua concessão são o *periculum in mora* e o *fumus boni juris*. Nesse sentido, já se posicionou o STJ:

> Tributário. Suspensão da exigibilidade do crédito tributário. Distinção entre medida liminar e depósito do tributo controvertido. A medida limi-

nar em mandado de segurança suspende a exigibilidade do crédito tributário, independentemente do depósito do tributo controvertido; se o juiz condiciona a concessão da medida liminar à realização do depósito, está, na verdade, indeferindo a medida liminar. STJ. ROMS. 8 81/SP, rel. Min. Ari Pargendler. DJU 06.06.1994.

Vale destacar também que, apesar de a ação cautelar não estar expressa no rol do art. 151 do CTN, entendemos que a referida ação também representa um instrumento protetivo do contribuinte e, por isso, o deferimento de liminar em ação cautelar também é uma hipótese de suspensão da exigibilidade do crédito tributário. Poderia se questionar qual seria a ação principal referente à cautelar em apreço. Diante de tal questionamento entendemos que poderia ser, por exemplo, uma ação declaratória ou anulatória. Ademais, o CTN foi editado em 1966, época em que não havia ainda o poder geral de cautela do juiz; já o CPC é de 1973, e com a reforma de 1994, promovida pela Lei 8.952, trouxe o instituto em comento.

Por fim, temos a *Súmula 735 do STF*: *Não cabe recurso extraordinário contra acórdão que defere medida liminar.*

2. A Discussão quanto ao Mandado de Segurança contra a Lei em Tese

Destacamos o fato de que, em relação ao mandado de segurança, somente a concessão de liminar pelo juiz suspenderá a exigibilidade do crédito tributário. Contudo, o cabimento do mandado de segurança em matéria tributária pautada no ataque "somente" à lei merece comentários. Trata-se de a matéria já sumulada pelo STF (Súmula 266)[1], no sentido do não cabi-

---

[1] MS-ED 25265/DF. EMB. DECL. NO MANDADO DE SEGURANÇA. Relator(a): Min. JOAQUIM BARBOSA. Julgamento: 28/03/2007 EMENTA: PROCESSUAL CIVIL. EMBARGOS DE DECLARAÇÃO INTERPOSTOS DE DECISÃO MONOCRÁTICA. EFEITOS INFRINGENTES. CONHECIMENTO COMO RECURSO DE AGRAVO. PROCESSUAL CIVIL. TRIBUTÁRIO. MANDADO DE SEGURANÇA IMPETRADO CONTRA ATO DA PRESIDÊNCIA DA REPÚBLICA. ADOÇÃO DA MEDIDA PROVISÓRIA 232/2004. PROTEÇÃO DO DIREITO LÍQUIDO E CERTO À INSUBMISSÃO À SISTEMÁTICA DE RETENÇÃO NA FONTE DE VALORES DEVIDOS A TÍTULO DE IMPOSTO SOBRE A RENDA, CONTRIBUIÇÃO SOBRE O LUCRO LÍQUIDO, COFINS E CONTRIBUIÇÃO AO PIS. Não cabe a impetração de mandado de segurança objetivando assegurar direito líquido e certo à insubmissão a certa modalidade de tributação, na hipótese de o ato coator apontado se confundir com a própria adoção de medida provisória. Situação análoga à impetração contra lei em tese (Súmula 266/STF). Em matéria tributária, a cobrança das obrigações fiscais ganha concreção com o lançamento ou com os atos de constituição desempenhados pelo

mento do mandado de segurança contra a lei em tese. Insta salientar, por oportuno, que em matéria tributária a questão deve ser analisada com cautela, pois cabe mandado de segurança atacando a norma em si. Interessante seria analisar o conteúdo da expressão "contra a lei em tese", pois esse seria o cerne da discussão, ou seja, distinguir o mandado de segurança contra lei em tese do preventivo e do repressivo. Quanto à questão do "mandado de segurança contra a lei em tese", temos que a lei em análise é vigente, mas não está efetivamente provocando efeitos concretos para o impetrante.

Já no mandado de segurança preventivo, a lei é vigente e eficaz, pois, no mínimo ocorreu o fato gerador ou está para acontecer, desde que haja prova cabal dessa afirmativa. Por esse motivo, a Fazenda já poderia efetuar o lançamento, posto que se trata de ato vinculado e obrigatório. Por outro lado, o mandado de segurança será repressivo quando a lei é vigente, é eficaz e inclusive já ocorreu o lançamento. Nesse sentido, a liminar concedida em sede de MS preventivo não tem o condão de impedir que a Administração efetue o lançamento, mas sim de suspender a exigibilidade do crédito tributário.

Deste modo, a Administração deverá efetuar o lançamento, sob pena de ocorrer a decadência, mas não realizará qualquer mecanismo de cobrança, ou seja, inscrição em dívida ativa, e ajuizamento de uma execução fiscal. Sustentamos aqui nosso posicionamento. Quando o juiz concede uma medida liminar ele faz apenas uma cognição sumária, ou seja, verifica apenas a presença de seus requisitos. Então, concedida a liminar, a Fazenda não efetuaria o lançamento, pois estaria impedida por força dessa medida. Ocorre que o juiz, ao realizar uma análise mais profunda, adentra o mérito, ou seja, realiza uma cognição exauriente, e nesse caso pode entender que a ação deve ser julgada improcedente, caindo por terra, obviamente, a liminar deferida. No entanto, no nosso exemplo, se a Fazenda não efetuou o lançamento à época, operar-se-ia a decadência caso houvesse decorrido mais de cinco anos. Então chegaríamos ao absurdo de que uma decisão em que se faz uma análise cognitiva sumária acaba prevalecendo sobre uma análise cognitiva exauriente, e, ainda o que é pior, a decisão venha a se tornar irreversível.

próprio contribuinte, quando a legislação de regência assim determinar (arts. 142, 147 e 150 do Código Tributário Nacional). Embargos de declaração conhecidos como agravo, ao qual se nega provimento.

Entendemos que as normas processuais não devem ser aplicadas desta forma. Por isso, a Fazenda deve lançar, mas estará impedida de cobrar o crédito lançado, pois a exigibilidade estará suspensa, ou seja, o lançamento servirá apenas para evitar que se opere a decadência.

A 1ª Turma do Superior Tribunal de Justiça no STJ, no julgamento (DJ 02.05.2005) do RESP 679781/SC, Rel. Ministro José Delgado entendeu o seguinte:

TRIBUTÁRIO. RECURSO ESPECIAL. PROCESSUAL CIVIL. MANDADO DE SEGURANÇA PREVENTIVO. CABIMENTO. ICMS. CREDITAMENTO. AQUISIÇÃO DE BENS PARA ATIVO PERMANENTE, ENERGIA ELÉTRICA E SERVIÇOS DE COMUNICAÇÃO. RESTRIÇÕES IMPOSTAS PELA LEI COMPLEMENTAR 102/2000.

INEXISTÊNCIA DE LEI EM TESE. CARACTERIZAÇÃO DE JUSTO RECEIO. POSSIBILIDADE DE UTILIZAÇÃO DE MANDADO DE SEGURANÇA. PRECEDENTES. 1. Trata-se de recurso especial interposto por CREMER S/A e PLÁSTICOS CREMER S/A em autos de mandado de segurança objetivando desconstituir acórdão que, ratificando a sentença, julgou não ser possível o emprego do mandado de segurança preventivo para declarar o direito à não observância das restrições impostas pela LC 102/2000 referentes ao creditamento de ICMS, por se tratar de lei em tese e em não estar caracterizado o justo receio. No apelo especial se alegou a violação do art. 1º da Lei 1.533/51. O pedido inscrito na petição do writ buscou assegurar a escrituração do ICMS nos moldes da LC 87/96, concernentes à aquisição de bens permanentes, entrada de energia elétrica e serviços de comunicação. 2. O inconformismo em relação à norma que contraria procedimento fiscal anteriormente praticado pelo contribuinte e, por esse, é recebida como prejudicial, em face de efeitos penalizantes potenciais e iminentes, é fundamento suficiente à utilização da via excepcional do mandado de segurança. 3. Por intermédio desse remédio processual, então, deverá ser proporcionado o exame do direito que se entende caracterizado. No caso, o questionamento se dá em relação às vedações ao creditamento de ICMS impostas pela LC 102/2000, não se cogitando de lei em tese, mas sim de efeitos concretos, demonstrado o justo receio em razão da só alteração legislativa verificada. 4. Circunstância que se amolda à previsão legal disciplinada no art. 1º da Lei 1.533/51. Precedentes: REsp 659.363/MG, DJ 08/11/2004; REsp 586.521/MG, DJ 21/06/2004. 5. Recurso especial conhecido e provido com a finalidade de que os autos sejam remetidos ao juízo de primeira instância, para que se verifique o regular julgamento do mérito da pretensão formulada.

Assim, temos que a lei deixa de ser em tese no momento em que incide, ou seja, na situação em que ocorram os fatos por ela descritos, daí a possibilidade de sua aplicação. Importa dizer que se fala de lei com efeitos concretos. Nesse sentido, o que se analisa não é o ato de aplicar a lei, mas a ocorrência do suporte fático que a viabiliza concretamente. Por outro lado, haverá ajuizamento de mandado de segurança contra lei em tese quando não esteja configurada uma situação fática que a ela se subsuma, não tendo, assim, ingressado no campo concreto em face do qual poderia vir a ser praticado o ato tido como ilegal, e contra o qual se requer a concessão da segurança, de modo a evitar a lesão ao direito líquido e certo do contribuinte.

Por fim, vale destacar que a Lei 12.016/2009 destaca em seu artigo 5º as hipóteses em que não caberá mandado de segurança:

> Art. 5º Não se concederá mandado de segurança quando se tratar:
> I – de ato do qual caiba recurso administrativo com efeito suspensivo, independentemente de caução;
> II – de decisão judicial da qual caiba recurso com efeito suspensivo;
> III – de decisão judicial transitada em julgado.

3. Efeitos da Cassação da Liminar

Considerando que a liminar suspende a exigibilidade do crédito, discussão surge acerca dos efeitos da cassação pela Fazenda da liminar referida. Uma *primeira corrente* sustenta que, cassada a liminar, a Fazenda poderá exigir o crédito acrescido da multa moratória. Justifica-se tal corrente pela redação da **Súmula 405 do STF**, *in verbis*: *"denegado o mandado de segurança pela sentença, ou no julgamento do agravo dela interposto, fica sem efeito a liminar concedida, retroagindo os efeitos da decisão contrária"*. Uma *segunda corrente*, em sentido contrário, entende que a redação da Súmula 405 do STF não é suficiente para retroativamente punir o contribuinte com multa. Se o contribuinte está amparado por uma ordem judicial (liminar), não poderá incorrer em mora, considerando que a multa moratória tem caráter punitivo. Corroboramos o segundo entendimento, inclusive já exposto no art. 63 da Lei 9.430/96 que afasta a incidência da multa no caso da concessão da liminar que posteriormente foi cassada. Por fim, ressalte-se que mesmo no segundo entendimento, a multa somente não correrá no período em que a liminar produziu seus efeitos; já os juros e correção, por não terem caráter de punição, serão devidos.

Em relação às liminares em mandado de segurança, assim tratou a Lei 12.016/2009 em seu ar. 7º:

> Art. 7º Ao despachar a inicial, o juiz ordenará:
>
> § 1º Da decisão do juiz de primeiro grau que conceder ou denegar a liminar caberá agravo de instrumento, observado o disposto na Lei n. 5.869, de 11 de janeiro de 1973 – Código de Processo Civil.
>
> § 2º Não será concedida medida liminar que tenha por objeto a compensação de créditos tributários, a entrega de mercadorias e bens provenientes do exterior, a reclassificação ou equiparação de servidores públicos e a concessão de aumento ou a extensão de vantagens ou pagamento de qualquer natureza.
>
> § 3º Os efeitos da medida liminar, salvo se revogada ou cassada, persistirão até a prolação da sentença.
>
> § 4º Deferida a medida liminar, o processo terá prioridade para julgamento.
>
> § 5º As vedações relacionadas com a concessão de liminares previstas neste artigo se estendem à tutela antecipada a que se referem os arts. 273 e 461 da Lei n. 5.869, de 11 janeiro de 1973 – Código de Processo Civil.

Súmula 482 do STJ: *A falta de ajuizamento de ação principal no prazo do art. 806 do CPC acarreta a perda da eficácia da liminar deferida e a extinção do processo cautelar.*

4. Concessão de Tutela Antecipada em Outras Ações Judiciais

Esta modalidade de suspensão está prevista no inciso V do art. 151 do CTN, incluído pela LC 104/2001. Essa alteração foi de grande relevância para o sujeito passivo (contribuinte ou responsável), pois antes dessa alteração existiam situações que não preenchiam os requisitos de cabimento da liminar em mandado de segurança, ou seja, o *periculum in mora*, o *fumus boni iuris* e, em especial, a ausência de direito líquido e certo em função de não se admitir dilação probatória nessa via mandamental. Com o advento da antecipação de tutela em ações ordinárias, o sujeito passivo tributário teve ampliado o seu rol de instrumentos protetivos e garantidores do exercício de seus direitos perante o Fisco. Nesse sentido, os provimentos liminares, que são decisões proferidas no início do processo, gênero no qual se enquadra a tutela antecipada, devem ser concedidos em situações excepcionais, ou seja, quando demonstrados pelo autor a presença dos requisitos necessários ao seu deferimento.

5. Antecipação de Tutela contra o Poder Público

Após uma breve abordagem sobre o instituto em tela, passemos a analisar a sua concessão contra o Poder Público. Inicialmente, incidiriam as vedações à concessão de medidas de urgência previstas nas Leis n. 8.437/92 e n. 9.494/97. A redação do artigo 1º da Lei n. 9.494/97 assim dispõe: *Art. 1º Aplica-se à tutela antecipada prevista nos arts. 273 e 461 do Código de Processo Civil o disposto nos arts. 5º e seu parágrafo único e 7º da Lei n. 4.348, de 26 de junho de 1964, no art. 1º e seu § 4º da Lei n. 5.021, de 9 de junho de 1966, e nos arts. 1º, 3º e 4º da Lei n. 8.437, de 30 de junho de 1992.*

A Lei n. 4.348/64, por sua vez, estabeleceu a vedação de concessão de liminares *"visando à reclassificação ou equiparação de servidores públicos, ou à concessão de aumento ou extensão de vantagens"* (art. 5º). A Lei n. 5.021/67 impediu a concessão de liminares *"para efeito de pagamento de vencimentos e vantagens pecuniárias"* (art. 1º, § 4º).

Por fim, a Lei n. 8.437/92 impediu a concessão de liminares em ações cautelares quando essa medida não puder ser concedida em mandado de segurança (art. 1º) ou quando esgote o objeto da ação (art. 1º, § 3º), concede efeito suspensivo aos recursos voluntários e *ex officio* da Fazenda Pública (art. 3º) e trata da suspensão de segurança quando há risco de lesão à ordem pública (art. 4º).

Vale lembrar que a Lei 12.016/2009 (art. 29) revogou os seguintes dispositivos:

> Revogam-se as Leis n. 1.533, de 31 de dezembro de 1951, 4.166, de 4 de dezembro de 1962, 4.348, de 26 de junho de 1964, 5.021, de 9 de junho de 1966; o art. 3º da Lei n. 6.014, de 27 de dezembro de 1973, o art. 1º da Lei n. 6.071, de 3 de julho de 1974, o art. 12 da Lei n. 6.978, de 19 de janeiro de 1982, e o art. 2º da Lei n. 9.259, de 9 de janeiro de 1996.

Assim, entendemos que não se pode confundir a suspensão da exigibilidade, medida impeditiva de execução fiscal, com a extinção do crédito tributário, pois a concessão de liminar com efeito de suspender a exigibilidade do crédito não esgota o objeto da ação em que se pretende a extinção daquele crédito. O STF[2] já decidiu, na Reclamação n. 1.514-9, sendo

---

[2] Rel. Min. Celso de Mello, do STF, na Reclamação n. 1.514-9, DJU 05.06.2000 – Revista Dialética de Direito Tributário n. 59/181. Sobre Processo Tributário recomendamos a leitura de nossa obra sobre o tema.

Relator o Ministro Celso de Mello, que *"o ordenamento positivo brasileiro não impede a concessão de tutela antecipada contra o Poder Público (...) uma vez atendidos os pressupostos legais fixados no art. 273, I e II, do CPC, na redação dada pela Lei n. 8.952/94 – e observadas as restrições estabelecidas na Lei n. 9.494/97 (art. 1º) –, tornar-se-á lícito ao magistrado deferir a tutela antecipatória requerida contra a Fazenda Pública".*

Destaque-se que fica claro no julgado em exame, sobre os diplomas legislativos sem tema de antecipação de *tutela* contra o Poder Público, que este somente não pode deferi-la nas hipóteses que importem em: (a) reclassificação ou equiparação de servidores públicos; (b) concessão de aumento ou extensão de vantagens pecuniárias; (c) outorga ou acréscimo de vencimentos; (d) pagamento de vencimentos e vantagens pecuniárias a servidor público; ou (e) esgotamento, total ou parcial, do objeto da ação, desde que tal ação diga respeito, exclusivamente, a qualquer das matérias acima referidas.

Vejamos a posição do STF sobre o tema, no julgado da ADC 4/DF, rel. orig. Min. Sydney Sanches, rel. p/ o acórdão Min. Celso de Mello, 1.10.2008:

> Tutela Antecipada contra a Fazenda Pública. Em conclusão, o Tribunal, por maioria, julgou procedente pedido formulado em ação declaratória de constitucionalidade, proposta pelo Presidente da República e pelas Mesas do Senado Federal e da Câmara dos Deputados, para declarar a constitucionalidade do art. 1º da Lei 9.494/97 (Aplica-se à tutela antecipada prevista nos arts. 273 e 461 do Código de Processo Civil o disposto nos arts. 5º e seu parágrafo único e 7º da Lei 4.348, de 26 de junho de 1964, no art. 1º e seu § 4º da Lei 5.021, de 9 de junho de 1966, e nos arts. 1º, 3º e 4º da Lei 8.437, de 30 de junho de 1992) – v. Informativo 167. Entendeu-se, tendo em vista a jurisprudência do STF no sentido da admissibilidade de leis restritivas ao poder geral de cautela do juiz, desde que fundadas no critério da razoabilidade, que a referida norma não viola o princípio do livre acesso ao Judiciário (CF, art. 5º, XXXV). O Min. Menezes Direito, acompanhando o relator, acrescentou aos seus fundamentos que a tutela antecipada é criação legal, que poderia ter vindo ao mundo jurídico com mais exigências do que veio, ou até mesmo poderia ser revogada pelo legislador ordinário. Asseverou que seria uma contradição afirmar que o instituto criado pela lei oriunda do poder legislativo competente não pudesse ser revogada, substituída ou modificada, haja vista que isto estaria na raiz das sociedades democráticas, não sendo admissível trocar as competências distribuídas pela CF. Considerou que o Supremo tem

o dever maior de interpretar a Constituição, cabendo-lhe dizer se uma lei votada pelo Parlamento está ou não em conformidade com o texto magno, sendo imperativo que, para isso, encontre a viabilidade constitucional de assim proceder. Concluiu que, no caso, o fato de o Congresso Nacional votar lei, impondo condições para o deferimento da tutela antecipada, instituto processual nascido do processo legislativo, não cria qualquer limitação ao direito do magistrado enquanto manifestação do poder do Estado, presente que as limitações guardam consonância com o sistema positivo. Frisou que os limites para concessão de antecipação da tutela criados pela lei sob exame não discrepam da disciplina positiva que impõe o duplo grau obrigatório de jurisdição nas sentenças contra a União, os Estados e os Municípios, bem assim as respectivas autarquias e fundações de direito público, alcançando até mesmo os embargos do devedor julgados procedentes, no todo ou em parte, contra a Fazenda Pública, não se podendo dizer que tal regra seja inconstitucional. Os Ministros Ricardo Lewandowski, Joaquim Barbosa, Ellen Gracie e Gilmar Mendes incorporaram aos seus votos os adendos do Min. Menezes Direito. Vencido o Min. Marco Aurélio, que, reputando ausente o requisito de urgência na medida provisória da qual originou a Lei 9.494/97, julgava o pedido improcedente, e declarava a inconstitucionalidade formal do dispositivo mencionado, por julgar que o vício na medida provisória contaminaria a lei de conversão.

6. A Exigência de Caução ou Depósito para a Concessão da Tutela Antecipada

O provimento de caráter liminar é um direito garantido constitucionalmente, que decorre da conjugação de uma série de princípios constitucionais previstos no art. 5º da Constituição de 1988, como o da inafastabilidade da apreciação de lesão ou ameaça de lesão pelo Poder Judiciário, do devido processo legal e da garantia de defesa (ampla defesa e do contraditório), entre outros.

Por esses motivos, entendemos que o deferimento de antecipação de tutela, após análise do seu cabimento pelo juiz, é um direito constitucional do sujeito passivo em qualquer ação, independentemente da exigência do depósito do valor do débito. Destaque-se então que o juiz deve analisar os pressupostos contidos no art. 273 do Código de Processo Civil, quais sejam: a prova inequívoca, a verossimilhança da alegação, o abuso de direito de defesa ou manifesto propósito protelatório do réu, o fundado receio de dano irreparável ou de difícil reparação e a reversibilidade da medida.

Percebe-se assim que em nenhuma das hipóteses citadas se inclui o depósito do montante integral. Presentes os requisitos elencados, poderá o juiz, através do seu livre convencimento, deferir a tutela antecipada na forma requerida, independentemente de qualquer garantia. Nesse sentido, não se vincula o depósito do montante integral ao deferimento de liminar ou da tutela antecipada, pois estas, segundo o art. 151 do CTN são causas autônomas de suspensão da exigibilidade do crédito tributário.

Entendemos não ser lógica a cumulação desses meios, pois ambos têm a mesma finalidade. Não faria sentido o legislador prever hipóteses em incisos distintos, se ambas fossem cumulativas. Corroboramos a posição de James Marins[3], que entende que o simples depósito, em si mesmo, já ocasiona, de pronto, o efeito suspensivo, não sendo necessária a "concessão de 'liminar para depósito' ou mesmo a 'ação cautelar para depósito', visto que essas tratariam de causa suspensiva distinta, constante do art. 151, inciso V, do CTN (...)". Se de um lado o art. 151, V, do CTN silencia quanto ao depósito suspensivo da exigibilidade do crédito tributário (portanto não exige), por outro lado não proíbe ao juiz, dentro do poder geral de cautela (que direciona tanto em favor do Contribuinte, quanto em favor do Fisco, conforme o caso), que o venha a exigir, como condição de concessão de liminar ou tutela antecipada.

Ressalva-se que o depósito do valor controvertido, integral e em dinheiro, é motivo suficiente, por si só, para suspender a exigibilidade do crédito, e trata-se de direito subjetivo do contribuinte, que independe de autorização judicial. Contudo, exigir o depósito integral da dívida para a concessão de antecipação de tutela inviabilizaria em alguns casos o próprio acesso ao Judiciário. Para efeitos didáticos, citaremos um caso que gerou muita polêmica, no qual uma empresa de médio porte sofreu uma autuação pelo atraso na entrega da DIMOB[4], cuja multa era de R$ 5.000,00[5] por mês de atraso. Assim, o contribuinte por atrasar 2 anos sofreu uma autuação de R$124.000,00 (cento e vinte e quatro mil reais), e para discutir a

---

[3] MARINS, James. *Direito Processual Tributário Brasileiro* (Administrativo e Judicial). 3ª ed. São Paulo: Dialética, 2003.
[4] DIMOB – Declaração de Informações sobre atividades imobiliárias.
[5] Após muita discussão sobre o tema, a multa foi alterada para R$ 500,00.

legalidade da multa teria de depositar esse valor. Destaque-se que em muitos casos esse valor é muito maior que o faturamento anual da empresa. O Superior Tribunal de Justiça já reconheceu diversas vezes que "*o depósito previsto no art. 151, II, do Código Tributário Nacional é um direito do contribuinte, só dependente de sua vontade e meios; o juiz nem pode ordenar o depósito, nem pode indeferi-lo*" (REsp 107450, Rel. Min. Ari Pargendler, DJ 03/02/1997).

Em síntese, podemos concluir que se estiverem presentes os requisitos do artigo 273 do Código de Processo Civil, o Juiz deve deferir a tutela antecipada independentemente do depósito integral, suspendendo a exigibilidade do crédito tributário na forma do art. 151, V, do CTN. Por outro lado, se não estiverem presentes tais requisitos, o contribuinte poderá optar por depositar o montante integral do tributo ou correr o risco de ser executado pelo Fisco, já que o simples ajuizamento da ação não impede a propositura da execução do crédito devido.

O Superior Tribunal de Justiça já se posicionou no sentido da desnecessidade do depósito:

> "*A teor do disposto no art. 151, incisos IV e V, do Código Tributário Nacional, independentemente do depósito do crédito tributário, é cabível a concessão da liminar, se presentes os seus pressupostos, com a consequente suspensão da exigibilidade do crédito tributário*". *RESP 153.633/SP, Rel. Ministro Fraciulli Netto, DJ 01.07.2002.*

Acompanhando esse raciocínio, já decidiu o STF, no julgamento do REsp 261902/RS, que é possível o cabimento de liminar em ação cautelar para suspender a exigibilidade do crédito tributário independentemente da realização do depósito do montante integral do débito. Entendemos que, se a liminar é possível em ação cautelar, com muito mais razão será possível a antecipação de tutela. Vejamos trecho do julgado:

> *RECURSO ESPECIAL Ministro JOÃO OTÁVIO DE NORONHA. TRIBUTÁRIO. RECURSO ESPECIAL. SUSPENSÃO DA EXIGIBILIDADE DO CRÉDITO TRIBUTÁRIO. TUTELA ANTECIPADA. CABIMENTO. ART. 151, V, DO CTN. REDAÇÃO DADA PELA LC 104/2001. PRECEDENTES DO STJ. 1. O Superior Tribunal de Justiça firmou o entendimento de que é possível o cabimento de liminar em ação cautelar para suspender a exigibilidade do crédito tributário independentemente da realização do depósito do montante integral do débito, circunstância esta que não importa em ofensa ao disposto no art. 151 do Código Tributário Nacional. 2. A Lei Complementar n. 104, de 10 de janeiro de 2001, ao acrescentar o inciso V ao art.*

151 do CTN, indicando como causa de suspensão da exigibilidade do crédito tributário a concessão de medida liminar ou de tutela antecipada em outras espécies de ação judicial, apenas ratificou o entendimento já adotado pela doutrina e pela jurisprudência pátrias.

Apesar da farta jurisprudência, tramita no Congresso o Projeto de Lei Complementar n. 75/2003, que altera o art. 151, incisos IV e V, do Código Tributário Nacional (CTN), para condicionar a concessão de liminares em ações judiciais tributárias ao depósito integral do tributo supostamente devido.

Não podemos deixar de fazer nossa ressalva quanto à justificativa do projeto de lei apresentado, *in verbis*:

> *Consagrada pelo direito consuetudinário nacional, a tutela antecipada de tributos ou contribuições municipais, estaduais ou federais vem, ao longo do tempo mostrando-se injusta e claramente lesiva aos interesses tanto do contribuinte quanto do Poder Executivo. É sabido que existe uma indústria de liminares no País, inclusive objetos de uma investigação por Comissão Parlamentar de Inquérito sobre combustíveis, onde Empresas obtêm tutelas antecipadas, comercializando produtos ficam com dinheiro dos tributos e contribuintes, e ao fim essas empresas somem sem nenhuma possibilidade do Poder Público reaver esse dinheiro. O estabelecimento do depósito judicial para concessão da tutela antecipada ou liminar impedirá a sangria aos cofres públicos.*

Assim, em que pese a triste redação do projeto, continuamos com nossa posição, pois a simples previsão expressa na lei já seria motivo suficiente (art. 151, V, do CTN), e ainda porque não existe nenhuma vedação[6] para tanto, ou seja, não há nada que impeça a concessão de tutela antecipada contra a Fazenda Pública, em especial quando o contribuinte quer somente a expedição de certidão positiva com efeito de negativa.

---

[6] Vejamos a posição do STJ sobre o tema através de trecho do julgamento do REsp 846.797/RS: RECURSO ESPECIAL. Min. TEORI ALBINO ZAVASCKI. Dentre as hipóteses previstas de modo exaustivo no referido dispositivo, as que se relacionam a créditos tributários objeto de questionamento em juízo são: (a) o depósito em dinheiro do montante integral do tributo questionado (inciso II); e (b) a concessão de liminar em mandado de segurança (inciso IV) ou de antecipação de tutela em outra espécie de ação (inciso V). As medidas antecipatórias, em tais casos, supõem: (a) que o contribuinte tome a iniciativa da demanda judicial (mandado de segurança ou ação declaratória ou desconstitutiva; e (b) que demonstre não apenas o risco de dano, mas sobretudo a relevância do seu direito, ou seja, a notória ilegitimidade da exigência fiscal.

7. Oferecimento de Bens em Caução e Suspensão da Exigibilidade

É de salientar que o oferecimento de bens em caução, por si só, não é motivo para suspensão da exigibilidade do crédito tributário. Contudo, a jurisprudência tem reconhecido que o contribuinte pode antecipar-se ao ajuizamento de execução fiscal e oferecer um bem em caução como forma de obtenção da certidão positiva com efeitos de negativa na forma do art. 206 do CTN, mas *sem que isso implique suspensão da exigibilidade do crédito tributário*.

Nesse caso, o contribuinte se vale, na falta de outro procedimento que melhor atenda à pretensão autoral, da *medida cautelar inominada* antes do ajuizamento da execução fiscal. A penhora em execução fiscal permite, na forma do citado artigo do CTN, a obtenção da CPD-EN, e o contribuinte não pode ser impedido de ter acesso ao documento que comprove a sua situação de regularidade fiscal.

Nesse sentido se posicionou o STJ no julgamento do REsp 912.710-RN, rel. Min. Luiz Fux em 19/6/2008:

> *EXECUÇÃO FISCAL. AÇÃO CAUTELAR. EXPEDIÇÃO. CERTIDÃO POSITIVA. EFEITOS NEGATIVOS. A Turma reiterou o entendimento de que, antes da ação de execução fiscal, pode o contribuinte interpor ação cautelar para garantir o juízo de forma antecipada (oferecimento de caução), para o fim de obter certidão positiva com efeito de negativa. Contudo, na espécie, o executivo fiscal já havia sido proposto pelo INSS. Logo, necessária a comprovação dos requisitos do art. 206 do CTN, quais sejam: a efetivação da penhora nos autos da ação executiva fiscal ou a suspensão da exigibilidade do crédito tributário, nos termos do art. 151 do CTN, hipótese em que não se enquadra a cautelar da caução. Precedentes citados: EREsp 815.629-RS, DJ 6/11/2006; REsp 889.770-RS, DJ 17/5/2007, e REsp 883.459-SC, DJ 7/5/2007.*

Destaque-se que a caução em comento, de natureza cautelar, não seria motivo para a suspensão imediata da exigibilidade do crédito tributário, face à ausência de previsão expressa no CTN, já que o rol do art. 151 é taxativo. Contudo, caso haja concordância do Fisco quanto ao bem ofertado, entendemos que nesse caso deve haver uma conexão instrumental de forma a evitar decisões conflitantes, devendo a execução aguardar o ajuizamento da ação principal; em caso de discordância, deve prosseguir.

8. Possibilidade de Concessão de Tutela Antecipada antes da Contestação

Após a análise que fizemos anteriormente sobre a legislação da concessão de tutela antecipada, passaremos aos comentários quanto à sua concessão antes da oitiva do réu. É usual a concessão de antecipação de tutela após a oitiva da parte contrária. Caso contrário, em tese, seria subvertida a ordem do processo, ao permitir que o autor obtivesse a satisfação, ainda que provisória, do direito requerido antes do contraditório.

Contudo, existem situações urgentes e/ou necessárias para assegurar a tutela de mérito. Destaque-se que nas ações que objetivam a extinção de crédito tributário, como é o caso de uma ação anulatória, o Fisco[7] se sujeita à observância do princípio da legalidade. Assim, como o lançamento é um ato vinculado e obrigatório na forma do art. 142 do CTN, o Fisco defenderá a procedência da exação fiscal. Assim, parece-nos não haver ofensa ao princípio constitucional do contraditório e da ampla defesa na concessão da tutela antecipada antes da apresentação da contestação. Tal decisão não causará nenhum prejuízo ao Poder Público, já que a Fazenda poderá apresentar, entre outras defesas, a indireta do mérito.

Por fim, questiona-se se o juiz poderia conceder de ofício os efeitos da antecipação de tutela. Na forma do art. 273 do CPC, a antecipação de tutela é deferida a requerimento da parte. Contudo, compartilhamos da lição de CÂMARA[8], que nos ensina que a exigência em tela é consentânea com o nosso sistema processual, em que prevalece o princípio da demanda, não podendo o Poder Judiciário conceder à parte algo que não foi pleiteado.

9. Comentários ao art. 170-A do Código Tributário Nacional

Inicialmente, para que possamos tecer maiores comentários ao art. 170-A, vejamos a sua redação:

> Art. 170-A. É vedada a compensação mediante o aproveitamento de tributo, objeto de contestação judicial pelo sujeito passivo, antes do trânsito em julgado da respectiva decisão judicial.

---

[7] Abstraímos aqui a discussão quanto à hipótese de somente pessoas jurídicas de direito público poderem ser sujeito ativo da relação jurídica tributária, na forma do art. 119 do Código Tributário Nacional.

[8] CÂMARA, Alexandre Freitas. *Lições de Direito Processual Civil*. 6ª ed. Rio de Janeiro: Lumen Juris, 2001. Volume I, p. 386.

Esse dispositivo foi introduzido pela LC 104/2001, e restringiu a compensação mediante o aproveitamento de tributo objeto de contestação judicial pelo sujeito passivo, antes do trânsito em julgado da respectiva decisão judicial. Nesse sentido, o STJ editou as Súmulas 212 e 213 que vedam a concessão de liminar e a antecipação de tutela para deferir a compensação, mas permite o uso de mandado de segurança para pleitear a compensação de tributos.

Vejamos a redação das Súmulas citadas:

> **Súmula 212** – *A compensação de créditos tributários não pode ser deferida em ação cautelar ou por medida liminar cautelar ou antecipatória.*
>
> **Súmula 213** – *O mandado de segurança constitui ação adequada para a declaração do direito à compensação tributária.*

Em confronto com a Súmula 213 o STJ em agravo no recurso especial n. 725.451/SP corroborou que é possível a impetração do mandado de segurança para a declaração do direito à compensação tributária. Contudo, não é possível pleitear, pela via mandamental, determinação judicial que assegure a convalidação da quantia a ser compensada, pois tal exame demandaria análise das provas, além do que compete à Administração fiscalizar a existência ou não de créditos a serem compensados, a exatidão dos números e documentos, o valor a compensar e a conformidade do procedimento adotado com os termos da legislação pertinente. Nessa mesma linha, o relator do recurso especial n. 900.986/SP, Ministro Castro Meira, ressaltou que, "se a compensação já foi efetuada pelo contribuinte *sponte propria* (por sua própria iniciativa), mostra-se incabível que o Judiciário obste o Fisco de promover atos de fiscalização". O ministro acrescentou, ainda, que cabe à Administração verificar a existência ou não de créditos a serem compensados. Vejamos então o teor da Súmula 460 do STJ:

> **Súmula 460** – *É incabível o mandado de segurança para convalidar a compensação tributária realizada pelo contribuinte.*

Destacamos que apesar de ser esse o posicionamento da jurisprudência, a redação das referidas Súmulas é de constitucionalidade duvidosa, pois limita o poder de cautela do juiz. Contudo, defendemos o entendimento que em certos casos o referido artigo seria inaplicável, ou seja, não seria qualquer ação judicial que inviabilizaria a compensação, mas sim aquelas em que o montante da compensação seja o objeto da discussão judicial pelo contribuinte.

10. Obras sugeridas para leitura

Curso de Direito Tributário e Financeiro, Claudio Carneiro – 5ª edição, Editora Saraiva.

Processo Tributário (Administrativo e Judicial), Claudio Carneiro – 4ª edição, Editora Saraiva.

Extinção do Crédito Tributário[1]

MARCUS LÍVIO GOMES

1. Crédito Tributário
1.1. Crédito tributário

Art. 139. O crédito tributário decorre da obrigação principal e tem a mesma natureza desta.

Por razões didáticas não podemos nos furtar a apresentar um conceito, ainda que objetivo e conciso, de crédito tributário, conforme o disposto no art. 139 do CTN[2]. HUGO DE BRITO MACHADO[3] assevera "que é o vínculo jurídico, de natureza obrigacional, por força da qual o Estado (sujeito ativo) pode exigir do particular, o contribuinte ou responsável (sujeito passivo), o pagamento do tributo ou da penalidade pecuniária (objeto da relação obrigacional)".

Não é por outra razão que o art. 140, CTN[4], dispõe que as circunstâncias que modificam o crédito tributário não afetam a obrigação tributária que lhe deu origem. Pode ocorrer, assim, em certos casos a extinção do

---

[1] Para uma visão mais aprofundada sobre o tema recomendamos GOMES, Marcus Lívio. Extinção do Crédito Tributário. Porto Alegre: Livraria do Advogado, 2013.
[2] Art. 139. O crédito tributário decorre da obrigação principal e tem a mesma natureza desta.
[3] MACHADO, Hugo de Brito. Curso de Direito Tributário. 12 ed. rev., atual. e aumentada. São Paulo: Malheiros, 1997. p. 119.
[4] Art. 140. As circunstâncias que modificam o crédito tributário, sua extensão ou seus efeitos, ou as garantias ou os privilégios a ele atribuídos, ou que excluem sua exigibilidade não afetam a obrigação tributária que lhe deu origem.

crédito tributário sem que se verifique a extinção da obrigação correspondente, restando, por isto, o direito de a Fazenda Pública, mediante novo lançamento, constituir, na linguagem do CTN, novo crédito tributário. Isto, entretanto, só ocorrerá nos casos em que a causa extintiva só atinja ou afete a formalização do crédito[5]. Na hipótese de novo lançamento, a Fazenda Pública deverá obedecer aos artigos 144, 145 e 149, todos do CTN[6].

---

[5] MACHADO, Op. Cit., p. 131.
[6] Art. 144. O lançamento reporta-se à data da ocorrência do fato gerador da obrigação e rege-se pela lei então vigente, ainda que posteriormente modificada ou revogada.
§ 1º Aplica-se ao lançamento a legislação que, posteriormente à ocorrência do fato gerador da obrigação, tenha instituído novos critérios de apuração ou processos de fiscalização, ampliado os poderes de investigação das autoridades administrativas, ou outorgado ao crédito maiores garantias ou privilégios, exceto, neste último caso, para o efeito de atribuir responsabilidade tributária a terceiros.
§ 2º O disposto neste artigo não se aplica aos impostos lançados por períodos certos de tempo, desde que a respectiva lei fixe expressamente a data em que o fato gerador se considera ocorrido.
Art. 145. O lançamento regularmente notificado ao sujeito passivo só pode ser alterado em virtude de:
I – impugnação do sujeito passivo;
II – recurso de ofício;
III – iniciativa de ofício da autoridade administrativa, nos casos previstos no artigo 149.
Art. 149. O lançamento é efetuado e revisto de ofício pela autoridade administrativa nos seguintes casos:
I – quando a lei assim o determine;
II – quando a declaração não seja prestada, por quem de direito, no prazo e na forma da legislação tributária;
III – quando a pessoa legalmente obrigada, embora tenha prestado declaração nos termos do inciso anterior, deixe de atender, no prazo e na forma da legislação tributária, a pedido de esclarecimento formulado pela autoridade administrativa, recuse-se a prestá-lo ou não o preste satisfatoriamente, a juízo daquela autoridade;
IV – quando se comprove falsidade, erro ou omissão quanto a qualquer elemento definido na legislação tributária como sendo de declaração obrigatória;
V – quando se comprove omissão ou inexatidão, por parte da pessoa legalmente obrigada, no exercício da atividade a que se refere o artigo seguinte;
VI – quando se comprove ação ou omissão do sujeito passivo, ou de terceiro legalmente obrigado, que dê lugar à aplicação de penalidade pecuniária;
VII – quando se comprove que o sujeito passivo, ou terceiro em benefício daquele, agiu com dolo, fraude ou simulação;
VIII – quando deva ser apreciado fato não conhecido ou não provado por ocasião do lançamento anterior;
IX – quando se comprove que, no lançamento anterior, ocorreu fraude ou falta funcional da autoridade que o efetuou, ou omissão, pela mesma autoridade, de ato ou formalidade especial.

A extinção do crédito tributário por qualquer das formas enumeradas no art. 156 do CTN[7] não impede a Fazenda Pública de revisar o lançamento, pois o parágrafo único do art. 149 do CTN autoriza este procedimento sempre que a extinção não obstrua o direito de lançar, ou seja, não tenha ainda sido atingido pela decadência. O parágrafo único do art. 156 do CTN dispõe neste sentido.

Porquanto, a extinção do crédito tributário se traduz em qualquer ato ou fato que libere o sujeito passivo – contribuinte ou responsável -, ou devedor na relação jurídico-tributária, da sujeição em que se encontra ao poder jurídico do sujeito ativo ou credor da relação jurídico-tributária, fazendo desaparecer o direito deste contra aquele[8].

1.2. Extinção da obrigação acessória

Art. 140. As circunstâncias que modificam o crédito tributário, sua extensão ou seus efeitos, ou as garantias ou os privilégios a ele atribuídos, ou que excluem sua exigibilidade não afetam a obrigação tributária que lhe deu origem.

Parágrafo único. A revisão do lançamento só pode ser iniciada enquanto não extinto o direito da Fazenda Pública.
[7] Art. 156. Extinguem o crédito tributário:
I – o pagamento;
II – a compensação;
III – a transação;
IV – remissão;
V – a prescrição e a decadência;
VI – a conversão de depósito em renda;
VII – o pagamento antecipado e a homologação do lançamento nos termos do disposto no artigo 150 e seus §§ 1º e 4º;
VIII – a consignação em pagamento, nos termos do disposto no § 2º do artigo 164;
IX – a decisão administrativa irreformável, assim entendida a definitiva na órbita administrativa, que não mais possa ser objeto de ação anulatória;
X – a decisão judicial passada em julgado.
XI – a dação em pagamento em bens imóveis, na forma e condições estabelecidas em lei. (Incluído pela Lcp nº 104, de 10.1.2001)
Parágrafo único. A lei disporá quanto aos efeitos da extinção total ou parcial do crédito sobre a ulterior verificação da irregularidade da sua constituição, observado o disposto nos artigos 144 e 149.
[8] SOUSA, Rubens Gomes de. Compêndio de Legislação Tributária. Rio de Janeiro: Edições Financeiras, 1981, p.113.

As obrigações acessórias são deveres instrumentais ou formais atribuídos ao sujeito passivo, contribuinte ou responsável, ou a terceiros que participem direta ou indiretamente da relação jurídico-tributária, no interesse da arrecadação ou da fiscalização dos tributos, conforme § 2º do art. 113 do CTN[9].

O CTN não tratou da extinção das obrigações acessórias por considerar que as mesmas se extinguem mediante a implementação das prestações, positivas ou negativas, que constituem o seu objeto[10]. Isto porque, não obstante denominarem-se obrigações acessórias, elas independem da existência de eventual obrigação principal na qual possa figurar, porventura, o devedor da obrigação acessória.

1.3. Modalidades de extinção do crédito tributário

Art. 156. Extinguem o crédito tributário:

I – o pagamento;
II – a compensação;
III – a transação;
IV – remissão;
V – a prescrição e a decadência;
VI – a conversão de depósito em renda;
VII – o pagamento antecipado e a homologação do lançamento nos termos do disposto no artigo 150 e seus §§ 1º e 4º;
VIII – a consignação em pagamento, nos termos do disposto no § 2º do artigo 164;
IX – a decisão administrativa irreformável, assim entendida a definitiva na órbita administrativa, que não mais possa ser objeto de ação anulatória;
X – a decisão judicial passada em julgado.
XI – a dação em pagamento em bens imóveis, na forma e condições estabelecidas em lei.

---

[9] Art. 113. A obrigação tributária é principal ou acessória.
§ 1º A obrigação principal surge com a ocorrência do fato gerador, tem por objeto o pagamento de tributo ou penalidade pecuniária e extingue-se juntamente com o crédito dela decorrente.
§ 2º A obrigação acessória decorre da legislação tributária e tem por objeto as prestações, positivas ou negativas, nela previstas no interesse da arrecadação ou da fiscalização dos tributos.
[10] AMARO, Luciano. Direito Tributário Brasileiro. 6. ed. São Paulo: Saraiva, 2001. p. 367.

O CTN traça, por força do art. 146, III, b, da CF/88[11], normas gerais em matéria de legislação tributária, especialmente sobre o conceito de crédito tributário. Tais normas gerais são normas-quadro[12], ou seja, orientação, jamais supressão de competência aos legisladores dos entes federativos. É a lei própria da pessoa competente para instituir o tributo que irá dispor, de forma exaustiva, sob de que forma o crédito tributário será extinto.

Corrobora o afirmado o inciso VI do art. 97 do CTN[13] que concretiza o princípio da estrita legalidade tributária. Portanto, os efeitos extintivos peculiares estabelecidos no CTN são inalteráveis por lei ordinária dos entes políticos, pois o código traça o chamado quadro-mínimo, o que não significa afirmar que estes não possam tratar da matéria.

Afirmamos, assim, que o rol do art. 156 do CTN não é exaustivo, pois, respeitado o quadro-mínimo, poderão os entes políticos legislar sobre tudo que configurar exercício da competência tributária, atribuindo efeitos extintivos peculiares a institutos e princípios de Direito Privado que se compatibilizem com a estrutura do Direito Tributário. Explicamos.

O CTN, como lei complementar de Direito Tributário, dita as normas gerais como critérios de validade da legislação ordinária da União, Estados, Distrito Federal e Municípios, as quais não poderão contrariá-lo. Isto não veda que a legislação dos entes políticos não possa complementá-lo supletivamente.

Destarte, os efeitos extintivos peculiares estabelecidos diretamente no CTN são inalteráveis por lei ordinária dos entes federativos. Portanto, quer a lei complementar de normas gerais, quer, supletivamente, a lei ordinária do ente político competente (respeitados os limites impostos nas normas-quadro) poderão atribuir efeitos extintivos peculiares a institutos e princípios de Direito Privado diferentes daqueles que lhe são próprios, segundo a lei civil.

---

[11] Art. 146. Cabe à lei complementar:
(...)
III – estabelecer normas gerais em matéria de legislação tributária, especialmente sobre:
(...)
b) obrigação, lançamento, crédito, prescrição e decadência tributários;
(...)
[12] BALEEIRO, Aliomar. Direito Tributário Brasileiro. 11. ed. Atualizada por Misabel Abreu Machado Derzi. Rio de Janeiro: 2001. p. 856/858.
[13] Art. 97. Somente a lei pode estabelecer:
VI – as hipóteses de exclusão, suspensão e extinção de créditos tributários, ou de dispensa ou redução de penalidades.

Assim, o CTN, modelando total ou parcialmente o instituto da extinção do crédito tributário, poderá deixar espaço a ser suplementado pelos legisladores das entidades políticas, desde que estes obedeçam aos artigos 109 e 110, ambos do CTN[14], combinados com o § 7º do art. 150 da CF/88, não esgotando todas as modalidades de extinção do crédito tributário. No Direito Privado há outras formas de extinção da obrigação, como a novação (art. 360 do CC) e a confusão (art. 381 do CC).

A novação pode fundar-se na substituição da dívida ou objeto da prestação, ou pela substituição das pessoas que figuram na dívida anterior, donde as espécies de novação objetiva e subjetiva. Por tratar-se de extinção voluntária de obrigações, não se pode aplicar ao Direito Tributário, que tem na lei a fixação de todos os elementos da relação jurídico-tributária. Contudo, o fato de esta relação jurídico-tributária ser uma relação *ex lege* não veda a alteração ou substituição dos seus elementos constitutivos, *v.g.*, a sujeição passiva indireta do responsável tributário, que neste caso vem veiculada por lei e não por acordo entre as partes[15].

Frise-se que, no âmbito do Direito Tributário, o parcelamento (hipótese de suspensão da exigibilidade do crédito tributário) não traduz novação objetiva (extinção das obrigações em geral). A confusão é a extinção de uma obrigação em virtude de vir a se confundir na mesma pessoa as condições de credor e devedor. Aplicam-se no Direito Tributário quando, *v.g.*, ocorre a herança jacente, na hipótese de falecimento de alguém sem deixar testamento nem herdeiro legítimo, e os bens arrecadados possuírem dívidas tributárias pendentes. Ocorre, também, *v.g.*, nas empresas incorporadas ao patrimônio público, no momento em que o Estado desapropria ações de uma sociedade anônima que é devedora de impostos, tornando-se, assim, credor e devedor da obrigação tributária[16], *v.g.*, quando um Município desapropria imóvel com débito de IPTU.

---

[14] Art. 109. Os princípios gerais de direito privado utilizam-se para pesquisa da definição, do conteúdo e do alcance de seus institutos, conceitos e formas, mas não para definição dos respectivos efeitos tributários.
Art. 110. A lei tributária não pode alterar a definição, o conteúdo e o alcance de institutos, conceitos e formas de direito privado, utilizados, expressa ou implicitamente, pela Constituição Federal, pelas Constituições dos Estados, ou pelas Leis Orgânicas do Distrito Federal ou dos Municípios, para definir ou limitar competências tributárias.
[15] Sousa, Op. cit., p. 114.
[16] Rosa Junior, Luiz Emygdio Franco da. Manual de Direito Financeiro e Direito Tributário. 15. ed. atual. e ampliada. Rio de Janeiro: Renovar, 2001, p. 578

Por fim, ainda que saibamos ser doutrinariamente sustentável e com precedente na jurisprudência da Corte Constitucional a tese segundo a qual o rol do art. 156 não é exaustivo, o STF já deixou assente que as hipóteses de extinção do crédito tributário não podem ser veiculadas por lei ordinária. Vale dizer, no âmbito da Excelsa Corte, a tese da taxatividade da lista tem sido estritamente seguida. Basta conferir as decisões nas ADI 1917, Relator Min. RICARDO LEWANDOWSKI, Tribunal Pleno, julgado em 26/04/2007, e ADI 124, Relator Min. JOAQUIM BARBOSA, Tribunal Pleno, julgado em 01/08/2008.

No primeiro caso, foi declarada inconstitucional disposição de lei distrital que facultava microempresas, empresas de pequeno porte e médias empresas extinguir tributos mediante dação em pagamento de bens móveis (no caso, materiais destinados a atender programas de governo do DF). No segundo, foi declarada a inconstitucionalidade de dispositivo da Constituição do Estado de Santa Catarina que estabelecia nova hipótese de decadência (no caso, a lei exigia o arquivamento de processo administrativo tributário por decurso de prazo, sem a possibilidade de revisão do lançamento). Em ambos os casos, o fundamento para a declaração de inconstitucionalidade foi o mesmo: "Viola o art. 146, III, b, da CF norma que estabelece hipótese de extinção do crédito tributário não prevista em lei complementar federal".

2. Pagamento
2.1. Pagamento

O art. 156 do CTN elenca as formas de extinção do crédito tributário. Na teoria das obrigações, pagamento tem um sentido amplo e outro restrito. De ORLANDO GOMES[17] extraímos a lição no sentido de que pagamento no sentido amplo significa o adimplemento de todo tipo de obrigação. No sentido estrito significa o adimplemento das obrigações pecuniárias.

Sendo a obrigação tributária pecuniária, a teor do art. 3º do CTN[18], o pagamento previsto no inciso I do art. 156 do CTN refere-se ao sentido estrito do termo. Com efeito, devemos abordar, por oportuno, as demais

---

[17] GOMES, Orlando. Obrigações. Rio de Janeiro: Forense. 1984.p. 106.

[18] Art. 3º. Tributo é toda prestação pecuniária compulsória, em moeda ou cujo valor nela se possa exprimir, que não constitua sanção de ato ilícito, instituída em lei e cobrada mediante atividade administrativa plenamente vinculada.

formas de pagamento, apontadas no sentido amplo, antes da específica análise do pagamento em sentido estrito previsto neste inciso.

2.2. A conversão de depósito em renda

Só haverá a conversão do depósito em renda após o trânsito em julgado da decisão judicial. Efetivado o depósito na esfera administrativa, dar-se-á trinta dias após o contribuinte ter sido notificado da decisão irreformável desfavorável em processo administrativo.

Um ponto interessante é a possibilidade da "conversão" do depósito administrativo para a esfera judicial. Essa matéria se tornou muito comum na época em que ainda tínhamos o depósito recursal de 30% na esfera federal. Apesar de a transformação do depósito recursal em judicial não ser hipótese prevista na legislação de regência, diga-se o CTN, permitir a apropriação dos valores depositados administrativamente em garantia de instância significaria atentado ao direito do contribuinte de depósito previsto no inciso II do art. 151 do Códex Tributário, cuja *ratio essendi* é afastar os nefastos efeitos do *solve et repete*. Ademais, caso seja tolerada a conversão em renda dos valores, a devolução destes, no eventual êxito da demanda, submeter-se-á ao rito constitucional do precatório, cuja morosidade imporá inegável prejuízos ao contribuinte.

O depósito é direito subjetivo do contribuinte, sendo assim já reconhecido na jurisprudência. No âmbito administrativo, contudo, deve ser regulamentado por lei do ente político que possui a competência tributária para instituir o tributo.

A suspensão da exigibilidade do crédito tributário só ocorrerá quando o depósito for integral e em dinheiro, conforme o verbete da súmula nº 112, do STJ[19], pois, caso contrário, caberá a cobrança da diferença pela Fazenda Pública.

A jurisprudência estava assentada no sentido de que a conversão em renda só ocorria com o trânsito em julgado com decisão de mérito favorável à Fazenda Pública. Contudo, a linha de interpretação jurisprudencial do STJ mudou, entendendo-se que, extinto o processo sem resolução de mérito, o depósito deve ser convertido em renda da Fazenda Pública. Isto porque as causas de extinção do processo sem julgamento do mérito são invariavelmente imputáveis ao autor da ação, nunca ao réu.

---

[19] Súmula: 112 O depósito somente suspende a exigibilidade do credito tributário se for integral e em dinheiro.

Admitir que, em tais casos, o autor é quem deva levantar o depósito judicial significaria dar-lhe o comando sobre o destino da garantia que ofereceu, o que importaria retirar do depósito a substância fiduciária que lhe é própria. Assim, ressalvadas as óbvias situações em que a pessoa de direito público não é parte na relação de direito material questionada – e que, portanto, não é parte legítima para figurar no processo – o depósito judicial somente poderá ser levantado pelo contribuinte que, no mérito, se consagrar vencedor. Nos demais casos, incluindo a extinção do processo sem resolução de mérito, o depósito deve ser convertido em renda.

A justificativa desta interpretação jurisprudencial também está naquelas hipóteses onde o provimento da tutela de urgência tem efeitos satisfativos como, por exemplo, o mandado de segurança ou ação ordinária que visa a liberação de mercadorias apreendidas pelo fisco[20].

2.3. O pagamento antecipado e a homologação do lançamento nos termos do artigo 150 e seus parágrafos 1º e 4º

Art. 150. O lançamento por homologação, que ocorre quanto aos tributos cuja legislação atribua ao sujeito passivo o dever de antecipar o pagamento sem prévio exame da autoridade administrativa, opera-se pelo ato em que a referida autoridade, tomando conhecimento da atividade assim exercida pelo obrigado, expressamente a homologa.

§ 1º O pagamento antecipado pelo obrigado nos termos deste artigo extingue o crédito, sob condição resolutória da ulterior homologação ao lançamento.

§ 2º Não influem sobre a obrigação tributária quaisquer atos anteriores à homologação, praticados pelo sujeito passivo ou por terceiro, visando à extinção total ou parcial do crédito.

§ 3º Os atos a que se refere o parágrafo anterior serão, porém, considerados na apuração do saldo porventura devido e, sendo o caso, na imposição de penalidade, ou sua graduação.

---

[20] A Lei nº 12.016/2009, que veio a dar nova disciplina ao Mandado de Segurança, em seu art. 7º, § 2º, vedou expressamente a concessão de medida liminar que tenha por objeto a entrega de mercadorias e bens provenientes do exterior. A constitucionalidade de diversos artigos desta lei foi questionada pelo Conselho Federal da Ordem dos Advogados do Brasil, que ajuizou perante o Supremo Tribunal Federal ação direta de inconstitucionalidade (Adin nº 4296).

§ 4º Se a lei não fixar prazo a homologação, será ele de cinco anos, a contar da ocorrência do fato gerador; expirado esse prazo sem que a Fazenda Pública se tenha pronunciado, considera-se homologado o lançamento e definitivamente extinto o crédito, salvo se comprovada a ocorrência de dolo, fraude ou simulação.

O pagamento antecipado e a homologação do lançamento terão efeitos relevantes no que toca ao prazo de repetição do indébito, na forma do art. 168 do CTN[21]. Importante citar a alteração legislativa implementada pelo art. 3º da LC nº 118/05, de 9 de fevereiro de 2005, o qual pretendeu promover uma interpretação autentica do inciso I do art. 168 do CTN, fixando que a extinção do crédito tributário ocorre, no caso de tributo sujeito a lançamento por homologação, no momento do pagamento antecipado de que trata o § 1º do art. 150 do CTN. Este tema será tratado oportunamente.

Por ora, é relevante afirmar que o pagamento antecipado pelo obrigado, nos termos do § 4º do art. 150, extingue o crédito, sob condição resolutória da ulterior homologação do lançamento. Outrossim, o pagamento também poderá ocorrer na esfera dos lançamentos por declaração e de ofício, mas no artigo em comento quer se destacar a modalidade de lançamento por homologação. Caso o pagamento não seja integral, poderá a Fazenda implementar lançamento de ofício para exigir a diferença.

2.4. Imposição de penalidades

Art. 157. A imposição de penalidades não ilide o pagamento integral do crédito tributário.

A imposição de penalidades não elimina ou suprime a obrigação de pagar integralmente o crédito tributário. A penalidade pecuniária, também denominada de sanção fiscal ou multa tributária, tem natureza jurídica de punição, visando penalizar o contribuinte por um fato contrário à

---

[21] Art. 168. O direito de pleitear a restituição extingue-se com o decurso do prazo de 5 (cinco) anos, contados:
I – nas hipóteses dos incisos I e II do artigo 165, da data da extinção do crédito tributário;
II – na hipótese do inciso III do artigo 165, da data em que se tornar definitiva a decisão administrativa ou passar em julgado a decisão judicial que tenha reformado, anulado, revogado ou rescindido a decisão condenatória.

ordem jurídica ou ao interesse social, tendo em vista o inadimplemento, a negligência ou o dolo às normas tributárias.

No Direito Tributário, a Fazenda Pública pode exigir do sujeito passivo o tributo, bem como a multa, cumulativamente. Ambas se enquadram no conceito mais amplo de obrigação tributária principal, por força do § 1º do art. 113 do CTN[22]. Em verdade, o conceito de crédito tributário, encartado no art. 142 do CTN, vai abarcar o tributo e a penalidade pecuniária, bem como os juros de mora, por força do art. 161 do CTN, e a correção monetária. Esta já foi consolidada pela jurisprudência do STJ como simples atualização do valor da moeda, não significando um *plus* ou um acréscimo ao valor do tributo. Assim, penalidade pecuniária, juros de mora e correção monetária são os denominados acréscimos legais.

2.5. Prova do pagamento

Art. 158. O pagamento de um crédito não importa em presunção de pagamento:
I – quando parcial, das prestações em que se decomponha;
II – quando total, de outros créditos referentes ao mesmo ou a outros tributos.

No Direito Privado, o art. 322 do CC estabelece que "quando o pagamento for em quotas periódicas, a quitação da última estabelece, até prova em contrário, a presunção de estarem solvidas as anteriores." Já no Direito Tributário, esta presunção relativa é afastada pelo art. 158 do CTN.

Pelo inciso I, *v.g.*, no caso do IPTU, que pode ser pago de forma parcelada, o pagamento da última parcela não induz à quitação das parcelas anteriores. Já no inciso II, o pagamento de um tributo, *v.g.*, o IR, não significa a quitação de outros créditos tributários pendentes relacionados a este tributo, como os juros de mora, a correção monetária ou as multas.

Significa também que o pagamento, *v.g.*, do IPTU, não implica a quitação de outros tributos administrados pelo ente competente para institui-los, no caso do Município, o ISS e o ITBI. Por fim, significa que o

---

[22] Art. 113. A obrigação tributária é principal ou acessória.
§ 1º A obrigação principal surge com a ocorrência do fato gerador, tem por objeto o pagamento de tributo ou penalidade pecuniária e extingue-se juntamente com o crédito dela decorrente.

pagamento, *v.g.*, do IR, referente ao ano-base de 2004, não gera a presunção de pagamento do IR ano-base de 2003.

Por não gerar presunção absoluta de pagamento das demais prestações e nem de outros créditos, não tem a Fazenda Pública motivo para recusar o recebimento de um tributo sob o argumento de que há dívida, ainda não paga, de outro tributo, outros créditos tributários, ou de qualquer outro valor oferecido pelo contribuinte a menor que o supostamente devido. Qualquer quantia oferecida pelo sujeito passivo pode ser recebida, sem prejuízo da posterior cobrança da diferença, caso exista[23].

Podemos afirmar que o dispositivo também não admite presunção de pagamento por ser necessária a apresentação de documento de arrecadação, expedido pela repartição fazendária ou pelo estabelecimento bancário autorizado pelo ente político para arrecadar tributos, como prova de pagamento do tributo.

2.6. Lugar do pagamento

> Art. 159. Quando a legislação tributária não dispuser a respeito, o pagamento é efetuado na repartição competente do domicílio do sujeito passivo.

No Direito Privado, conforme o art. 327 do CC, "efetuar-se-á o pagamento no domicílio do devedor, salvo se as partes convencionarem diversamente, ou se o contrário resultar da lei, da natureza da obrigação ou das circunstâncias."

Com efeito, no Direito Privado, a obrigação é *querable*, com exceção das hipóteses previstas na lei civil. Assim, o credor deve recebê-la no domicílio, estabelecimento ou residência do devedor, necessitando interpelá-lo para constituí-lo em mora, com a prova de que recusou o pagamento da prestação[24].

Já no Direito Tributário, em princípio, o pagamento é *portable*, integrando-se o art. 159 com o art. 127 do CTN[25]. O sujeito passivo deve com-

---

[23] MACHADO, Op. cit., p. 133.
[24] BALEEIERO, Op. cit., p. 864.
[25] Art. 127. Na falta de eleição, pelo contribuinte ou responsável, de domicílio tributário, na forma da legislação aplicável, considera-se como tal:
I – quanto às pessoas naturais, a sua residência habitual, ou, sendo esta incerta ou desconhecida, o centro habitual de sua atividade;

parecer à repartição competente situada em seu domicílio fiscal para pagar o crédito tributário.

Não obstante, por não ser absoluta a disposição legal, pode dispor a legislação de forma diferente, determinando o pagamento noutra repartição ou por intermédio da rede bancária, o que é o mais comum. O que se deve ressaltar é que a iniciativa deve ser sempre do contribuinte em diligenciar para pagar a obrigação tributária, independente de cobrança.

2.7. Prazo de pagamento

Art. 160. Quando a legislação tributária não fixar o tempo de pagamento, o vencimento do crédito ocorre trinta dias depois da data em que se considera o sujeito notificado do lançamento.

Parágrafo único. A legislação tributária pode conceder desconto pela antecipação do pagamento, nas condições que estabeleça.

A regra do art. 160 é supletiva, pois o legislador da pessoa de Direito Público competente para instituir o tributo é quem vai fixar a data de vencimento da obrigação tributária. Esta regra não é aplicável ao lançamento por homologação, já que, nesta modalidade de constituição do crédito tributário, o pagamento deve ser feito antecipadamente, não havendo notificação do lançamento. Logo, é imprescindível que, para os tributos submetidos a tal sistemática, a legislação de cada tributo fixe expressamente o prazo para pagamento.

O conceito de "legislação tributária" firmado no art. 96 do CTN[26] envolve a lei, em sentido formal, e mais os tratados e as convenções inter-

---

II – quanto às pessoas jurídicas de direito privado ou às firmas individuais, o lugar da sua sede, ou, em relação aos atos ou fatos que derem origem à obrigação, o de cada estabelecimento;
III – quanto às pessoas jurídicas de direito público, qualquer de suas repartições no território da entidade tributante.
§ 1º Quando não couber a aplicação das regras fixadas em qualquer dos incisos deste artigo, considerar-se-á como domicílio tributário do contribuinte ou responsável o lugar da situação dos bens ou da ocorrência dos atos ou fatos que deram origem à obrigação.
§ 2º A autoridade administrativa pode recusar o domicílio eleito, quando impossibilite ou dificulte a arrecadação ou a fiscalização do tributo, aplicando-se então a regra do parágrafo anterior.
[26] Art. 96. A expressão 'legislação tributária' compreende as leis, os tratados e as convenções internacionais, os decretos e as normas complementares que versem, no todo ou em parte, sobre tributos e relações jurídicas a eles pertinentes.

nacionais, os decretos e as normas complementares que versem, no todo ou em parte, sobre tributos e relações jurídicas a eles pertinentes.

Outrossim, o art. 97 do CTN, veiculador do princípio da estrita legalidade tributária, não destaca, de forma especial, o tempo do pagamento, o que supõe não estar este item albergado pelo referido princípio. Portanto, o prazo de recolhimento do tributo não constitui elemento da hipótese de incidência.

O STF e o STJ já julgaram a matéria dispondo, de forma expressa, que o prazo de vencimento do tributo não está sob a reserva de lei em sentido formal. Neste sentido a jurisprudência já decidiu que, se não estipulado em lei, o prazo para recolhimento do tributo pode ser fixado em regulamento, porquanto não se inclui entre as matérias sujeitas à reserva legal (art. 97 do CTN); que a definição de prazo para recolhimento do tributo não implica sua majoração, podendo ser delegada pela lei ao regulamento, porquanto não se inclui entre as matérias sujeitas à reserva legal pelo art. 97 do CTN. Entretanto, havendo lei definindo o prazo de recolhimento do tributo, ato normativo infralegal não pode alterá-lo.

A legislação tributária pode conceder desconto pela antecipação do pagamento, nas condições que estabelecer. Isto ocorre, por exemplo, com o IPTU, no pagamento parcelado, quando a lei concede crédito pelo pagamento antecipado, ou quando a Administração Fazendária lavra auto de infração e concede desconto no valor da multa pelo pagamento antecipado[27].

2.8. Juros de mora

> Art. 161. O crédito não integralmente pago no vencimento é acrescido de juros de mora, seja qual for o motivo determinante da falta, sem prejuízo da imposição das penalidades cabíveis e da aplicação de quaisquer medidas de garantia previstas nesta lei ou em lei tributária.

No Direito Privado, o art. 406 do CC estipula que, quando não convencionados ou estipulados, ou quando provierem de determinação legal, os juros serão fixados segundo a taxa vigente para a mora do pagamento de tributos à Fazenda Pública.

---

[27] ROSA JUNIOR, Luiz Emygdio Franco da. *Op. Cit.*, p. 583.

Assemelhando-se ao Direito Privado (art. 397 do CC), a mora no Direito Tributário se configura de pleno direito, não dependendo de interpelação. Quanto ao termo inicial dos juros, o Direito Tributário se afasta do regime geral dos arts. 219[28] e 293[29], ambos do CPC, pois se conta da data do vencimento do tributo.

As multas, conforme já estudado, têm caráter punitivo e são impostas para desencorajar o inadimplemento do contribuinte em relação às obrigações tributárias. Já os juros de mora visam indenizar o credor pelo não recebimento do tributo na data prevista em lei, conforme afirma LUIZ EMYGDIO[30], tendo em vista que o art. 161 se refere a eles de forma separada das penalidades. Esta ponderação é questionável, pois se percebe que o artigo em comento teve a finalidade de segregar as penalidades dos juros de mora, não atribuindo a estes, pelo menos expressamente, caráter indenizatório.

SACHA CALMON[31] segue por outra via, asseverando que em Direito Tributário os juros de mora têm natureza jurídica compensatória, pois se a Fazenda Pública tivesse o dinheiro em mãos já poderia tê-lo aplicado em ganhos financeiros ou quitado dívidas suas em atraso, livrando-se ela da mora e de suas consequências.

Sabe-se que os juros são de três espécies: indenizatórios, remuneratórios e moratórios. Os juros indenizatórios, também chamados de compensatórios, como o próprio nome sugere, são compensação pelo uso de um bem econômico qualquer. Os juros remuneratórios são a remuneração do dinheiro. Recompensa aquele que abre mão do seu ativo líquido. É, em outras palavras, o pagamento pelo uso do dinheiro. Os juros moratórios, que são devidos pelo atraso no pagamento de uma obrigação, constituem uma espécie de complemento indenizatório, e agem como forma de apenar o devedor impontual.

Os juros não se confundem, portanto, com a correção monetária, ou com a multa punitiva. A multa tem como pressuposto a prática de um ilí-

---

[28] Art. 219. A citação válida torna prevento o juízo, induz litispendência e faz litigiosa a coisa; e, ainda quando ordenada por juiz incompetente, constitui em mora o devedor e interrompe a prescrição.
[29] Art. 293. Os pedidos são interpretados restritivamente, compreendendo-se, entretanto, no principal os juros legais.
[30] ROSA JUNIOR, Op. cit., p. 583.
[31] COELHO, Op. cit., p.821.

cito, o descumprimento de um dever legal, contratual ou estatutário. É de índole punitiva. Portanto, não objetiva a recompor o patrimônio danificado, pois esta é a função dos juros.

2.9. Taxa de juros

> Art. 161 (...)
> § 1º. Se a lei não dispuser de modo diverso, os juros de mora são calculados à taxa de um por cento ao mês.

Conforme o § 2º do art. 97 do CTN[32], a correção monetária do tributo não é penalidade, mas atualização do valor da moeda corroído pela inflação. Embora o art. 161 silencie a seu respeito, ela não é um *plus* ao valor devido, mas visa evitar o enriquecimento sem causa do credor tributário.

O STF e o STJ já decidiram que a disciplina da atualização do tributo está compreendida na previsão do inciso I do art. 24 da CF/88, demandando lei do ente político competente para instituir o tributo, desde que o fator de correção adotado seja igual ou inferior ao utilizado pela União.

Outrossim, o STF já consolidou a tese de que o termo inicial da contagem dos juros, sem se referir à competência tributária de cada ente para definir a taxa de juros, tem relevância infraconstitucional, não sendo objeto do procedimento de repercussão geral nesta corte. Resta pendente, assim, o tema relativo à competência dos entes federativos para legislarem sobre a definição da taxa de juros.

Questão interessante é a incidência ou não de juros de mora, na forma do art. 161, enquanto o contribuinte esteve amparado por sentença ou decisão judicial que tenha sido posteriormente reformada ou revogada. O STF, através do verbete da súmula nº 405[33], já decidiu que denegada a segurança ou revogada a liminar em mandado de segurança, os efeitos retroagem *ex tunc*, ou seja, como se não tivesse existido a decisão judicial. Outros tribunais superiores também têm adotado o mesmo entendimento. Deve-se ressaltar que a súmula nº 405 deve ser interpretada no sentido de

---

[32] Art. 97, § 2º. Não constitui majoração de tributo, para fins do disposto no inciso II deste artigo, a atualização do valor monetário da respectiva base de cálculo.
[33] Denegado o mandado de segurança pela sentença, ou no julgamento do agravo, dela interposto, fica sem efeito a liminar concedida, retroagindo os efeitos da decisão contrária.

abarcar todas as tutelas de urgência, a saber: a antecipação dos efeitos da tutela, a liminar em ação cautelar e a liminar em mandado de segurança.

2.10. Processo de consulta

Art. 161 (...)

§ 2º. O disposto neste artigo não se aplica na pendência de consulta formulada pelo devedor dentro do prazo legal para pagamento do crédito.

A exclusão dos juros de mora e da multa ocorrerá ainda que a consulta não seja respondida pela Administração antes do término do prazo para o pagamento do tributo. Outrossim, a consulta não suspende a exigibilidade do crédito tributário, não suspendendo, por consequência lógica, o prazo de decadência. Para que não ocorra a caducidade do crédito tributário deve a Fazenda Pública efetivar o lançamento tributário, o que ocorrerá sem aplicação de penalidades (multa) ou juros de mora, por analogia com o art. 63 da Lei nº 9.430/96, na esfera federal.

2.11. Forma do pagamento

Art. 162. O pagamento é efetuado:

I – em moeda corrente, cheque ou vale postal;

II – nos casos previstos em lei, em estampilha, em papel selado, ou por processo mecânico.

§ 1º A legislação tributária pode determinar as garantias exigidas para o pagamento por cheque ou vale postal, desde que não o torne impossível ou mais oneroso que o pagamento em moeda corrente.

§ 2º O crédito pago por cheque somente se considera extinto com o resgate deste pelo sacado.

§ 3º. O crédito pagável em estampilha considera-se extinto com a inutilização regular daquela, ressalvado o disposto no artigo 150.

§ 4º A perda ou destruição da estampilha, ou o erro no pagamento por esta modalidade, não dão direito a restituição, salvo nos casos expressamente previstos na legislação tributária, ou naquelas em que o erro seja imputável à autoridade administrativa.

§ 5º O pagamento em papel selado ou por processo mecânico equipara-se ao pagamento em estampilha.

O normal é o pagamento em moeda corrente e legal do país. Entretanto, a lei pode estabelecer forma alternativa de pagamento, desde que este novo modo de recolhimento não seja mais oneroso ao contribuinte que o uso da moeda.

O pagamento em estampilha, em papel selado, ou por processo mecânico não são utilizados mais. Hoje em dia, na grande maioria dos casos, o tributo é recolhido na rede arrecadadora formada pelas instituições financeiras, que são remuneradas pelo Poder Público para tal fim.

2.12. Imputação do pagamento

Art. 163. Existindo simultaneamente dois ou mais débitos vencidos do mesmo sujeito passivo para com a mesma pessoa jurídica de direito público, relativos ao mesmo ou a diferentes tributos ou provenientes de penalidade pecuniária ou juros de mora, a autoridade administrativa competente para receber o pagamento determinará a respectiva imputação, obedecidas as seguintes regras, na ordem em que enumeradas:

I – em primeiro lugar, aos débitos por obrigação própria, e em segundo lugar aos decorrentes de responsabilidade tributária;

II – primeiramente, às contribuições de melhoria, depois às taxas e por fim aos impostos;

III – na ordem crescente dos prazos de prescrição;

IV – na ordem decrescente dos montantes.

O art. 163 tem aplicação prática e concreta quando o crédito tributário é pago diretamente na repartição fiscal. Entretanto, normalmente este se dá na rede arrecadadora formada pelas instituições financeiras, através dos documentos de arrecadação, preenchidos com os códigos dos tributos para identificarem as receitas arrecadadas.

Podemos definir a imputação do pagamento como a escolha pelo credor, autorizada por lei, de qual débito será extinto, se o devedor tem mais de um deles.

Isto porque no regime do Direito Privado (art. 352 do CC), em regra, é o devedor quem tem o direito de indicar qual dívida quer quitar em primeiro lugar, se todos forem líquidas e vencidas. No sistema do CTN não se assegura tal direito ao contribuinte. Corroborando esta afirmação o STJ editou o verbete da súmula nº 464, com o seguinte teor: "A regra de imputação de pagamentos estabelecida no art. 354 do Código Civil não se aplica às hipóteses de compensação tributária."

A ordem de pagamento será feita na ordem de prioridades assentadas neste artigo. Isto pressupõe, em tese, o conhecimento integrado de todas as dívidas do contribuinte por todas as Fazendas Públicas, o que, na prática, não existe.

Os consectários legais seguem o principal, ou seja, o tributo. Assim, entende-se cada débito abarcando o tributo devido mais a correção monetária, os juros de mora e as penalidades, porventura existentes.

Portanto, a imputação de pagamento não é causa de extinção do crédito tributário, representando apenas a forma de processamento da modalidade extintiva, que é o pagamento. Daí porque, silenciando o Código Tributário sobre esse ponto específico, nada impede que a Administração expeça atos normativos que regulem o processamento da causa extintiva, pois a reserva de lei complementar (art. 146 da CRFB/88) não abrange essa matéria e o art. 97 do CTN não exige a edição de lei formal para tratar do tema.

Nos termos do art. 108 do CTN, a analogia só é aplicada na ausência de disposição expressa na legislação tributária. Por essa expressão, identificam-se não apenas as leis, tratados e decretos, mas, também, os atos normativos expedidos pela autoridade administrativa (arts. 96 e 100 do CTN). Dessa forma, não há lacuna na legislação tributária sobre o tema da imputação de pagamento, o qual, como dito, não é objeto de reserva legal.

A imputação de pagamento consagra o princípio da autonomia das dívidas tributárias, prevendo uma escala de preferência e, ao estabelecê-la, cabe ao credor comprovar a existência de débitos preferenciais capazes de desfazer a indicação do devedor. Com efeito, em tese, pode a Fazenda Pública recusar o oferecimento de pagamento pelo contribuinte que não obedeça à escolha de prioridades do dispositivo legal.

Neste caso, não procede a consignação do inciso I do art. 164 do CTN[34], pois a imputação de pagamento é facultada ao Fisco previamente ao pagamento, nunca depois de este já ter sido implementado[35]. Os precedentes do STJ seguem esta direção.

---

[34] Art. 164. A importância de crédito tributário pode ser consignada judicialmente pelo sujeito passivo, nos casos:
I – de recusa de recebimento, ou subordinação deste ao pagamento de outro tributo ou de penalidade, ou ao cumprimento de obrigação acessória.
[35] BALEEIRO, Op. Cit.,p. 873.

Em direção contrária, com o que não concordamos, desponta SACHA CALMON[36], aduzindo que a Fazenda Pública não pode imputar os pagamentos tributários do contribuinte diante dos princípios constitucionais do devido processo legal, da legalidade e da oficialidade dos atos administrativos. De acordo com o autor, tal excrescência foi posta no Código em nome do *Príncipe Medieval*, justo na disciplinação da obrigação, teoricamente um pacto entre iguais.

2.13. Pagamento em consignação

> Art. 164. A importância de crédito tributário pode ser consignada judicialmente pelo sujeito passivo, nos casos:
> I – de recusa de recebimento, ou subordinação deste ao pagamento de outro tributo ou de penalidade, ou ao cumprimento de obrigação acessória;
> II – de subordinação do recebimento ao cumprimento de exigências administrativas sem fundamento legal;
> III – de exigência, por mais de uma pessoa jurídica de direito público, de tributo idêntico sobre um mesmo fato gerador.
> § 1º A consignação só pode versar sobre o crédito que o consignante se propõe a pagar.
> § 2º Julgada procedente a consignação, o pagamento se reputa efetuado e a importância consignada é convertida em renda; julgada improcedente a consignação no todo ou em parte, cobra-se o crédito acrescido de juros de mora, sem prejuízo das penalidades cabíveis.

O artigo trata da consignação judicial do crédito tributário como modalidade excepcional de pagamento e, portanto, extinção da dívida tributária. O Direito Privado regulamenta a matéria nos artigos 334 a 345 do CC, hipóteses nem sempre coincidentes com o sistema do CTN.

Entretanto, é o CPC quem vai determinar os aspectos processuais desta modalidade excepcional de pagamento no Direito Tributário, no bojo dos seus artigos 890 a 900. A consignação judicial consiste no depósito judicial do objeto da obrigação por parte do devedor. Fundamenta-se no pressuposto de que, se o credor tem o direito de receber o crédito tributário, o devedor também tem o direito subjetivo de pagar seu debito tributário,

---

[36] COELHO, *Op. Cit.*, p. 827.

liberando-se da obrigação instaurada na relação jurídico-tributária, nos casos estabelecidos no dispositivo apreciado.

Daí se infere que o contribuinte, o responsável ou terceiro interessado, no silêncio do CTN[37], possam consignar o pagamento. Corrobora o afirmado o parágrafo único do art. 204 do CTN[38], que contempla e acolhe a possibilidade de o terceiro interessado ilidir a presunção *iuris tantum* de liquidez e certeza da dívida ativa do Fisco quando regularmente inscrita.

Ressalte-se que isto não significa afirmar que a Administração Fazendária não possa fazer a imputação do pagamento, na forma do art. 163 do CTN, pois esta não pode compeli-lo a pagar todos os tributos e acréscimos legais por ele devidos. SACHA CALMON[39], conforme antes demonstrado, discorda desta postura, afirmando que o art. 164 contraria o art. 163.

A consignação em pagamento somente cabe nas hipóteses legalmente previstas. Portanto, será feita sempre em juízo, e nunca na via administrativa. BERNARDO RIBEIRO DE MORAES[40] assevera que o depósito deve ser integral para se caracterizar um pagamento válido. Portanto, só teria efeito de pagamento, produzindo os mesmos efeitos deste e liberando o devedor, se reunisse as condições de validade do pagamento.

Destarte, resta perquirir, na forma do § 1º, se cabe nesta via estreita a possibilidade de discussão do montante devido. Conforme asseverado, além de BERNARDO RIBEIRO DE MORAES, CLEIDE PREVITALLI CAIS[41] e LEANDRO PAULSEN[42] não admitem a discussão do montante devido, tese com a qual nos alinhamos, pois tal hipótese não consta dos incisos do art. 164. Além disso, para estes autores, se consignado montante diferente daquele exigido pelo Fisco não ocorrerão os efeitos do inciso II do art. 151 do CTN, conforme o verbete da súmula nº 112 do STJ. Os precedentes do STJ seguem esta direção.

Já se decidiu que não recolhido, a tempo e modo, o credito tributário, pretendendo o contribuinte excluir parcelas registradas no auto de infra-

---

[37] BALEEIRO, *Op. Cit.*, p. 875.
[38] Art. 204. A dívida regularmente inscrita goza da presunção de certeza e liquidez e tem o efeito de prova pré-constituída.
Parágrafo único. A presunção a que se refere este artigo é relativa e pode ser ilidida por prova inequívoca, a cargo do sujeito passivo ou do terceiro a que aproveite.
[39] COELHO, *Op. Cit.*, p. 832.
[40] MORAES, *Op. Cit.*, p. 449.
[41] CAIS, Cleide Previtalli. O processo Tributário 1. ed. São Paulo: RT, 1996. p. 243.
[42] PAULSEN, *Op. Cit.*, 766.

ção e multa, com a pretensão de discutir a validade da dívida fiscal, para liberar-se da obrigação de pagamento, a consignatória é via processual inadequada.

Por outro giro, MAURO LOPES[43] aduz que em face da redação do inciso I do art. 164 caberia a discussão da dívida, tendo em vista que qualquer que seja o motivo da recusa ensejará a ação estudada. Existe precedente do STJ neste sentido, explicitando que não há qualquer vedação legal a que o contribuinte lance mão da ação consignatória para ver satisfeito o seu direito de pagar corretamente o tributo quando entende que o fisco está exigindo prestação maior que a devida.

I. de recusa ou de recebimento, ou por subordinação deste ao pagamento de outro tributo ou de penalidade, ou ao cumprimento de obrigação acessória;

Essa hipótese dificilmente se verificará, principalmente no que tange aos tributos sujeitos a lançamento por homologação. Nestes, é o próprio contribuinte que toma a iniciativa de preencher as guias para pagamento, não havendo qualquer interferência da Fazenda. Limita-se o Fisco a verificar os recolhimentos e a efetuar eventual lançamento de ofício na hipótese de pagamento inferior ao devido.

O sujeito passivo tem direito de pagar só um tributo, mesmo que deva dois ou mais. Embora a autoridade administrativa tenha, por sua vez, o direito de fazer a imputação nos termos do art. 163, ela não pode compelir o sujeito passivo a pagar todos, com a ameaça de não receber nenhum[44].

II. de subordinação do recebimento ao cumprimento de exigências administrativas sem fundamento legal;

Embora, *a contrario sensu*, pareça o artigo permitir que a autoridade possa fazer exigências com fundamento legal, no sentido de condicionar o recebimento do tributo, é preciso lembrar que o inciso anterior veda a recusa fundada na exigência de cumprimento de obrigação acessória, que, supõe-se, tenha fundamento legal.

Restarão, assim, poucos motivos legais para que a autoridade recuse o pagamento, já que eles estarão limitados às formalidades legais inerentes

---

[43] LOPES, Mauro Luís Rocha. Execução Fiscal e Ações Judiciais Tributárias. 2.ed. Rio de Janeiro: Lumen Júris, 2003. p. 123.
[44] AMARO, *Op. Cit.*, p. 371.

ao pagamento, *v.g.*, local em que a obrigação deva ser satisfeita, cumprimento de eventual requisito legal para pagamento em cheque, modo de pagamento através de selo, entre outros.

III. de exigência, por mais de uma pessoa jurídica de direito público, de tributo idêntico sobre um mesmo fato gerador.
O dispositivo trata de invasão de competência. O texto ressalva ao contribuinte que, se dois Fiscos lhe estão exigindo tributo idêntico, isto é, ambos lhe estão exigindo tributo sobre a mesma causa jurídica (fato gerador), um deles lhe está cobrando indevidamente, pois, salvo autorização constitucional, não podem existir duas pessoas jurídicas titulares de um tributo cujo fato gerador seja o mesmo.

Neste caso, pode o contribuinte valer-se da consignação em juízo ou outra tutela jurisdicional, na qual o Judiciário decidirá se o tributo é devido e quem terá o direito de receber o crédito, para serem extintos a pretensão e o débito[45]. A legitimidade passiva será das Fazendas Públicas que estão exigindo do contribuinte o cumprimento da obrigação tributária.

Julgada procedente a ação de consignação com sentença transitada em julgado, a importância se converte em renda e extingue-se o crédito tributário, na forma do art. 156, inciso VIII c/c inciso X, do CTN. Transitada em julgado decisão judicial que considerou improcedente a consignação, a Fazenda Pública cobrará o crédito com juros de mora (art. 161) e as penalidades cabíveis (art. 164, § 2º).

3. Pagamento Indevido
3.1. *Solve et repete*
Inicialmente, destaque-se que no direito brasileiro há muito já foi afastada a regra do *solve et repete*, ou seja, pague e depois discuta a legitimidade, legalidade e constitucionalidade do recolhimento. Tal brocardo, que tinha fundamento na executoriedade e presunção de legitimidade dos atos administrativos, já foi afastado pela doutrina e pela jurisprudência pátria, na medida em que foram disponibilizados meios jurisdicionais constitucionais para contestar exigências tributárias que violem a lei e/ou a Constituição, conforme o § 4º do art. 141 da CF/46, entendimento mantido em todas as constituições posteriores, ao assegurar expressamente

---

[45] NOGUEIRA, *Op. Cit.*, p. 287.

que a lei não poderá excluir da apreciação do Poder Judiciário qualquer lesão de direito individual. Podemos citar, *v.g*, o mandado de segurança e a ação de repetição de indébito, entre outras, como meios adequados e hábeis à defesa do contribuinte.

3.2. Restituição do indébito tributário

Art. 165. O sujeito passivo tem direito, independentemente de prévio protesto, à restituição total ou parcial do tributo, seja qual for a modalidade do seu pagamento, ressalvado o disposto no § 4º do artigo 162, nos seguintes casos:

I – cobrança ou pagamento espontâneo de tributo indevido ou maior que o devido em face da legislação tributária aplicável, ou da natureza ou circunstâncias materiais do fato gerador efetivamente ocorrido;

II – erro na edificação do sujeito passivo, na determinação da alíquota aplicável, no cálculo do montante do débito ou na elaboração ou conferência de qualquer documento relativo ao pagamento;

III – reforma, anulação, revogação ou rescisão de decisão condenatória.

No Direito Privado o pagamento indevido é tratado nos arts. 876 a 883, ambos do CC. Por se tratar de relação contratual, a matéria recebe influxo de princípios distintos do Direito Público. No Direito Tributário, a obrigação é *ex lege*, o que leva à compulsoriedade da prestação pecuniária tributária.

O contribuinte tem o direito de só pagar o tributo nas condições e nos limites estabelecidos em lei, respaldada na Constituição, pois a obrigação tributária corresponde a uma atividade administrativa plenamente vinculada, conforme o art. 3º do CTN.

Os artigos 165 a 168, todos do CTN, tratam da repetição do indébito, ou seja, do pedido de restituição do que foi pago indevidamente. No Direito Tributário a restituição ocorre independentemente de prévio protesto, pois o pagamento é feito, conforme posto, *ex lege*, não havendo necessidade de se provar que se pagou por erro, conforme o art. 877 do CC. O fundamento do pedido será sempre a falta de causa jurídica para o pagamento.

A restituição abrange todo e qualquer pagamento em desconformidade com a lei e/ou a Constituição, ainda que tenhamos formas alternativas de pagamento, como o pagamento indireto, tal como a compensação, entre outras. Com efeito, as hipóteses de restituição previstas se referem a pagamentos com irregularidades tanto no aspecto substancial, como formal, no sentido de que pode estar relacionada a todos os aspectos da hipótese de incidência, a saber, aspectos material, temporal, espacial, pessoal e quantitativo. A ilegalidade que enseja a repetição ocorre por problema de subsunção do fato à norma. Já a inconstitucionalidade que enseja a repetição ocorre por violação da Constituição pela norma jurídica que institui ou cria o tributo.

3.3. Modalidades de repetição do indébito

Esta repetição pode ser feita na esfera administrativa, com base no princípio da moralidade administrativa e de acordo com a lei da entidade federativa que detém a competência tributária para instituir o tributo, ou judicial, quando, por exemplo, o contribuinte interpreta a norma de forma diversa daquela interpretação atribuída à Administração Fazendária.

A jurisprudência do STJ tem admitido que o contribuinte pode cumular, na ação repetitória, pedido alternativo de repetição (via precatório) ou de compensação, opção a ser implementada na fase de execução do julgado. Não se requer, com base no art. 5º, inciso XXXV, da CF/88, o esgotamento da via administrativa para o ajuizamento da ação judicial de repetição do indébito, conforme já decidiu o STF.

A confissão da dívida também não impede a ação repetitória, ainda que daquela decorra parcelamento tributário. A confissão de dívida pelo contribuinte é condição imprescindível para fins de obtenção do parcelamento de débitos tributários, tendo força vinculante em relação à situação de fato sobre a qual incide a norma tributária. Por isso que somente admite-se sua invalidação quando presente defeito causador de nulidade do ato jurídico.

Não obstante, é possível o questionamento judicial no tocante à relação jurídico-tributária, como, por exemplo, a legitimidade da norma instituidora do tributo. Isto porque a obrigação tributária exsurge da imponibilidade da norma jurídico tributária, vale dizer, não tem natureza contratual, mas *ex lege*.

3.4. Sujeitos da repetição do indébito

Sujeito passivo da ação repetitória é a pessoa jurídica de direito público competente para administrar, fiscalizar, normalizar e arrecadar o tributo, ainda que não tenha a competência constitucional para instituí-lo. É o caso do ente que possui capacidade tributária ativa, o qual deverá figurar no pólo passivo da ação repetitória.

Sujeito ativo da ação repetitória é o contribuinte ou o responsável, ou seja, quem suportou o ônus ou encargo financeiro do tributo. A análise deverá ser feita caso a caso, sendo que só haverá direito à repetição, no caso de responsabilidade tributária, quando este dispender recursos próprios, e não aqueles só repassados pelo contribuinte de direito.

Por outro lado, a possibilidade de repetição do indébito pelo contribuinte de fato também vem sendo acolhida por precedentes do STJ. O conceito de contribuinte de fato será abordado com mais profundidade no artigo seguinte (art. 166 do CTN).

Em decisão isolada e minoritária, o STJ já reconheceu, no caso do ITBI, a legitimidade ativa do vendedor para propor ação de repetição do indébito, quando seu direito derivar de sub-rogação pelo comprador do bem imóvel, contribuinte de direito e de fato do tributo, conforme a maioria das legislações municipais, amparadas no art. 42 do CTN.

Entendimento minoritário porque as relações privadas não podem ser opostas ao fisco para alterar a sujeição passiva tributária, nos termos do art. 123 do CTN. Entretanto, nos casos do IPTU, conforme jurisprudência do STJ, a corte tem sido unânime em afastar a legitimidade do locatário para propor este tipo de ação, ainda que o contrato de locação transfira a este a responsabilidade pelo pagamento do tributo.

Caso distinto ocorre quando constatado no ato translatício de domínio que se repassa ao adquirente todos os direitos e ações relacionados com o bem adquirido, conferindo-lhe, *a fortiori*, legitimidade ativa para reclamar a restituição dos valores indevidamente pagos, por exemplo, a título de IPTU, TCLLP E TIP, porquanto passa a ser novel titular do crédito a ser restituído, pleiteando, em nome próprio, direito próprio (art. 6º do CPC).

Assim, tanto o promitente comprador (possuidor a qualquer título) do imóvel quanto seu proprietário/promitente vendedor (aquele que tem a propriedade no registro de imóveis) são contribuintes responsáveis pelo pagamento do IPTU. Neste diapasão, cabe ao legislador municipal eleger o sujeito passivo do tributo, ao contemplar qualquer das situações previstas no art. 34 do CTN, optando por um ou por outro no intuito de facilitar a arrecadação.

3.5. Aspectos formais e processuais da repetição do indébito
Quanto aos aspectos formais, o contribuinte pode comprovar o pagamento indevido na ação repetitória através de documento de arrecadação, mas não se trata de documento indispensável à propositura da ação, nos termos do art. 283 do CPC.

3.6. Pagamento de tributo acolhido pela decadência ou prescrição
Caberá a restituição, ainda que o contribuinte tenha pago espontaneamente o tributo (art. 165, I), não necessitando provar que pagou por erro ou que pagou sob protesto, pois o erro só é relevante no Direito Privado na medida em que neste subsistema jurídico é vício ou defeito na formação da vontade, o que não ocorre no Direito Tributário.

Com efeito, o pagamento sem causa jurídica (lei e/ou Constituição) ensejará o direito à repetição do indébito, ainda que tenha ocorrido a caducidade do direito de a Fazenda Pública fazer o lançamento (decadência) ou ajuizar a ação de execução fiscal (prescrição), pois tanto a prescrição como a decadência são formas de extinção do crédito tributário, à luz do inciso V do art. 156 do CTN.

3.7. Análise dos incisos do artigo 165
No escólio de ALIOMAR BALEEIRO[46], o inciso primeiro consociou duas hipóteses de restituição de tributos. Na primeira parte, trata de erro de direito, do contribuinte ou da autoridade fiscal, pois tributo incompatível com a legislação é o ilegal e sem causa jurídica na Constituição.

Na segunda parte, trata de erro de fato, pois a natureza ou as circunstâncias do fato gerador efetivamente ocorrido não se enquadram na lei, sendo que aquilo que o sujeito passivo ou a autoridade fazendária pensaram ser a situação de fato definida na lei, para a ocorrência da obrigação tributária, não o era.

No inciso segundo temos também erro de fato, pois equiparáveis a erros materiais, sendo passíveis de correção de ofício pelo fisco, autorizado pelo § 2º do art. 147 do CTN[47]. Por fim, temos a reforma, anulação, revogação

---

[46] BALEEIRO, *Op. Cit.*, p. 881.
[47] Art. 147. O lançamento é efetuado com base na declaração do sujeito passivo ou de terceiro, quando um ou outro, na forma da legislação tributária, presta à autoridade administrativa informações sobre matéria de fato, indispensáveis à sua efetivação.

ou rescisão de decisão condenatória, na esfera administrativa ou judicial (entendimento adotado em face da inexistência de vedação legal para esta exegese), que para efeitos práticos conduzem ao mesmo resultado, não importando a sua distinção pelo escopo deste trabalho.

3.8. Restituição de tributos indiretos e a repercussão econômica e jurídica

> Art. 166. A restituição de tributos que comportem, por sua natureza, transferência do respectivo encargo financeiro somente será feita a quem prove haver assumido o referido encargo, ou, no caso de tê-lo transferido a terceiro, estar por este expressamente autorizado a recebê-la.

O STF adotou inicialmente a tese de que todos os impostos ditos "indiretos" comportam sempre a repercussão do ônus econômico do contribuinte de direito (*de iure*) para o contribuinte de fato (*de facto*), ou seja, para o consumidor ou comprador. Neste sentido veio a súmula nº 71 "Embora pago indevidamente, não cabe a restituição de tributo indireto".

As razões adotadas pelo STF foram as seguintes: nos tributos indiretos sempre irá ocorrer a repercussão; havendo transferência da carga tributária do contribuinte de direito para o contribuinte de fato, aquele não tem direito à repetição para não haver o enriquecimento sem causa. Assim, inexiste o dever de a Fazenda Pública restituir o valor do tributo pago indevidamente, pois o contribuinte de direito não suportou prejuízo patrimonial. Entre haver enriquecimento sem causa do contribuinte de direito e da Fazenda Pública, esta deve ser beneficiada, pois é o Estado que zela pelo interesse público, satisfazendo as necessidades coletivas.

Este entendimento foi suavizado pelo art. 166 do CTN e, depois, pela súmula nº 546 que tem a seguinte redação: "Cabe a restituição do tributo pago indevidamente, quando reconhecido, por decisão, que o contribuinte *de jure* não recuperou do contribuinte *de facto* o *quantum* respectivo." Com efeito, não participando da relação jurídico-tributária, não pode o contribuinte de fato postular a repetição do indébito.

§ 1º A retificação da declaração por iniciativa do próprio declarante, quando vise a reduzir ou a excluir tributo, só é admissível mediante comprovação do erro em que se funde, e antes de notificado o lançamento.
§ 2º Os erros contidos na declaração e apuráveis pelo seu exame serão retificados de ofício pela autoridade administrativa a que competir a revisão daquela.

Esta mudança de postura ocorreu porque a corte reconheceu que a distinção entre impostos direitos e indiretos é fugidia no seio da Ciência das Finanças e do Direito Financeiro, de onde o Direito Tributário se originou e importou o conceito, e gerava inúmeras controvérsias, em especial pelo fato de que a repercussão, embora provável nos impostos sobre a produção e circulação (*v.g.*, IPI e ICMS), assentados na trocas econômicas, pode não ocorrer em face das condições de mercado, no momento da formação dos preços (competitividade, estrutura e incidência da exação e natureza do produto), os quais podem ser inferiores ao custo total do produto ou serviço envolvido na operação, como no caso de promoções e preços controlados e tabelados pelo governo.

Destarte, pode o contribuinte de direito, através de seus livros e documentos fiscais, provar que não agregou ao produto ou serviço o tributo, ou que está autorizado a receber a restituição pelo contribuinte de fato, ou, ainda, demonstrar a impossibilidade prática de ocorrer a transferência em face das circunstâncias especiais do caso concreto.

MISABEL ABREU MACHADO DERZI[48] faz ponderação extremamente relevante, que deve ser entendida como a melhor linha de pensar sobre o tema. Entende que tributos indiretos, ou seja, tributos cujo ônus econômico é repassado ao contribuinte de fato (consumidor ou comprador) são aqueles definidos pela própria Constituição ao adotar o princípio da não-cumulatividade, caracterizador da translação econômica, repercutindo no mecanismo dos preços.

Visam, ao final, beneficiar o consumidor ou comprador pela redução da carga tributária, não permitindo a incidência em cascata na tributação plurifásica (tributos que incidem em uma cadeia de produção ou circulação de mercadorias), mantendo-se neutro o efeito da tributação, para que esta não deforme a competitividade, a formação dos preços ou a livre concorrência, onerando o consumo (contribuinte de fato – consumidor e comprador) e não a produção ou o comércio (contribuinte de direito).

Com efeito, esta sistemática visa não onerar o agente econômico que atua sujeito às leis de mercado, ou seja, o contribuinte de direito. Nestes tributos, assim, a repercussão ao contribuinte de fato é autorizada constitucionalmente, *ex vi*, art. 153, § 3º, incisos I e II (IPI), bem como art. 155,

---

[48] BALEEIRO, *Op. Cit.*, p. 887.

§ 2º, incisos I e III (ICMS), ambos da CF/88. A jurisprudência assentou-se neste sentido.

A afirmação de que os demais tributos, com a exclusão do IPI e do ICMS, são diretos é mera constatação econômica, sem cunho jurídico, pois, além de não encontrar amparo na Constituição, verifica-se que sempre poderão ter seus custos repassados ao preço do produto ou do serviço pelo contribuinte de direito ao contribuinte de fato, pelo mecanismo dos preços e dos contratos, à luz das condições do mercado e da estrutura econômica do país. Ressalte-se que o ISS não é regido pelo princípio constitucional da não-cumulatividade, devendo-se sindicar quais aspectos desta problemática a ele se aplicam.

Explicite-se que o art. 166 também é criticado pela maioria da doutrina, que assegura e afirma que o melhor seria a sua retirada do texto do CTN, em face das inúmeras controvérsias suscitadas. Como em breve o STF apreciará a matéria, esperamos que esta insegurança jurídica seja afastada de forma definitiva, ao menos no plano jurisprudencial.

3.9. Objeto da restituição

Art. 167. A restituição total ou parcial do tributo dá lugar à restituição, na mesma proporção, dos juros de mora e das penalidades pecuniárias, salvo as referentes a infrações de caráter formal não prejudicadas pela causa da restituição.

Parágrafo único. A restituição vence juros não capitalizáveis, a partir do trânsito em julgado da decisão definitiva que a determinar.

A devolução abrangerá tudo o que foi pago indevidamente a título de determinado tributo, inclusive os acréscimos legais. Entendem-se como acréscimos legais os juros de mora, a correção monetária e as penalidades pecuniárias. O artigo excepciona somente as penalidades pecuniárias decorrentes de infrações de caráter formal não prejudicadas pela causa da extinção, ou seja, aquelas penalidades decorrentes de descumprimento de obrigações acessórias, também denominadas deveres instrumentais, como, por exemplo, apresentar declaração ao fisco ou escriturar livros contábeis e fiscais.

Quanto à correção monetária, em que pese não ter recebido tratamento legal no CTN, a matéria já se encontra pacificada e sumulada pelo STJ no verbete nº 162: "Na repetição do indébito tributário, a correção monetária incide a partir do pagamento indevido". Os indexadores a serem utilizados já foram sistematizados pela jurisprudência do STJ.

3.10. Juros de mora

Os juros de mora são calculados na forma do parágrafo único, ou seja, não capitalizados, de forma que não incidam juros sobre juros. O termo inicial é o trânsito em julgado da decisão definitiva que a determinar. O STJ, após grande divergência, pacificou a matéria no verbete da súmula nº 188: "Os juros moratórios, na repetição do indébito, são devidos a partir do trânsito em julgado da sentença." Oportuno ressaltar que existe precedente do STJ no sentido de que não se cumulam juros compensatórios com os juros moratórios do CTN.

3.11. Prazo na repetição do indébito

Art. 168. O direito de pleitear a restituição extingue-se com o decurso do prazo de 5 (cinco) anos, contados:

I – nas hipóteses dos incisos I e II do artigo 165, da data da extinção do crédito tributário;

II – na hipótese do inciso III do artigo 165, da data em que se tornar definitiva a decisão administrativa ou passar em julgado a decisão judicial que tenha reformado, anulado, revogado ou rescindido a decisão condenatória.

Lei Complementar nº 118, de 9 de fevereiro de 2005:

Art. 3º Para efeito de interpretação do inciso I do art. 168 da Lei nº 5.172, de 25 de outubro de 1966 – Código Tributário Nacional, a extinção do crédito tributário ocorre, no caso de tributo sujeito a lançamento por homologação, no momento do pagamento antecipado de que trata o § 1º do art. 150 da referida Lei. (Lei Complementar nº 118, de 9 de fevereiro de 2005)

Art. 4º Esta Lei entra em vigor 120 (cento e vinte) dias após sua publicação, observado, quanto ao art. 3º, o disposto no art. 106, inciso I, da Lei nº 5.172, de 25 de outubro de 1966 – Código Tributário Nacional.

O artigo em comento aplica-se aos casos de repetição do indébito, incluindo a compensação, pois esta é modalidade ou espécie daquela. Outrossim, nos casos de ações judiciais para o creditamento de crédito escritural extemporâneo de IPI e ICMS (tributos sujeitos ao princípio da não-cumulatividade, na entrada de insumos isentos, não-tributados e sujeitos à alíquota zero), o prazo a ser aplicado é aquele previsto no Decreto nº 20.910/32[49], de natureza prescricional, comum para as ações contra a Fazenda Pública, e não este do art. 168 do CTN, por não se tratar de hipótese de repetição do indébito[50].

Deve-se ressaltar que existe imprecisão no Direito Tributário pátrio quanto aos termos "decadência" e "prescrição" relativos ao tema de restituição dos tributos. Podemos segregar a questão de acordo com três correntes doutrinárias básicas. HUGO DE BRITO MACHADO[51] sustenta que se trata de prazo prescricional, embora não fundamente sua posição.

Entendemos tratar-se de prazo decadencial, uma vez que o dispositivo legal fala em direito de pleitear a restituição, não especificando se administrativa ou judicial. Ademais, cuida-se de um direito a ser exercido perante a administração, que não pode ser confundido com o direito de ação. Neste mesmo sentido dispõe PAULO DE BARROS CARVALHO[52].

Uma terceira corrente assevera a natureza mista do prazo ao dispor que se trata de prazo decadencial para o pleito administrativo e prescricional para o pleito judicial. Assim, para o pedido na via administrativa teríamos um prazo decadencial. Já para o pedido na via judicial teríamos um prazo prescricional.

Os precedentes do STJ são vacilantes quanto ao uso do termo, não permitindo que se faça, por meio dos julgados analisados, uma sistematização de sua natureza jurídica. Por esta razão preferimos seguir a doutrina.

---

[49] Decreto nº 20.910/32.
Art. 1º As dividas passivas da união, dos estados e dos municípios, bem assim todo e qualquer direito ou ação contra a fazenda federal, estadual ou municipal, seja qual for a sua natureza, prescrevem em cinco anos contados da data do ato ou fato do qual se originarem.
Art. 2º Prescrevem igualmente no mesmo prazo todo o direito e as prestações correspondentes a pensões vencidas ou pôr vencerem, ao meio soldo e ao montepio civil e militar ou a quaisquer restituições ou diferenças.
[50] PAULSEN, *Op. Cit.*, p. 1137.
[51] MACHADO, *Op. Cit.*, p. 178.
[52] CARVALHO, *Op. Cit.*, p. 453.

3.12. Forma de contagem do prazo para repetir nos tributos lançados por homologação

Art. 168 (...)
I – nas hipóteses dos incisos I e II do artigo 165, da data da extinção do crédito tributário;

Segundo o inciso I do artigo em comento, o direito de pleitear a restituição, nas hipóteses dos incisos I e II do art. 165 do CTN, conta-se da data da extinção do crédito tributário. Já o inciso VII do art. 156 do CTN, por sua vez, estabelece que extinguem o crédito tributário o pagamento antecipado e a homologação do pagamento nos termos do disposto no art. 150 e seus §§ 1º e 4º do CTN.

O § 1º do art. 150 expressa claramente que o pagamento antecipado pelo obrigado nos termos deste artigo extingue o crédito, sob condição resolutória da ulterior homologação do lançamento. Assim, pago o tributo, o crédito tributário se encontra extinto, sob condição resolutória de sua ulterior homologação, que pode ocorrer de forma tácita no caso de inércia da Fazenda Pública.

Contudo, em que pese a sistematização do CTN, o STJ havia assentado entendimento no sentido de que, nos tributos sujeitos a lançamento por homologação, o termo inicial de contagem do prazo decadencial para a repetição do indébito, na ausência de homologação expressa, começa depois de decorridos cinco anos da ocorrência do fato gerador.

Inexistindo homologação expressa, aplicar-se-ia o § 4º no sentido de que, se a lei não fixar prazo, será ele de cinco anos, a contar da ocorrência do fato gerador, considerando-se definitivamente extinto o crédito e homologado o pagamento, salvo se comprovada a existência de dolo, fraude ou simulação.

Segundo antiga jurisprudência do STJ, o contribuinte poderia ter até dez anos para repetir o indébito, na hipótese de homologação tácita, consubstanciando a regra do "cinco mais cinco", ou seja, cinco anos da homologação tácita somados aos cinco anos do prazo decadencial inicial.

A matéria estava assim assentada até a alteração legislativa promovida pela LC nº 118/05, com a ressalva de que entraria em vigor 120 (cento e vinte) dias após sua publicação, vigente em 09/06/05, observado, quanto ao seu art. 3º, o disposto no inciso I do art. 106 do CTN.

Este art. 3º inseriu uma suposta regra de interpretação autêntica ao art. 168 do CTN, na verdade *ius novum* que só deve ter aplicação prospectiva, com esteio no princípio da segurança jurídica[53], afastando o comando do art. 4º da referida lei. Já abordamos anteriormente que o prazo para se pleitear a repetição do indébito tem natureza jurídica decadencial. Assim, nos guiaremos por esta premissa conceitual para desenvolver as questões que estão sendo suscitadas.

Deve-se perquirir, neste momento, a verdadeira natureza jurídica do art. 3º da citada lei. Perguntando de outra maneira, este artigo veicula realmente uma interpretação autêntica admissível no nosso sistema jurídico, limitando-se à função específica de esclarecer e suprir o que foi legislado, ou cria direito novo, irrogando-se como *ius novum* que seja mais oneroso ao contribuinte que de forma direta ou indireta aumenta a carga tributária (no campo das obrigações tributárias principais) ou implementa novos deveres formais (no campo das obrigações tributárias acessórias). Esta pergunta deve ser respondida tendo em conta a finalidade da alteração legislativa.

O objetivo evidente da alteração legislativa foi contornar a jurisprudência firmada pela 1ª Seção do STJ no sentido de seguir a regra conhecida como "cinco mais cinco". Este procedimento do legislador não pode ser considerado inconstitucional ou ilegal, conforme já ocorrido em relação à EC Passos Porto (23/83).

Destarte, a única solução possível e harmônica com o sistema jurídico brasileiro é considerar a alteração como uma disposição normativa nova (*ius novum*), que instaura relações jurídicas novas. Sendo *ius novum* conclui-se que só tem aplicação prospectiva, ou seja, para o futuro, com esteio no princípio da segurança jurídica, inaplicando-se o inciso I do art. do CTN, conforme pretende o art. 4º da LC nº 118/05.

Com efeito, ao nosso sentir, o melhor entendimento é dar interpretação conforme à Constituição ao art. 4º da LC 118/05, no sentido de afastar a interpretação da última parte deste artigo no que tange à sua aplicação retroativa, na forma do inciso I do art. 106 do CTN, ou seja, para que o art. 3º só se aplique a situações futuras (aplicação prospectiva).

A Corte Especial do STJ definiu que o legislador pode dar novo entendimento à matéria, mas não pode atingir fatos pretéritos, especialmente o

---

[53] ARAÚJO, Valter Shuenquener de. O princípio da proteção da confiança. Uma nova forma de tutela do cidadão diante do Estado. Niterói: Impetus, p. 37, 2010.

caso daqueles contribuintes que efetuaram o pagamento indevidamente na vigência da lei anterior, como fez a segunda parte do artigo 4º da LC nº 118/05, declarada inconstitucional. Para o STJ, tal medida afrontaria a autonomia e independência dos poderes e a garantia do direito adquirido, o ato jurídico perfeito e a coisa julgada.

Assim, do ponto de vista prático, a prescrição deveria ser contada da seguinte forma: relativamente aos pagamentos indevidos de tributos feitos a partir de 9 de junho de 2005 – data da entrada em vigor da lei –, o prazo para o contribuinte pedir a restituição é de cinco anos a contar do pagamento. Relativamente aos pagamentos anteriores, a prescrição obedece à tese dos cinco mais cinco, limitada ao prazo máximo de cinco anos a contar da vigência da lei nova.

Não obstante, não foi nesta linha de decidir o STF. Esta corte, em voto da Ministra Ellen Grace, relatora, nos autos do RE 562045, dispôs que é inconstitucional o art. 4º, segunda parte, da Lei Complementar nº 118/2005, por ofensa ao princípio da segurança jurídica, nos seus conteúdos de proteção da confiança e de acesso à Justiça, com suporte implícito e expresso nos artigos 1º e 5º, XXXV, da CF.

No que toca à sua aplicação prática, considerou que o novo prazo de 5 anos vale tão-somente para as ações ajuizadas após o decurso da *vacatio legis* de 120 dias, ou seja, a partir de 9.6.2005. Entendemos mais coerente com o sistema jurídico e a lógica da repetição do indébito a posição do STJ, ao privilegiar a aplicação do instituto de acordo com a data do pagamento, ou seja, da efetiva extinção do crédito tributário.

II – na hipótese do inciso III do art. 165, da data em que se tornar definitivo a decisão administrativa ou passar em julgado a decisão judicial que tenha reformado, anulado, revogado ou rescindido a decisão condenatória.

Em relação a este dispositivo, deve-se ressalvar que enquanto pender decisão administrativa o prazo não se inicia. Outrossim, a obrigação tributária não está sujeita ao juízo de oportunidade ou conveniência por parte da autoridade administrativa, sendo inaplicável o instituto da revogação retrocitado.

3.13. Forma de contagem do prazo para repetir nos tributos lançados por homologação com declaração de inconstitucionalidade

No caso de declaração de inconstitucionalidade, a construção pretoriana, inicialmente, fixou ser o prazo prescricional para a propositura da ação repetitória de cinco anos, com base no princípio da *actio nata*, contado da data da publicação de resolução do Senado Federal, no controle difuso, por força do art. 52, inciso X da CF/88, ou contado da publicação da decisão do STF em ADIn ou ADCon, no controle concentrado.

Ressalve-se que o período a compensar continuava seguindo a regra dos cinco mais cinco (prazo decadencial), só alterando o prazo para a propositura da ação (prazo prescricional). Contudo, o STJ reviu seu entendimento, ao afirmar que, mesmo nestes casos, aplica-se a regra do cinco mais cinco (prazo decadencial) até a alteração legislativa promovida pela LC nº 118/05, no bojo de seus artigos 3º e 4º, vigente em 09/06/05, seguindo-se o que foi comentado no item anterior e não se considerando mais o prazo prescricional de cinco anos para propor a ação repetitória.

3.14. Ação anulatória de decisão administrativa denegatória de restituição

> Art. 169. Prescreve em dois anos a ação anulatória da decisão administrativa que denegar a restituição.
>
> Parágrafo único. O prazo de prescrição é interrompido pelo início da ação judicial, recomeçando o seu curso, por metade, a partir da data da intimação validamente feita ao representante judicial da Fazenda Pública interessada.

Trata-se de ação judicial anulatória que visa desconstituir ato administrativo que indefere restituição pleiteada pelo contribuinte na via administrativa, nos termos do art. 168 do CTN. No parágrafo único, o termo intimação deve ser entendido por citação do representante judicial do sujeito passivo, na forma do art. 219, CPC, com todos os influxos da lei processual civil.

Este prazo não interfere nos prazos para a propositura da ação de repetição do indébito ou para a implementação da compensação pelo contribuinte, pois este pode socorrer-se destas alternativas sem necessitar anular a decisão administrativa. Em verdade, o contribuinte não está obrigado a esgotar a via administrativa antes de socorrer-se da via judicial.

Com efeito, os artigos 168 e 169 devem ser interpretados sistematicamente, pois o prazo para pleitear administrativa ou judicialmente a restituição é decadencial de cinco anos, contado na forma dos incisos I e II do art. 168, e o prazo do art 169 só tem cabimento quando o contribuinte postular administrativamente a restituição e esta lhe for denegada definitivamente nesta esfera.

3.15. Forma de contagem do prazo para repetir nos tributos retidos na fonte

O prazo quinquenal para que o contribuinte peça a restituição do imposto de renda indevidamente pago mediante desconto na fonte, o que se aplica por analogia às contribuições previdenciárias, obedece à mesma sistemática adotada para os tributos sujeitos a lançamento por homologação, devendo ser contado, quando não restar comprovada nos autos, a ocorrência de homologação expressa, com início no término do ano-base a que se refere o tributo indevidamente retido.

Isto porque a retenção na fonte não caracteriza extinção do crédito tributário, sendo ato de mera antecipação do pagamento do tributo até ali calculado, efetuada pela fonte pagadora como substituta tributária e, por isso, não pode ser considerado o *"dies a quo"* para a contagem do quinquênio decadencial da ação de repetição do indébito. A fonte pagadora não age com a intenção de pagar o imposto devido, mas por dever de antecipar o pagamento sem prévio exame da autoridade administrativa.

Afastamos, assim, a tese de que o termo inicial é a data da entrega da Declaração de Ajuste Anual referente ao ano em que as indevidas retenções foram efetuadas. A criação de ficções jurídicas tende a tornar mais complexa a regra de contagem, ao serem estabelecidas exceções à regra geral, já conturbada pela criação jurisprudencial da regra dos cinco mais cinco.

4. Compensação
4.1. Natureza jurídica e aplicabilidade da compensação

Art. 170. A lei pode, nas condições e sob as garantias que estipular, ou cuja estipulação em cada caso atribuir à autoridade administrativa, autorizar a compensação de créditos tributários com créditos líquidos e certos, vencidos ou vincendos, do sujeito passivo contra a Fazenda Pública.

No Direito Privado a matéria é regulada no art. 368 do CC, estabelecendo que, se duas pessoas são ao mesmo tempo credor e devedor uma da outra, as duas obrigações extinguem-se, até onde se compensarem. Nesta seara, a compensação é modalidade de pagamento compulsório e anômala da dívida, pois, não havendo acordo de vontades, o devedor pode forçar o credor a aceitá-la, retendo o pagamento ou opondo o próprio crédito como defesa à ação de cobrança[54].

No Direito Tributário a compensação[55] depende de integração legislativa do ente político que possui a competência tributária para instituir o tributo. Não existe discricionariedade da Fazenda Pública, pois, preenchidos os requisitos legais, tem o contribuinte direito subjetivo a efetivar a compensação.

Portanto, discordamos de ALIOMAR BALEEIRO quando este afirma haver certa dose de discricionariedade da Administração Fazendária para apreciar a oportunidade e a conveniência e o maior ou menor rigor das condições e garantias estipuladas na lei.

Filiamo-nos a PAULO DE BARROS CARVALHO[56] no sentido de que as condições e garantias serão estabelecidas por lei e à Administração caberá verificar se o contribuinte comprova preencher ou não tais requisitos individualmente quando a lei que instituir a compensação for específica, exarando ao final despacho administrativo.

Contudo, a lei pode ser genérica, fixando de forma ampla as condições e as garantias, autorizando o contribuinte que as preencher usufruí-la desde logo e independentemente de despacho da autoridade administrativa. Destarte, a compensação se esteia nos princípios da segurança jurídica, da praticidade, da indisponibilidade dos bens públicos e da moralidade administrativa. Com efeito, as condições, garantias, pressupostos e requisitos essenciais criados pelo legislador podem conter aspectos específicos e distintos no Direito Tributário[57].

Neste diapasão, o dispositivo legal não é auto-aplicável, pois necessita de lei ordinária do ente político competente para instituir o tributo. Assim,

---

[54] BALEEIRO, *Op. Cit.*, p. 898.
[55] Sobre a temática da Manifestação de Inconformidade indicamos a seguinte obra: JUREIDINI DIAS, Karem – MAGALHÃES PEIXOTO, Marcelo (Coord.). Compensação Tributária. São Paulo: MP editora, 2008.
[56] CARVALHO, *Op. Cit.*, p. 311.
[57] BALEEIRO, *Op. Cit.*, p. 900.

ele, por si só, não gera direito subjetivo à compensação. O CTN somente autoriza o legislador ordinário de cada ente político – União, Estados, Distrito Federal e Municípios – a autorizar, por lei própria, compensações entre créditos tributários da Fazenda Pública e do sujeito passivo contra ela.

Pressupõe, sempre, créditos recíprocos. Aspecto relevante da compensação são os sujeitos da relação jurídico-tributária. A compensação ocorre entre créditos e débitos que se contrapõem. Deve haver, necessariamente, identidade entre os sujeitos da relação. O credor deve ser também devedor e vice-versa. Em regra, não se admite compensar valor devido a uma pessoa com crédito existente perante terceiro[58], salvo se houver autorização legal expressa.

No que tange aos critérios que nortearão o estabelecimento das regras da compensação, serão estes ditados por conveniência da política fiscal, não havendo restrição no CTN ou na CF/88 que limite a atuação do ente político. Destarte, poderá o legislador admitir a compensação apenas de alguns tipos de créditos ou estabelecer restrições quanto à data da constituição do crédito, quanto à origem e quanto ao seu montante. O montante não compensado poderá ser sempre passível de repetição.

Aplica-se no encontro de contas a lei vigente na data do procedimento de compensação. Assim, ocorre a aplicação imediata da lei nova. Isto porque, quando do pagamento indevido o que surge é o direito à compensação, mediante restituição ou compensação, cujo regime somente será definido quando do encontro de contas, da liquidação dos créditos e débitos do contribuinte.

O tema da compensação é, em tese, de competência do STF quando envolve direito intertemporal – direito adquirido e a irretroatividade da lei tributária – e divergências sobre a aplicação de princípios constitucionais[59]. Não envolvendo estes temas a competência será do STJ.

O STF, tratando das limitações impostas pelas Leis n° 9.029/95 e 9.132/95, já interpretou que o regime jurídico aplicável é o do momento

---

[58] PAULSEN, Op. Cit., p. 1148.
[59] MARTÍNEZ LÓPEZ, Maria Tereza – DANTAS DE ASSIS, Emanuel Carlos. "Compensação de tributos administrados pela Receita Federal do Brasil. Regimes jurídicos diversos a depender da data do pedido ou da PER/DCOMP. Prazo de homologação. Confissão de dívida. Segurança Jurídica e irretroatividade das leis", p. 81. JUREIDINI DIAS, Karem – MAGALHÃES PEIXOTO, Marcelo (Coord.). Compensação Tributária. São Paulo: MP editora, 2008.

do encontro de contas e não o do momento do pagamento indevido que originou o indébito a compensar. No mesmo sentido vem decidindo o STJ.

4.2. A compensação no Direito Tributário

De acordo com o art. 170 do CTN, a compensação requer a existência de lei específica autorizadora de sua realização, prevendo os casos, as condições e as garantias em que a compensação deva ocorrer. Não obstante, o princípio da legalidade envolvido no tema não veda ou impossibilita a regulamentação da matéria, a normatização secundária dos procedimentos, condições e critérios administrativos para a implementação do instituto, com vistas ao cumprimento do princípio constitucional da eficiência a fim de prestigiar a justiça fiscal, principalmente através do princípio da praticidade fiscal, por meio de atos infralegais, tal como os regulamentos e instruções normativas.

Em síntese, o encontro de contas somente será viável se observadas todas as exigências previstas na legislação (CTN, leis e instruções normativas), sob pena de violar-se o princípio da legalidade, bem como o da indisponibilidade do interesse público, afastando-se, como regra geral, o regime do Direito Privado que pode operar-se de forma obrigatória e automática, representado pelos Direitos Civil[60] e Empresarial, em especial pela previsão de regra específica quanto à extinção do crédito tributário pela compensação, a teor do art. 156 do CTN.

4.3. Restrições à compensação

> Art. 170-A. É vedada a compensação mediante o aproveitamento de tributo, objeto de contestação judicial pelo sujeito passivo, antes do trânsito em julgado da respectiva decisão judicial.

A LC 104/2001 alterou o CTN, inserindo o art. 170-A, tendo em vista que estava havendo abuso na concessão de tutelas de urgência (antecipação de tutela, liminar em mandado de segurança e liminar em ação cautelar) de cunho satisfativo, autorizando a compensação *in limine* de créditos e débitos tributários.

---

[60] Art. 1.017. As dívidas fiscais da União, dos Estados e dos Municípios também não podem ser objeto de compensação, exceto os casos de encontro entre a administração e o devedor, autorizados nas leis e regulamentos da Fazenda.

Entretanto, antes da alteração legislativa, o STJ já havia sumulado a matéria nos termos do verbete nº 212: "A compensação de créditos tributários não pode ser deferida por medida liminar.", cuja redação foi alterada pela Primeira Seção na sessão de 11/05/2005 para a seguinte: "A compensação de créditos tributários não pode ser deferida em ação cautelar ou por medida liminar cautelar ou antecipatória." Neste diapasão, o aguardo do trânsito em julgado é pressuposto para a certeza quanto à ocorrência de indébito a ensejar a compensação e que, portanto, possui o contribuinte crédito oponível ao Fisco.

LEANDRO PAULSEN encampa tese mais abrangente, ao afirmar que, se se tratar de mero erro de cálculo ou de enquadramento legal ou se já houver decisão transitada em julgado no controle concentrado (ADIn/ADCon) ou resolução do Senado no controle difuso, o ajuizamento de ação judicial apenas para discutir os critérios da compensação não é abarcado pelo art. 170-A, CTN.

Outrossim, inaplica-se o novo artigo às ações em curso, pois implicaria efeitos retroativos. Quando já há decisão com eficácia imediata, ou seja, passível de recurso sem efeito suspensivo, o artigo não terá o efeito de cassar tal eficácia.

Por fim, relevante citar o entendimento do STJ, exarado através do verbete da súmula nº 460, o qual dispôs ser incabível o mandado de segurança para convalidar a compensação tributária realizada pelo contribuinte. De acordo com a súmula, o mandado de segurança em matéria tributária não mais poderá ser utilizado de forma repressiva, de forma a convalidar compensações pretéritas feitas pelo contribuinte.

A ação mandamental era utilizada desta forma quando se pretendia legitimar compensação implementada em confronto com a interpretação administrativa. Assim, fazia-se a compensação e depois ajuízava-se o *mandamus* de forma a convalidar o procedimento interno do contribuinte. A nova súmula tem por premissa a necessidade de dilação probatória, o que impede a utilização desta ação mandamental como tutela convalidatória. Agora, a ação deverá ser preventiva, esvaziando uma das principais finalidades deste tipo de ação judicial, já que o art. 170-A do CTN impede a compensação através das tutelas de urgência[61].

---

[61] SÚMULA N. 460-STJ: É incabível o mandado de segurança para convalidar a compensação tributária realizada pelo contribuinte. Rel. Min. Eliana Calmon, em 25/8/2010.

A intervenção judicial deve ocorrer tão-somente para determinar os critérios da compensação objetivada, a respeito dos quais existe controvérsia, *v.g.*, tributos compensáveis entre si, o prazo possível, os critérios e períodos de correção monetária, os juros, bem como para impedir que o Fisco exija do contribuinte o pagamento das parcelas dos tributos objetos de compensação ou que venha a autuá-lo em razão da compensação realizada de acordo com os critérios autorizados pela ordem judicial. Neste diapasão, compete à Administração Pública a fiscalização da existência ou não de créditos a serem compensados, o procedimento e os valores a compensar, e a conformidade do procedimento adotado com os termos da legislação pertinente, sendo inadmissível provimento judicial substitutivo da homologação da autoridade administrativa, que atribua eficácia extintiva, desde logo, à compensação efetuada.

5. Demais Modalidades de Extinção do Crédito Tributário
5.1. Transação

> Art. 171. A lei pode facultar, nas condições que estabeleça, aos sujeitos ativo e passivo da obrigação tributária celebrar transação que, mediante concessões mútuas, importe em determinação de litígio e conseqüente extinção de crédito tributário.
>
> Parágrafo único. A lei indicará a autoridade competente para autorizar a transação em cada caso.

A matéria vem regulamentada no Direto Privado no art. 840 do CC nos seguintes termos: "É lícito aos interessados prevenirem ou terminarem o litígio mediante concessões mútuas." Pode-se afirmar que a transação é ato jurídico que modifica ou extingue obrigações preexistentes mediante ajustes e concessões recíprocas, pois não havendo reciprocidade de concessões teremos desistência ao direito. Com efeito, já deve existir lide, que gere dúvida ou incerteza a respeito do direito invocado pelas partes, nunca podendo ser utilizado para prevenir litígios, como no Direito Privado.

Conforme LUIZ EMYGDIO[62], sendo a prestação tributária atividade administrativa vinculada, na forma do art. 3º do CTN, e dispondo o artigo em comento que a transação visa por fim a litígio, a mesma só cabe na esfera judicial. Discordamos do citado autor, pois o termo litígio admite inter-

---

[62] ROSA JUNIOR, *Op. Cit., p.* 605.

pretação no sentido de que abarque a controvérsia na esfera judicial ou administrativa. Neste sentido PAULO DE BARROS CARVALHO[63]. A transação só pode ser implementada nos termos da lei, conforme o princípio da estrita legalidade tributária, *ex vi*, inciso VI do art. 97 do CTN.

Segundo ALIOMAR BALEEIRO[64], a autoridade só pode celebrá-la com relativa discricionariedade quanto às conveniências, condições e oportunidades se a lei lhe faculta tal possibilidade, dentro dos limites e requisitos por ela fixados. Conforme asseveramos, comentando o art. 170, CTN, discordamos da posição do ilustre mestre. Assegurado por lei o direito subjetivo à transação e havendo mútuo acordo de vontades entre as partes – Contribuinte x Estado –, só cabe à Administração verificar se estão preenchidos os requisitos legais, mas nunca vedar este direito caso preenchidas tais condições.

Na esfera federal, integrando o parágrafo único do art. 171, podemos ilustrar tal instituto com a LC n° 73/93, art. 4°[65], c/c a Lei n° 9.469/97.

5.2. Remissão

Art. 172. A lei pode autorizar a autoridade administrativa a conceder, por despacho fundamentado, remissão total ou parcial do crédito tributário, atendendo:

I – à situação econômica do sujeito passivo;

II – ao erro ou ignorância excusáveis do sujeito passivo, quanto a matéria de fato;

III – à diminuta importância do crédito tributário;

IV – a considerações de eqüidade, em relação com as características pessoais ou materiais do caso;

V – a condições peculiares a determinada região do território da entidade tributante.

Parágrafo único. O despacho referido neste artigo não gera direito adquirido, aplicando-se, quando cabível, o disposto no artigo 155.

---

[63] CARVALHO, *Op.cit., p.* 308.
[64] BALEEIRO, *Op. Cit., p.* 905.
[65] Art. 4º – São atribuições do Advogado-Geral da União:
VI – desistir, transigir, acordar e firmar compromisso nas ações de interesse da União, nos termos da legislação vigente;

Inicialmente, deve-se remarcar a amplitude do conceito de crédito tributário. Este abrange, conforme já afirmamos, o tributo e os seus acréscimos legais, tais como, os juros de mora, a correção monetária e as penalidades pecuniárias já aplicadas, pois, quanto às infrações cometidas e não descobertas, assim ainda não penalizadas por sanção pecuniária, temos o instituto da anistia previsto no art. 175 do CTN.

A remissão é o ato de remir ou perdoar a dívida por parte do credor que renuncia a direito. No Direito Privado a matéria é regulada pelo art. 385 do CC, nos seguintes termos "A remissão da dívida, aceita pelo devedor, extingue a obrigação, mas sem prejuízo de terceiro." Alerta ALIOMAR BALEEIRO[66] que não se deve confundir a palavra "remissão" do presente artigo com a palavra "remição", ato de remir ou resgatar a dívida por parte do devedor ou de algum interessado, prevista, v.g., no art. 1.429 do CC.

A matéria recebeu também tratamento específico no art. 150, § 6º, da CF/88, ao dispor que o princípio da estrita legalidade tributária deve se aplicar a quaisquer subsídios e causas extintivas ou excludentes do crédito tributário, consagrando (i) a exclusividade da lei tributária para conceder quaisquer exonerações, subsídios e outros benefícios fiscais, evitando as improvisações e os oportunismos, bem como (ii) a especificidade da lei tributária, vedando fórmulas legais indeterminadas.

5.3. Decadência

Art. 173. O direito de a Fazenda Pública constituir o crédito tributário extingue-se após 5 (cinco) anos, contados:

Deve-se distinguir, inicialmente, que a forma de contagem dos prazos dependerá do tipo de lançamento a ser implementado. O art. 173 se presta aos lançamentos por declaração e de ofício. O § 4º do art. 150 destina-se aos lançamentos por homologação. Outrossim, os prazos de decadência e prescrição previstos no CTN têm fundamento no art. 146, inciso III, alínea "b", CF/88. Com efeito, é o CTN que desempenha o papel de lei complementar tributária prevista na Constituição. Sendo assim, não pode a lei ordinária estabelecer prazos superiores ao fixado no CTN, pois isto viola uma limitação constitucional ao poder de tributar estabelecido na CF/88, regulamentada pelo CTN.

---

[66] BALEEIRO, Op. Cit., p. 906/908.

Por isto, flagrantemente inconstitucionais os artigos 45 e 46 da Lei nº 8.212/91[67] ao estabelecerem prazos de 10 (dez) anos para a Seguridade social apurar e constituir seus créditos, bem como cobrá-los judicialmente[68]. Por fim, aduzo que este prazo poderia ser reduzido a menos de cinco (5) anos pelo ente político competente para instituir o tributo, pois neste caso não haveria mitigação de direito fundamental, mas ampliação de garantia do contribuinte.

O STF sumulou a matéria por meio da Súmula Vinculante nº 8 nos seguintes termos: "São inconstitucionais o parágrafo único do artigo 5º do Decreto-Lei nº 1.569/1977 e os artigos 45 e 46 da Lei nº 8.212/1991, que tratam de prescrição e decadência de crédito tributário".

5.3.1. Distinção entre decadência e prescrição

No Direito Tributário a prescrição extingue o próprio direito subjetivo de o fisco cobrar o crédito tributário (entenda-se constituição na linguagem do CTN) através da caducidade do direito de ação, assemelhando-se à decadência nos seus efeitos[69], conforme preveem artigos 173[70] e 174[71], ambos do CTN.

---

[67] Art. 45. O direito da Seguridade Social apurar e constituir seus créditos extingue-se após 10 (dez) anos contados:
I – do primeiro dia do exercício seguinte àquele em que o crédito poderia ter sido constituído;
II – da data em que se tornar definitiva a decisão que houver anulado, por vício formal, a constituição de crédito anteriormente efetuada.
Art. 46. O direito de cobrar os créditos da Seguridade Social, constituídos na forma do artigo anterior, prescreve em 10 (dez) anos.

[68] Informativo de jurisprudência do STF n° 510. RREE n° 560.626, 556.664 e 559882.

[69] PAULSEN, Leandro. Direito Tributário: Constituição e Código Tributário à luz da doutrina e da jurisprudência. 6. ed. ver.atual. Porto Alegre: Livraria do Advogado/ESMAFE, 2004. p. 1070.

[70] Art. 173. O direito de a Fazenda Pública constituir o crédito tributário extingue-se após 5 (cinco) anos, contados:
I – do primeiro dia do exercício seguinte àquele em que o lançamento poderia ter sido efetuado;
II – da data em que se tornar definitiva a decisão que houver anulado, por vício formal, o lançamento anteriormente efetuado.
Parágrafo único. O direito a que se refere este artigo extingue-se definitivamente com o decurso do prazo nele previsto, contado da data em que tenha sido iniciada a constituição do crédito tributário pela notificação, ao sujeito passivo, de qualquer medida preparatória indispensável ao lançamento.

[71] Art. 174. A ação para a cobrança do crédito tributário prescreve em cinco anos, contados da data da sua constituição definitiva.

Relevante que tracemos, ainda que de forma superficial, distinção teórica sobre os institutos da decadência e prescrição. Desde já, questiono a utilidade prática das distinções doutrinárias reinantes. Entretanto, considerando a diversidade de tratamento dos institutos nos diplomas civilista e tributário, passo a apontar a suas particularidades. Conforme SACHA CALMON[72], os atos judiciais sujeitos a tempo certo, se não praticados, precluem. Os direitos, se não exercidos no prazo assinalado pela lei, caducam ou decaem. As ações judiciais, se não propostas no tempo fixado em lei, prescrevem. Tanto a decadência como a prescrição são formas de perecimento, caducidade ou extinção do direito. Fulminam o direito daquele que se quedou inerte, pois o direito não socorre aos que dormem. Ambas pressupõem dois fatores essenciais: a inércia do titular e o decurso de um prazo fixado em lei.

Podemos traçar as seguintes distinções básicas dos institutos no Direito Tributário: a decadência fulmina o direito material de a Fazenda Pública lançar o tributo no prazo fixado em lei sem que tenha havido nenhuma resistência ou violação ao direito; a prescrição da ação supõe uma lesão ao direito de crédito da Fazenda Pública já formalizado pelo lançamento, da qual decorre a ação destinada a repará-la.

A decadência só pode ocorrer da inércia da Fazenda Pública em implementar o lançamento tributário; já a prescrição só pode acontecer após exercido o direito subjetivo de a Fazenda Pública efetivar o lançamento regularmente notificado. A decadência fulmina o direito de crédito, extinguindo-o, podendo ser declarada de ofício pelo juiz.

No Direito Tributário o prazo decadencial pode ser interrompido, *ex vi*, art. 173, inciso II c/c artigos 109 e 110, todos do CTN. Neste sentido HUGO DE BRITO MACHADO[73], ao dispor que o prazo decadencial pode ser interrompido ou suspenso, conforme dispuser a lei.

Parágrafo único. A prescrição se interrompe:
I – pelo despacho do juiz que ordenar a citação em execução fiscal;(NR)
II – pelo protesto judicial;
III – por qualquer ato judicial que constitua em mora o devedor;
IV – por qualquer ato inequívoco ainda que extrajudicial, que importe em reconhecimento do débito pelo devedor.
[72] COELHO, *Op. Cit.,p.* 848.
[73] MACHADO, *Op. Cit., p.* 148.

5.3.2. Suspensão da exigibilidade e suspensão do prazo de decadência

A suspensão da exigibilidade do crédito tributário não suspende nem interrompe a fluência do prazo decadencial. Neste diapasão, se não for implementado o lançamento pela Fazenda Pública ocorrerá a caducidade deste direito subjetivo. Não obstante, construção pretoriana do STJ afasta esta afirmação quando o contribuinte deposita o montante devido. Entende-se, neste caso, que houve lançamento ficto pelo sujeito passivo.

Ressalte-se, por oportuno, que a ordem judicial não deve ser direcionada no sentido de proibir ou impedir a autoridade fazendária de implementar o lançamento, pois, além de não haver previsão legal no sentido da não suspensão ou interrupção da fluência do prazo decadencial, o lançamento, por expressa disposição dos arts. 3º e 142, ambos do CTN, é ato administrativo vinculado e obrigatório, sob pena de responsabilidade funcional do agente fiscal.

SACHA CALMON[74], conciliando de *lege ferenda* a situação, afirma que a liminar que impede expressamente o lançamento tem consequências sobre o prazo decadencial, pois se o Poder Judiciário proíbe a prática do ato administrativo do lançamento, não há falar em preclusão, eis que o ato não é livre nem reside na disposição do agente, imobilizando reflexamente o fluir do lapso decadencial. A tese é bastante razoável, mas não encontra amparo na legislação, pelo que com ela não podemos concordar.

Por outro giro, só se pode falar em prazo decadencial até a notificação do lançamento, que é sua condição de eficácia. Com efeito, o prazo decadencial corre durante o procedimento (se este existir) do lançamento, até a notificação válida do contribuinte, na forma como preconizada pela lei do ente político que detém a competência para instituir o tributo.

O verbete da súmula nº 153, do extinto TFR, já apontava nesta direção: "Constituído, no qüinqüênio, através de auto de infração ou notificação de lançamento, o crédito tributário, não há falar em decadência, fluindo, a partir daí, em princípio, o prazo prescricional, que, todavia, fica em suspenso, até que sejam decididos os recursos administrativos." Os precedentes mais recentes do STJ também seguem esta orientação.

---

[74] COELHO, Liminares e Depósitos Antes do Lançamento por Homologação – Decadência e Prescrição, 2ª ed,. Dialética, 2002, p. 86.

5.3.3. Declarações de dívida e prazos de decadência e prescrição

As declarações e confissões de dívida por parte do contribuinte, tais como a DCTF, GFIP, GIM e GIA, entre outras previstas em lei, são obrigações acessórias apresentadas à Administração Fazendária, declarando que este deve determinada quantia ao Fisco e, ao mesmo tempo, confessando esta dívida, desde que este efeito esteja previsto em lei.

Isto ocorrerá nas hipóteses do lançamento por homologação, também denominado auto-lançamento, na forma do art. 150 do CTN. A jurisprudência uníssona do STJ tem entendido que este procedimento dispensa o ato do lançamento tributário, em face da declaração e confissão da dívida.

Prestada a informação pelo contribuinte no sentido de ser devido determinado tributo, a jurisprudência do STJ tem entendido que não mais se opera a decadência relativamente ao que foi confessado, pois desnecessário o lançamento pelo mesmo valor. Contudo, continuará fluindo o prazo decadencial para o Fisco realizar o lançamento por montante superior ao confessado.

Decorrido o prazo decadencial sem qualquer lançamento de ofício, considera-se homologado tacitamente o valor declarado pelo contribuinte. Inicia-se, então, o prazo prescricional para o Fisco, mediante prévia inscrição em dívida ativa, executar o montante confessado[75].

Existe controvérsia quanto ao termo inicial da contagem do prazo prescricional nestes casos, se da data da apresentação da declaração ou se da data do vencimento do tributo declarado. Entendemos que esta última tese é a mais coerente com o instituto da prescrição, pois somente a partir do vencimento do tributo é que se pode afirmar que o contribuinte está em mora, em consonância com o princípio da *actio nata*.

Não obstante, se a entrega da declaração for posterior à data do vencimento (ex: COFINS), como poderia esta data (do vencimento) ser o termo inicial da prescrição, quando o crédito sequer foi constituído pela entrega da declaração (segundo a construção pretoriana do STJ)? Neste caso, o termo inicial será a data da entrega da declaração. Por isso, o STJ entende que o termo inicial da prescrição pode ser a data da entrega da declaração ou do vencimento, depende do que for posterior.

---

[75] PAULSEN, *Op. Cit., p.*1180.

5.3.4. Contagem dos prazos

I – do primeiro dia do exercício seguinte àquele em que o lançamento poderia ter sido efetuado;

Nos tributos sujeitos ao lançamento por homologação, o prazo de decadência é regido pelo §4º do art. 150 do CTN. Neste caso, o prazo é de 5 (cinco) anos a contar da ocorrência do fato gerador. Expirado o prazo sem que a Fazenda Pública tenha se pronunciado, considera-se homologado o lançamento e definitivamente extinto o crédito tributário, salvo se comprovada a ocorrência de dolo, fraude ou simulação.

Contudo, conforme § 1º deste artigo, deve haver antecipação do pagamento para que se extinga o crédito tributário sob condição resolutória de ulterior homologação. Não pago o crédito tributário na data de vencimento ou pago com dolo, fraude ou simulação, não se pode mais falar em lançamento por homologação, mas lançamento de ofício, nos termos do art. 149 do CTN.

Aplicar-se-ia a regra geral do lançamento prevista no inciso I do art. 173 do CTN. Em que pese o pacífico e unânime entendimento doutrinário sobre este tema, a matéria recebeu tratamento diferenciado pela jurisprudência. A construção pretoriana anterior era no sentido de integrar o prazo do art. 150, § 4º com o do art. 173, inciso I. As hipóteses e prazos de contagem foram construídas por iterativa jurisprudência do STJ. Tentaremos separá-los de forma didática:

A) No lançamento por homologação, havendo pagamento integral no vencimento, sem dolo, fraude ou simulação, aplica-se isoladamente o § 4º do art. 150, ou seja, cinco (5) anos da ocorrência do fato gerador.

B) Havendo pagamento parcial, aplica-se a regra do pagamento integral, conforme o item anterior.

C) Ocorrendo dolo, fraude ou simulação, aplica-se isoladamente a regra geral do inciso I do art. 173 do CTN, em face da ressalva constante do § 4º do art. 150 do CTN, ao expressar "salvo se comprovada a ocorrência de dolo, fraude ou simulação. Neste sentido o STJ e a doutrina majoritária, podendo citar expressamente MISABEL DERZI[76],

---

[76] BALEEIRO, p,. Cit., p. 913.

LUCIANO AMARO[77], PAULO DE BARROS CARVALHO.[78]Em sentido minoritário, cite-se o Ministro do STF, CARLOS MARIO DA SILVA VELLOSO, asseverando que o Fisco teria mais cinco anos contados da homologação expressa, com base no inciso VII do art. 149 do CTN. Filiamo-nos ao entendimento de SACHA CALMON, no sentido de não poder haver direito patrimonial incaducável, devendo prevalecer o inciso I do art. 173 do CTN.

D) Não ocorrendo pagamento tempestivo, sem dolo fraude ou simulação, aplicam-se cumulativamente o § 4º do art. 150 (5 anos da ocorrência do fato gerador) e o inciso I, art. 173 (5 anos do primeiro dia do exercício seguinte àquele em que o lançamento poderia ter sido efetuado), consagrando a regra dos 5 mais 5 anos para o lançamento.

LEANDRO PAULSEN[79] sintetiza a posição doutrinária a respeito da tese firmada pelo STJ. Aduz o autor que, na hipótese de inexistência de pagamento, não há que se falar em prazo para homologação, de maneira que, na ausência de regra específica para incidir, aplicar-se-ia a regra geral do inciso I do art. 173 do CTN, ou seja, teria o Fisco o prazo de cinco anos, a contar do ano seguinte àquele em que o contribuinte deveria ter efetuado o pagamento e não o fez, para proceder a um lançamento de ofício supletivo. Com isso, assevera, não teríamos a aplicação conjunta de uma regra especial e de uma regra geral.

LUCIANO AMARO[80]faz comentário relevante no mesmo sentido, ao dispor que, quando não se efetua o pagamento antecipado exigido pela lei, não há possibilidade de lançamento por homologação, pois simplesmente não há o que se homologar.

Tendo em vista que o art. 150 não regulou a hipótese e o inciso V do art. 149 diz apenas que cabe lançamento de ofício, enquanto, obviamente, não extinto o direito de o fisco lançar, o prazo a ser aplicado para a hipótese deve seguir a regra geral do inciso I do art. 173 do CTN, ou seja, cinco anos contados do primeiro dia do exercício seguinte àquele em que o lançamento de ofício poderia ter sido feito.

---

[77] AMARO, *Op. Cit.*, p. 383.
[78] CARVALHO, *Op. Cit.*, p. 156.
[79] PAULSEN, *Op. Cit.*, p. 1186.
[80] AMARO, *Op. Cit.*, p. 384.

Nesta linha de pensar já dispunha o extinto TFR por meio do verbete da súmula nº 219, acolhendo a aplicação isolada do inciso I do art. 173 do CTN, no caso de inadimplemento do contribuinte: "Não havendo antecipação de pagamento, o direito de constituir o crédito previdenciário extingue-se decorridos 5 (cinco) anos do primeiro dia do exercício seguinte àquele em que ocorreu o fato gerador."

Portanto, deve prevalecer este posicionamento na falta de disposição expressa que disponha sobre o prazo de lançamento na ausência de pagamento. Não se pode criar regra jurídica nova pela combinação de dispositivos legais isolados que visam a regular situações jurídicas distintas.

Esta integração que levava à soma dos prazos feria o sistema do código, violando a aplicação harmônica e razoável dos seus dispositivos, mostrando-se incoerente no sentido de aplicar a regra dos "5 mais 5".

A matéria restou pacificada pelo STJ por meio da sistemática do recurso repetitivo. A corte decidiu que o prazo decadencial quinquenal para o Fisco constituir o crédito tributário (lançamento de ofício) conta-se do primeiro dia do exercício seguinte àquele em que o lançamento poderia ter-se efetuado, isso nos casos em que a lei não prevê o pagamento antecipado da exação ou quando, a despeito da previsão legal, ele não ocorre, sem constatação de dolo, fraude ou simulação do contribuinte, inexistindo declaração prévia de débito.

Como consabido, a decadência ou caducidade, no âmbito do Direito Tributário, importa perecimento do direito potestativo de o Fisco constituir o crédito tributário pelo lançamento. Ela é regulada por cinco regras jurídicas gerais e abstratas, entre as quais figura a decadência do direito de lançar nos casos sujeitos ao lançamento de ofício ou nos casos dos tributos sujeitos ao lançamento por homologação em que o contribuinte não efetua o pagamento antecipado.

É o inciso I do art. 173 do CTN que rege o aludido prazo quinquenal decadencial, sendo certo afirmar que o primeiro dia do exercício seguinte àquele em que o lançamento poderia ter sido efetuado corresponde ao primeiro dia do exercício seguinte à ocorrência do fato imponível, ainda que se trate de tributos sujeitos à homologação. Assim, mostra-se inadmissível aplicar, cumulativamente ou concorrentemente, os prazos previstos nos arts. 150, § 4º, e 173, diante da configuração de injustificado prazo decadencial decenal.

II – da data em que se tornar definitiva a decisão que houver anulado, por vício formal, o lançamento anteriormente efetuado.

O dispositivo trata de suposta hipótese de interrupção do prazo decadencial. Comentando o dispositivo, LUCIANO AMARO o condena, afirmando que o mesmo comete um equívoco, pois introduz, ao arrepio da doutrina, causa de interrupção e suspensão do prazo decadencial (suspensão porque o prazo não flui na pendência do processo em que se discute a nulidade do lançamento, e interrupção porque o prazo recomeça a correr do início e não da marca já atingida no momento em que ocorreu o lançamento nulo).

Esta posição não merece prosperar, pois no Direito Tributário existem especificidades, características e elementos que distinguem o instituto da decadência do Direito Privado, autorizado pelos artigos 109 e 110, ambos do CTN, ao disporem que a lei tributária pode atribuir efeitos tributários distintos aos institutos do Direito Privado não utilizados pela Constituição para definir ou limitar competências tributárias.

A decisão, segundo SACHA CALMON[81], só pode ser de natureza administrativa, ocorrendo no bojo de um processo de revisão de lançamento, autocontrole do ato administrativo do lançamento pela própria administração. Complementa afirmando que, se a decisão fosse judicial, já não se trataria mais de decadência, pois o crédito já estaria formalizado, estando o direito de crédito já incorporado ao patrimônio jurídico da Fazenda Pública.

Comprova a sua argumentação com o art. 146 do CTN, adunando que, se existe a regra da imutabilidade do lançamento, não podendo a Fazenda Pública alterá-lo por erro de direito, não poderia ela alterá-lo, sem limite de tempo, por erro meramente formal. A tese é robusta e convence, pois o erro nunca deve beneficiar o autor, com arrimo, também, no art. 149, parágrafo único, do CTN.

Já RUY BARBOSA NOGUEIRA[82] encampa tese oposta no sentido de que tal decisão pode ser administrativa ou judicial, no mesmo sentido de LUIZ EMIGDIO, com base nos incisos IX e X do art. 156 do CTN. Para este autor, o artigo trata do ato anulável, pois o ato nulo é apenas declarado ou reconhecido nulo pela decisão.

---

[81] COELHO, *Op. cit.*, p. 850.
[82] NOGUEIRA, *Op. Cit.*, p. 328.

Faz crítica ao dispositivo, ao passo que este recria prazo inicial de decadência. Entretanto, não se poderia falar em novo prazo de decadência a começar não do fato gerador, mas da decisão que anulou o lançamento. Para ele, o fato gerador decorre da lei e da realização do fato típico e jamais da decisão. Assim alinhando-se com SACHA CALMON, afirma que a revisão deve ocorrer dentro do prazo inicial de decadência para fazer o lançamento. Este é o melhor entendimento, ao qual nos filiamos.

Por fim, para alguns autores, como RICARDO LOBO TORRES[83] e BERNARDO RIBEIRO DE MORAES[84], trata-se de um novo direito de lançar, com um novo prazo e, portanto, não há que se falar em interrupção do prazo decadencial. Para outros, como PAULO DE BARROS CARVALHO[85] e HUGO DE BRITO MACHADO[86], se trata de interrupção do prazo decadencial porque a Fazenda volta a ter, por inteiro, o prazo de cinco anos para efetivar o lançamento, um novo direito de lançar.

Sobre o conceito de decisão definitiva, na esfera federal, cito como exemplo o Decreto nº 70.235/72 (artigos 31, 34 e 43). Sobre o conceito de anulação de ato administrativo por vício formal, cito como exemplo, na esfera federal, a Lei nº 9.784/99 (artigos 53 e 54[87]).

> **Parágrafo único. O direito a que se refere este artigo extingue-se definitivamente com o decurso do prazo nele previsto, contado da data em que tenha sido iniciada a constituição do crédito tributário pela notificação, ao sujeito passivo, de qualquer medida preparatória indispensável ao lançamento.**

O dispositivo trata de antecipação do termo final do prazo decadencial. Quando o contribuinte foi notificado ou intimado pelo Fisco no próprio exercício em que o lançamento poderia ter sido efetuado, deste mesmo

---

[83] TORRES, *Op. Cit., p.* 258.
[84] MORAIS, Op. Cit., p. 378.
[85] CARVALHO, *Op. Cit., p.* 311.
[86] MACHADO, *Op. Cit. p.* 146.
[87] Art. 53. A Administração deve anular seus próprios atos, quando eivados de vício de legalidade, e pode revogá-los por motivo de conveniência ou oportunidade, respeitados os direitos adquiridos.
Art. 54. O direito da Administração de anular os atos administrativos de que decorram efeitos favoráveis para os destinatários decai em cinco anos, contados da data em que foram praticados, salvo comprovada má-fé.

exercício em que se deu início a implementação do lançamento é que começa a correr o prazo de cinco anos para a conclusão do procedimento do lançamento.

Por exemplo, notificado o contribuinte em 10 de fevereiro de 2003, no caso do lançamento de ofício do IPTU, cujo fato gerador ocorreu no dia 01/01/2003, o termo final do prazo de decadência será no dia 10 de fevereiro de 2004, por aplicação integrada do art. 210 do CTN. Neste caso, a decadência não vai esperar o fim do exercício, mas se consumará antes, porque houve medida preparatória que deu início ao procedimento do lançamento.

Poderíamos enquadrar nesta hipótese, como um segundo exemplo, o caso de notificação para apresentar documentos comprobatórios do que consta na declaração de renda do contribuinte. Como nos tributos sujeitos ao lançamento por homologação o lançamento pode ser efetivado a partir do momento da entrega da declaração de rendimentos do contribuinte, podemos afirmar que o termo inicial do prazo decadencial é o dia 1º de janeiro do exercício seguinte a essa apresentação. Contudo, não há impedimento legal que proíba o Fisco, à luz do parágrafo único, art 173, CTN, iniciar, através de notificação válida, o procedimento do lançamento, antecipando o prazo decadencial como no exemplo anterior.

Por derradeiro, a notificação posterior ao início do prazo não terá efeito algum sobre a contagem dos prazos de decadência, pois o termo inicial já terá tido início, conforme o inciso I do art. 173 do CTN. No mesmo sentido a doutrina, por todos, LUCIANO AMARO[88].

5.4. Prescrição

> Art. 174. A ação para a cobrança do crédito tributário prescreve em cinco anos, contados da data da sua constituição definitiva.
> Parágrafo único. A prescrição se interrompe:

A interrupção significa que reinicia a contagem de todo o prazo, desprezando-se o período já decorrido. Contudo, não fica afastada no Direito Tributário a prescrição intercorrente, no bojo do executivo fiscal, quando se constata a desídia e inércia do exequente.

Ocorrida alguma hipótese de interrupção, a recontagem só terá início quando se verificar a inércia do credor. Iniciado o processo, efetua-se

---

[88] AMARO, Op. Cit., p. 384.

a citação, promove-se a execução, segue-se a penhora de bens, realiza-se o leilão, entre outros atos processuais.

Neste ínterim, não se pode falar em prescrição intercorrente, considerando que o processo tem a sua marcha regular. Atrasos no serviço cartorário também não podem dar início à contagem do prazo prescricional.

ROQUE ANTÔNIO CARRAZZA aduz que está no âmbito da lei complementar estabelecer a decadência e a prescrição como causas extintivas de obrigações tributárias, o termo inicial destes fenômenos, as causas impeditivas, suspensivas e interruptivas da prescrição tributária. Contudo, afirma que o prazo deve ser definido pela lei ordinária[89], apesar de este não ser o entendimento dos nossos tribunais[90].

Como já afirmado, o STJ tem admitido a prescrição intercorrente na execução fiscal, harmonizando o art. 40[91] da LEF, com o art. 174 do CTN, no sentido de que este prevalece sobre aquele por ser norma geral, nos termos do art. 146, inciso III, alínea "b", da CF/88. O STF adotou a mesma linha de decidir.

I – pelo despacho do juiz que ordenar a citação em execução fiscal;

Conforme já adunado, o CTN divergia do diploma processual contido na LEF, pois dispunha que, até a nova redação imposta ao inciso em comento pela LC nº 118/05, que a prescrição se interrompia pela citação pessoal feita ao devedor. Agora, com a nova redação, o simples despacho do juiz que ordenar a citação tem o condão de interromper a prescrição.

---

[89] CARRAZA, Roque Antônio. Curso de Direito Constitucional Tributário, 9ª ed. São Paulo: Malheiros, 1997, p. 483.
[90] Nesta linha, o STF já assentou que são inconstitucionais os artigos 45 e 46 da Lei nº 8.212/91 por estabelecerem prazo de decadência e prescrição superior ao previsto no CTN.
[91] Art. 40 – O Juiz suspenderá o curso da execução, enquanto não for localizado o devedor ou encontrados bens sobre os quais possa recair a penhora, e, nesses casos, não correrá o prazo de prescrição.
§ 1º – Suspenso o curso da execução, será aberta vista dos autos ao representante judicial da Fazenda Pública.
§ 2º – Decorrido o prazo máximo de 1 (um) ano, sem que seja localizado o devedor ou encontrados bens penhoráveis, o Juiz ordenará o arquivamento dos autos.
§ 3º – Encontrados que sejam, a qualquer tempo, o devedor ou os bens, serão desarquivados os autos para prosseguimento da execução.

A medida legislativa alinha a redação do instituto jurídico no CTN e na LEF (art. 8º, § 2º[92]), encerrando com as controvérsias sobre as divergências de redação entre os diplomas legais citados. Tendo o instituto da prescrição tributária regulamentação prevista nas normas gerais de Direito Tributário, matéria reservada à lei complementar (art. 146, III, c, CF/88), cumpre o CTN o seu desiderato[93].

Não se pode olvidar que a prescrição é norma geral de Direito Tributário sob reserva de lei complementar desde a EC nº 1/69, disposição mantida pelo art. 146, inciso III, alínea "b", da CF/88. Contudo, o STJ se alinhava no sentido de harmonizar a norma tributária com o art. 219[94] do CPC. Após a alteração legislativa a corte se realinhou em função da nova redação, sem, contudo, conferir efeito retroativo à nova interpretação. Existem precedentes anterior e posterior à alteração legislativa.

II – pelo protesto judicial;
III – por qualquer ato judicial que constitua em mora o devedor;
IV – por qualquer ato inequívoco ainda que extrajudicial, que importe em reconhecimento do débito pelo devedor.

Deve-se atentar que o parcelamento ganhou nova regulamentação no art. 155-A do CTN, fruto da alteração legislativa implementada pela LC n° 104/2001. Antes da alteração legislativa, o parcelamento era citado na doutrina e jurisprudência como exemplo de ato inequívoco do sujeito passivo

---

[92] Art. 8º, § 2º O despacho do juiz, que ordenar a citação, interrompe a prescrição.
[93] Informativo de jurisprudência do STF n° 510. RREE n° 560.626, 556.664 e 559882.
[94] Art. 219. A citação válida torna prevento o juízo, induz litispendência e faz litigiosa a coisa; e, ainda quando ordenada por juiz incompetente, constitui em mora o devedor e interrompe a prescrição.
§ 1º A interrupção da prescrição retroagirá à data da propositura da ação.
§ 2º Incumbe à parte promover a citação do réu nos 10 (dez) dias subseqüentes ao despacho que a ordenar, não ficando prejudicada pela demora imputável exclusivamente ao serviço judiciário.
§ 3º Não sendo citado o réu, o juiz prorrogará o prazo até o máximo de 90 (noventa) dias.
§ 4º Não se efetuando a citação nos prazos mencionados nos parágrafos antecedentes, haver-se-á por não interrompida a prescrição.
§ 5º Não se tratando de direitos patrimoniais, o juiz poderá, de ofício, conhecer da prescrição e decretá-la de imediato.
§ 6º Passada em julgado a sentença, a que se refere o parágrafo anterior, o escrivão comunicará ao réu o resultado do julgamento.

de reconhecimento de dívida do contribuinte, o qual operava a interrupção do prazo prescricional.

Contudo, o § 2º do art. 155-A do CTN manda aplicar subsidiariamente ao parcelamento as disposições da moratória previstas nos arts. 152 a 155, todos do CTN. No caso da moratória, este diploma legal só exclui do cômputo do prazo prescricional o período decorrido desde a concessão da moratória quando esta tiver sido obtida com dolo, fraude ou simulação. Caso contrário, o prazo prescricional continua o seu regular curso, correndo na moratória ainda quando esta venha a ser revogada (art. 155, parágrafo único). *A priori* este entendimento também deve ser aplicado ao parcelamento[95].

A matéria já havia sido pacificada pelo TFR, através da súmula nº 248, nos seguintes termos: "O prazo da prescrição interrompido pela confissão e parcelamento da dívida fiscal recomeça a fluir no dia em que o devedor deixa de cumprir o acordo celebrado".

5.5. A decisão administrativa irreformável, assim entendida a definitiva na órbita administrativa, que não mais possa ser objeto de ação anulatória

Art. 156 (...)
IX – a decisão administrativa irreformável, assim entendida a definitiva na órbita administrativa, que não mais possa ser objeto de ação anulatória;

A norma em comento refere-se à decisão administrativa favorável ao contribuinte reconhecendo a inexistência do crédito tributário. Deve-se ponderar que, se a decisão administrativa anula o lançamento por vício formal, a extinção do crédito tributário só ocorrerá pela decadência, na forma do inciso II do art. 173 do CTN.

PAULO DE BARROS CARVALHO[96] assevera que o fisco não poderia ir a juízo, via ação anulatória, para desconstituir sua própria decisão. No mesmo sentido RUY BARBOSA NOGUEIRA[97] com base no princípio *nemo*

---

[95] AMARO, *Op. Cit.*, p. 392.
[96] CARVALHO, Paulo de Barros. Curso de Direito Tributário. 13. ed. ver. E atual. São Paulo: Saraiva, 2000. p. 323.
[97] NOGUEIRA, Ruy Barbosa. Curso de Direito Tributário. 14. ed. atual. São Paulo: Saraiva, 1995. p. 320.

potest venire contra factum proprium, pois, sendo a solução da própria administração, ela não poderia pretender anulá-la perante o Poder Judiciário, ficando vinculada por fato próprio, excepcionados casos especialíssimos, como certas nulidades, as quais não enumera especificamente.

Entretanto, aduz que não pode mais restar dúvida a este respeito, pois na medida em que o CTN deu efeito extintivo à decisão administrativa irreformável, não tem a Fazenda *legitimatio ad causam* para ir a juízo anular sua própria decisão, já que o próprio direito foi extinto.

SACHA CALMON[98] manifesta-se sobre o tema aduzindo que a ninguém é lícito ir a juízo para demandar a anulação de ato jurídico consciente e fundamentadamente praticado, pois a decisão administrativa irreformável põe fim ao crédito tributário, extinguindo-o, de forma que o CTN quis referir-se à decisão favorável ao contribuinte.

O STF tem precedente nesta direção, ao afirmar que a decisão proferida pela autoridade fiscal, embora de instância administrativa, tem, em relação ao fisco, força vinculatória, equivalente a da coisa julgada, principalmente quando gerou aquela decisão direito subjetivo para o contribuinte.

Em que pesem todas estas ponderações, foi elaborado o Parecer PGFN/CRJ/nº. 1.087/200, aprovado pelo Procurador-Geral da Fazenda Nacional e submetido à apreciação do Ministro de Estado da Fazenda, originando a Portaria PGFN nº. 820. Esta veio a disciplinar, no âmbito da Procuradoria-Geral da Fazenda Nacional, a submissão das decisões do Conselho Administrativo de Recursos Fiscais – CARF, então Conselhos de Contribuintes e Câmara Superior de Recursos Fiscais, à apreciação do Poder Judiciário.

Este parecer esclareceu que existe a possibilidade jurídica de as decisões do CARF do Ministério da Fazenda, que lesarem o patrimônio público, serem submetidas ao crivo do Poder Judiciário, pela Administração Pública, quanto à sua legalidade, juridicidade, ou diante de erro de fato.

Explicitou que podem ser intentadas ação de conhecimento, mandado de segurança, ação civil pública ou ação popular. Esclareceu, ainda, que a ação de rito ordinário e o mandado de segurança podem ser propostos pela Procuradoria-Geral da Fazenda Nacional, por meio de sua Unidade do foro da ação, que a ação civil pública pode ser proposta pelo órgão competente e que a ação popular somente pode ser proposta por cidadão, nos termos da Constituição Federal.

---

[98] COELHO, Sacha Calmon Navarro. Curso de Direito Tributário Brasileiro. 7. ed. Rio de Janeiro: Forense, 2004. p. 858.

No Brasil vige o princípio da universalidade da jurisdição previsto no artigo 5°, inciso XXXV, da CF/88[99]. Assim, o processo administrativo fiscal não tem força de coisa julgada por conta da possibilidade de revisão judicial. Sem embargo, a doutrina majoritária, com a qual nos alinhamos, aduz que são vinculantes e imutáveis para a própria Administração Tributária e, assim, não poderiam ser sindicadas pelo Poder judiciário por iniciativa daquela. Nesta linha, são ilegais estes atos normativos.

Esta possibilidade violaria o princípio de segurança jurídica e seus subprincípios, em especial da proteção da confiança legítima e boa-fé, já que impediria um regular, seguro e transparente planejamento tributário pelos sujeitos passivos.

5.6. A decisão judicial passada em julgado

Art. 156 (...)
X – a decisão judicial passada em julgado.

Por força do inciso XXXVI do art. 5º da CF/88[100], o dispositivo legal poderia ser suprimido do CTN, pois a coisa julgada é direito fundamental do contribuinte.

5.7. Dação em pagamento

Art. 156 (...)
XI – A dação em pagamento em bens imóveis, na forma e condições estabelecidas em lei.

A dação em pagamento, inserida explicitamente no CTN por força da LC 104/2001, ao alterar o inciso X do art. 156, trata especificamente de bens imóveis, na forma e condições estabelecidas em lei de cada ente federativo e segundo as conveniências de sua política fiscal. É a entrega ao credor de coisa que não seja dinheiro, em substituição à prestação devida, visando a extinção da obrigação, desde que, é claro, haja a concordância de ambas as partes, credor e devedor da obrigação.

---

[99] XXXV – a lei não excluirá da apreciação do Poder Judiciário lesão ou ameaça a direito;
[100] Art. 5º, XXXVI, CF/88 – a lei não prejudicará o direito adquirido, o ato jurídico perfeito e a coisa julgada;

Para uma corrente de autores, conforme Hugo de Brito Machado[101] e Luiz Emygdio[102], entre outros, a dação em pagamento pode ocorrer no Direito Tributário porque, por força do art. 3º do CTN[103], o tributo, apesar de dever ser pago em moeda, pode, todavia, corresponder a uma prestação pecuniária, em face da redação do dispositivo legal "...em moeda ou cujo valor nela se possa exprimir...". Admite-se, assim, que o sujeito passivo da obrigação tributária possa dar bens em pagamento de tributos, desde que haja lei, especificando o tributo que será objeto de extinção, bem como fixando critérios para a aferição do valor do bem.

Podemos adunar os seguintes exemplos. O § 4º do art. 12 do DL nº 195/67[104], que permite a liquidação da contribuição de melhoria com títulos da dívida pública. Podemos citar, também, o § 2º do art. 165 do DL nº 5, de 15/03/75 (Código Tributário do Estado do Rio de Janeiro – CTERJ), o qual autoriza o Poder Executivo estadual a regular a dação em pagamento de bens móveis e imóveis como pagamento de crédito tributário, o que foi feito pelo Decreto nº 11.311, de 20/05/88.

Não obstante, seguimos caminho distinto. Afirmamos que o conceito de tributo, na forma como foi tratado pelo art. 3º do CTN, não veda a adoção de forma alternativa de extinção do crédito tributário. Sendo o tributo prestação, significa afirmar que é objeto de uma relação obrigacional, de caráter transitório, com conteúdo econômico, que vincula um credor e um devedor (contribuinte ou responsável).

O melhor entendimento é no sentido de que a obrigação tributária é de prestar dinheiro ao Estado. Contudo, esta obrigação pode extinguir-se por outros meios, que não a entrega de dinheiro, não alterando, assim, a essência da natureza da prestação. Como conclusão, podemos afirmar

---

[101] Machado, Op. cit.,p.131.
[102] Rosa Junior, *Op. Cit.*, p. 578.
[103] Art. 3º Tributo é toda prestação pecuniária compulsória, em moeda ou cujo valor nela se possa exprimir, que não constitua sanção de ato ilícito, instituída em lei e cobrada mediante atividade administrativa plenamente vinculada.
[104] Art 12. A Contribuição de Melhoria será paga pelo contribuinte da forma que a sua parcela anual não exceda a 3% (três por cento) do maior valor fiscal do seu imóvel, atualizado à época da cobrança.
§ 4º É lícito ao contribuinte liquidar a Contribuição de Melhoria com títulos da dívida pública, emitidos especialmente para financiamento da obra pela qual foi lançado; neste caso, o pagamento será feito pelo valor nominal do título, se o preço do mercado for inferior.

que o dispositivo (art. 3º) tratou do modo de expressão, mas não das formas de extinção da prestação tributária.

Rubens Gomes de Souza[105], representando outra corrente de doutrinadores, não hesitou em afirmar o duplo pleonasmo do dispositivo legal, reconhecendo que "pecuniária" e "em moeda" são a mesma coisa; e "valor que nela (moeda) se possa exprimir não é uma alternativa, mas simples repetição". Contudo, deve-se ressaltar, neste momento, que o STF já decidiu a matéria por duas vezes.

Conforme já expusemos, ainda que saibamos ser doutrinariamente sustentável e com precedente na jurisprudência da Corte Constitucional a tese segundo a qual o rol do art. 156 não é exaustivo, o STF já deixou assente que as hipóteses de extinção do crédito tributário não podem ser veiculadas por lei ordinária. Vale dizer, no âmbito da Excelsa Corte, a tese da taxatividade da lista tem sido estritamente seguida. Basta conferir as decisões nas ADI 1.917/DF (2007) e ADI 124/SC (2008).

No primeiro caso, foi declarada inconstitucional disposição de lei distrital que facultava microempresas, empresas de pequeno porte e médias empresas extinguir tributos mediante dação em pagamento de bens *móveis* (no caso, materiais destinados a atender programas de governo do DF).

No segundo, foi declarada a inconstitucionalidade de dispositivo da Constituição do Estado de Santa Catarina que estabelecia nova hipótese de decadência (no caso, a lei exigia o arquivamento de processo administrativo tributário por decurso de prazo, sem a possibilidade de revisão do lançamento).

Em ambos os casos, o fundamento para a declaração de inconstitucionalidade foi o mesmo: "Viola o art. 146, III, b, da CF norma que estabelece hipótese de extinção do crédito tributário não prevista em lei complementar federal".

---

[105] Sousa, Op. cit., p.20.

Exclusão do Crédito Tributário I e II[1]

MARCOS ANDRÉ VINHAS CATÃO
RONALDO REDENSCHI

1. Introdução

Após dispor sobre as modalidades de extinção do crédito tributário, o CTN enumera as duas hipóteses de "exclusão".

A intenção do legislador, ao procurar distinguir as hipóteses de "extinção" (CTN art. 156 a 174) e "exclusão" (CTN art. 175) do crédito tributário, guarda origem na dialética que se suscitou, anteriormente à edição desde a edição do CTN, quanto à natureza jurídica da isenção e da anistia, notadamente em relação à primeira modalidade. Com efeito, procurou o legislador diferenciar os casos de "exclusão" e "extinção" do crédito (CTN art. 156 a 174) como forma de afirmar posição doutrinária em relação à natureza da isenção, conforme abaixo veremos. Não escapa, contudo, às críticas de grande parte da doutrina quanto à distinção efetuada[2]. Sacha Calmon, sustenta, enfaticamente que "cabe apenas dizer, com absoluta certeza, que

---

[1] A atualização do presente trabalho contou com o inestimável ajuda da Mestranda em Direito junto à Universidade Estadual do Rio de Janeiro (UERJ), Raquel Andrade de Vieira Alves.
[2] "O Código Tributário Nacional, porém, como acima já registramos, endossou a censurada lição e declarou que a isenção 'exclui o crédito tributário'. (...) temos, em primeiro lugar, uma incompreensível situação em que haveria um fato gerador, que daria nascimento a uma obrigação tributária, da qual decorreria um crédito, a ser constituído pelo lançamento, quando se sabe, desde o momento em que o fato ocorreu, que, sendo ele isento, nenhum tributo teria de ser recolhido, não se podendo, portanto, falar em tributo devido." AMARO, Luciano. *Direito Tributário Brasileiro*, 9ª ed., SP:Ed.Saraiva, 2003, p. 276.

exclusão do crédito tributário é expressão vazia de conteúdo. Trata-se de um lamentável erro de técnica cometido quando da codificação do Direito Tributário, infelizmente sustentado por Rubens Gomes de Souza, numa época em que a teoria geral do tributo, entre nós, era ainda incipiente."[3]

Críticas à parte sobre a classificação adotada pelo Código Tributário Nacional, as hipóteses de "exclusão do crédito tributário" espraiam-se pelo ordenamento jurídico, possuindo grande relevo não apenas no âmbito do Direito Tributário, mas também dentro do universo do Direito Financeiro. De fato, no plano do orçamento público, as hipóteses de "exclusão do crédito tributário" são consideradas como instrumento de "renúncia fiscal" (vide artigo 70 da Constituição Federal)[4] e passam a ser limitadas por força da Lei de Responsabilidade Fiscal (Lei Complementar nº 101/00)[5].

Ipso facto, no Brasil, o manejo das duas espécies desonerativas há de ser feita com bastante cuidado. Tal se deve à desmesurada utilização de isenções e anistias nas ultimas décadas, em especial a partir de programas de "recuperação fiscal", os quais em geral, encampam tanto uma quanto outra modalidades de renúncia, cuja utilização indiscriminada, as torna por vezes verdadeiros privilégios, com violação reflexa à Constituição.[6]

---

[3] COELHO, Sacha Calmon Navarro. Curso de Direito Tributário Brasileiro. 12ª Ed. Rio de Janeiro: Forense, 2012. p. 760.

[4] Art. 70 – A fiscalização contábil, financeira, orçamentária, operacional e patrimonial da União e das entidades da administração direta e indireta, quanto à legalidade, legitimidade, economicidade, aplicação das subvenções e renúncia de receitas, será exercida pelo Congresso Nacional, mediante controle externo, e pelo sistema de controle interno de cada Poder.

[5] Art. 14 – A concessão ou ampliação de incentivo ou benefício de natureza tributária da qual decorra renúncia de receita deverá estar acompanhada de estimativa do impacto orçamentário-financeiro no exercício em que deva iniciar sua vigência e nos dois seguintes, atender ao disposto na lei de diretrizes orçamentárias e a pelo menos uma das seguintes condições:
(...)
§ 1º – A renúncia compreende anistia, remissão, subsídio, crédito presumido, concessão de isenção em caráter não geral, alteração de alíquota ou modificação de base de cálculo que implique redução discriminada de tributos ou contribuições, e outros benefícios que correspondam a tratamento diferenciado.

[6] "Privilégio é a permissão para fazer ou deixar de fazer alguma coisa contrária ao direito comum. Pode ser negativo, como o privilégio fiscal consistente nas isenções e reduções de tributos, que implicam sempre uma concessão contrária à lei geral. (...) O artigo 150, II estampa o princípio genérico da proibição de privilégios odiosos. Qualquer *discrime* que leve à diminuição ou à exclusão da carga tributária, e que signifique desigualdade entre contribuintes, independentemente da forma ou denominação jurídica, está proibida. (...)

De fato, deve-se ter em mente que tanto a *isenção* quanto a *anistia*, enquanto modalidades de desoneração tributária, devem ser analisadas como "normas de exceção". Por essa razão possuem regime jurídico-tributário específico e segregado das normas de imposição. Por igual, a legislação constitucional e complementar determina um tratamento rígido, delimitando a liberdade do administrador na concessão de isenções e anistias.

Não por outra razão, que a par da dispensa do crédito tributário em sentido lato (abrangendo também as penalidades derivadas), seja recomendável o controle administrativo das hipóteses exclusão. Por tal, e em qualquer circunstancia, é dizer, mesmo no silencio da lei, as hipóteses de exclusão não poderão redundar na dispensa da obrigação acessória referente ao fato jurídico tributário isento ou anistiado, conforme determina o parágrafo único do artigo 175 do CTN[7].

Nesse sentido, já se manifestou o STJ, em sede de recurso especial, julgado sob a sistemática do art. 543-C do Código de Processo Civil[8], ao afirmar que os deveres instrumentais, previstos na legislação tributária, ostentam caráter autônomo em relação à regra matriz de incidência do tributo. Consequentemente, a exclusão do crédito tributário não dispensa o cumprimento das obrigações acessórias a ele inerentes.

Sob o ponto de vista jurídico-formal, ante a inexistência no Brasil, do controle de incentivos sob o aspecto axiológico, a Constituição Federal exige lei específica para veiculação dessas espécies desonerativas (isenção e anistia) (CF art. 150, § 6º). A nosso ver, o que parecia ser algo de modo a enfatizar a impossibilidade de isenções heterônomas (previstas na CF/67), o dispositivo veda a concessão de isenções ou anistias "abstratas". Por essas temos quaisquer que ao final restem por implicar em uma verdadeira delegação legislativa. É dizer, com base no mandamento constitucional, uma

---

A proibição de privilégios odiosos, em suma, garante o status negativus libertatis." Torres, Ricardo Lobo. *Curso de Direito Financeiro e Tributário*. 8ª ed., RJ:Ed. Renovar, p. 69.

[7] Art. 175 - Excluem o crédito tributário:
I – a isenção;
II – a anistia.
Parágrafo único – A exclusão do crédito tributário não dispensa o cumprimento das obrigações acessórias, dependentes da obrigação principal cujo crédito seja excluído, ou dela consequente.

[8] STJ. Primeira Seção. REsp nº 1116792-PB. Relator Ministro Luiz Fux. Publicado no Diário de Justiça em 14.11.10.

lei isentiva não pode servir de instrumento de burla para ao final deixar nas mãos da Administração, a faculdade de conceder isenções.

2. As Hipóteses de Exclusão

No presente capítulo estudaremos, portanto, as duas formas elencadas pelo Código Tributário Nacional, procurando traçar-lhes suas principais características separadamente, porém identificando as diferenças entre ambas as espécies.

2.1. A isenção. Características gerais e natureza jurídica

Desde os primórdios da tributação, a teoria da isenção tributária tem sido um dos pontos mais controvertidos no direito tributário.

Isenção é a mais usual, conhecida e utilizada forma de não-incidência ou de desoneração tributária, seja no sistema tributário brasileiro, ou em outros ordenamentos. Dado a sua larga utilização como figura de desoneração tributária, comumente é atribuída a situações abrangidas por outras formas de limitação ao poder de tributar, como por exemplo, a imunidade.

Em torno dos debates que precederam e se seguiram à redação final do dispositivo do CTN, opunham-se correntes distintas. Para a primeira dessas, na esteira do pensamento de Rubens Gomes de Sousa[9] a isenção, enquanto hipótese de "dispensa legal do pagamento do tributo", não implicaria na supressão dos efeitos da lei de incidência, ou seja, uma vez estabelecida a relação jurídico-tributária, o crédito dessa decorrente ficava "excluído". Dessa feita, na hipótese de situação jurídica submetida à lei isentante, a obrigação surgiria, mas não haveria crédito (*quantum debeatur*) a ser exigido pelo sujeito ativo (Fazenda Pública). Essa teoria é reforçada pelo parágrafo único do art. 175, que implicitamente preserva a qualidade de sujeito passivo do beneficiário de isenção ou de anistia, ao manter íntegra a respectiva responsabilidade pelo cumprimento das obrigações acessórias.

Para a segunda corrente, centrada na crítica à utilização pelo CTN da expressão "exclusão" do crédito tributário, não faria sentido existir a precedência da lei de incidência, para só após fazer valer a lei de isenção

---

[9] Uma contundente, mas procedente, crítica à tese de Rubens Gomes de Sousa sobre o conceito de isenção foi feita por NOVELLI, Flavio Bauer *in* Anualidade e Anterioridade da Constituição de 1988. *Revista de Direito Administrativo*. Rio de Janeiro: Renovar, 1995, nº 179/180, p. 68 e ss.

(superposição). Como bem ressalta Paulo de Barros Carvalho[10], é absurda e contrária ao mecanismo da dinâmica normativa a idéia de que a norma isentiva estivesse latente no ordenamento jurídico, apenas aguardando o surgimento de um fato jurídico, ao qual a lei lhe confere o caráter de fato gerador, para que, imediatamente após retirar-lhe aquela juridicidade.

Por conseguinte, a idéia de exclusão/isenção como dispensa legal do crédito tributário, para reforçar a idéia de existência do vínculo jurídico (obrigação tributária), configuraria verdadeiro paradoxo, na medida em que seria desnecessária a aplicação da lei que impõe a tributação, para somente após fazer atuar, sobre a mesma situação anteriormente prevista, a lei isentiva.

Nesse sentido, bem sustenta Ricardo Lobo Torres[11], ao mencionar que a isenção opera no plano da norma e não no plano fático, razão pela qual o que ocorre com a lei isentiva é a derrogação da lei de incidência fiscal. Caso contrário, prossegue o ilustre Professor[12], ter-se-ia uma obrigação, trazida pela lei tributária, que não obriga nem produz qualquer efeito jurídico, o que seria totalmente desnecessária.

Luiz Emygdio F. da Rosa Jr afirma que, para os autores que integram esta última corrente, mais moderna e mais coerente a seu ver, a lei tributária contém uma norma impositiva se a situação abstrata prevista vier a ocorrer e a lei isencional contém norma que suspende a eficácia da norma tributante. Se a lei isencional vier a ser revogada, a lei de incidência readquire sua eficácia[13]. Assim, se estaria diante de uma não incidência com sede legal.

Com efeito, parece-nos que tal entendimento se apóia em construção hermenêutica mais consentânea com a autonomia legislativa da isenção, dado que as normas que tratam da tributação, se comparadas às que concedem o regime de isenção ou anistia, possuem planos de operatividade e abstratividade completamente distintos.

Entretanto, tanto no Superior Tribunal de Justiça, quanto no Supremo Tribunal Federal[14], restou consolidado entendimento no sentido de ser

---

[10] *Curso de Direito Tributário*, 16ª ed. SP: Ed. Saraiva, p. 482.
[11] Ob. Cit., p. 273.
[12] Idem, p.274.
[13] ROSA JUNIOR, Luiz Emygdio F. da. Manual de Direito Tributário. 20ª ed. Rio de Janeiro: Renovar, 2009. p. 433/434.
[14] "ICM. Revogação de Isenção que se fez por meio do Convênio nº 7 de 13.06.80, aprovado pelo Decreto legislativo estadual nº 3.107, de 6.11.80. Princípio da Anualidade. Inexistência,

a isenção uma efetiva "dispensa legal do tributo devido", através da qual uma vez ocorrido o fato gerador, o legislador outorgava um "favor legal" de exonerar o contribuinte do pagamento do tributo devido.

Não obstante, o STF tem sinalizado para uma possível alteração de entendimento, para reconhecer que a isenção implica na instituição ou majoração de tributos, atuando, assim, no plano da incidência da norma e não apenas no plano fático, como mera dispensa do pagamento do tributo. Essa mudança significativa de posição, em relação à jurisprudência anterior do STF, ocorreu recentemente no julgamento do RE n° 564.225/RS, que tratava da aplicabilidade do Princípio da Anterioridade às revogações de isenções, questão em que a definição da natureza da isenção é essencial, como se verá adiante.

Embora o julgamento tenha sido por maioria e represente um precedente de Turma e não do Plenário, há que se reconhecer o avanço da corrente mais moderna acerca da natureza da isenção dentro do STF, a indicar uma possível alteração de jurisprudência consolidada, caso a discussão seja retomada pelo Plenário do Tribunal.

Esse "favor legal" ou essa "não incidência legal" representada pela concessão de isenção deve sempre ser decorrente de lei específica que verse sobre as situações e condições abrangidas pela norma isentiva, *ex vi* o disposto no caput do artigo 176 do CTN[15] e no artigo 150, § 6º da própria Constituição Federal[16]. A necessidade de submissão ao princípio da legalidade para a outorga de isenções é a demonstração de quão importante

---

no caso, de ofensa ao artigo 23, parágrafo 6 da Constituição Federal, e ausência, a propósito, de dissídio de jurisprudência. Aplicação da Súmula 284 quanto a mera alegação de vigência de dispositivo da lei complementar nº 24, de 7.1.75. O princípio constitucional da anualidade (par. 29 do artigo 23 da Constituição Federal) não alcança a isenção de tributo, pois esta, em nosso sistema jurídico, é caracterizada não como hipótese de não incidência, mas sim como dispensa legal do pagamento de tributo devido.(...)"
(STF. 2ª Turma, RE nº 97455/RS, Relator Ministro Moreira Alves, publicado no Diário de Justiça em 06.05.83). Sobre o tema, ver também RE nº 113.711/SP, RE nº 101.431/SP e ADI nº 286/RO.
[15] Art. 176 – A isenção, ainda quando prevista em contrato, é sempre decorrente de lei que especifique as condições e requisitos exigidos para a sua concessão, os tributos a que se aplica e, sendo caso, o prazo de sua duração.
[16] Art. 150 – (...)
§ 6º – Qualquer subsídio ou isenção, redução de base de cálculo, concessão de crédito presumido, anistia ou remissão relativos à impostos, taxas ou contribuições só poderá ser concedido mediante lei específica, federal, estadual ou municipal, que regule exclusivamente

deve ser a seletividade para a instituição de tal desoneração, com vistas a evitar que aquela recaia para o privilégio odioso, ainda que, na prática, tal requisito não se traduza em um obstáculo efetivo a tais situações.

Outra característica da espécie "isenção" contida no CTN é a possibilidade de que a mesma seja concedida em favor de uma determinada região do Brasil, conforme previsto no parágrafo único do artigo 176 daquele diploma legal[17]. São os denominados "incentivos fiscais regionais".

Essa modalidade de incentivo encontrou terreno fértil junto às administrações tributárias até o final do século passado. São exemplos os famosos incentivos fiscais da SUDENE (incentivos fiscais para a Região Nordeste) e SUDAM (incentivos fiscais para a Região Norte), bem como incentivos fiscais concedidos no ICM e, após a CF/88, no vigente ICMS.

Sob um prisma estritamente jurídico, a disposição contida no parágrafo único do art. 176 do CTN, há que ser interpretada em consonância com o art. 151, I da Constituição Federal[18]. Como este último veda o tratamento privilegiado em função da origem do produto ou mercadoria, os incentivos fiscais regionais ficariam limitados então aos tributos sobre a renda e o patrimônio.

Não por outra razão, e consentâneo com essa exegese, o art. 155, § 2º, XII da Constituição Federal[19], ao cuidar do principal tributo sobre o consumo – ICMS – determina que as isenções e incentivos atinentes a este imposto não podem ser deliberados unilateralmente, mas somente mediante consenso entre os estados, nos termos de Convênio CONFAZ (Lei Complementar nº 24/75).

---

as matérias acima enumeradas ou o correspondente tributo ou contribuição, sem prejuízo do disposto no art. 155, § 2º, XII, g.

[17] Art. 176 – (...)
Parágrafo único – A isenção pode ser restrita a determinada região do território da entidade tributante, em função de condições a ela peculiares.

[18] Art. 151 – É vedado à União:
I – instituir tributo que não seja uniforme em todo o território nacional ou que implique distinção ou preferência em relação a Estado, ao Distrito Federal ou a Município, em detrimento de outro, admitida a concessão de incentivos fiscais destinados a promover o equilíbrio do desenvolvimento sócio-econômico entre as diferentes regiões do Pais;

[19] Art. 155 – (...)
§ 2º – (...)
XII – cabe à lei complementar:
g) regular a forma como, mediante a deliberação dos Estados e do Distrito Federal, isenções, incentivos e benefícios fiscais serão concedidos e revogados;

Esclareça-se ainda que a lei específica a que alude o art. 176 do CTN não é de iniciativa privativa do Chefe do Poder Executivo, eis que não se trata de lei orçamentária, mas de lei exclusivamente tributária, podendo ser proposta por iniciativa parlamentar, como já decidiu o STF em sede de controle concentrado[20].

2.1.2. Do alcance da isenção

O art. 177 do Código Tributário Nacional determina que "salvo disposição de lei em contrário, a isenção não é extensiva." Este dispositivo deve ser lido de forma conjugada com o art. 111 do próprio CTN[21] e visa reforçar o caráter excepcional da norma isentiva.

Com efeito, a dicção do artigo 111 do CTN, ainda que se utilize impropriamente do termo "literalmente"[22], determina que o intérprete e aplicador da norma isentiva não adote procedimento que venha a beneficiar situações que a norma isentiva não objetivou excluir da hipótese de incidência tributária.

Preocupou-se o legislador, assim, em restringir o alcance da isenção outorgada, de modo que a mesma beneficie somente aquela situação que, por força dos princípios da legalidade, igualdade e capacidade econômica, mereceu o tratamento especial conferido pela norma isentiva. Portanto, a norma geral abstrata que concede a isenção, pressupõe, a *priori*, uma delimitação do seu alcance e extensão.

A jurisprudência do STJ vem se mantendo firme na linha de recusar qualquer interpretação ou aplicação da norma isentiva que venha a possibilitar uma extensão quanto aos seus efeitos. De fato, esse entendimento foi consolidado em julgamento de recurso especial submetido à sistemática do art. 543-C do Código de Processo Civil, em que foi negado o alarga-

---

[20] STF. Tribunal Pleno. Adi nº 2464/AP. Relatora Ministra Ellen Gracie. Publicado no Diário de Justiça em 25.05.07.

[21] Art. 111 – Interpreta-se literalmente a legislação tributária que disponha sobre:
I – suspensão ou exclusão do crédito tributário;
II – outorga de isenção;
III – dispensa do cumprimento de obrigações tributárias acessórias.

[22] "(...) interpretação literal é limite para interpretação, mas balizado pela possibilidade expressiva da letra da lei. Nunca a interpretação literal poderia ser entendida no sentido de uma redução ou de uma restrição da isenção." TORRES, Ricardo Lobo. Ob. Cit. p. 281.

mento da hipótese sujeita à isenção, com base na vedação à sua interpretação extensiva, de acordo com o que dispõe o art. 111 do CTN, como se vê:

> "*TRIBUTÁRIO. RECURSO ESPECIAL REPRESENTATIVO DE CONTROVÉRSIA. ART.*
> *543-C, DO CPC. IMPOSTO DE RENDA. ISENÇÃO. SERVIDOR PÚBLICO PORTADOR DE MOLÉSTIA GRAVE. ART. 6º DA LEI 7.713/88 COM ALTERAÇÕES POSTERIORES. ROL TAXATIVO. ART. 111 DO CTN. VEDAÇÃO À INTERPRETAÇÃO EXTENSIVA.*
> *1. A concessão de isenções reclama a edição de lei formal, no afã de verificar-se o cumprimento de todos os requisitos estabelecidos para o gozo do favor fiscal.*
> *2. O conteúdo normativo do art. 6º, XIV, da Lei 7.713/88, com as alterações promovidas pela Lei 11.052/2004, é explícito em conceder o benefício fiscal em favor dos aposentados portadores das seguintes moléstias graves: moléstia profissional, tuberculose ativa, alienação mental, esclerose múltipla, neoplasia maligna, cegueira, hanseníase, paralisia irreversível e incapacitante, cardiopatia grave, doença de Parkinson, espondiloartrose anquilosante, nefropatia grave, hepatopatia grave, estados avançados da doença de Paget (osteíte deformante), contaminação por radiação, síndrome da imunodeficiência adquirida, com base em conclusão da medicina especializada, mesmo que a doença tenha sido contraída depois da aposentadoria ou reforma. Por conseguinte, o rol contido no referido dispositivo legal é taxativo (numerus clausus), vale dizer, restringe a concessão de isenção às situações nele enumeradas.*
> *3. Consectariamente, revela-se interditada a interpretação das normas concessivas de isenção de forma analógica ou extensiva, restando consolidado entendimento no sentido de ser incabível interpretação extensiva do aludido benefício à situação que não se enquadre no texto expresso da lei, em conformidade com o estatuído pelo art. 111, II, do CTN.*
> *[...]*
> *In casu, a recorrida é portadora de distonia cervical (patologia neurológica incurável, de causa desconhecida, que se caracteriza por dores e contrações musculares involuntárias – fls. 178/179), sendo certo tratar-se de moléstia não encartada no art. 6º, XIV, da Lei 7.713/88.*
> *5. Recurso especial provido. Acórdão submetido ao regime do art.543-C do CPC e da Resolução STJ 08/2008."*[23]

---

[23] STJ. 1º Seção. Resp. nº 1.116.620/BA, Relator Ministro Luiz Fux., Publicado no Diário de Justiça em 25.08.10.

É importante destacar que a norma do art. 177 c/c o art. 111 do CTN não implica em dizer que é vedado qualquer tipo de interpretação da norma isencional, mas apenas que o resultado dessa interpretação deve ficar adstrito aos sentidos possíveis retirados da literalidade do texto gramatical[24].

Ressalte-se, ainda, que em consonância ao tratamento dispensado à outorga de isenção, o Código Tributário Nacional acrescenta que a isenção concedida não se estende a outros tributos (inciso I do artigo 177[25]), ou mesmo a tributos cuja alteração tenha se dado posteriormente à concessão da isenção (inciso II do artigo 177[26]).

A restrição prevista no referido inciso I do artigo 177 do CTN prestigia o princípio da legalidade e da independência dos entes federados, posto que uma isenção concedida a um imposto não pode ser estendida a taxas e às contribuições de melhoria, que possuem fatos geradores distintos.

E, ainda que a restrição prevista no inciso II do artigo 177 do CTN seja uma decorrência quase lógica da aplicação do direito intertemporal, a interpretação e utilização de tal dispositivo deve ser realizada com cuidado, de modo a se considerar a própria natureza da isenção concedida, notadamente aquelas que são concedidas a termo ou sob condição, das quais trataremos a seguir.

2.1.3. Classificação das isenções

A classificação das isenções pode ser obtida pela própria leitura das hipóteses relacionadas pelo Código Tributário Nacional.

O artigo 178 do CTN elenca duas espécies de isenções, quais sejam, as isenções gratuitas e as onerosas.

As isenções gratuitas são aquelas concedidas sem que seja exigido do beneficiário qualquer contraprestação. Ou seja, a fruição da isenção não está sujeita a condições específicas, cuja comprovação se faz necessária

---

[24] Vide, por exemplo: STJ. Segunda Turma. AgRg no AREsp 121972/DF. Relator Ministro Humberto Martins. Publicado no Diário de Justiça em 24.04.12.
"Afasta-se por fim a alegada violação do art. 111 do CTN, porquanto não há interpretação extensiva da lei isentiva, já que 'a literalidade da norma leva à interpretação de que a isenção abrange o gênero patológico 'cegueira', não importando se atinge a visão binocular ou monocular'."

[25] Art. 177 – Salvo disposição de lei em contrário, a isenção não é extensiva:
I – às taxas e às contribuições de melhoria;

[26] Art. 177 – (...)
II – aos tributos instituídos posteriormente à sua concessão.

para fins do enquadramento na hipótese isentiva. Por esta razão, é comumente concedida em caráter geral e não carece de reconhecimento formal.

Por outro lado, diz-se que são onerosas aquelas isenções concedidas por prazo certo "e" sob condição. A ressalva quanto a partícula "e" justifica-se para esclarecer que existem (i) isenções por prazo certo, (ii) isenções onerosas (sujeitas à determinadas condições) e (iii) isenções por prazo certo e sob condição.

As isenções onerosas são muito utilizadas como instrumento de execução de uma política pública voltada para o desenvolvimento de uma certa região ou de uma determinada atividade econômica. Assim é que, por exemplo, são utilizadas quando do interesse de fomentar o estabelecimento de um determinado pólo de atividade econômica em uma região específica (ex: Zona Franca de Manaus). Isso porque, em razão de estipularem condições ou fixarem prazos definidos para a fruição de determinado regime isencional, asseguram aos investidores/contribuintes que se estabeleçam naquela região, ou que promovam o desenvolvimento de uma atividade econômica específica (ex: Turismo), uma segurança jurídica quanto à manutenção da carga tributária, reduzindo, assim, o risco do empreendimento.

Com efeito, a revogação da isenção, quando concedida sob determinadas condições e a prazo certo, somente pode ser revogada sob certos pressupostos. É que nessas hipóteses, repita-se, exige-se uma contrapartida do potencial fruidor da isenção, isto é, uma prestação ou ação que não seria devida ou praticada sem que o beneplácito fiscal fosse concedido. É o caso, por exemplo, da empresa que abre um determinado estabelecimento, gerando um certo número de empregos, e se compromete a manter tais postos de trabalho, sob a contrapartida, por exemplo, da isenção do ISS ou do ICMS. Nesse caso, a lei que concede a isenção, embora possa ser revogada, não poderá atingir o direito adquirido da empresa em se ver isenta do pagamento do tributo no período prefixado, posto que atendida a condição (geração dos empregos) exigidas pela lei.

Ressalte-se, no entanto, que de uma maneira geral uma interpretação mais apressada ao dispositivo do CTN, poderia levar à impressão de que existiriam leis concedentes de isenção "irrevogáveis". Nada mais incorreto, pois ressalvados os direitos e garantias fundamentais, as leis, enquanto regras de direito, têm por inerente a possibilidade de sua revogação.

O que veda o dispositivo é a possibilidade de que os efeitos de uma lei que conceda isenção por prazo certo e por condição, possam ser arbitrariamente revogados por uma lei posterior. Partindo do exemplo acima dado (isenção para o estabelecimento de uma determinada atividade econômica por empresas que se dediquem àquela), poderia a lei anterior que concede isenção ser revogada por lei posterior. Contudo, essa nova lei não poderia atingir o direito (adquirido) daquelas empresas que já instaladas na região pudessem continuar a exercer a respectiva atividade, fruindo o benefício, ainda que com base em uma legislação já revogada.

Neste sentido, Luciano Amaro aduz que "quanto a poder ser revogada a norma legal definidora da isenção (mesmo quando condicionada e por prazo certo) não parece haver dúvida. A questão, na verdade, está mal posta no Código, dado o fato – para o qual Flávio Bauer Novelli chama a atenção – de que aquilo que é revogável é a norma legal e não a isenção, não significando o art. 178 um limite à revogabilidade da norma isentante, mas sim um obstáculo a que se modifique o efeito ou situação decorrente da aplicação da norma, na medida em que esse efeito ou situação se caracterize como 'direito adquirido'."[27]

Isenções tributárias concedidas sob condição onerosa, portanto, não podem ser livremente suprimidas. Com efeito, qualquer outra exegese em contrário à possibilidade de revogação das leis de isenção concedidas por prazo certo e sob condição, levaria à supressão do exercício ao poder legislativo do ente político competente e ao mesmo tempo da efetividade administrativa, quando provado que a isenção não mais atende os objetivos traçados inicialmente. Em suma, tratar-se-ia de verdadeiro impedimento ao exercício da competência tributária, somente admissível nos casos de imunidade tributária, e por esta causa, constitucionalmente inaceitável.

Assim, não se deve confundir o prazo de fruição do favor fiscal já contratualmente adquirido, com o prazo de vigência da lei que isenta, pois o objeto não passível de revogação é a situação jurídica subjetiva e não a norma-regra que pode ser suprimida, de acordo com o devido processo legislativo. Por outro lado, também não se pode deixar de ressaltar que a situação jurídica subjetiva do beneficiário deve ser respeitada, sob pena de violação ao direito adquirido.[28] Note-se, que, por tais razões, o Supremo

---

[27] Ob. Cit., p. 280.
[28] Paulo de Barros Carvalho discrepa um pouco deste entendimento, uma vez que sustenta a possibilidade de revogação da própria situação jurídica subjetiva, desde que seja acompanhada da justa indenização pelos prejuízos que seriam suportados pelo beneficiário. Ob. Cit., p. 495.

Tribunal Federal editou a Súmula 544, adotando o enunciado pelo qual "Isenções tributárias concedidas, sob condição onerosa, não podem ser livremente suprimidas".

As isenções ainda podem ser classificadas quanto à natureza dos seus destinatários, isto é, de caráter subjetivo, ou de caráter objetivo.

As isenções subjetivas são aquelas que se destinam a exonerar determinados sujeitos passivos da obrigação tributária. Nesta categoria se situam aquelas hipóteses que tomam por base a condição pessoal do contribuinte, como por exemplo, aqueles que sejam maiores de 65 anos, ou então que sejam considerados como micro-empresas. Em geral, em razão do seu caráter pessoal, são utilizadas em impostos diretos, podendo, no entanto, também ser aplicadas aos impostos tidos como indiretos.

Em reverso, as isenções objetivas são aquelas que tomam por base a própria situação material de bens ou mercadorias. Ou seja, determinado bem, em razão da necessidade de atendimento a um objetivo específico (incentivo à sua utilização por benefícios trazidos a saúde, ou relacionados à alimentação essencial da população), pode ser desonerado, independentemente dos indivíduos que irão consumir ou usufruir daquele bem.

Já a hipótese prevista no artigo 179 do CTN[29], ainda que não procure distinguir quanto à forma de classificação da isenção, contém disposição que concede diversidade de tratamento na obtenção e fruição da norma isentiva. Neste caso, portanto, quanto à forma de efetivação da isenção concedida, podemos dividi-la entre aquelas que necessitam de um ato de autoridade administrativa responsável – consistente no reconhecimento do direito do beneficiário àquele benefício – e aquelas que, por serem de caráter geral, não carecem deste prévio exame.

Com efeito, de forma geral, a isenção se presta a ser veiculada em sua plenitude em uma norma abstrata, isto é, sem a necessidade de reconhecimento expresso da autoridade administrativa. Mas pode estar condicionada a "despacho", pelo qual estará a autoridade administrativa a exercer mero papel certificador e não-discricionário, sempre quando lhe for delegada à função de conferir se os requisitos exigidos por lei, para fruição da isenção, foram devidamente atendidos.

---

[29] Art. 179 – A isenção, quando não concedida em caráter geral, é efetivada, em cada caso, por despacho da autoridade administrativa, em requerimento com o qual o interessado faça prova do preenchimento das condições e do cumprimento dos requisitos previstos em lei ou contrato para concessão.

Importante ressaltar, que a apreciação pela autoridade administrativa não pode estar sujeita a qualquer discricionariedade por parte desse agente público. Como já mencionado anteriormente, a isenção é concedida através de norma legal que irá dispor sobre as hipóteses e os requisitos para a fruição daquele benefício. Preenchendo o contribuinte tais requisitos, não é lícito ao administrador exercer juízo de valor quanto àquele benefício, devendo, portanto, limitar-se à verificação das exigências legais e efetivar o reconhecimento necessário.

Inúmeros são os exemplos de isenções condicionadas à verificação por parte da autoridade administrativa, dentre os quais podemos citar o laudo médico que atesta que a pessoa está incapacitada para o exercício de determinada função laborativa e, portanto, isenta do Imposto sobre a Renda, ou o ato de tombamento de um imóvel para fins de isenção do Imposto sobre a propriedade territorial urbana – IPTU.

Nesses casos, portanto, uma vez certificado pela autoridade administrativa o atendimento aos requisitos necessários, é efetivada a isenção para aquele caso concreto. Logo, o ato administrativo praticado possui eficácia constitutiva.

Por fim, as isenções podem ser totais ou parciais. As isenções totais excluem o nascimento da obrigação tributária, enquanto nas parciais o fato gerador da obrigação tributária ocorre, porém o montante de débito a ser recolhido é inferior ao que normalmente seria devido, caso não houvesse norma isentiva.

Saliente-se que, apesar de manifestações contrárias na doutrina[30], o STF tem entendimento no sentido de que as reduções na base de cálculo do ICMS correspondem a isenções parciais, devendo-se efetuar o respectivo estorno proporcional do crédito correspondente à redução[31].

---

[30] COELHO. Sacha Calmon Navarro. Ob. Cit. p. 159.
"[...] à luz da teoria da norma jurídica tributária, a denominação de isenção parcial para o fenômeno da redução parcial do impsto a pagar, através das minorações diretas de bases de cálculo e de alíquotas, afigura-se absolutamente incorreta e inaceitável."
[31] Entendimento firmado no RE nº 174.478/SP. Tribunal Pleno. Relator Ministro Cezar Peluso. Publicado no Diário Oficial em 30.09.05.
"TRIBUTO. Imposto sobre Circulação de Mercadorias. ICMS. Créditos relativos à entrada de insumos usados em industrialização de produtos cujas saídas foram realizadas com redução da base de cálculo. Caso de isenção fiscal parcial. Previsão de estorno proporcional. Art. 41, inc. IV, da Lei estadual nº 6.374/89, e art. 32, inc. II, do Convênio ICMS nº 66/88. Constitucionalidade reconhecida. Segurança denegada. Improvimento ao recurso. Aplicação

2.1.3. Revogação das isenções

Ao se analisar o regime jurídico das isenções, não se pode deixar de destacar o tema da revogação das normas isentivas.

A parte final do artigo 178 do CTN, também em atenção ao princípio de segurança jurídica, determina que, uma vez revogada a isenção, aplicar-se-á o disposto no inciso III do artigo 104 daquele Código[32], qual seja, o princípio da anterioridade. Ou seja, uma vez revogada a isenção o tributo só poderia ser exigido no exercício financeiro subseqüente.

Ocorre que o inciso III do art. 104 do CTN somente contempla o princípio da anterioridade para os impostos sobre o patrimônio ou a renda, persistindo a discussão acerca da necessidade de aplicação da anterioridade com relação aos demais tributos, de modo que o deslinde da questão não prescinde do exame da natureza da isenção, como visto anteriormente.

Isso porque, a depender da posição que se adote com relação à natureza da isenção, os efeitos sobre a ocorrência do fato gerador ou não são diversos. Assim, para a doutrina clássica que entende que a isenção é mera "dispensa legal do pagamento do tributo", o fato gerador ocorre e a norma isentiva posteriormente exclui a obrigação de pagamento do tributo, de forma que a revogação dessa norma isentiva não implica em instituição ou majoração de tributo.

Para a doutrina mais moderna, entretanto, que entende que a norma isentiva atua no plano da incidência da norma, de maneira que o fato gerador do tributo não ocorre na sua vigência, a revogação dessa norma implicaria em um aumento ou instituição de tributo, a atrair, portanto, a aplicação do princípio da anterioridade, sendo irrelevante se se trata de imposto sobre serviços ou sobre o patrimônio ou a renda.

No passado, inclusive, o STF fez editar a Súmula nº 615 afirmando que o princípio da anterioridade (anterior anualidade) não seria aplicado em caso de revogação de isenção do ICM (atual ICMS, art. 155, II da CF/88). Ou seja, à época, adotou aquele Tribunal entendimento restritivo à aplicação do princípio da anterioridade, optando por se manter exatamente

---

do art. 155, § 2º, inc. II, letra "b", da CF. Voto vencido. São constitucionais o art. 41, inc. IV, da Lei nº 6.374/89, do Estado de São Paulo, e o art. 32, incs. I e II, do Convênio ICMS nº 66/88."

[32] Art. 104 – Entram em vigor no primeiro dia do exercício seguinte àquele em que ocorra a sua publicação os dispositivos de lei, referentes a impostos sobre o patrimônio ou a renda:
III – que extinguem ou reduzem isenções, salvo se a lei dispuser de maneira mais favorável ao contribuinte, e observado o disposto no art. 178.

dentro dos limites previstos no referido inciso III do art. 104, de acordo com o entendimento então consolidado na Corte de que a isenção representaria um "favor legal".

Todavia, há que se reconhecer que a edição de tal Súmula se deu frente à Carta Constitucional pretérita, onde o princípio da anterioridade não era expressamente reconhecido ao ICM, diferentemente do que hoje existe, conquanto se trata de tributo não excepcionado à regra do art. 150, III, "b" da CF/88. Tal restrição à eficácia do princípio da anterioridade em matéria de revogação de isenções não mais se aplica hoje à revogação das isenções do ICMS.

Ademais, como exposto no item 2.1, o STF recentemente, no julgamento do RE nº 564.225/RS, reconheceu a aplicação do princípio da anterioridade à revogação de isenção, sinalizando uma alteração no entendimento jurisprudencial consolidado no passado.

Logo, uma vez revogada a norma isentiva, a exigência do tributo sobre aquela situação ou fato jurídico volta a operar normalmente, respeitado apenas o princípio da anterioridade. Ou seja, quando a lei de isenção é revogada, readquire a lei de imposição a sua eficácia. Tal fato, ressalte-se, não implica em validar o fenômeno da repristinação de leis, vedado em nosso ordenamento jurídico. Com efeito, como bem sustenta Ricardo Lobo Torres, quando a lei que concede a isenção é revogada, o que irá ocorrer é a reaquisição da eficácia da lei anterior que previa a incidência fiscal, a qual, frise-se, jamais fora revogada, apenas teve seus efeitos suspensos a partir da concessão da isenção.

Saliente-se, ainda, que conforme mencionado anteriormente, a revogação das isenções onerosas, concedidas mediante prazo certo ou sob condições, não poderá atingir situações jurídicas subjetivas já consolidadas, uma vez que se trata de verdadeiro direito adquirido. Deve-se, assim, ainda que revogada a lei que concede a isenção onerosa, respeitar o direito adquirido do contribuinte àquela situação, aguardando-se o termo final para a fruição do benefício fiscal concedido anteriormente.

2.1.4. Diferenças entre Imunidade, Não-incidência, Alíquota Zero e Isenção

A isenção, como vimos, independentemente da natureza jurídica ou da classificação que lhe sejam imputadas, é uma forma de desoneração tributária, cuja consequência prática resulta na supressão do dever de pagar tributo decorrente de determinada obrigação tributária, originalmente prevista para uma específica hipótese de incidência.

Assim como a isenção, temos outras figuras que, independentemente das suas naturezas e particularidades, representam, da mesma forma, desonerações tributárias que levam ao mesmo resultado prático da isenção. Dentre estas, podemos listar as tradicionais, representadas pela imunidade e pela não-incidência, assim como a figura atípica da chamada alíquota--zero, cuja natureza ainda é muito discutida junto à doutrina pátria. Ainda que todas as figuras se tratem de desonerações tributárias, algumas diferenças podem ser identificadas em relação à isenção, as quais trataremos, resumidamente, a seguir.

A imunidade é limitação do poder de tributar, com sede na Constituição Federal, e, nas hipóteses previstas pelo legislador constitucional, retira do Ente Tributante a competência para exercer o poder de tributar sobre determinados atos, fatos ou situações jurídicas. Difere, assim, da isenção, primeiramente quanto à fonte que traz a desoneração, a qual, nos casos de imunidade, é o Texto Constitucional, enquanto que nos casos de isenção, é a legislação infraconstitucional. Para boa parte da doutrina, portanto, a imunidade seria uma não incidência qualificada constitucionalmente, enquanto a isenção uma simples não-incidência legalmente estabelecida.[33] É a posição de Sacha Calmon, para quem, "A isenção é não incidência legalmente qualificada (dá-se em plano infraconstitucional). A imunidade é não incidência constitucionalmente qualificada (a imunidade é ente eminentemente constitucional[34].

Ricardo Lobo Torres, todavia, salienta que imunidade e isenção não se distinguem somente por força da fonte normativa, mas principalmente quanto a sua origem e motivação. Salienta que a imunidade é fundada na liberdade, sendo expressão das garantias fundamentais dos cidadãos, destinada a assegurar a proteção daquelas garantias. Já a isenção, por não se originar de princípios fundamentais, ainda que se oriente por aqueles,

---

[33] "Pode ainda ocorrer que a lei de tributação esteja proibida, por dispositivo da Constituição, de incidir sobre certos fatos. Há, neste caso, imunidade. Caracteriza-se, portanto, a imunidade, pelo fato de decorrer de regra jurídica de categoria superior, vale dizer de regra jurídica residente na Constituição, que impede a incidência da lei ordinária de tributação.(...) Isenção é exceção feita pela regra jurídica de tributação." MACHADO, Hugo de Brito. *Curso de Direito Tributário*, 10ª ed, SP:Malheiros Editores, 1995, p.152.

[34] COELHO, Sacha Calmon Navarro. Ob. Cit. p. 764.

tem como fundamento a idéia de justiça e que, justamente por tal aspecto, possui eficácia constitutiva, em oposição à eficácia meramente declaratória da imunidade.[35]

Já a chamada "não-incidência", deriva do vácuo existente na lei tributária quanto ao ato, fato ou situação jurídica que seria passível de tributação, mas que, por ausência da eleição daqueles pelo legislador tributário, não foram incluídos dentre as hipóteses de incidência aptas a originar o surgimento da obrigação tributária.

Com efeito, a "não-incidência", em verdade, sequer pode ser considerada como uma figura desonerativa própria, visto que deve ser encarada simplesmente como uma consequência natural da ausência de juridicidade tributável no plano normativo que provoca reflexos no plano fático. Sacha Calmon observa com propriedade que "a imunidade e a isenção são, existem, vêm de entes legais positivos. A não-incidência natural ou pura como tal inexiste, é um não-ser."[36]

Assim, a "não-incidência" representa todas as situações fáticas que fogem ao campo de incidência da norma constitucional tributária, em termos bem simples, é o contrário da incidência, como bem coloca José Souto Maior Borges ao relevar que "para a generalidade do fenômeno da incidência: ele é comum a toda norma jurídica. Absurdo seria supor a existência (validade) da regra que não incide. Pois bem: essa generalidade é um obstáculo conceitual a que a incidência seja manipulada como uma categoria específica. [...] Não-incidência é, pois, contraparte da incidência. Funciona assim como um critério de conceituação negativa, uma negação, i.e., modo de fixação e demarcação do âmbito de abrangência da incidência.[37]

Ricardo Lobo Torres[38] e Luciano Amaro[39] salientam, ainda, que a figura da não-incidência, em verdade, abarca como conceito geral os institutos da

---

[35] Ob.Cit., p. 73.
[36] Ob.Cit., p. 150.
[37] BORGES, José Souto Maior. "Sobre a Imunidade das Operações Interestaduais de Circulação do Petróleo e Combustíveis e Manutenção de Crédito de ICMS". Revista Dialética de Direito Tributário nº 168. São Paulo: Dialética, setembro de 2009. p. 94.
[38] "A não-incidência, em sua acepção ampla, compreende a imunidade, a isenção e a não-incidência propriamente dita, que as três trazem a consequência de evitar a incidência do tributo." Ob. Cit., p. 73.
[39] "Quando se fala de incidência (ou melhor, de incidência de tributo), deve-se ter em conta, portanto, o campo ocupado pelos fatos que, por refletirem a hipótese de incidência do tributo legalmente definida, geram obrigações de recolher tributos. Fora desse campo, não se pode

imunidade e da isenção, na medida em que, no plano fático, o efeito limitador do poder de tributar trazido por aquelas figuras resultará em uma não-incidência concreta.

Há quem defenda ainda que a não-incidência é de fato um gênero, porém abarca três espécies: a imunidade, a isenção e a não incidência em sentido estrito ou não incidência pura e simples[40]. Nessa linha, toda norma, por óbvio, incide ou não incide sobre determinada situação fática, falar em não incidência fora de uma categoria é como falar em não tributação.

Ao passo que a não incidência em sentido estrito ou como uma categoria própria, por sua vez, diz respeito ao não enquadramento do fato econômico na descrição de fato gerador constante na norma tributária, de modo que o fato até se enquadra na regra de competência constitucional, mas fica fora da incidência da norma tributária. É uma omissão da regra legal de incidência.

Por fim, a controvérsia maior gira em torno da natureza jurídica da chamada "alíquota-zero" – muito utilizada no Imposto de Importação e no Imposto sobre Produtos Industrializados – e a sua conceituação como sendo uma espécie, ou não, de isenção.

A figura da "alíquota zero" consiste na nulificação de um dos elementos que compõem o fato gerador do tributo[41], ao atuar, como o próprio nome já diz, em fixar a alíquota, a ser aplicada a uma determinada base de cálculo, no patamar de zero. Tal procedimento implica em que, ainda que ocorra a hipótese de incidência prevista em lei como necessária à formação da obrigação tributária, tal evento não venha representar o dever de pagar um tributo pela simples ausência do seu elemento quantitativo, ou seja, do *quantum* a pagar.

Note-se que, ainda que resulte na mesma consequência prática da isenção, ambas as figuras são distintas, em sua própria natureza. A primeira, como já vimos, opera suspendendo a eficácia da norma tributária, ao retirar daquela, em parcela determinada, a sua efetividade enquanto gênesis do dever de pagar o tributo. Já a "alíquota zero", apesar de produzir o mesmo efeito econômico, não atua sobre a norma tributária, mas é parte daquela.

---

falar de incidência de tributo, mas apenas da incidência de normas de imunidade, da incidência de normas de isenção etc..." Ob. Cit., p. 271.

[40] RIBEIRO, Ricardo Lodi. Limitações Constitucionais ao Poder de Tributar. Rio de Janeiro: Lumen Juris, 2010.p. 184.

[41] TORRES, Ricardo Lobo. Ob.Cit., p. 280.

Enquanto a isenção se relaciona diretamente com a hipótese de incidência – excluindo desta determinado fato, ato ou situação jurídica específica – a "alíquota zero" se relaciona somente com o dever de pagar determinado montante, mas não com a ocorrência, ou não, do fato gerador.

O Supremo Tribunal Federal, fiel à sua orientação clássica quanto à natureza da isenção – dispensa legal do tributo devido -, que nela reconhece a atuação de uma outra norma, diversa da norma tributante, sempre se posicionou no sentido de extremar a natureza da isenção e da "alíquota zero"[42].

Com efeito, em diversos julgados pretéritos[43], aquela Corte Constitucional reiterou o seu entendimento de que para haver isenção é necessário que, primeiro, exista uma norma tributária apta a gerar a obrigação, para que, em seguida, outra norma incida sobre a primeira, de modo a dispensar o tributo devido. Veja-se, dentre aqueles julgados à época, um dos mais citados, capitaneado pelo voto do Ministro Bilac Pinto:

> " (...) *As decisões proferidas pelo Supremo Tribunal Federal distinguiu a isenção fiscal da tarifa livre ou zero, por entender que a figura da isenção tem como pressuposto a existência de uma alíquota positiva e não a tarifa neutra, que corresponde à omissão da alíquota do tributo.*
>
> Se a isenção equivale à exclusão do crédito fiscal (CTN, art. 97, VI) o seu pressuposto inafastável é o de que exista uma alíquota positiva, que incida sobre a importação da mercadoria. A tarifa livre ou zero, não podendo dar lugar ao crédito fiscal, exclui a possibilidade da incidência da lei da isenção."[44]

A linha adotada resultou na edição da Súmula STF nº 576, que se baseou justamente na diferença entre as figuras da isenção e da "alíquota zero", para dispor que " é lícita a cobrança do imposto de circulação de mercadorias sobre produtos importados sob o regime de alíquota zero."

Em julgado mais recente[45], e de extrema repercussão, onde se discutia o direito ao creditamento de IPI nos casos de produtos sujeitos a "alíquota

---

[42] Aqui cabe fazer uma ressalva, tendo em vista que o STF sinalizou uma possível mudança de entendimento quanto à natureza da isenção no julgamento do RE nº 564.225/RS.
[43] RE nº 72.433; RMS nº 18.191; RE nº 72.872.
[44] STF. RE nº 76.284/SP. 2ª Turma. Relator Ministro Bilac Pinto, julgado em 11.12.73.
[45] "Ementa – Constitucional. Tributário. IPI. Creditamento. Insumos isentos, sujeitos à alíquota zero.

zero", o Supremo Tribunal Federal foi, novamente, confrontado quanto ao conceito e natureza daquela, em confronto com o conceito e a natureza da isenção.

A questão posta naquele julgado era se deveria ser utilizado o mesmo tratamento dado ao direito ao creditamento nas operações anteriores isentas de IPI, nas operações anteriores sujeitas à "alíquota zero". Discutiu-se, assim, ainda que incidentalmente, se ambos os institutos possuíam a mesma identidade, de modo a ensejar a mesma solução. Tal discussão teve origem no julgamento do RE nº 212.484/RS, em que o STF reconheceu não constituir ofensa à não-cumulatividade o creditamenteo de IPI oriundo de insumos adquiridos sob o regime de isenção[46].

No voto vencedor da lavra do Ministro Nelson Jobim, ainda que não se tenha pretendido dissecar a natureza jurídica de cada uma daquelas figuras jurídicas, com o propósito de estabelecer as suas respectivas naturezas ontológicas, restou assente a tese de que isenção e "alíquota zero" são figuras pertencentes ao mesmo grupo das chamadas "desonerações tributárias" e, portanto, produziam os mesmos efeitos. Destaca-se trecho do julgado:

" (...) Toda a vez que há isenção ou alíquota-zero o objetivo é extra-arrecadatório. Atribui-se um benefício fiscal para, por essa via, intervir na economia. Tanto na hipótese de isenção como no caso de tributação à alíquota-zero, ocorre a incidência do IPI. (...)

Por mesmas providências extrafiscais ou outras razões de política econômica, certos insumos ou, mesmo o produto final, poderão ter minorada a carga tributária. Seja pela isenção ou pela não-tributação, seja pela redução da base de cálculo – considerável

Se o contribuinte do IPI pode creditar o valor dos insumos adquiridos sob o regime de isenção, inexiste razão para deixar de reconhecer-lhe o mesmo direito na aquisição de insumos favorecidos pela alíquota zero, pois nada extrema, na prática, as referidas figuras desonerativas, notadamente quando se trata de aplicar o princípio da não-cumulatividade.
A isenção e a alíquota-zero em um dos elos da cadeia produtiva desapareceriam quando da operação subsequente, se não admitido o crédito. Recurso não conhecido."
STF. Tribunal Pleno. RE nº 350.446/PR.. Relator Ministro Nelson Jobim. publicado no Diário Oficial em 06.06.2003.
[46] STF. Tribunal Pleno. Relator Ministro Ilmar Galvão. Relator p/ acórdão Ministro Nelson Jobim. Publicado no Diário Oficial em 27.11.98
"CONSTITUCIONAL. TRIBUTÁRIO. IPI. ISENÇÃO INCIDENTE SOBRE INSUMOS. DIREITO DE CRÉDITO. PRINCÍPIO DA NÃO CUMULATIVIDADE. OFENSA NÃO CARACTERIZADA. Não ocorre ofensa à CF (art. 153, § 3º, II) quando o contribuinte do IPI credita-se do valor do tributo incidente sobre insumos adquiridos sob o regime de isenção. Recurso não conhecido."

> *para efeito da incidência da alíquota. Seja pela redução da própria alíquota, podendo chegar a zero.(...)*
> **A isenção e alíquota-zero têm os mesmos efeitos e como tal devem ser tratadas."**

Note-se, portanto, que naquele julgado o Supremo Tribunal Federal reconheceu a necessidade de que ambas as figuras tivessem o mesmo tratamento no caso em exame, justamente por produzirem os mesmos efeitos. Contudo, ressalte-se, tal posição não necessariamente reconheceu expressamente a mesma natureza jurídica para ambas as hipóteses, mas tão somente que ambos os institutos pertencem a um grupo comum, qual seja: desonerações tributárias, estendendo-se à alíquota zero, portanto, o mesmo entendimento proferido para o caso de isenção no RE n nº 212.484/RS,.

Não obstante, o Supremo Tribunal Federal reanalisou a questão, no julgamento do RE nº 353.657/PR e do RE nº 370.682SC e, para surpresa de muitos, por maioria, decidiu que não viola o princípio da não-cumulatividade a impossibilidade de creditamento do IPI na aquisição de insumos não tributados ou de alíquota zero, reconhecendo que esta última não produziria os mesmos efeitos da isenção, estabelecendo, assim, uma situação peculiar, visto que os insumos adquiridos sob o regime de isenção possibilitavam o créditamento, ao passo que os insumos adquiridos com alíquota zero não.[47]

Em 2010, no julgamento do RE nº 566.819/RS[48], o STF pacificou a questão, passando a entender que tanto os insumos adquiridos sob regime de isenção quanto os insumos adquiridos com alíquota zero não confeririam direito ao creditamento de IPI, mudando radicalmente o posicionamento anteriormente manifestado no RE nº 212.484/RS, de tal forma que, embora os dois institutos tenham naturezas distintas, os efeitos que produzem na prática são os mesmos.

---

[47] STF. Tribunal Pleno. RE nº 353.657/PR.. Relator Ministro Marco Aurélio Mello. Publicado no Diário Oficial em 07.03.08.
STF. Tribunal Pleno. RE nº 370.682/SC. Relator Ministro Ilmar Galvão. Relator p/ acórdão Ministro Gilmar Mendes. Publicado no Diário Oficial de 19.12.07.
[48] STF. Tribunal Pleno. RE nº 566.819/RS.. Relator Ministro Marco Aurélio Mello. Publicado no Diário Oficial em 10.02.11

2.2. Anistia

A outra modalidade prevista no CTN para a exclusão do crédito tributário é a anistia, que consiste no perdão ou dispensa de pagamento de crédito, oriundo de sanção pelo descumprimento da obrigação tributária principal ou acessória.[49]

Note-se que, ainda que se trate de exclusão do crédito tributário, a anistia não pode ser utilizada para o perdão total da dívida tributária, aí incluídas todas as parcelas que compõem uma dívida não paga a tempo, quais sejam, principal, juros e multa de mora ou de ofício. Esta só atua na dispensa da sanção tributária, ou seja, afetando a incidência dos encargos tributários, porém nunca sobre o valor do crédito tributário (principal) originário[50].

Naturalmente, subordina-se, a anistia, ao princípio da legalidade, visto que se trata de renúncia ao crédito tributário, cuja atividade de constituição e cobrança é vinculada e não discricionária. Note-se que, em obediência ao princípio da autonomia federativa, a anistia somente pode ser concedida através de lei de cada ente tributante, não podendo ser imposta aos tributos que não sejam da competência do ente federado que está concedendo a anistia. Atualmente, em virtude da Lei de Responsabilidade Fiscal[51] também deve vir acompanhada da estimativa do impacto orçamentário que irá provocar, com a expressa indicação dos mecanismos compensatórios que serão utilizados para "cobrir" os créditos renunciados.

---

[49] Art. 180 – A anistia abrange exclusivamente as infrações cometidas anteriormente à vigência da lei que a concede (...)"

[50] Luciano Amaro, todavia, sustenta que a anistia deve ser aplicável tanto às infrações já lançadas, quanto aquelas ainda não constituídas. Ob. Cit., p. 442.

[51] Art. 14 da LC 101/2000 – A concessão ou ampliação de incentivo ou benefício de natureza tributária da qual decorra renúncia de receita deverá estar acompanhada de estimativa do impacto orçamentário-financeiro no exercício em que deva iniciar sua vigência e nos dois seguintes, atender ao disposto na lei de diretrizes orçamentárias e a pelo menos uma das seguintes condições:
(...)
§ 1º – A renúncia compreende anistia, remissão, subsídio, crédito presumido, concessão de isenção em caráter não geral, alteração de alíquota ou modificação de base de cálculo que implique redução discriminada de tributos ou contribuições, e outros benefícios que correspondam a tratamento diferenciado.

A anistia pode se dar, de acordo com o artigo 181 do CTN[52], sob três formas: geral, limitada ou condicional:

Diz-se geral quando concedida a todos que se encontram em determinada situação, sem condição. Ou seja, o benefício por ela trazido deflui diretamente da própria lei, não sendo condicionada ao cumprimento de qualquer exigência.

Pode, ainda, ser concedida de forma limitada. Por exemplo, pode ser restrita a determinado valor (nos casos em que ocorre a determinação para a fiscalização não lançar créditos tributários até um determinado valor) ou a determinada região do território (caso de calamidade publica).

É possível, também, que a anistia seja concedida mediante o cumprimento de determinadas condições, como é o caso dos recentes programas do governo federal, a exemplo do denominado REFIS, que condiciona a anistia ao pagamento do tributo devido, ainda que de forma parcelada. Justificam-se tais medidas quando a administração possui o interesse de reduzir o contingente de questionamentos fiscais, através de uma série de medidas que possam por fim a um contencioso fiscal, em favor do interesse público.

Nessas hipóteses, a anistia acaba por se confundir com outras figuras, conquanto a lei possa vir à lume, contendo outras espécies desonerativas, como o parcelamento, a dispensa de juros, ou até mesmo a exclusão da responsabilidade criminal.

Note-se, contudo, que a anistia concedida sob condições pode ser revogada uma vez constatada pela autoridade administrativa que o beneficiário deixou de atender as condições que motivaram a fruição daquele benefício. Com efeito, a concessão da anistia, diferentemente das isenções concedidas mediante onerosidade, não gera direito adquirido, bastando apenas

---

[52] Art. 181 - A anistia pode ser concedida:
I - em caráter geral;
II - limitadamente:
a) às infrações da legislação relativa a determinado tributo;
b) às infrações punidas com penalidades pecuniárias até determinado montante, conjugadas ou não com penalidades de outra natureza;
c) a determinada região do território da entidade tributante, em função de condições a ela peculiares;
d) sob condição do pagamento de tributo no prazo fixado pela Lei que a conceder, ou cuja fixação seja atribuída pela mesma lei à autoridade administrativa.

que seja observado o princípio do contraditório no processo administrativo que resultar na cassação da anistia dada.[53]

Embora a anistia não seja propriamente espécie típica de "incentivo fiscal", não atuando diretamente na função regulatória do tributo, pode ser inserida dentro de um conjunto de estímulos com o fito de obter o pagamento por parte do contribuinte, a eliminar o contencioso fiscal. Ou melhor dizendo, servindo como instrumento de pacificação social, ante a irresignação coletiva contra uma tributação elevada, ou em situações de tipos tributários abertos. A anistia, *in casu*, poderia ser utilizada para o fim de aplainar as relações jurídicas pretéritas, sem a declaração de invalidade do arcabouço legislativo já então vigente (cf. art. 181, II, "d", *"sob condição do pagamento de tributo no prazo fixado pela lei"*), evitando-se a perenização da perda ou diminuição da arrecadação, pela continuação do estado de irresignação e/ou de contencioso.

Não pode, no entanto, a anistia ser concedida nos casos tipificados nos incisos I e II do artigo 180 do CTN. Com efeito, tais dispositivos vedam a aplicação da anistia aos casos onde a conduta do agente seja tipificada como contrária à lei criminal. Isso porque, a lei que sanciona criminalmente é a lei de direito penal, e não a tributária, que ademais, diferentemente da lei tributária, é de competência privativa da União Federal (CF/88 art. 22, I). Ocorre que, por vezes, em uma mesma lei, como forma de incentivar a busca do objetivo perseguido com a concessão da anistia, são

---

[53] "Administrativo e Processo Cível – Legitimidade passiva: ato do Ministro de Estado – Anistia revogada após instauração de inquérito: legalidade
1. O ato impugnado está consubstanciado em Portaria Interministerial, assinado pelos Ministros de Estado. Logo, é ele autoridade coatora, sendo parte legítima neste writ.
2. A anistia outorgada a servidores públicos pode ser revista pela administração, devendo ser observado, para tanto, o devido processo legal.
3. A jurisprudência desta seção sedimentou-se no sentido de só repudiar por ilegalidade a revogação de anistia se não for ela antecedida do contraditório, hipótese não ocorrente nos autos.
4. Segurança denegada."
STJ. 1ª Seção. Mandado de Segurança nº 7072/DF, Relatora Ministra Eliana Calmon. Publicado no Diário Oficial em 19.04.2002.
No mesmo sentido do precedente firmado pela 1ª Seção: MS nº 8627/DF, Relator Ministro Paulo Medina. Publicado no Diário Oficial em 20.11.06; AgRg no Ag nº 431.059/PR, Relator Ministro Luiz Fux. Publicado no Diário Oficial em 23.09.02; AgRg no REsp nº 965.251/PR. Relator Ministro Herman Benjamim. Publicado no Diário Oficial em 24.09.09; AgRg no REsp nº 1130971/PR Relator Ministro Cesar Asfor Rocha. Publicado no Diário Oficial em 07.08.12.

incluídas disposições de natureza penal tributária (direito penal tributário) e de natureza sancionatória, como a anistia (direito tributário penal), notadamente em planos de recuperação fiscal, o que, entretanto, não retira o mandamento contido no art. 180, I e II do CTN.

Assim como a isenção, a efetivação do benefício fiscal trazido pela anistia também pode ser condicionada à verificação por parte da autoridade administrativa responsável dos requisitos à fruição daquela exoneração. Conforme já mencionado para os casos das isenções condicionadas ao reconhecimento pelo agente público, tal ato de reconhecimento deve estar cingido aos exatos termos da lei. O único espaço aberto à autoridade administrativa no caso é a certificação do atendimento pelo contribuinte quanto às condições estabelecidas na norma, para garantia à outorga dessa modalidade de exclusão do crédito tributário. Não há, no artigo 182 do CTN, poder discricionário que possa ser atribuído seja pelo legislador complementar, seja mesmo pela lei concessiva da anistia expedida pela respectiva pessoa jurídica de direito público interno.

Registre-se, contudo, posição manifestada pelo Exmo. Sr. Ministro Milton Pereira, quando do julgamento do Mandado de Segurança nº 5591/DF, pela 1ª Seção do Superior Tribunal de Justiça, do qual foi Relator, que opinou pela validade de juízo discricionário do Administrador nos casos em que a lei concedente estipular tal faculdade.[54] Saliente-se, entretanto, que a despeito da votação do referido julgamento ter sido unânime ao acompanhar o voto dado pelo Relator Ministro Milton Pereira, as razões que levaram ao resultado final não mereceram a unanimidade dos julgadores.

---

[54] "Mandado de Segurança. Administrativo. Dívida fiscal. Parcelamento. Multa e penalidades. Remissão. Anistia. Legalidade do ato. CTN, artigos 172 e 180. Decretos-leis nº 1184/71 e 2.163/84 (art.3º).
1.(...)
2. A apreciação do ato ferratado não revela falta de suficiente motivação ou desvio de finalidade ou de competência funcional no amparo legal. O benefício pretendido não transpassa o interesse da Administração Pública, conformado aos critérios de oportunidade e conveniência de razões interna corporis. O controle judicial, cinge-se ao juízo interpretativo dos padrões legais objetivamente considerados para o indeferimento malsinado, sob pena de, no caso, dilargar-se a faculdade, tornando obrigatório o cancelamento da multa. Enfim, a análise do ato não finca violação à ordem jurídica ou que desborde os limites de atuação assegurada ao Administrador. Desfiguração do alegado direito líquido e certo."
STJ. 1ª Seção. Mandado de Segurança nº 5591/DF, Relator Ministro Milton Luiz Pereira, publicado no DO em 15.05.2000.

Logo, pode-se concluir a partir da leitura dos arts. 180 a 182 do CTN que: (i) os efeitos da anistia são pretéritos; (ii) o seu objeto são as infrações ou infrações mais consectários; (iii) os efeitos são retroativos desde que provado o cumprimento dos requisitos legais para sua concessão; (iv) a anistia não é aplicável em caso de crimes, contravenções, dolo, fraude, simulação e conluio e; (v) a anistia pode ser condicionada ao preenchimento dos requisitos legais exigidos para sua fruição, cabendo à autoridade administrativa apenas o juízo de conformação à lei.

Por fim, impende-se ressaltar a diferença entre a anistia e a remissão (CTN art. 156, IV)[55], institutos que constantemente são confundidos.

A diferença básica reside em que a remissão se trata de modalidade de extinção do crédito já constituído, enquanto que a anistia irá produzir efeitos somente sobre os créditos tributários ainda não constituídos, sendo modalidade de exclusão do crédito tributário. A remissão opera, assim, sobre o crédito tributário devido (obrigação tributária), nas hipóteses autorizadas pelo art. 172 do CTN, e não apenas sobre o montante pecuniário decorrente do descumprimento da obrigação principal (ex.: multas).

Note-se, portanto, que a anistia assume caráter menos gravoso no que se refere ao interesse público manifesto na efetividade do exercício da função fiscal. A remissão, por operar no interior da obrigação e gerar efeitos mais amplos, deve ser hipótese de uso excepcionalíssimo. A anistia, por sua vez, pode importar até mesmo em instrumento de pacificação social, servindo de estímulo para redução do contencioso fiscal, como já mencionado anteriormente.

A título de arremate, destaque-se que o STJ tem entendimento sedimentado em sede de recurso especial submetido à sistemática do art. 543-C do Código de Processo Civil, de que a anistia e a remissão podem ser concedidas aos créditos tributários objeto de ação judicial já transitada em julgado, desde que concedida entre o trânsito e julgado e a ordem de transformação em pagamento definitivo da garantia, quando a lei não exclui expressamente essa hipótese[56].

---

[55] Art. 156 – Extinguem o crédito tributário:
(...)
IV – a remissão;

[56] STJ. Primeira Seção. REsp n° 1.251.513/PR. Relator Ministro Mauro Campbell Marques. Publicado no Diário Oficial em 17.08.11.

3. Conclusões

O presente capítulo dedicou-se ao estudo das duas formas elencadas pelo Código Tributário Nacional como modalidades de exclusão do crédito tributário: a isenção e a anistia.

Em que pesem as vozes discordantes quanto à denominação dada para tais institutos, assinaladas na parte introdutória deste capítulo, o fato é que tanto a isenção, quanto a anistia, foram recepcionadas pela jurisprudência pátria como modalidades efetivas de exclusão do crédito tributário. Não se confundem por seja por sua causa, seja por seus efeitos quanto às formas de extinção e suspensão da exigibilidade do crédito previstas no CTN.

A isenção operando efeitos constitutivos, exclui da norma impositiva tributária os atos, fatos e situações jurídicas que ainda irão se formar. A anistia a sua vez, parte de premissa distinta, que é a de operar após os efeitos da norma. O fato tributável já se formou, e, apesar da anistia operar efeitos também prospectivos – impedimento da constituição de crédito tributário decorrente de penalidades – irá alcançar os atos, fatos e situações jurídicas que já ocorreram. E podem operar sobre lançamentos (no sentido formal de criação de uma relação contenciosa) já constituídos (créditos tributários lançados) quanto em relação a créditos não constituídos, ai incluídos valores não declarados ou escriturados pelo sujeito passivo.

E, sendo ambos os institutos relacionados à desoneração tributária, devem ser utilizados com cautela pelo legislador. Não obstante a previsão constitucional de que as normas de desoneração devam estar previstas em lei especifica, o controle das isenções e anistias deve de valer de outros instrumentos, entre os quais averiguar se a norma isentiva ou anistiadora, não possa ser alargada, mas também restringido por meio de delegação legislativa, ou por tredestinação, a quem não está autorizado pela Constituição a tal, sob pena de privilegiar-se determinados grupos, e, dessa forma, representar ofensa aos princípios fundamentais da isonomia e da capacidade contributiva, vetores inafastáveis do ordenamento jurídico tributário constitucional.

4. Leitura obrigatória

AMARO, Luciano. *Direito Tributário Brasileiro*. 9ª ed. SP:Ed. Saraiva, 2003.
CARVALHO, Paulo de Barros. *Curso de Direito Tributário*. 16ª ed. SP:Ed. Saraiva, 2004.
TORRES, Ricardo Lobo. *Curso de Direito Financeiro e Tributário*. 8ª ed. RJ:Ed. Renovar, 2001.

SOBRE OS AUTORES

Américo Bedê Freire Junior

Juiz Federal Vitória/ES. Ex-Promotor de Justiça/MA. Ex-Procurador da Fazenda Nacional Mestre em Direitos Fundamentais/FDV. Doutor em Direitos Fundamentais/FDV. Professor de Processo Penal/FDV.

Claudio Carneiro Bezerra Pinto Coelho

Advogado. Pós-doutorando em Direito pela Universidade Nova de Lisboa. Doutor em Direito Público e Evolução Social pela UNESA. Mestre em Direito Tributário. Pós-graduado em Direito Tributário e Legislação de Impostos. Sócio-Fundador do Escritório Carneiro & Oliveira Advogados. Professor Permanente da Pós-Graduação Stricto Sensu em Direito da Faculdade Guanambi/B. Membro da Comissão de Direito Tributário do IAB – Instituto dos Advogados Brasileiros. Presidente da 57ª Subseção da OAB/RJ. Diretor do Instituto Brasileiro de Compliance – IBC. Membro da Academia Brasileira de Direito Tributário. Membro da Associação Brasileira de Direito Financeiro. Professor de Direito Financeiro e Tributário da Fundação Getúlio Vargas (FGV). Professor dos cursos de graduação e pós-graduação da Universidade Estácio de Sá e PUC/RJ. Professor de Direito Tributário da EMERJ (Escola de Magistratura do RJ). Professor de Direito Tributário da AMPERJ (Associação do Ministério Público do RJ). Professor da FEMPERJ (Fundação Escola do Ministério Público). Professor da FESUDEPERJ (Fundação Escola Superior da Defensoria Pública do Estado do Rio de Janeiro). Autor de diversas obras jurídicas e dos livros. Ex-Procurador Municipal. Ex-Membro do Conselho de Contribuintes do Município de RB/ RJ.

Daniel Mariz Gudino

Possui graduação em Direito pela Universidade do Estado do Rio de Janeiro (2002), pós-graduação latu sensu em Direito Tributário pela Fundação Getúlio Vargas/RJ (2005) e atualmente é mestrando em Direito pela Universidade Cândido Mendes. Atua principalmente na área tributária.

Fabio Zambitte Ibrahim

Doutor em Direito Público pela Universidade do Estado do Rio de Janeiro (2011), Mestre em Direito pela Pontifícia Universidade Católica SP (2007). Advogado, Professor Adjunto de Direito Financeiro da Universidade do Estado do Rio de Janeiro, Professor Adjunto de Direito Tributário do Instituto Brasileiro de Mercado de Capitais (IBMEC), Professor e Coordenador de Direito Previdenciário da Escola de Magistratura do Estado do Rio de Janeiro (EMERJ). Foi auditor fiscal da Secretaria de Receita Federal do Brasil e presidente da 10ª Junta de Recursos do Ministério da Previdência Social.

Janssen Hiroshi Murayama

Possui Graduação em Direito (2002) e em Ciências Contábeis (2007), bem como Mestrado em Direito, todos pela Universidade do Estado do Rio de Janeiro. Atualmente é sócio de Murayama Advogados.

Leonardo Pietro Antonelli

O autor é advogado militante, mestre em Direito Econômico pela Universidade Cândido Mendes, professor universitário e conferencista. Pós-graduado em Direito Tributário e Mestre em Direito Econômico, integrou diversas bancas em concursos públicos. Atua ainda como Conselheiro da OAB e membro do Conselho Editorial da Revista do Instituto Ibero-Americano de Direito Público, da International Fiscal Association (IFA) e da Academia Brasileira de Direito Tributário (ABDT). Foi agraciado com o Troféu Dom Quixote, destinado a personalidades que se destacam na defesa da ética, da moralidade, da dignidade, da justiça, dos direitos e da cidadania. Por fim, e não menos importante, dirigiu a Escola da Magistratura Eleitoral durante o período integrou o Tribunal Regional Eleitoral do Estado do Rio de Janeiro, na classe jurista, por indicação da Presidência da República.

SOBRE OS AUTORES

Marcelo Leonardo Tavares

Doutor em Direito Público pela Universidade do Estado do Rio de Janeiro (UERJ) com pesquisa realizada na Université Panthéon-Assas (Paris II). Mestre em Direito Público pela UERJ. Graduado em Ciências Sociais pela Faculdade Nacional de Direito da Universidade Federal do Rio de Janeiro (UFRJ). Professor Adjunto de Direito Previdenciário da UERJ. Juiz Federal. Membro da Comissão Executiva do Fórum Nacional do Poder Judiciário e Liberdade de Imprensa do Conselho Nacional de Justiça (CNJ). Juiz Federal. Atuou como Magistrado Instrutor Criminal no Supremo Tribunal Federal (STF)

Márcio Ladeira Ávila

Pós Doutor em Finanças Públicas, Tributaçãoe Desenvolvimento na Universidade do Estado do Rio de Janeiro (UERJ). Mestre e Doutor em Direito Internacional (UERJ). Professor de direito tributário internacional da pós graduação da UFF. Advogado e consultor jurídico no Rio de Janeiro.

Marco Aurélio Greco

Bacharel em Ciências Jurídicas e Sociais pela Pontifícia Universidade Católica de São Paulo – PUC-SP (1971), Mestre em Direito Tributário pela PUC-SP (1974) e Doutor em Direito pela PUC-SP (1978). Ex-Professor da Fundação Getúlio Vargas DireitoGV e GVLaw/SP. Membro Associado da European Association of Tax Law Professors. Associado Emérito do Instituto dos Advogados de São Paulo.

Marcos André Vinhas Catão

Possui graduação em Ciência da Computação pela Universidade Federal do Ceara (1995), mestrado em Ciência da Computação pela Universidade Estadual de Campinas (1997), doutorado em Computer Science pela Virginia Polytechnic Institute and State University (Virginia Tech) e pós-doutorado pela Universidade Federal de Minas Gerais (2006). Atualmente e' professor Adjunto da Universidade Federal de Minas Gerais. Recebeu diversos premios e homenagens ao longo de sua carreira. Atua na area de Ciencia da Computacao com Enfase em Recuperacao de Informacao, Bibliotecas Digitais e Banco de Dados. É atualmente Membro Afiliado da Academia Brasileira de Ciencias, Bolsista de Produtividade do CNPq (nível 1-D) e Bolsista do Programa Pesquisador Mineiro da Fapemig.

Marcus Lívio Gomes
Pós-Doutorando pelo Institute for Austrian and International Tax Law at WU Wien. Doutor e Mestre em Direito Tributário pela Universidad Complutense de Madrid. Professor Adjunto de Direito Tributário da UERJ. Juiz Federal. Membro do Comitê de Avaliação, Seleção e Acompanhamento de Conselheiros do Conselho Administrativo de Recursos Fiscais do Ministério da Fazenda (CSC). Membro do Comitê Executivo e Associado do Instituto Latinoamericano de Derecho Tributário – ILADT. Membro do Comitê Científico do Curso de Fiscalidad Internacional Latinoamericana/Universidad Complutense de Madrid. Coordenador e Palestrante da Comissão de Direito Tributário da Escola da Magistratura Regional Federal da 2ª Região. Associado da International Fiscal Association – IFA. Ex-Auditor-Fiscal da Receita Federal do Brasil. Ex-Fiscal de Tributos do Estado de Minas Gerais. Ex-Coordenador e Palestrante da Comissão de Direito Tributário da Escola da Magistratura do Estado do Rio de Janeiro. Ex-Coordenador da Revista de Direito Tributário da Associação Brasileira de Direito Financeiro – ABDF.

Raphael Madeira Abad
Advogado, Professor de Direito da FAESA-ES, Mestre em Direitos e Garantias Fundamentais, Doutorando em Governança Global pela Universidade de Salamanca.

Renata Schmidt Cardoso
Advogada, pós-graduada em Direito Tributário e Direito Ambiental, membro do Conselho Nacional dos Direitos da Mulher – CNDM, membro do Conselho da 57ª Subseção da OAB/RJ, presidente da Associação Brasileira de Mulheres de Carreira Jurídica - Comissão Rio de Janeiro, membro da Federação Internacional de Mulheres da Carreira Jurídica, da Associação Brasileira de Direito Financeiro e da International Fiscal Association, do Instituto dos Advogados Brasileiros, integrante da Comissão Organizadora da II Conferência de Política para Mulheres do Município do Rio de Janeiro e da Delegada – Sociedade Civil – da II Conferência Estadual de Política para as Mulheres – RJ.

Richard Edward Dotoli T. Ferreira
Possui graduação em Direito pelo Centro Universitário das Faculdades Metropolitanas Unidas (1996) e mestrado em Direito pela Universidade Cândido Mendes (2004). Atualmente é Doutorando em Finanças Públicas, Tribu-

tação e Desenvolvimento na Universidade do Estado do Rio de Janeiro – UERJ e professor dos Cursos de Pós-Graduação em Direito Tributário na Fundação Getúlio Vargas – RJ, na Universidade Federal Fluminense – UFF e no IBMEC-RJ.

Ronaldo Redenschi
Graduado pela Faculdade de Direito da Universidade do Estado do Rio de Janeiro – UERJ. Mestre em Direito Tributário pela Universidade Estácio de Sá – RJ. Professor de Direito Tributário da Escola de Magistratura do Estado do Rio de Janeiro – EMERJ. Autor do livro "A Solução de Controvérsias no Mercosul e na OMC" (Ed. Aduaneiras, 2001).

Washington Juarez de Brito Filho
Professor Adjunto de Contabilidade Tributária da Universidade Federal do Rio de Janeiro, possui graduação em Direito pela Universidade de São Paulo (1997), graduação em Engenharia Elétrica pela Pontifícia Universidade Católica do Rio de Janeiro (1986), graduação em Ciências Contábeis (summa sum laude) pela Universidade Federal do Rio de Janeiro (2008), graduação em Ciências Econômicas (2013), especialização em Direito Tributário Internacional pela Universidade de Santiago de Compostela (2006), mestrado e doutorado em Direito Internacional e da Integração Econômica pela Universidade do Estado do Rio de Janeiro (2003 e 2009) e doutorado em Direito Tributário pela Universidade de São Paulo (2011). Seu campo de pesquisas concentra-se no Direito Tributário e Societário internos (tributos e contribuições previdenciárias), na Tributação Internacional, no Planejamento Tributário e Societário, na relação entre Tributação e o Direito Internacional do Comércio e na Análise Econômica aplicada ao Direito Tributário e ao Direito Internacional do Comércio.

ÍNDICE

NOTA DOS COORDENADORES   5
PREFÁCIO   7

Contribuições Sociais Gerais
 AMÉRICO BEDÊ FREIRE JÚNIOR / RAPHAEL MADEIRA ABAD   13

Contribuição Social sobre o Lucro Líquido – Limites para a sua instituição e os principais temas em discussão no Supremo Tribunal Federal
 RICHARD EDWARD DOTOLI T. FERREIRA   39

Contribuições de Seguridade Social Previdenciárias da Empresa, das Entidades Equiparadas, do Empregador Doméstico e dos Segurados
 FABIO ZAMBITTE IBRAHIM   73

Contribuição Previdenciária dos Servidores Inativos e Pensionistas
 MARCELO LEONARDO TAVARES   165

Contribuições Previdenciárias sobre a Receita nas Importações
 MÁRCIO LADEIRA ÁVILA   179

Contribuições de Intervenção no Domínio Econômico – Perfil Constitucional – Elementos para um Modelo de Controle
 MARCO AURÉLIO GRECO   193

Contribuições de Intervenção no Domínio Econômico
 WASHINGTON JUAREZ DE BRITO FILHO / RENATA SCHMIDT CARDOSO   229

ontribuição Iluminação Pública
    LEONARDO PIETRO ANTONELLI   261

Tributação Ambiental no Brasil: Aspectos Teóricos e Práticos
    DANIEL MARIZ GUDIÑO / JANSSEN MURAYAMA   275

Suspensão da Exigibilidade do Crédito Tributário I
    CLAUDIO CARNEIRO BEZERRA PINTO COELHO   305

Suspensão da Exigibilidade do Crédito Tributário II
    CLAUDIO CARNEIRO BEZERRA PINTO COELHO   339

Extinção do Crédito Tributário
    MARCUS LÍVIO GOMES   357

Exclusão do Crédito Tributário I e II
    MARCOS ANDRÉ VINHAS CATÃO / RONALDO REDENSCHI   419

SOBRE OS AUTORES   **447**
ÍNDICE   **453**